Verlust von Heilungschancen

RECHT & MEDIZIN

Herausgegeben von den Professoren
Dr. Erwin Deutsch, Dr. Adolf Laufs, Dr. Hans-Ludwig Schreiber

Bd./Vol. 43

PETER LANG
Frankfurt am Main · Berlin · Bern · Bruxelles · New York · Wien

Maria Kasche

Verlust von Heilungschancen

Eine rechtsvergleichende Untersuchung

PETER LANG
Europäischer Verlag der Wissenschaften

Die Deutsche Bibliothek - CIP-Einheitsaufnahme

Kasche, Maria:

Verlust von Heilungschancen : eine rechtsvergleichende Untersuchung / Maria Kasche. - Frankfurt am Main ; Berlin ; Bern ; Bruxelles ; New York ; Wien : Lang, 1999
(Recht und Medizin ; Bd. 43)
Zugl.: Berlin, Freie Univ., Diss., 1999
ISBN 3-631-35187-9

D 188
ISSN 0172-116X
ISBN 3-631-35187-9

Meinen Eltern

Vorwort

Diese Arbeit lag dem Fachbereich Rechtswissenschaft der Freien Universität Berlin im Wintersemester 1998/99 als Dissertation vor. Sie ist während meiner Tätigkeit als Wissenschaftliche Mitarbeiterin am Arbeitsbereich für deutsches und internationales Arzthaftungsrecht entstanden. Ohne die vielfältigen Anregungen, den ständigen Antrieb, den wissenschaftlichen Austausch und die hervorragenden Arbeitsmöglichkeiten, die mir während dieser Zeit durch den Leiter des Arbeitsbereichs, Herrn Professor Dr. Dieter Giesen geboten wurden, hätte diese Arbeit niemals geschrieben werden können. Professor Dr. Giesen konnte die Betreuung der Arbeit nicht zu Ende führen. Ich bin sehr dankbar für das, was ich von ihm habe lernen dürfen. Es hat nicht nur diese Arbeit, sondern meine gesamte wissenschaftliche und juristische Tätigkeit geprägt.

Herrn Universitätsprofessor Dr. Helmut Grothe danke ich für die großzügige Übernahme der weiteren Betreuung und für die Erstellung des Erstgutachtens, Herrn Universitätsprofessor Dr. Detlef Leenen für die Unterstützung während meiner Zeit an der Freien Universität Berlin sowie für die Erstellung des Zweitgutachtens.

Meinen ehemaligen Kolleginnen und Kollegen des Arbeitsbereichs für deutsches und internationales Arzthaftungsrecht schulde ich Dank für ihre Diskussionsbereitschaft und für wertvolle Anregungen. Ich danke insbesondere Herrn Rechtsanwalt Dr. Jens Poll, Frau Richterin Dr. Christiane Simmler, den Rechtsreferendaren Tassilo Hahn und René Reich-Graefe sowie zahlreichen Studierenden der Wahlfachgruppe Rechtsvergleichung, die mich aus dem Ausland mit aktueller Literatur und Rechtsprechung versorgt haben.

Gewidmet ist diese Arbeit meinen Eltern, Frau Diplom-Psychologin Karin Århammar-Kasche und Herrn Professor Dr. Volker Kasche. Sie haben mich stets vorbehaltslos ermuntert und unterstützt, mir in schwierigen Zeiten beigestanden und dabei immer die Weitsicht besessen, meine berufliche und private Entwicklung nicht durch elterliche Wünsche und Vorstellungen zu beschränken, sondern mir die Vielfalt der Möglichkeiten aufzuzeigen und offenzuhalten.

Berlin, im Juli 1999

Maria Kasche

Inhaltsverzeichnis

Abkürzungsverzeichnis

A, A2d	Atlantic Reporter (Second Series)
a.A.	anderer Ansicht
a.a.O.	am angegebenen Ort
ABGB	Allgemeines Bürgerliches Gesetzbuch
abl.	ablehnend
Abs.	Absatz
AC	Law Reports - Appeal Cases
AcP	Archiv für die civilistische Praxis
AD	Appellate Division
AFLRev	Air Force Law Review
AHRS	Arzthaftpflicht-Rechtsprechung
Ala	Alabama
ALJ	Australian Law Journal
AllER	All England Law Reports
ALR4th	American Law Reports Annotated, Fourth Series
a.M.	andere(r) Meinung
AmJL & Med	American Journal of Law & Medicine
AmJTrialAdv	American Journal of Trial Advocacy
AnnHealthL	Annuals of Health Law
App	Court of Appeal(s)
Ariz	Arizona
ArizLRev	Arizona Law Review
Ark	Arkansas
Art.	Artikel
AT	Allgemeiner Teil
Aufl.	Auflage
AULR	Auckland University Law Review
AustTortsReps	Australian Torts Reports
AzAttorney	Arizona Attorney
BaltLRev	Baltimore Law Review
BaylorLRev	Baylor Law Review
BC	British Columbia
BGB	Bürgerliches Gesetzbuch
BGBl	Bundesgesetzblatt
BGH	Bundesgerichtshof
BGHSt	Entscheidungen des Bundesgerichtshofes in Strafsachen
BGHZ	Entscheidungen des Bundesgerichtshofes in Zivilsachen
BJM	Basler Juristische Mitteilungen
BMLR	Butterworths Medico-Legal Reports

BT	Besonderer Teil
BullCiv	Bulletin des arrêts de la Cour de Cassation, Chambres Civiles
BULRev	Boston University Law Review
bzw.	beziehungsweise
CA	Court of Appeal
Cal	California
CalLRev	California Law Review
CalRptr, CalRptr2d	California Reporter (Second Series)
Camp	Campbell Nisi Prius Reports
CanBarRev	Canadian Bar Review
CassCiv	Cour de Cassation, Chambre civile
CassCrim	Cour de Cassation, Chambre criminelle
CathULRev	Catholic University Law Review
CC	Code Civil
CCLT (2d)	Canadian Cases on the Law of Torts (Second Series)
Ch	1. Chambre 2. Chapter 3. Law Reports - Chancery Division
Chron	Chronique
Cir	United States Courts of Appeals, First, Second...Judicial Circuit
CJ	Chief Justice
CLJ	Cambridge Law Journal
CLR	Commonwealth Law Reports
ColLRev	Columbia Law Review
Colo	Colorado
Conn	Connecticut
CornLRev	Cornell Law Review
D	1. Recueil Dalloz 2. District Court
DC	District of Columbia
DLR	Dominion Law Reports
DefCounsJ	Defense Counsel Journal
Del	Delaware
ders.	derselbe
dies.	dieselbe
Diss.	Dissertation
ed.	edition
etc.	et cetera

ER	English Reports
EvBl	Evidenzblatt
F, F2d, F3d	Federal Reporter (Second Series/Third Series)
f.	folgende
FC	Full Court
Fla	Florida
FSupp	Federal Supplement
GA	Goltdhammer's Archiv für Strafrecht
Ga	Georgia
GazPal	Gazette du Palais
HarvLRev	Harvard Law Review
hgg.	herausgegeben
HL	House of Lords
HL Cas	Clark's House of Lords Cases
HOSPW	Journal of Health and Hospital Law
Hrsg.	Herausgeber
ICLQ	International and Comparative Law Quarterly
IECL	International Encyclopedia of Comparative Law
Ill	Illinois
Inc	Incorporated
Ind	Indiana
IR	Informations Rapides
J	1. Justice, Judge 2. Jurisprudence
JA	1. Justice of Appeal 2. Juristische Arbeitsblätter
JBl	Juristische Blätter
JCP	Juris-Classeur périodique (La semaine juridique)
JLegMed	Journal of Legal Medicine
JR	Juristische Rundschau
Jura	Juristische Ausbildung
JuridicalR	Juridical Review
JZ	Juristenzeitung
Kan	Kansas
KB	1. Law Reports - King's Bench 2. King's Bench Division
KG	Kammergericht

krit.	kritisch
Kza	Kennzahl
La	Louisiana
LaBJ	Louisiana Bar Journal
LaLRev	Louisiana Law Review
LJ	Lord Justice
Loyola Univ LJ	Loyola University Law Journal
LQR	Law Quarterly Review
LS	Legal Studies
Ltd	Limited
Man	Manitoba
Mass	Massachusetts
McGillLJ	McGill Law Journal
Md	Maryland
Me	Maine
MedLR	Medical Law Reports
MedLRev	Medical Law Review
MedR	Medizinrecht
MedTrial TechQuart	Medical Trial Technique Quarterly
MemStULRev	Memphis State University Law Review
Mich	Michigan
MichLRev	Michigan Law Review
Minn	Minnesota
Miss	Mississippi
MLR	Modern Law Review
Mo	Missouri
MoLRev	Missouri Law Review
Mont	Montana
MR	Master of the Rolls
NC	North Carolina
NCLRev	North Carolina Law Review
ND	United States District Court for the Northern District of...
NE2d	North Eastern Reporter (Second Series)
Nev	Nevada
Nfld	Newfoundland
NH	New Hampshire
NIllUnivLRev	Northern Illinois University Law Review
NJ	New Jersey
NJW	Neue Juristische Wochenschrift

NJW-RR	Neue Juristische Wochenschrift - Rechtsprechungsreport
NK	Nomos Kommentar zum Strafgesetzbuch (siehe Literaturverzeichnis)
NLJ	New Law Journal
NM	New Mexico
No(s)	1.Number 2. Numéro(s)
NStZ	Neue Zeitschrift für Strafrecht
NSWLR	New South Wales Law Reports
NW2d	North Western Reporter (Second Series)
NY	New York
NYS2d	New York Supplement (Second Series)
o.ä.	oder ähnliche(s)
OG	Obergericht
OGH	Oberster Gerichtshof
OhioSt	Ohio State Reports
OhioStLJ	Ohio State Law Journal
OJLS	Oxford Journal of Legal Studies
ÖJZ	Österreichische Juristen Zeitung
Okla	Oklahoma
OklaCityULRev	Oklahoma City University Law Review
OLG	Oberlandesgericht
Ont	Ontario
OR	1. Obligationenrecht 2. Obligationenrecht I. Kommentar zum Schweizerischen Privatrecht (siehe Literaturverzeichnis
öZPO	österreichische Zivilprozeßordnung
P	Law Reports - Probate, Dicorce and Admiralty Division
P, P2d	Pacific Reporter (Second Series)
Pa	Pennsylvania
PC	Judicial Committee of the Privy Council
PeppLRev	Pepperdine Law Review
Plowd	Reports of Edmund Plowden
PN	Professional Negligence
QB	1. Law Reports - Queen's Bench 2. Queen's Bench Division
Req	Cour de Cassation, Chambres des Requl tes
Rest2d (Torts)	Restatement of the Law of Torts (Second Series)
rev.	reversing

RG	Reichsgericht
RGZ	Entscheidungen des Reichsgerichts in Zivilsachen
RJQ	Recueil de Jurisprudence du Québec
Rn.	Randnummer, Randnummern
RRJ	Revue de la Recherche Juridique
RTDC	Revue trimestrielle du droit civil
RTR	Road Traffic Reports
RutgersLRev	Rutgers Law Review
S	1. Recueil Sirey 2. Seite
Santa Clara LRev	Santa Clara Law Review
SaskLRev	Saskatchewan Law Review
SASR	South Australian State Reports
SC	1. South Carolina 2. Session Cases
Scand Stud in Law	Scandinavian Studies in Law
SCC	Supreme Court of Canada
SCR	Supreme Court Reports
SDLRev	South Dakota Law Review
SE2d	South Eastern Reporter (Second Series)
Sec.	Section(s)
Seton Hall LRev	Seton Hall Law Review
SJ	Solicitor's Journal
SJZ	Schweizerische Juristen-Zeitung
SK	Systematischer Kommentar (siehe Literaturverzeichnis)
So, So2d	Southern Reporter (Second Series)
sogen.	sogenannte(r)
SoIllULJ	Southern Illinois University Law Journal
Somm	Sommaire
StanLRev	Stanford Law Review
STexLRev	South Texas Law Review
StGB	Strafgesetzbuch
StPO	Strafprozeßordnung
Super	Superior Court
SW, SW2d	South Western Reporter (Second Series)
Tenn	Tennessee
TennLRev	Tennessee Law Review
Tex	Texas
TexBJ	Texas Bar Journal

TexLRev	Texas Law Review
TLJ	Torts Law Journal
Torts & Ins LJ	Torts & Insurance Law Journal
u.	und
u.a.	und andere
u.dgl.	und dergleichen
UnivPugetSound	
LRev	University of Puget Sound Law Review
US	United States Supreme Court Reports
UtahBarJ	Utah Bar Journal
v	versus (against)
Va	Virginia
VersR	Versicherungsrecht
Vol.	Volume
Vt	Vermont
Wash	Washington
WashLRev	Washington Law Review
WD	United States District Court for the Western District of...
Wis	Wisconsin
WLR	Weekly Law Reports
Wm & Mary	
LRev	William and Mary Law Review
WmMitchell	
LRev	William Mitchell Law Review
WVa	West Virginia
YaleLJ	Yale Law Journal
ZGB	1. Zivilgesetzbuch 2. Schweizerisches Zivilgesetzbuch I, Kommentar zum Schweizerischen Privatrecht (siehe Literaturverzeichnis)
ZPO	Zivilprozeßordnung
ZZP	Zeitschrift für Zivilprozeß
ZStW	Zeitschrift für die gesamte Strafrechtswissenschaft
ZfRV	Zeitschrift für Rechtsvergleichung, Int. Privatrecht und Europarecht
zust.	zustimmend
ZVglRW	Zeitschrift für vergleichende Rechtswissenschaften

§ 1 Einführung

Im Arzthaftungsprozeß gestaltet sich der Nachweis des Ursachenzusammenhanges zwischen Verletzungshandlung und Schaden regelmäßig als besonders schwierig. Dieser Bereich ist in erhöhtem Maße von Unwägbarkeiten und Ungewißheiten hinsichtlich des ursprünglichen Gesundheitszustandes des Patienten und des weiteren Verlaufs der Erkrankung geprägt. Oftmals wird der Ursachenzusammenhang niemals aufklärbar sein, was vor allem darauf zurückzuführen ist, daß im Bereich der Medizin nicht alle Wirkungszusammenhänge feststehen und daher auch bei Zugriff auf sämtliche Beweismittel und einer lückenlosen Aufklärung des Sachverhaltes nur Wahrscheinlichkeitsprognosen hinsichtlich der Genesung eines Patienten möglich sind[1]. Diesen Beweisschwierigkeiten kann mit Beweiserleichterungen abgeholfen werden, indem die Beweislast umgekehrt oder die Anforderungen an den Kausalitätsnachweis gesenkt werden[2]. Dies hat zur Folge, daß trotz der ungewissen Verursachung der gesamte entstandene Schaden ersetzt wird. Dieses Festhalten am Alles-oder-Nichts-Grundsatz des Haftungsrechts wird gerade in der Arzthaftung zunehmend in Frage gestellt. Gerichte in Frankreich[3] und in einigen Jurisdiktionen der Vereinigten Staaten[4] gewähren einen nach der Heilungswahrscheinlichkeit bemessenen anteiligen Schadenersatz, vergleichbare Tendenzen sind auch in Australien[5], der Schweiz[6] und Österreich[7] auszumachen. Gemeinsamer Hintergrund ist die Erkenntnis, daß das Haftungsrecht in Bereichen, in denen sich eine wissenschaftliche Gewißheit nicht erlangen läßt, vom Alles-oder-Nichts-Prinzip abrücken und dadurch flexibilisiert werden sollte. In der Arzthaftung erlangt insbesondere die Rechtsfigur der verlorenen Heilungschance (*perte d'une chance/loss of chance*) eine zunehmende Bedeutung[8]. Sie soll dem Umstand gerecht werden, daß die Genesungsaussichten des Patienten aufgrund seiner Vorerkrankung von vornherein ungewiß waren und daher eine vollständige Haftung oder ein gänzlicher Haftungsausschluß als unangemessen anzusehen sind, wenn der Arzt die gebotene Behandlung nicht oder nicht angemessen durchführt. Die

---

1 *T.A. Brennan*, „Causal Chains and Statistical Links: The Role of Scientific Uncertainty in Hazardous-Substance Litigation", 73 CornLRev 469-533, 469-490 (1988); *W. Wachsmuth/H.-L. Schreiber*, „Sicherheit und Wahrscheinlichkeit - juristische und ärztliche Aspekte", NJW 1982, 2094-2098.

2 Siehe unter § 3 D IV.

3 Siehe unter § 5 A.

4 Siehe unter § 5 B.

5 Siehe unter § 5 D I.

6 Siehe unter § 5 D II.

7 Siehe unter § 5 C III.

8 Ausführlich unter §§ 3-5.

Vereitelung einer Heilungschance führt entweder zu einer Beweiserleichterung[9] oder zu einem nach der Heilungswahrscheinlichkeit bemessenen, reduzierten Ersatzanspruch[10]. Die Entwicklung dieses Rechtsinstituts, seine unterschiedlichen Ausprägungen und Voraussetzungen sowie sein Anwendungsbereich sind in Deutschland bisher nur vereinzelt dargestellt worden[11], eine umfassende rechtsvergleichende Untersuchung liegt auch in englischer oder französischer Sprache nicht vor[12]. Gerade der Vergleich so verschiedener Rechtsordnungen wie der französischen und einzelner Bundesstaaten der Vereinigten Staaten vermag die Konturen dieser neuen Rechtsfigur zu schärfen und ihren Hintergrund zu verdeutlichen. Die vorgeschlagene Rechtfertigung der *perte d'une chance/loss of chance* in der Arzthaftung könnte zudem für eine Anwendung des ihr zugrundeliegenden Rechtsgedankens auch in den Rechtsordnungen sprechen, in denen Chancen bisher keine eigene Bedeutung erlangt haben und daher eine unmittelbare Übernahme dieser Rechtsfigur aufgrund der anzutreffenden haftungsrechtlichen Strukturen als schwierig erscheint. Hierzu zählt insbesondere das deutsche Recht.

---

9 Siehe unter § 4 B.

10 Siehe unter § 5.

11 Vor allem *H. Stoll*, „Schadensersatz für verlorene Heilungschancen vor englischen Gerichten in rechtsvergleichender Sicht", Festschrift für E. Steffen (1995) 465-478. Siehe auch *E. Deutsch*, Anmerkung zu zu BGH, 3.12.1985 VI ZR 106/84, NJW 1986, 1541; *D. Franzki*, Die Beweisregeln im Arzthaftungsprozeß (1982) 74f.; *D. Giesen*, Anmerkung zu OLG Köln, 30.5.1990 27 U 169/89 JR 1991, 460; *ders.*, Arzthaftungsrecht (1995) Rn. 58; *H. Kleinewefers/W. Wilts*, „Die Beweislast für die Ursächlichkeit ärztlicher Kunstfehler", VersR 1967, 617-625; *K.-H. Matthies*, Schiedsinstanzen im Bereich der Arzthaftung: Soll und Haben (1984) 94-101. W. *Müller-Stoy*, Schadensersatz für verlorene Chancen (1973) hat sich hingegen mit den hier zu untersuchenden Heilungschancen nur am Rande (aaO, 109) und mit der seither in großem Umfang erschienenen Rechtsprechung nicht befaßt.

12 Am ergiebigsten ist hier wiederum *H. Stoll*, „Schadensersatz für verlorene Heilungschancen vor englischen Gerichten in rechtsvergleichender Sicht", Festschrift für E. Steffen (1995) 465-478. Beachte zudem *E.W. Stark*, „Die 'Perte d'une Chance' im schweizerischen Recht", *T. Weir*, „Loss of Chance - Compensable in Tort? The Common Law" und *F. Chabas*, „La perte d'une chance en droit fran| ais", jeweils in Développements récents du droit de la responsabilité civile (1991) 101-109, 111-129, 131-143, die sich dennoch aber nur mit der jeweils untersuchten Rechtsordnung befassen.

§ 2 Chancen im Recht

Der schadenrechtliche Begriff der verlorenen Chance ist sowohl im französischen als auch im angloamerikanischen Recht seit langem eingeführt und stellt den Ausgangspunkt der Diskussion um die Heilungschancen dar[13]. Die *perte d'une chance/loss of chance* bezeichnet Fälle, in denen durch das Verhalten eines Dritten dem Kläger beispielsweise die Möglichkeit genommen wurde, an einem Wettbewerb teilzunehmen und damit eine Gewinnchance wahrnehmen zu können[14], sich für einen bestimmten Posten bewerben zu können, die Voraussetzungen für einen bestimmten Beruf erfüllen zu können etc. Weitere Fälle finden sich im Rahmen der Anwaltshaftung, wenn durch die Nachlässigkeit eines Rechtsanwaltes die Möglichkeit, in einem Prozeß zu obsiegen, vereitelt wird. All diesen Fällen ist gemeinsam, daß nicht feststeht, ob das von den Klägern angestrebte, positive Resultat (Gewinn eines Preises, Einstellung nach dem Bewerbungsgespräch, Obsiegen in einem Prozeß etc.) ohne das Verschulden des vermeintlichen Schädigers eingetreten wäre. Sicher ist jedoch, daß dem Kläger die Chance genommen wurde, überhaupt zu denjenigen zu gehören, aus denen sich der Gewinner, der erfolgreiche Bewerber etc. rekrutierte. Dieser Verlust ist als solcher für ersatzfähig gehalten worden. Die reichhaltigste Rechtsprechung hierzu findet sich in Frankreich.

A. Frankreich

Von französischen Gerichten wird der Begriff *perte d'une chance* seit langem als Mittel zur Gewährung von Schadenersatz im Rahmen der vertraglichen und deliktischen Haftung anerkannt[15]. Die durch das Verschulden eines Dritten verursachten Schäden sind zu ersetzen. Dabei handelt es sich allgemein betrachtet um sämtliche Nachteile, die auf dem schädigenden Ereignis beruhen. Hierzu zählen naturgemäß auch die Vorteile, die ohne das schädigende Ereignis erlangt worden wären, nach diesem Ereignis aber nicht mehr zu erreichen sind. Der Kläger muß also zuerst nachweisen, daß ihm ein Nachteil entstanden bzw. ein Vorteil entgangen ist. Gelingt ihm dieser Nachweis nicht, so wird der geltend gemachte Schadenersatzanspruch scheitern. Die französische Rechtspre-

---

13 Siehe nur *P.L. Andel*, „Medical Malpractice: The Right to Recover for the Loss of a Chance of Survival", 12 PeppLRev 973-998, 974-975 (1985) *H. Reece*, „Losses of Chances in the Law", (1996) 59 MLR 188-206; *R. Savatier*, „Une faute peut-elle engendrer la responsabilité d'un dommage sans l'avoir causé?", D 1970, Chron, 123-126.

14 *Chaplin v Hicks* [1911] 2 KB 786, CA.

15 Req, 17.7.1889, S 1891, 1, 399; Cour d'Appel d'Angers, 1re Ch, 19.5.1931 GazPal 1931, 2, 218; bestätigt durch CassCiv, 22.10.1934 GazPal 1934, 2, 821; CassCiv, 13.1.1942 S 1942, 1, 97; CassCiv, 1re, 29.4.1963 BullCiv I No 229; CassCiv, 1re, 16.3.1965 D 1965 J 425 (*L. Crémieu*).

chung hat mit der *perte d'une chance* aber noch eine weitere Möglichkeit eines Schadenersatzes geschaffen.

I. Anwendungsbereich der *perte d'une chance*

Hat der Geschädigte die Möglichkeit, einen Vorteil zu erlangen (oder spiegelbildlich die Möglichkeit, einen Nachteil zu vermeiden), so kann ihm Schadenersatz zustehen, wenn ihm die Möglichkeit genommen wird, diese Aussicht zu verwirklichen oder den Nachteil zu vermeiden.

1. Einführung

Dies kann an folgendem Beispiel verdeutlicht werden: Ein Pferdebesitzer meldet sein Pferd zu einem Rennen an, welches mit 100.000 Francs für den Sieg dotiert ist. Durch das Verschulden der Pferdetransportfirma gelangt das Pferd nicht rechtzeitig an den Rennplatz und kann an dem Rennen nicht teilnehmen. Verlangt der Besitzer nunmehr von dem Transportunternehmen Schadenersatz, so kann nicht mit Sicherheit gesagt werden, daß das Pferd den ersten Preis und damit die 100.000 Francs gewonnen hätte. Der Besitzer wird damit nicht den Beweis führen können, daß ihm ein Schaden von 100.000 Francs entstanden ist. Andererseits kann aber auch nicht geleugnet werden, daß der Start in dem Rennen mit der Möglichkeit zu siegen einen Vorteil darstellt, der dem Eigentümer des Pferdes genommen wurde. Dieser Vorteil kann ihm durch die Lehre von der *perte d'une chance* ersetzt werden. Somit wird nicht der Verlust des Vorteils als solcher, sondern nur die Chance, diesen Vorteil möglicherweise zu erlangen, ersetzt. Ersatzfähiger Schaden ist der Chancenverlust. Die Lehre von der *perte d'une chance* eröffnet eine Alternative zum Alles-oder-Nichts-Prinzip. Kann der Geschädigte nicht mit Sicherheit nachweisen, daß er den Vorteil erlangt hätte, so ist er nicht darauf beschränkt, entweder den ganzen Schaden oder „gar nichts" zu erhalten, sondern die verlorene Aussicht kann zur Grundlage des Schadenersatzanspruches gemacht werden.

2. Voraussetzungen

Allerdings muß die Lehre von der *perte d'une chance* Beschränkungen unterworfen werden, damit sie nicht zu einer ausufernden Haftung führt. Diese Beschränkungen betreffen die Qualifizierung der zu ersetzenden Chance und die Ermittlung des Schadenersatzes.

a) Chance sérieuse

Es kann nicht jede hypothetische Möglichkeit, irgendwann einmal einen Vorteil zu erzielen, ersetzt werden. Dies würde zu einer zu großen Ausdehnung der Haftung führen und dem Grundsatz, daß nur Schäden, die *actuel et certain*[16] bzw. *réel et certain*[17]sind, ersetzt werden, aushöhlen. Es wird daher nicht jede hypothetische Chance ersetzt, sondern nur eine hinreichend konkrete Aussicht. Im obigen Beispiel war das Pferd bereits zu dem Rennen angemeldet und auch bereits auf dem Weg dorthin. Daher war die Aussicht auf den Gewinn bereits hinreichend konkretisiert. Anders liegt es aber, wenn ein Fohlen so verletzt wird, daß es keine Rennen laufen kann. Hier ist die Möglichkeit, daß es Rennen hätte gewinnen können, noch zu entfernt, um einen Ersatz für diese (hypothetischen) Gewinnchancen zu gewähren.

Die Rechtsprechung stellt somit bestimmte Anforderungen für die Ersatzfähigkeit einer entgangenen Chance auf[18]. Die dabei von den Gerichten verwendeten, teilweise unterschiedlichen Formulierungen haben inhaltlich eine übereinstimmende Aussage[19]: Die Aussicht muß *réelle et sérieuse*[20], d.h. hinreichend konkretisiert sein. Dies ist nur dann der Fall, wenn der Geschädigte bereits eine tatsächliche Aussicht hatte[21]. Dies ist im konkreten Einzelfall zu ermitteln[22].

b) Schadensberechnung

Weiteres Kriterium der *perte d'une chance* ist, daß der tatsächlich gezahlte Schadenersatz unter dem Wert des möglichen Vorteils liegen muß, da die Aussicht auf einen Vorteil stets weniger wert ist als der angestrebte Vorteil selbst[23]. Daher wird nur anteiliger Schadenersatz, *indemnisation partielle*, gewährt[24].

16 *P. Le Tourneau*, Anmerkung zu CassCrim, 24.2.1970 JCP 1970 II 16546; vgl. auch die Formulierung der Rechtsprechung in dem kommentierten Urteil und in CassCiv, 1re, 29.4.1963 BullCiv I No 229.

17 CassCiv, 22.10.1934 GazPal 1934, 2, 821; CassCrim, 23.11.1971 D 1971 J 226; *Y. Chartrier*, Anmerkung zu CassCiv, 2e, 9.11.1983 u. CassCrim, 3.11.1983, JCP 1985 II 20360.

18 *P. Le Tourneau*, Anmerkung zu CassCrim, 24.2.1970 JCP 1970 II 16546; vgl. auch die Formulierung der Rechtsprechung in dem kommentierten Urteil und in CassCiv, 1re, 29.4.1963 BullCiv I No 229.

19 *Y. Chartrier*, Anmerkung zu CassCiv, 2e, 9.11.1983 u. CassCrim, 3.11.1983, JCP 1985 II 20360.

20 *G. Viney*, La responsabilité: conditions (1982) No 284.

21 Vgl. hierzu auch *N. Lesourd*, „La perte d'une chance", GazPal 1963, 2, 49-51.

22 *P. Le Tourneau*, Anmerkung zu CassCrim, 24.2.1970 JCP 1970 II 16546.

23 So ausdrücklich CassCrim, 3.11.1983 JCP 1985 II 20360 (*Y. Chartrier*).

24 CassCrim, 3.11.1983 JCP 1985 II 20360 (*Y. Chartrier*).

Dies bedeutet, daß zur Berechnung des Wertes der Chance auf die Wahrscheinlichkeit ihrer Verwirklichung abgestellt wird. Diese wird mit dem Wert des angestrebten Vorteils ins Verhältnis gesetzt. Hieraus ergibt sich, daß ein Anteil des angestrebten Vorteils den Wert der Chance darstellt[25]. Der Schadenersatz für eine *perte d'une chance* stellt somit einen Bruchteil des „vollen Schadens", also des Vorteils als solchem, dem Wert des Vorteils, wenn seine Erlangung sicher war, dar[26]. Dennoch ist zu beachten, daß die verlorene Chance voll ersetzt wird, da sie den relevanten Schaden darstellt.

II. Fallgruppen

In der französischen Rechtsprechung haben sich etliche Fallgruppen der *perte d'une chance* etabliert. Innerhalb dieser Fallgruppen haben sich zudem Kriterien dafür entwickelt, ob die Chance im Einzelfall bereits hinreichend konkretisiert war und durch welche die Voraussetzungen der *perte d'une chance* weiter verdeutlicht werden.

1. Haftung von Rechtsberatern

Es kann Schadenersatz zugesprochen werden, wenn ein Rechtsberater[27] durch sein Verschulden die Möglichkeit, einen Prozeß zu gewinnen, vereitelt[28]. Dabei handelt es sich häufig um Fälle, in denen der Rechtsvertreter eine Frist versäumt und somit eine Klage aussichtslos gemacht hat[29]. Eine vereitelte Chance auf einen erfolgreichen Prozeß kann nur dann geltend gemacht werden, wenn bereits ein Rechtsbeistand beauftragt war und zumindest die Möglichkeit einer

25 *Y. Chartrier*, Anmerkung zu CassCiv, 2e, 9.11.1983 u. CassCrim, 3.11.1983 JCP 1985 II 20360; *G. Viney*, La responsabilité: conditions (1982) No 284.

26 *Y. Chartrier*, Anmerkung zu CassCiv, 2e, 9.11.1983 u. CassCrim, 3.11.1983, JCP 1985 II 20360; *J. Huet*, RTDC 1986 (85) 115-144 (117); *P. Jourdain*, RTDC 1993 (92) 131-150 (150).

27 *Avocat* oder *avoué*, aber auch andere Berufe, wie etwa Gerichtsdiener.

28 Req, 17.7.1889 S 1891, 1, 399; Cour d'Appel d'Angers, 1re Ch, 19.5.1931 GazPal 1931, 2, 218; bestätigt durch CassCiv, 22.10.1934 GazPal 1934, 2, 821; CassCiv, 13.1.1942 S 1942, 1, 97; CassCiv, 1re, 29.4.1963 BullCiv I No 229; CassCiv, 1re, 16.3.1965 D 1965 J 425 (*L. Crémieu*).

29 Cour d'Appel d'Angers, 1re Ch, 19.5.1931 GazPal 1931, 2, 218; bestätigt durch CassCiv, 22.10.1934 GazPal 1934, 2, 821; CassCiv, 13.1.1942 S 1942, 1, 97; CassCiv, 1re, 29.4.1963 BullCiv I No 229; andere Fehler, die die Erfolgsaussichten einer Klage herabsetzen oder ausschließen können, sind fehlerhafte und damit nichtige Zustellungen (Req, 17.7.1889 S 1891, 1, 399) oder das unzureichende Beibringen von Beweisen (CassCiv, 1re, 16.3.1965 D 1965 J 425 [*L. Crémieu*]).

erfolgreichen Klage vorhanden war[30]. Ohne eine solche Chance des Prozeßgewinnes liegt kein Schaden vor, durch den anwaltlichen Fehler wurde daher nichts eingebüßt[31].

2. Glücksspiele

Als Fallgruppe der *perte d'une chance* anerkannt sind des weiteren Aussichten, in einem Glücksspiel zu gewinnen. So wurde beispielsweise einem Glücksspieler in einem Pferderennen Schadenersatz zugesprochen, da der Jockey das Pferd nicht genug angetrieben und somit die Möglichkeit des Sieges zunichte gemacht hatte[32].

3. Karriere

Auch bei der Vereitelung von Aussichten auf ein berufliches Fortkommen kann nach den Grundsätzen der *perte d'une chance* ein Schadenersatz zu gewähren sein[33]. Dies kann gelten für die Aussichten auf eine Beförderung, eine höhere Bezahlung, das Bestehen einer Prüfung[34] oder den Gewinn bei einer öffentlichen Ausschreibung[35]. Die somit vereitelten Chancen auf ein berufliches Fort-

---

30 Abgelehnt wurde daher eine *perte d'une chance* in CassCiv, 1re, 29.4.1963 BullCiv I No 229. Das Gericht führte aus, daß das verspätet eingelegte Rechtsmittel keinerlei Erfolgsaussichten gehabt hätte und es daher am *préjudice certain et actuel* fehle.

31 CassCiv, 1re, 29.4.1963 BullCiv I No 229; *N. Lesourd*, „La perte d'une chance", GazPal 1963, 2, 49-51 (50).

32 CassCiv, 2e, 4.5.1972 D 1972 J 596 (*P. Le Tourneau*); Cour d'Appel de Paris, 7e Ch, 21.11.1970 GazPal 1971, 1, 162; *G. Durry*, RTDC 1972 (70) 779-791 (783); vgl. auch den ähnlich gelagerten Fall, in dem das Pferd, welches als erstes die Ziellinie passierte, aufgrund eines Regelverstoßes des Jockeys nachträglich disqualifiziert wurde: CassCiv, 2e, 25.1.1973 JCP 1974 II 17641 (*A. Bénabent*).

33 CassCiv, 2e, 17.2.1961 D 1961 Somm 61: eine junge Frau erhielt Schadenersatz für die nach einem Unfall entgangene Chance, sich als Stewardeß zu bewerben, nachdem sie sich bereits gezielt auf die Bewerbung vorbereitet hatte; siehe auch CassCiv, 2e, 27.2.1985 BullCiv II No 52.

34 Bzw. das Bestehen eines in Frankreich äußerst bedeutsamen *concours*, einer landesweiten Prüfung, von deren Ergebnis die Zulassung zu einem Studium oder einem Beruf abhängt; hierzu CassCiv, 2e, 9.3.1977 BullCiv II No 70.

35 Cour d'Appel de Lyon, 1re, 17.11.1958 GazPal 1959, 1, 195: ein Bildhauer hatte bei einer Ausschreibung zur Errichtung eines Denkmals nur den dritten Preis zugesprochen bekommen und machte im Prozeß erfolgreich geltend, daß sich seine Gewinnchance erhöht hätte, wenn er rechtzeitig über eine Regeländerung informiert worden wäre. Ähnlich auch Tribunal de la Seine, 1re ch, 16.12.1953 GazPal 1954, 1, 80: ein Schriftsteller erhält Ersatz für die entgangene Chance, einen Literaturpreis zu gewinnen, da sein Verlag es versäumt hatte, die für den Wettbewerb erforderlichen 1000 Probeexemplare zu drucken.

kommen müssen bereits hinreichend konkretisiert sein[36]. Dies ist beispielsweise nicht der Fall, wenn eine Ausbildung oder ein Studium erst in den Anfängen steckt[37]. In diesen Konstellationen ist der Gedanke wesentlich, daß bei weit in der Zukunft liegenden Aussichten zu viele andere Faktoren mit hineinspielen können, um eine Seriosität der Chance tatsächlich annehmen zu können[38].

4. Tod eines Angehörigen

Auch bei der Tötung eines Angehörigen wird zuweilen die Aussicht auf erhöhten Unterhalt oder einen besseren Lebensstandard, den der Getötete nach einem möglichen, aber nicht mit Sicherheit feststehenden beruflichen Aufstieg hätte leisten können, ersetzt[39]. Ausgeschlossen ist ein solcher Anspruch, wenn keine hinreichend konkreten Aussichten auf zukünftig mögliche Unterhaltszahlungen bestanden, weil beispielsweise keine Anhaltspunkte dafür vorlagen, daß ein höheres Einkommen durch den Getöteten hätte erzielt werden können[40]. Ähnlich wie bei dem Ersatz für vereitelte Karrierechancen wird daher auf die Möglichkeiten des beruflichen Fortkommens abgestellt, nur daß es sich nicht um die eigenen Erfolgsaussichten, sondern um die des getöteten Angehörigen handelt.

---

36 *P. Jourdain*, RTDC 1993 (92) 131-150 (149).

37 CassCiv, 2e, 9.11.1983 JCP 1985 II 20360 (*Y. Chartrier*): einem neunjährigen Jungen, dessen schulische Leistungen nach einer Verletzung erheblich nachließen, wird kein Schadenersatz wegen entgangener zukünftiger Berufsaussichten gewährt, da diese nicht hinreichend konkret (*sérieuse*) waren.

38 Dieses Argument der vielen Faktoren, die die weitere Entwicklung und damit auch die Seriosität der Chance beeinflussen können, findet sich auch in CassCiv, 2e, 14.11.1958 GazPal 1959, 1, 31: ein Theaterdirektor forderte Schadenersatz wegen der Verletzung eines Opernsängers und machte dabei geltend, daß das Stück mit dem nunmehr eingesetzten, schlechteren Sänger geringere Erfolgsaussichten hatte. Das Gericht widersprach dieser Behauptung und stellte fest, daß der Erfolg der Aufführung von zu vielen Faktoren abhängig sei, um einen Verlust einer *chance sérieuse* durch den Ausfall des Sängers bejahen zu können.

39 CassCiv, 2e, 9.7.1954 D 1954 J 627: eine Witwe erhält auch Ersatz für die Aufstiegsmöglichkeiten, die ihr Mann gehabt hätte; ebenso CassCiv, 2e, 20.12.1966 D 1967 J 669 (*M. Le Roy*); CassCrim, 24.2. 1970 D 1970 J 307: die Witwe eines erfolgversprechenden, kurz vor seinem Abschluß stehenden Medizinstudenten erhält Ersatz für die entgangenen guten Zukunftschancen, die sie bei einer Karriere ihres Mannes gehabt hätte; ähnlich CassCrim, 3.11.1983 JCP 1985 II 20360 (*Y. Chartrier*), wo konkrete Beförderungsaussichten deswegen bejaht wurden, weil ein Kollege des Getöteten kurz vor der Pensionierung stand.

40 So in CassCiv, 2e, 3.11.1971 D 1972 J 667 (*C. Lapoyade Deschamps*), wo der getötete Sohn bisher nie eine Unterstützung an seine Eltern gezahlt hatte, deren Bedürftigkeit erst zwei Jahre nach der Tötung entstand und zudem keinerlei Aussicht auf ein erhöhtes Einkommen des Sohnes bestand. An der *chance sérieuse* fehlt es es auch in CassCrim, 23.11.1971 D 1971 J 226, wo die Witwe eines ums Leben gekommenen Polizeibeamten im Ruhestand erfolglos geltend machte, ihr Mann hättee eine Nebentätigkeit aufnehmen und damit einen höheren Unterhalt leisten können. Ähnlich auch CassCiv, 2e, 22.2.1989 BullCiv II No 46.

Zu beachten ist, daß es sich hierbei um einen Anspruch handelt, der über den Unterhalt, der von dem Getöteten bereits gezahlt wurde, hinausgeht.

III. Zusammenfassung

Der Ersatz von vereitelten Zukunftsaussichten, deren Verwirklichung nicht mit Sicherheit festzustellen ist, ist durch die Lehre von der *perte d'une chance* ein anerkannter Bestandteil des französischen Schadensrechts, der auch von dem französischen Schrifttum nicht in Frage gestellt wird[41]. Der Hintergrund dieses im Verhältnis zu anderen Rechtsordnungen relativ weitgehenden Ersatzes dürfte vor allem darin zu sehen sein, daß der Code Civil und insbesondere auch die deliktische Anspruchsgrundlage des Art.1382 CC keine Begrenzungen hinsichtlich der Art von Schadenersatzansprüchen vorsieht und daher ein gewisser Pragmatismus vorherrscht.

B. Common Law

Auch im *Common Law* hat der Begriff der *loss of chance* Einzug in das Schadensrecht gehalten.

I. *Chaplin v Hicks* - Der klassische Fall

1. Der klassische Fall im Zusammenhang mit der Ersatzfähigkeit von vereitelten Chancen wurde im Jahre 1911 vom englischen *Court of Appeal* entschieden[42]: Eine junge Schauspielerin hatte sich bei einem Wettbewerb beworben, bei dem die erfolgreichen zwölf Teilnehmerinnen unterschiedlich hoch dotierte Schauspielverträge erhalten sollten. Der Veranstalter wählte sie aus sechstausend Bewerberinnen in die Vorauswahl von fünfzig Kandidatinnen. Aufgrund seines Verschuldens wurde sie nicht rechtzeitig zu der Endauswahl eingeladen, so daß sie keine Chance hatte, einen der angestrebten Verträge zu erhalten. Das Gericht stellte fest, daß der Klägerin wegen der Verletzung des mit dem Veranstalter geschlossenen Vertrages ein Schadenersatzanspruch zustand. Ihre Gewinnchance unter fünfzig Teilnehmerinnen habe eins zu vier betragen, hierbei handele es sich um einen zu ersetzenden Schaden. Zu beachten ist allerdings,

---

41 *J. Flour/J.-L. Aubert*, Les obligations 2 (1991) No 134; *J. Penneau*, Anmerkung zu CassCiv, 1re, 27.3.1973 D 1973 J 595-598 (596); *R. Savatier*, Anmerkung zu CassCiv, 1re, 14.12.1965 u. Cour d'Appel de Paris, 10.3.1966 JCP 1966 II 14753; *W. Müller-Stoy*, Schadensersatz für verlorene Chancen (1973) 26-32. Kritisch äußert sich *A. Bénabent*, La chance et le droit (1973) No 237.
42 *Chaplin v Hicks* [1911] 2 KB 786, CA.

daß der *Court of Appeal* über eine erstinstanzliche Juryentscheidung zu befinden hatte und daher deren Feststellungen hinsichtlich der Schadenshöhe nicht überprüfte. Es finden sich daher keine Ausführungen dazu, welchen genauen Wert die Chance hatte[43], sondern nur, daß ihr ein Vermögenswert zukam.

2. Die Bedeutung dieser Entscheidung liegt vor allem darin, daß im *common law* erstmals der Begriff der *chance* verwendet wurde[44]. Es wurde zwischen dem Veranstalter und der enttäuschten Teilnehmerin ein Vertrag bejaht, wegen dessen Verletzung der entstandene Schaden, mithin die vereitelte Chance, zu ersetzen war. Damit war die *loss of chance* als Begriff im Rahmen der Schadensermittlung etabliert worden. *Chaplin v Hicks* stellt somit den Ausgangspunkt der *loss of chance* im angloamerikanischen Rechtskreis dar[45].

II. Ersatz der *loss of chance*

1. Entwicklung in der Rechtsprechung

Der Ersatz für entgangene Chancen ist von der Rechtsprechung auch in weiteren Fällen ermöglicht worden, wobei die Rechtsprechung der Einzeljurisdiktionen der Vereinigten Staaten zunächst eine gewisse Zurückhaltung erkennen ließ, sich sodann aber im zunehmenden Maße an dem englischen Vorbild orientiert hat[46]. Insbesondere bei der Haftung von Rechtsberatern[47] für falsche Auskünfte im Rahmen eines vorzubereitenden Prozesses oder eines Beratungs-

43 „*The assessment of the damage is for the jury*", *Chaplin v Hicks* [1911] 2 KB 786, CA (*Farwell* LJ, 797).

44 *Chaplin v Hicks* [1911] 2 KB 786, CA (*Vaughan Williams* LJ, 791).

45 Diese Entscheidung hat auch zu der Anerkennung der *loss of chance* in einigen Rechtsordnungen der Vereinigten Staaten geführt, *Wachtel v National Alfalfa Journal Co*, 176 NW 801, 802 (Iowa 1920) sowie *H. R. Feldman*, „Chances as Protected Interests: Recovery for the Loss of a Chance and Increased Risk", 17 BaltLRev 139-159, 140-141 (1987).

46 *H. R. Feldman*, „Chances as Protected Interests: Recovery for the Loss of a Chance and Increased Risk", 17 BaltLRev 139-159, 141 (1987); *W. Müller-Stoy*, Schadensersatz für verlorene Chancen (1973) 67-83; Note, „Damages Contingent Upon Chance", 18 RutgersLRev 875-894 (1964) und *E.J. Schaefer*, „Uncertainty and the Law of Damages", 19 Wm & Mary LRev 719-769 (1978) jeweils mit zahlreichen Nachweisen. Zu der vergleichbaren Entwicklung in Kanada *K. Cooper*, „Assessing Possibilities in Damage Awards - The Loss of a Chance or the Chance of a Loss", (1973) 37 SaskLRev 193-249.

47 Vgl. insgesamt zu den Haftungsgrundlagen *J. Poll*, Die Haftung der Freien Berufe zwischen standesrechtlicher Privilegierung und europäischer Orientierung (1994) 104-133.

vertrages ist häufig eine *loss of chance*[48] geltend gemacht worden. Die Gerichte haben in solchen Fällen durchaus einen Ersatz für die entgangene Chance, einen Prozeß zu führen[49], eine bestimmte Karriere zu machen[50], ein beabsichtigtes Geschäft abzuschließen[51] oder einen Preis zu gewinnen[52], gewährt. Voraussetzung ist für alle Fälle der *loss of chance*, daß die Chance hinreichend konkretisiert, also nicht bloß hypothetisch war[53].

2. Besonderheiten der Schadensermittlung

Zu beachten ist, daß im *common law* im Falle einer Schadenersatzklage nur ein einmaliger Ersatz möglich ist (*lump sum*[54]), so daß im Zeitpunkt der Urteilsfindung auch alle zukünftig entstehenden Schäden mit abgegolten werden müssen. Daher werden zukünftige Entwicklungen, wie etwa ein beruflicher Aufstieg oder ein möglicher Folgeschaden aufgrund einer nunmehr erhöhten Schadensanfälligkeit regelmäßig bereits in die Schadensermittlung miteinbezogen und hierfür, wenn die spätere Folge nur zu einem gewissen Wahrscheinlich-

48 England: *Otter v Church, Adams, Tatham & Co* [1953] 1 Ch 280: Unzutreffende Beratung über Anlagemöglichkeiten; *Hall v Meyrick* [1957] 2 QB 455, QB & CA: Unzureichende Aufklärung über Unwirksamwerden eines Testamentes nach Heirat; *Kitchen v Royal Air Force Association* [1958] 1 WLR 568, CA: Klage wird wegen eines Fehler des *solicitor* nicht rechtzeitig vor der Verjährung erhoben; *Allied Maples Ltd v Simmons & Simmons* [1995] 4 AllER 907, CA: Unzureichende Beratung bei einer Firmenübernahme. Vereinigte Staaten von Amerika: abgelehnt in *Daugert v Pappas*, 704 P2d 600, 605 (Wash 1985). Siehe auch *H. Evans*, „Damages for solicitors' negligence: (3) damages for the loss of a chance", (1992) 8 PN 85-91; *P.A. Lord*, „Loss of Chance in Legal Malpractice", 61 WashLRev 1479-1502 (1986); *J. Poll*, Die Haftung der Freien Berufe zwischen standesrechtlicher Privilegierung und europäischer Orientierung (1994) 124-125.

49 Aufgrund der Umstände des Einzelfalles allerdings abgelehnt in *Daugert v Pappas*, 703 P2d 600 (Wash 1985).

50 *Norris v Blake* (1997) 41 NSWLR 49 (CA) (Schauspieler erhielt anteiligen Ersatz für Aussicht, eine Weltkarriere zu machen. Dabei stützte sich das Gericht auf Sachverständigengutachten, die dem Kläger das Potential von *Mel Gibson* oder zumindest von *Nicole Kidman* zutrauten!).

51 *Allied Maples Ltd v Simmons & Simmons (a firm)* [1995] 4 AllER 907, CA; *Sellars v Adelaide Petroleum* (1994) 179 CLR 332.

52 *Wachtel v National Alfalfa Journal Co*, 176 NW 801 (Iowa 1920) (Preisausschreiben); *Kansas City, M. & O. Ry.v Bell*, 197 SW 322 (TexApp 1917) (Schweine wurden nicht rechtzeitig zu einer Ausstellung gebracht, so daß kein Preis mehr gewonnen werden konnte).

53 In *Davies v Taylor* [1974] AC 207 wurde daher die Klage einer Witwe auf entgangenen Unterhalt abgewiesen, nachdem sie ihren Mann verlassen hatte und dieser die Scheidung kurz vor seinem Tod eingeleitet hatte. Die Möglichkeit, daß die Ehefrau zu ihrem Mann zurückgekehrt und damit wieder unterhaltsberechtigt gewesen wäre, wurde vom *House of Lords* als *speculative* abgetan.

54 *J.G. Fleming*, The Law of Torts (1992) 225-226.

keitsgrad feststeht, ein anteiliger Schadenersatz gewährt[55]. Daher ist dem *common law* die Berücksichtigung solcher Wahrscheinlichkeiten im Rahmen der Schadensermittlung durchaus bekannt, was die Anerkennung der *loss of chance* im Rahmen der Schadensermittlung gefördert haben dürfte[56]. Ihr im Vergleich zum französischen Recht geringerer Anwendungsbereich läßt sich damit erklären, daß solche ungewissen zukünftigen Entwicklungen wie ein beruflicher Aufstieg oder die Verschlechterung des Gesundheitszustandes stets in die Schadensermittlung einfließen. Ihre Bedeutung hat die *loss of chance* daher vor allem in den Fällen, in denen nicht einmal feststeht, ob eine zunichte gemachte Aussicht als greifbarer Vorteil bestand oder ob es sich lediglich um etwas Hypothetisches handelt[57]. Um dies deutlich zu machen: Die einmalige Schadensberechnung entsprechend der *lump sum* ist erforderlich, weil zum Zeitpunkt der richterlichen Entscheidungsfindung die zukünftige Entwicklung nicht feststeht, diese zukünftige Entwicklung aber bereits in dem laufenden Prozeß berücksichtigt werden muß. Nach dem Prinzip der *lump sum* kann der Patient nicht noch einmal klagen, wenn er nach dem ersten Prozeß einen Folgeschaden erleidet, die Möglichkeit einer Art Feststellungklage besteht für ihn nicht. Demgegenüber ist die *loss of chance* erforderlich, weil die Entwicklung durch das schädigende Ereignis verändert wurde und nicht festgestellt werden kann, ob sich die vereitelte Chance hätte realisieren können.

C. Deutscher Rechtskreis

Im deutschen Rechtskreis ist hingegen bisher an die Zunichtemachung einer bloßen Aussicht auf einen Vorteil keine schadenersatzrechtliche Folge geknüpft worden. Der Kläger muß nachweisen, daß ihm der angestrebte Vorteil entgangen ist. So kann sich ein Fußballspieler nicht darauf berufen, daß ihm die Möglichkeit, einen Profivertrag abzuschließen, genommen wurde[58]. Ebensowenig besteht ein Anspruch, wenn ein Rennpferd für ein Rennen gesperrt[59] oder die Teilnahme an einer öffentlichen Ausschreibung verhindert wird[60] und sich die jeweiligen Erfolgsaussichten nicht ermitteln lassen. Die Vereitelung einer Aussicht ist unbeachtlich, es muß nach wie vor nachgewiesen werden, daß der angestrebte Vorteil tatsächlich erlangt worden wäre. Dem Kläger stehen dabei die

---

55 *H. R. Feldman*, „Chances as Protected Interests: Recovery for the Loss of a Chance and Increased Risk", 17 BaltLRev 139-159, 151-154 (1987) mit zahlreichen Nachweisen; *J.G. Fleming*, The Law of Torts (1992) 225-226.

56 Zum Verhältnis zwischen *lump sum* und *loss of chance J.G. Fleming*, The Law of Torts (1992) 226-228.

57 *J.G. Fleming*, The Law of Torts (1992) 227.

58 BGH, 11.5.1993 VI ZR 207/93 NJW 1993, 2383.

59 OLG Düsseldorf, 12.7.1985 8 U 218/84 NJW-RR 1986, 517.

60 BGH, 16.3.1959 III ZR 20/58 BGHZ 29, 393 (398-400).

Beweiserleichterungen des § 252 BGB und des § 287 ZPO zur Seite. Daß die Aussicht auf diesen Vorteil eine eigenständige Schadensposition sein könnte, ist bisher von der Rechtsprechung nicht angesprochen worden, da diese stets vom Alles-oder-Nichts-Prinzip ausgeht[61]. Soweit ersichtlich, hat sich bisher vor allem *W. Müller-Stoy*[62] für die Übernahme der in Frankreich, England und Teilen der Vereinigten Staaten entwickelten *perte d'une chance/loss of chance* eingesetzt. Er mißt einer vereitelten Chance einen Vermögenswert zu und erachtet einen anteiligen Ersatz nach der Realisierungswahrscheinlichkeit gegenüber der bisherigen Rechtsprechung als vorzugswürdig[63]. § 252 BGB stehe diesem Ergebnis nicht entgegen, da sich diese Vorschrift nur auf den entgangenen Gewinn, nicht aber auf die Beachtlichkeit von Chancen beziehe[64]. Heilungschancen nimmt er jedoch ausdrücklich aus, da diese lediglich ein immaterielles und damit nach § 253 BGB nicht ersatzfähiges Gut darstellten[65]. Die Untersuchung von *Müller-Stoy* hat in Deutschland kaum Resonanz gefunden[66], so daß es bei der von ihm bereits festgestellten Vernachlässigung der Chancenproblematik verblieben ist[67]. Dies ist insbesondere deshalb unbefriedigend, weil eine vereitelte Chance einen wirtschaftlichen Nachteil darstellen und die Wahrung einer Chance ein maßgeblicher Vertragszweck sein kann[68]. Es handelt sich mithin bei der *perte d'une chance/loss of chance* um einen auch im deutschen Schadensrecht bedenkenswerten Ansatz. Im Rahmen der vorliegenden Untersuchung war sie deshalb darzustellen, weil sie der eigenständigen Bedeutung von Heilungschancen außerhalb Deutschlands den Weg geebnet hat.

---

61 BGH, 16.3.1959 III ZR 20/58 BGHZ 29, 393 (398-400); 11.5.1993 VI ZR 207/93 NJW 1993, 2383 sowie die Vorinstanz OLG München, 4.6.1992 1 U 3379/91 VersR 1993, 607; OLG Düsseldorf, 12.7.1985 8 U 218/84 NJW-RR 1986, 517.

62 Schadensersatz für verlorene Chancen (1973).

63 *W. Müller-Stoy*, Schadensersatz für verlorene Chancen (1973) 159-202.

64 *W. Müller-Stoy*, Schadensersatz für verlorene Chancen (1973) 204-222 mit dem insofern überzeugenden Argument, daß auch in anderen Rechtsordnungen zwischen diesen beiden Schadenspositionen unterschieden wird.

65 *W. Müller-Stoy*, Schadensersatz für verlorene Chancen (1973) 233.

66 Befürwortend aber *H. Stoll*, Haftungsfolgen im bürgerlichen Recht (1993) 41f.

67 *W. Müller-Stoy*, Schadensersatz für verlorene Chancen (1973) 135-146.

68 *H. Stoll*, Haftungsfolgen im bürgerlichen Recht (1993) 41 verweist insofern auf *Chaplin v Hicks* [1911] 2 KB 786, CA.

§ 3 Chancen in der Arzthaftung: Die Sonderproblematik der Heilungschancen

A. Einführung

Chancen und ihrer Vereitelung wird in einigen Rechtsordnungen eine rechtliche Relevanz bei der Ermittlung des zu ersetzenden Schadens beigemessen. Hierfür hat sich der Begriff der *loss of chance* bzw. der *perte d'une chance* etabliert. Eine weitergehende Bedeutung haben Chancen im Arzthaftungsrecht erlangt. Auf diesem Gebiet sind zunehmend Entscheidungen ergangen, in denen an die Tatsache der Vereitelung einer Heilungsmöglichkeit, die als Heilungschance bezeichnet wird, eine rechtliche Konsequenz geknüpft oder eine solche zumindest diskutiert wird. Trotz der unterschiedlichen materiell- und prozeßrechtlichen Voraussetzungen eines für den Kläger erfolgreichen Arzthaftungsprozesses haben ähnliche Erwägungen und vergleichbare Sachverhalte zu diesen Entscheidungen hingeführt. Die Voraussetzungen und Rechtsfolgen sind jedoch unterschiedlich und vielschichtig, auch ist die Entwicklung innerhalb der Rechtsordnungen oft in Stufen erfolgt.

I. Die typische Sachverhaltskonstellation

Entwickelt hat sich die mögliche Berücksichtigung von zunichte gemachten Heilungschancen vor allem bei fehlerhaften oder unzureichenden Diagnosen. Folgender hypothetischer Fall läßt sich mit einer Vielzahl von Gerichtsentscheidungen aus verschiedenen Rechtsordnungen vergleichen[69]: Ein Patient begibt sich aufgrund bestimmter Beschwerden zu einem Arzt. Der Arzt untersucht ihn und stellt fest, daß keine ernsthafte Erkrankung vorliegt. Einige Zeit später verschlechtert sich das Befinden des Patienten. Bei einer erneuten Untersuchung ergibt sich, daß sich in der Lunge des Patienten ein inoperabler Tumor befindet. Dieser hätte bei einer umfassenden Untersuchung bereits bei dem ersten Arztbesuch entdeckt werden müssen. Der Arzt hat also einen Fehler begangen. Nach medizinischen Erkenntnissen herrscht jedoch Ungewißheit darüber, ob eine zu einem früheren Zeitpunkt, also bereits nach der ersten ärztli-

69 Vereinigte Staaten von Amerika: *James v United States*, 483 FSupp 581 (ND Cal 1980); *Herskovits v Group Health Cooperative of Puget Sound*, 664 P2d 474 (Wash 1983); *DeBurkarte v Louvar*, 393 NW2d 131 (Iowa 1986); *Nevada v Las Vegas Medical Center*, 805 P2d 589 (Nev 1991); *Wollen v DePaul Health Center*, 828 SW2d 681 (Mo 1992); *Griffett v Ryan*, 443 SE2d 149 (Va1994); *Mayhue v Sparkman*, 653 NE2d 1384 (Ind 1995); Kanada: *Laferrière v Lawson* [1989] RJQ 27; revsd [1991] 1 SCR 541; England: *Judge v Huntingdon Health Authority* [1995] 6 MedLR 223, QB, dieser Fall endete mit einem außergerichtlichen Vergleich: The Guardian, 8 Mar 1995, S. 5 („*Payout for breast cancer blunder*“).

chen Untersuchung, eingeleitete Therapie erfolgreich gewesen wäre, da in vergleichbaren Fällen nur 30 Prozent der Patienten mit einem Tumor in diesem Stadium geheilt werden. Wenn der Patient nun verstirbt, stellt sich die Frage, ob seine Angehörigen einen Anspruch gegen den Arzt gerichtlich durchsetzen können. Unterstellt man nämlich, daß dieser die erste Untersuchung sorgfältig und umfassend durchgeführt hätte, so kann dennoch nicht nachgewiesen werden, daß der Patient überlebt hätte. Vielmehr ist die Heilungswahrscheinlichkeit von 30 Prozent vergleichsweise gering. Diese Konstellation führt nach hergebrachten Maßstäben für die Verursachung und die Beweislastverteilung dazu, daß ein Prozeß trotz des nachgewiesenen Fehlers des Arztes keinen Erfolg haben kann. Gerade in der Arzthaftung treten solche Fälle immer wieder auf, da die Prognose eines Krankheitsverlaufes oftmals ungewiß ist.

II. Lösungsmöglichkeiten

Für diese im Rahmen der Arzthaftung typische Situation haben sich besondere Lösungsmöglichkeiten entwickelt. Den Fällen der unsorgfältigen Krebsdiagnose vergleichbar sind unterlassene Untersuchungsmaßnahmen nach Unfällen[70], Verkennung von Krankheiten oder ihrer Symptome[71], Nichtweiterleitung von relevanten Informationen[72] oder Unterlassung von angezeigten Vorsorgemaßnahmen und Sicherheitsvorkehrungen[73]. Gemeinsam ist diesen Fällen, daß die gebotene Therapie aufgrund eines ärztlichen Versäumnisses nicht zu dem frü-

70 Frankreich: CassCiv, 1re, 14.12.1965 BullCiv I No 707 (S. 541) (Verkennung einer Ellenbogenverrenkung nach Sturz); England: *Hotson v East Berkshire Area Health Authority* [1987] 1 AC 750, CA & HL; *sub nom Hotson v Fitzgerald* [1985] 3 AllER 167, QB (Nichterkennung einer Hüftverletzung nach einem Sturz); Vereinigte Staaten von Amerika: *Cooper v Sisters of Charity of Cincinnati, Inc*, 272 NE2d 97 (Ohio 1971) (unzureichende Untersuchung nach Verkehrsunfall).

71 Frankreich: CassCiv, 1re, 20.7.1988 JCP 1988 IV 351 (Verkennung einer Meningitis wegen unterlassener Temperaturmessung); CassCiv, 1re, 11.10.1988 BullCiv I No 281 (S. 192) (Meningitis wird für Rötelerkrankung gehalten); Vereinigte Staaten von Amerika: *Hamil v Bashline*, 392 A2d 1280 (Pa 1978) (Nichterkennen eines Herzanfalls, da unzureichende Ausstattung mit EKG-Geräten); *Aasheim v Humberger*, 695 P2d 824 (Mont 1985) (Verkennung eines Tumors); *McKellips v Saint Francis Hospital, Inc*, 741 P2d 467 (Okla 1987) (Herzanfall wird für Gastritis gehalten); *Scafidi v Seiler*, 574 A2d 398 (NJ 1990) (vorzeitige Wehen werden nicht erkannt, das Frühgeborene stirbt).

72 *James v United States*, 483 FSupp 581 (ND Cal 1980) (Radiologe leitete Röntgenbilder, auf denen ein Tumor zu erkennen war, nicht weiter).

73 Frankreich: Cour d'appel de Paris, 1re, 10.3.1966, JCP 1966 II 14753 (2. Fall) (*R. Savatier*) (Arzt verläßt Klinik, ohne sich um eine Vertretung zu kümmern); Vereinigte Staaten von Amerika: *Falcon v Memorial Hospital*, 462 NW2d 44 (Mich 1990) (ein für Notfälle erforderlicher intravenöser Zugang wurde nicht gelegt); *Chambers v Rush-Presbyterian-St. Luke's Medical Center*, 508 NE2d 426 (IllApp 1987) (Blutzuckerspiegel wurde nicht überwacht, Patient fiel in ein Koma).

hestmöglichen Zeitpunkt eingeleitet wird und sich die Erfolgsaussichten aufgrund des Zeitablaufes verschlechtern. Die Rechtsprechung zur Behandlung dieser Fälle ist in hier untersuchten Rechtsordnungen vielschichtig und bedarf somit einer ausführlichen Darstellung[74]. Die vorgeschlagenen Lösungen lassen sich wie folgt skizzieren:

1. Beweiserleichterungen

Einige Gerichte haben in Fällen, die dem hier eingeführten Beispielsfall gleichen, eine Beweiserleichterung befürwortet[75]. Hiernach kann es unter bestimmten Voraussetzungen ausreichen, wenn der Arzt durch seinen Fehler die Möglichkeit der Heilung vereitelt hat, auch wenn die vollständige Heilung nicht nachzuweisen ist. In dem gewählten Beispiel könnten die Kläger hiernach erfolgreich sein, wenn sie darlegen, daß in vergleichbaren Fällen in 30 Prozent der Fälle eine Heilung eintritt. Sie bekommen den gesamten Schaden ersetzt, der durch den Tod des Patienten entstanden ist.

2. Heilungsmöglichkeit als eigenständiger Schaden

Statt den Klägern den Nachweis der Verursachung des endgültigen Schadens, also der unterbliebenen Heilung, zu erleichtern, gehen andere Gerichte davon aus, daß der Arzt nur die Möglichkeit der Heilung zunichte gemacht hat und deswegen auch nur diese zu ersetzen hat[76]. Diese Möglichkeit wird dabei als Heilungschance bezeichnet und von dem endgültigen Schaden, also dem Tod

---

74 Siehe unter §§ 4-6.

75 Es handelt sich hierbei vor allem um Entscheidungen aus den Vereinigten Staaten: Arizona: *Thompson v Sun City Community Hospital, Inc*, 688 P2d 605 (Ariz 1984); District of Columbia: *Daniels v Hadley Memorial Hospital*, 566 F2d 749 (DC Cir 1977); Illinois: *Northern Trust Company v Louis A. Weiss Memorial Hospital*, 493 NE2d 6 (IllApp 1986); Indiana: *Mayhue v Sparkman*, 653 NE2d 1384 (Ind 1994); Pennsylvania: *Hamil v Bashline*, 392 A2d 1280 (Pa 1978); Virginia: *Brown v Koulizakis*, 331 SE2d 440 (Va 1985); West Virginia: *Thornton v CAMC, ETC*, 305 SE2d 316 (WVa 1983); Wisconsin: *Ehlinger by Ehlinger v Sipes*, 454 NW2d 754 (Wis 1990) sowie mit gewissen Einschränkungen New Jersey: *Scafidi v Seiler*, 574 A2d 398 (NJ 1990) sowie Oklahoma: *McKellips v Saint Francis Hospital, Inc*, 741 P2d 467 (Okla 1987); nicht ganz deutlich ist die Rechtslage in North Carolina: *Morrison v Stallworth*, 326 SE2d 387 (NCApp 1985). Hierzu ausführlich in § 4 B.

76 Frankreich: CassCiv, 1re, 14.12.1965 BullCiv I No 707; 18.3.1969 BullCiv I No 117; 17.11.1970 BullCiv I No 301; 25.5.1971 BullCiv I Nos 171-172; Vereinigte Staaten von Amerika: *Herskovits v Group Health Cooperative of Puget Sound*, 664 P2d 474 (Wash 1983). Hierzu ausführlich § 5 A u. B.

oder der bleibenden Gesundheitsbeeinträchtigung, unterschieden[77]. Ihr Wert ist sodann regelmäßig nicht mit dem vollen Schaden, der durch den Tod des Patienten entstanden ist, gleichzusetzen[78]. Vielmehr soll es sich bei der Heilungsmöglichkeit um einen von diesem endgültigen Schaden abgrenzbaren, eigenständigen Schadensposten handeln. Die Berechnung dieses Wertes erfolgt sodann in unterschiedlicher Weise, wobei von den meisten Gerichten die anhand von Statistiken ermittelte Heilungswahrscheinlichkeit mit dem endgültigen Schaden in ein Verhältnis gesetzt wird. Beträgt die Prognose der Heilung demnach 30 Prozent, so werden 30 Prozent des endgültigen Schadens ersetzt. Kennzeichnend für diesen Ansatz ist somit die eigenständige Bedeutung, die der Heilungschance beigemessen wird sowie der (meist proportional) reduzierte Schadenersatz.

3. Festhalten an traditionellen Maßstäben

Neben diesen Ansätzen, die von einer rechtlichen Relevanz der Vereitelung einer Heilungschance ausgehen, besteht weiterhin die Möglichkeit, an den Maßstäben zum Kausalitätsnachweis festzuhalten und dem Kläger den Schaden nicht zu ersetzen.

4. Andere Vorgehensweisen

Aber auch in den Rechtsordnungen, die sich nicht der Figur der Heilungschance bedienen, finden sich die entsprechenden Sachverhalte, die gelöst werden müssen. So stehen Beweiserleichterungen, die bis zur Beweislastumkehr gehen können, im Mittelpunkt des deutschen Arzthaftungsprozesses. Diese werden aber nicht an die durch die unsachgemäße oder unzureichende Diagnose oder Behandlung reduzierte Heilungschance angeknüpft, sondern an von deutschen Gerichten entwickelte Beweiserleichterungen bei groben Behandlungsfehlern oder einem Verstoß gegen Befundsicherungspflichten festgemacht. So wurde der fehlende Hinweis des behandelnden Arztes auf einen Krebsverdacht[79]

---

77 *Herskovits v Group Health Cooperative of Puget Sound*, 664 P2d 474, 481 (Wash 1983); *P.L. Andel*, „Medical Malpractice: The Right to Recover for the Loss of a Chance of Survival", 12 PeppLRev 973-998, 986 (1985).

78 *Herskovits v Group Health Cooperative of Puget Sound*, 664 P2d 474 (Wash 1983); *De-Burkarte v Louvar*, 393 NW2d 131 (Iowa 1986); *J. H. King*, „Causation, Valuation, and Chance in Personal Injury Torts Involving Preexisting Conditions and Future Consequences", 90 YaleLJ 1353-1397 (1981); *D. Giesen*, Anmerkung zu OLG Köln, 30.5.1990 27 U 169/89 JR 1991, 460 (465).

79 BGH, 24.4.1989 VI ZR 175/88 BGHZ 107, 222. Siehe hierzu unter § 4 C III 3 a).

ebenso wie die Mißdeutung der Symptome für einen Herzinfarkt[80] als grober Behandlungsfehler eingestuft. Als Folge wurde die Beweislast für die Verursachung des endgültigen Schadens (Verschlimmerung der Krebserkrankung, Tod durch Herzinfarkt) umgekehrt, so daß der Arzt für diesen Schaden aufkommen mußte.

B. Grundlagen der Arzthaftung

In den Rechtsordnungen, die sich mit der rechtlichen Bedeutung der Heilungschancen befaßt haben, finden sich die soeben skizzierten Lösungsmöglichkeiten, die sich vor dem jeweiligen materiell- und prozeßrechtlichen Hintergrund des Arzthaftungsrechts entwickelt haben.

I. Anspruchsgrundlagen und deren Voraussetzungen

1. Vertragliche Haftung

Liegt zwischen dem behandelnden Arzt bzw. dem Krankenhaus einerseits und dem Patienten andererseits ein Behandlungsvertrag vor, so kommt zunächst eine vertragliche Haftung in Betracht. In allen hier untersuchten Rechtsordnungen ist eine vertragliche Arzthaftung grundsätzlich möglich.

a) Im *common law* kann eine vertragliche Bindung zwischen Arzt und/oder Krankenhaus und dem Patienten vorliegen. Anspruchsvoraussetzung ist vor allem der Verstoß gegen eine vertragliche Abrede, die zu dem verschuldensunabhängigen Anspruch aus *breach of contract* führt[81]. Allerdings hat der vertragliche Anspruch in Großbritannien nur eine nachrangige Bedeutung, da die meisten Patienten eine medizinische Behandlung im Rahmen des *National Health Service* in Anspruch nehmen. Dieses mit öffentlichen Mitteln finanzierte Gesundheitssystem ist für den Patienten unentgeltlich und schließt eine vertragliche Haftung aus[82]. Somit können sich in Großbritannien nur Privatpatienten auf vertragliche Ansprüche berufen. Aber auch sonst stehen in den meisten Entscheidungen aus dem angloamerikanischen Rechtskreis nicht die vertragsrecht-

80 BGH, 13.2.1996 VI ZR 402/94 BGHZ 132, 47; diese Entscheidung ist insbesondere deshalb interessant, weil aufgrund des fehlenden EKG-Ausdrucks ein Verstoß gegen die Befundsicherungspflicht vorlag. Hieraus wurde zu Lasten des Arztes auf das Vorliegen der Infarktsymptome geschlossen, deren Mißdeutung ein grober Behandlungsfehler mit der Folge der Beweislastumkehr war.

81 *D. Giesen*, „Zur Konstruktion englischer Vertragsvereinbarungen“, JZ 1993, 16-24.

82 *D. Giesen*, International Medical Malpractice Law (1988) Rn. 10.

lichen, sondern die deliktischen Ansprüche im Vordergrund. Dies beruht darauf, daß eine Sorgfaltspflichtverletzung nach dem Deliktstatbestand der *negligence* unabhängig vom Bestehen eines Vertrages sanktioniert wird, womit das Eingehen auf einen Vertrag oft nicht notwendig erscheint[83]. Zudem ist das *common law* in der Annahme von stillschweigend vereinbarten Vertragsbedingungen (*implied terms*) verhältnismäßig zurückhaltend[84], so daß das Vertragsrecht nicht immer als angemessene und ausreichende Anspruchsgrundlage angesehen wird[85].

b) In Frankreich handelt es sich hingegen um den vorrangigen Haftungsgrund, da der Vertrag eine deliktische Haftung im Rahmen der Anspruchskonkurrenz stets ausschließt[86]. Liegt ein Vertrag vor, so stellt er die ausschließliche Anspruchsgrundlage dar, neben dieser vertraglichen Abrede sollen auch im Interesse der Vertragsautonomie die allgemeinen deliktischen Regelungen nicht in Betracht kommen[87]. Der Arzt verpflichtet sich durch eine sogenannte *obligation de moyens*[88] dazu, alle seine Fähigkeiten, Möglichkeiten und Mittel einzusetzen, um dem Patienten zu helfen. Anders als bei der *obligation de résultat*[89] wird aber nicht dieser Erfolg, sondern nur das Bemühen um die Erreichung dieses Erfolges geschuldet. Diese Unterscheidung hat auch Folgen für die Haftung bei Vertragsverletzungen: Bei einer *obligation de résultat* wird ein Verschulden bei Nichteintritt des angestrebten Erfolges vermutet, bei der *obligation de moyens* muß der Kläger ein etwaiges Verschulden noch beweisen, der Nichteintritt des Erfolges reicht hingegen für eine Haftung nicht aus, da dieser auch nicht geschuldet war. Der Patient muß somit nachweisen, daß die Bemühungen des Arztes nicht fehlerfrei waren[90].

---

83 *Kozan v Comstock*, 270 F2d 839, 844 (5th Cir 1959); *Yepremian v Scarborough General Hospital* (1980) 13 CCLT 105, 174 (Ont CA); *D. Giesen*, International Medical Malpractice Law (1988) Rn. 30-31; *M. Kasche*, „Operation in Australien", Jura 1993, 94-103 (101).

84 *D. Giesen*, „Zur Konstruktion englischer Vertragsvereinbarungen", JZ 1993, 16-24 (18).

85 *Kozan v Comstock*, 270 F2d 839, 844 (5th Cir 1959); *Yepremian v Scarborough General Hospital* (1980) 13 CCLT 105, 174 (Ont CA).

86 CassCiv, 20.5.1936 D 1936 J 88.

87 *D. Giesen*, International Medical Malpractice Law (1988) Rn. 48.

88 CassCiv, 20.5.1936 D 1936 J 88; *J. Penneau,* Medical Responsibility in Western Europe: France (1985) Rn. F 41, F 48-F 51; *D. Giesen*, International Medical Malpractice Law (1988) Rn. 12. Vgl. zu einer Annäherung an die *obligations de résultat* in bestimmten Bereichen *P. Sargos*, „Réflexions sur les accidents médicaux et la doctrine jurisprudentielle de la Cour de cassation en matière de responsibilité médicale", D 1996, Chron, 365-370; *G. Viney/P. Jourdain*, „L'indemnisation des accidents médicaux: que peut faire la Cour de cassation?", JCP 1997 I 4016.

89 *M.Ferid/H.J. Sonnenberger*, Das französische Zivilrecht, Band 2 (1986) 2 K 121 (S.288).

90 *D. Giesen*, International Medical Malpractice Law (1988) Rn. 12.

c) Auch im deutschen Rechtskreis ist eine vertragliche Haftung möglich, die aber ebenfalls nicht auf die Erreichung eines Erfolges im Sinne eines Werkvertrages, sondern nur um das Bemühen hierum abstellt, so daß der Arztvertrag in Deutschland und in Österreich als Dienstvertrag[91] und in der Schweiz als Auftrag[92] einzuordnen ist. Bei einer Behandlung im Krankenhaus ist zudem im Wege der Vertragsauslegung zu klären, wer Vertragspartner ist, ob also nur das Krankenhaus oder daneben oder möglicherweise auch ausschließlich der behandelnde Arzt haftet[93].

d) Die vertragliche Haftung hat somit eine unterschiedlich große Bedeutung. Dies beruht auf der unterschiedlichen Ausgestaltung der Gesundheitsversorgung einerseits und der Struktur des Vertrags- und Deliktsrechts andererseits. Liegt ein Vertrag vor, so erhält der Patient den geltend gemachten Schaden in allen Rechtsordnungen nur ersetzt, wenn der Arzt gegen die vertraglichen Vereinbarungen verstoßen und dadurch den Schaden verursacht hat. Die bloße Nichterreichung des angestrebten Heilungserfolgs vermag eine Haftung nicht zu begründen.

2. Deliktische Haftung

Der deliktischen Haftung kommt in den hier untersuchten Rechtsordnungen ebenfalls eine unterschiedlich starke Bedeutung zu. Dies hat vor allem auch mit der verschieden aufgefaßten Anspruchskonkurrenz zwischen vertraglichen und deliktischen Anspruchsgrundlagen zu tun, aber auch mit den jeweiligen Haftungsvoraussetzungen.

a) Im *common law* steht der Deliktstatbestand der *negligence* im Zentrum der Arzthaftung[94]. Dieser Tatbestand erfaßt eine unvorsätzliche Sorgfaltspflichtverletzung und ist erfüllt, wenn zwischen Arzt und Patient eine Sorgfaltspflicht (*duty of care*)[95] bestand, der Arzt gegen den anzulegenden Sorgfaltsmaßstab verstoßen (*breach of duty*)[96] und dadurch dem Patienten einen zurechenbaren Schaden (*consequent damage*)[97] zugefügt hat[98]. Daneben kommt auch eine

---

91 *D. Giesen*, Arzthaftungsrecht (1995) Rn. 7.

92 *H. Honsell*, Handbuch des Arztrechts (1994) 22-23.

93 *E.-M. Schmid*, Die Passivlegitimation im Arzthaftpflichtprozeß (1988) 83; siehe auch *M. Kasche*, „Operation in Australien", Jura 1993, 94-103 (98).

94 *D. Giesen*, International Medical Malpractice Law (1988) Rn. 38-40.

95 Grundlegend hierfür immer noch der sogenannte *neighbour test* nach *Lord Atkin* aus *Donoghue v Stevenson* [1932] AC 562, 579. Umfassend und rechtsvergleichend: *D. Giesen*, International Medical Malpractice Law (1988) Rn. 109-126.

96 *D. Giesen*, International Medical Malpractice Law (1988) Rn. 127-139.

97 *D. Giesen*, International Medical Malpractice Law (1988) Rn. 268-305.

Haftung wegen vorsätzlicher Körperverletzung gegen den Willen des Patienten (*battery*) in Betracht[99]. Diese Haftung beschränkt sich jedoch auf die Fälle, wo es gänzlich an einer Einwilligung fehlt, wohingegen eine aufgrund unzureichender Aufklärung erteilte Einwilligung den Tatbestand der *battery* bereits ausschließt[100]. Damit hat diese Anspruchsgrundlage nur einen eingeschränkten Anwendungsbereich.

b) Eine Anspruchskonkurrenz zwischen Vertrag und Delikt läßt das französische Recht nicht zu[101]. Daher scheidet eine deliktische Haftung eines Arztes bzw. eines Krankenhauses stets aus, wenn zugleich ein Vertrag gegeben ist. Damit beschränkt sich die deliktische Haftung vor allem auf die Fälle, in denen der Arzt in Anspruch genommen wird und nur das Krankenhaus Vertragspartner ist[102].

c) In Deutschland wird die deliktische Haftung des Arztes vor allem auf § 823 Abs. 1 BGB gestützt. In der ärztlichen Behandlungsmaßnahme wird eine tatbestandsmäßige Körperverletzung[103] gesehen, die nur durch eine wirksame Einwilligung des Patienten gerechtfertigt werden kann, wobei die Wirksamkeit der Einwilligung auch eine Aufklärung über die Behandlungsrisiken und nicht nur über die Art des Eingriffs voraussetzt[104]. Praktisch relevant ist die deliktische Haftung vor allem deshalb, weil sie anders als das Vertragsrecht auch Schmerzensgeld zur Folge hat (§ 847 BGB). In Österreich ergibt sich die deliktische Anspruchsgrundlage aus § 1299 ABGB und in der Schweiz aus Art. 41 OR[105].

d) Im *common law* und im deutschen Rechtskreis spielt das Deliktsrecht für die Arzthaftung eine maßgebliche Rolle. Vorausgesetzt ist neben einem Sorgfaltspflichtverstoß des Arztes jeweils die Verursachung der Gesundheitsbeeinträchtigung des Patienten. Dies gilt auch für das französische Deliktsrecht, welches aber nur dann zum Tragen kommt, wenn zwischen Arzt und Kläger kein Vertrag vorliegt. Eine strukturelle Besonderheit des § 823 Abs. 1 BGB liegt darin

---

98 Vgl. zur Anwendung dieser Voraussetzungen *M. Kasche*, „Operation in Australien", Jura 1993, 94-103 (94-96).

99 *D. Giesen*, International Medical Malpractice Law (1988) Rn. 35-36.

100 England: *Sidaway v Bethlem Royal Hospital* [1985] 1 AC 871, 883; Australien: *F v R* (1983) 33 SASR 189, 190 (FC); *Ellis v Wallsend District Hospital* (1989) 17 NSWLR 553, 578 (CA); Kanada: *Reibl v Hughes* [1980] 2 SCR 880; Nachweise für die Vereinigten Staaten finden sich bei *G. Robertson*, „Informed Consent to Medical Treatment", (1981) 97 LQR 102-126 (104-105, 124-125).

101 *D. Giesen*, International Medical Malpractice Law (1988) Rn. 48-49.

102 *D. Giesen*, International Medical Malpractice Law (1988) Rn. 49.

103 *H. Kötz*, Deliktsrecht (1996) Rn. 96, *A. Laufs*, Arztrecht (1993) Rn . 174 jeweils mit weiteren Nachweisen auch zu Gegenansichten.

104 *A. Laufs*, Arztrecht (1993) Rn. 185-189.

105 *D. Giesen*, Arzthaftungsrecht (1995) Rn. 23.

begründet, daß nur die darin aufgezählten Rechtsgüter geschützt sind. Daher ergeben sich bei der Einführung neuartiger Schutzgüter größere Schwierigkeiten als in den Rechtsordnungen, die den deliktsrechtlichen Schutz nicht von vornherein auf bestimmte Rechtsgüter beschränken. Zudem ist die Unterscheidung zwischen Rechtsgutverletzung einerseits und dem daraus resultierenden Schaden andererseits andernorts nicht anzutreffen, auch wird der Kausalzusammenhang dort nur einmal untersucht und anders als in Deutschland nicht in einen haftungsbegründenden und einen haftungsausfüllenden Tatbestand unterteilt.

3. Ansprüche von Hinterbliebenen

Neben den Ansprüchen des Patienten sind im Arzthaftungsrecht Ansprüche von Hinterbliebenen von großer praktischer Relevanz. Diese untergliedern sich in zwei Gruppen[106]: Einmal können Hinterbliebene gegebenenfalls den Schaden ersetzt verlangen, der ihnen durch den Tod entstanden ist, also insbesondere den Ausfall von Unterhaltsleistungen, die sie von dem Verstorbenen zukünftig hätten erhalten können und die nunmehr aufgrund des Todes entfallen. Daneben können möglicherweise Ansprüche des Verstorbenen aufgrund der fehlerhaften Behandlung auf die Erben bzw. den Nachlaß übergehen. Hierbei kann es sich sowohl um Schadenersatz- als auch um Schmerzensgeldansprüche des Verstorbenen handeln. Diese Unterscheidung ist insbesondere im Hinblick auf die hier zu untersuchende Ersatzfähigkeit von Heilungschancen und deren Voraussetzungen relevant: Handelt es sich hierbei nämlich um einen Anspruch des Verstorbenen, so müssen sämtliche Tatbestandsvoraussetzungen bereits <u>vor</u> dem Tod vorliegen. Man kann somit aus der Art des geltend gemachten Anspruches Rückschlüsse auf die Anspruchsvoraussetzungen ziehen. Dies sei an einem Beispiel veranschaulicht: Hat ein Arzt in fahrlässiger Weise eine Krebserkrankung eines Patienten nicht erkannt und diese trotz einer bestehenden Heilungsmöglichkeit nicht behandelt, so stellt sich die Frage, ob dem Patienten bereits vor seinem Tod ein Schadenersatzanspruch wegen der vereitelten Heilungschance zustand. Dieser Anspruch könnte sodann auf den Nachlaß übergehen. Hatte der Patient jedoch keinen solchen Anspruch, weil aus dem Verlust der Heilungschance nicht bereits auf einen Schaden geschlossen wird, so können seine Angehörigen nach seinem Tod nur aus eigenem Recht klagen.

---

106 *H. McGregor*, Personal Injury and Death, IECL Vol. XI Ch. 9 (1972) 80-85; *R. Savatier*, Anmerkung zu CassCiv, 1re, 1.4.1968 D 1968 J 653; *Martin v East General Jefferson Hospital*, 582 So2d 1272, 1279 (La 1991).

a) Ansprüche aufgrund des Todes

Ein Anspruch der Hinterbliebenen wegen des Todes des Patienten auf Ersatz insbesondere des entgangenen Unterhalts wird in den hier untersuchten Rechtsordnungen anerkannt[107]. Die Herleitung eines solchen Anspruches weist in den untersuchten Rechtsordnungen etliche Unterschiede auf.

aa) Nach den Grundsätzen des Fallrechts (*common law*) existiert ein Anspruch der Hinterbliebenen auf Ersatz des entgangenen Unterhalts grundsätzlich nicht[108]. Daß dies unbillige Härten zur Folge haben kann, wurde bereits frühzeitig erkannt. Daher führten sowohl England[109] als auch eine Vielzahl von Bundesstaaten der Vereinigten Staaten von Amerika[110] bereits im 19. Jahrhundert sogen. *Wrongful Death Acts* ein. Aus diesen Gesetzen erhalten die Angehörigen einen Schadenersatzanspruch aus eigenem Recht[111], wenn der Tod des Patienten durch den Behandlungsfehler verursacht worden ist[112]. Beachtenswert ist des weiteren ein Ersatzanspruch wegen *loss of consortium*, der in den Vereinigten Staaten dem überlebenden Ehepartner als Ausgleich für den Verlust der ehelichen Lebensgemeinschaft gewährt wird[113]. Sonstige Ansprüche auf Ersatz immaterieller Schäden sind nur unter den besonderen Voraussetzungen der *nervous shock*-Fälle möglich[114], wonach der Tod zu über das übliche Maß der Trauer hinausgehenden Beeinträchtigungen geführt haben muß, die eine eigenständige Gesundheitsbeeinträchtigung des Angehörigen darstellen.

bb) Der *Code Civil* enthält keine Regelung, aus der sich ausdrücklich ein Anspruch der Hinterbliebenen ergibt. Dies bedeutet jedoch nicht, daß ein solcher Anspruch auf Ersatz des entgangenen Unterhaltes nicht existiert. Vielmehr hat die französische Rechtsprechung einen solchen Anspruch aus der allgemeinen deliktischen Generalklausel des Art. 1382 CC hergeleitet[115]. Dieser deliktische Anspruch ist im Arzthaftungsrecht auch dann anwendbar, wenn zwischen dem

107 Ein Überblick findet sich bei *H. McGregor*, Personal Injury and Death, Vol. XI Ch. 9 (1972) 85-105.

108 *Baker v Bolton* (1808) 1 Camp 493, KB; *Admiralty v SS Amerika* [1917] AC 38.

109 *Fatal Accidents Act* 1846; nunmehr ersetzt durch den *Fatal Accidents Act* 1976.

110 Vgl. die Zusammenstellung bei *S.M. Speiser*, Recovery for Wrongful Death, Volume 2 (1975) Appendix A und B.

111 *United States v Cumberbatch*, 647 A2d 1098, 1103 (Del 1994).

112 *Wollen v DePaul Health Center*, 828 SW2d 681, 685 (Mo 1992).

113 *Roseberry v Starkovich*, 387 P2d 321 (NM 1963); *Peeples v Sargent*, 253 NW2d 459, 471 (Wis 1977).

114 *Alcock v Chif Constable of South Yorkshire* [1992] 1 AC 310.

115 CassCiv, 1re, 1.4.1968 D 1968 J 653 (*R. Savatier*); 25.5.1971 D 1972 J 534 (*J. Penneau*); zur Entwicklung in anderen Rechtsordnungen des romanischen Rechtskreises *H. McGregor*, Personal Injury and Death, IECL Vol. XI Ch. 9 (1972) 85-86.

Verstorbenen und dem Arzt ein Behandlungsvertrag bestand[116]. Der Grundsatz des *non cumul* schließt somit eine deliktische Haftung nur zwischen den Vertragsparteien aus.

cc) In § 844 Abs. 2 BGB ist ausdrücklich der Anspruch der Hinterbliebenen auf Ersatz des entgangenen Unterhalts geregelt. Ähnliche Regelungen finden sich in Art. 45 Abs. 3 OR für die Schweiz[117] und in § 1327 ABGB für Österreich[118]. Bemerkenswert ist, daß den Angehörigen in Österreich[119] und Deutschland[120] darüber hinaus grundsätzlich[121] kein Anspruch auf Ersatz des von ihnen erlittenen immateriellen Schadens zusteht, während in der Schweiz ein solcher Ersatz durch Art. 47 OR[122] möglich ist.

b) Übergang von Rechten

aa) Bezüglich der Vererblichkeit von Schadenersatz- und Schmerzensgeldansprüchen nimmt das *common law* eine Sonderstellung ein, da es kein Fortbestehen von Rechten oder Pflichten eines Verstorbenen nach dessen Tod kannte[123]. Ein solcher Übergang (*survival of actions*) war stets ausgeschlossen. Die Angehörigen konnten daher beispielsweise Schmerzensgeldansprüche, die dem Verstorbenen zugestanden hatten, nach dessen Tod nicht mehr einklagen. Umgekehrt konnten solche Ansprüche aber auch nicht gegen den Nachlaß eines verstorbenen Schädiger geltend gemacht werden[124]. Auch hier ist in einem großen Teil von *common-law*-Jurisdiktionen[125] der Gesetzgeber tätig geworden und hat das Fortbestehen dieser Rechte kraft Gesetzes angeordnet. Dies bedeutet, daß von dem Nachlaß (*estate*) gegen den Schädiger vorgegangen werden kann, umgekehrt kann auch ein Anspruch gegen den Nachlaß des Verstorbenen geltend gemacht werden. Hier zeigt sich zudem die Besonderheit des Erbrechts des

---

116 CassCiv, 1re, 1.4.1968 D 1968 J 653 (*R. Savatier*); 25.5.1971 D 1972 J 534 (*J. Penneau)*; *J. Penneau,* Medical Responsibility in Western Europe: France (1985) Rn. F 47.

117 Dazu OR I (- *A.K.Schnyder*) Rn. 7-12 zu Art. 45 OR.

118 Dazu *P. Rummel* (- *R. Reischauer*) Rn. 1-4, 21 zu § 1327 ABGB.

119 *P. Rummel* (- *R. Reischauer*) Rn. 4 zu § 1327 ABGB.

120 *H. Kötz*, Deliktsrecht (1996) Rn. 529.

121 *H. Kötz*, Deliktsrecht (1996) Rn. 51-53.

122 Dazu OR I (- *A.K.Schnyder*) Rn. 1-12 zu Art. 47 OR.

123 *P.H. Winfield*, „Death as Affecting Liability in Tort“, 29 ColLRev 239-235 (1929).

124 *P.H. Winfield*, „Death as Affecting Liability in Tort“, 29 ColLRev 239-235 (1929).

125 Vgl. hierzu die Zusammenstellung für die Vereinigten Staaten bei *S.M. Speiser*, Recovery for Wrongful Death, Volume 2 (1975) Appendix A; und für Kanada und Australien in *J.G. Fleming,* The Law of Torts (1992) 676-677 sowie *H. McGregor*, Personal Injury and Death, IECL Vol. XI Ch. 9 (1972) 86 (Fn. 812); in Großbritannien gilt Sec. 1 *Law Reform (Miscallaneous Provisions) Act* 1934.

common law, wonach das Erbe nicht im Wege der Universalsukzession auf die Erben übergeht, sondern zunächst eine rechtlich selbständige Vermögensmasse bildet[126]. Der somit fortbestehende Anspruch richtet sich in seiner Höhe nach dem, was der Verstorbene zum Zeitpunkt seines Todes hätte ersetzt bekommen können. Ersetzt wird daher gerade nicht der Tod bzw. dessen Folgen für die Hinterbliebenen, sondern die vom Patienten vor seinem Tod erlittenen Schäden[127].

bb) Demgegenüber ist der Übergang von Ansprüchen in Frankreich in Art. 718 CC geregelt und bereitet keine Probleme.

cc) Ein Übergang von Schadenersatzansprüchen des Verstorbenen auf seine Erben ist nach dem Grundsatz der Universalsukzession im deutschen Rechtskreis in § 1922 BGB, Art. 560 ZGB bzw. § 532 ABGB niedergelegt. Die Vererblichkeit von Schmerzensgeldansprüchen war zunächst problematisch, da dieser immaterielle Schaden nur unter eingeschränkten Voraussetzungen den Erben zugute kommen sollte[128]. In Deutschland sind solche Ansprüche seit der Änderung des § 847 BGB nunmehr vererblich, neuerdings bejaht auch der österreichische Oberste Gerichtshof eine solche Vererblichkeit [129]. In der Schweiz wird hingegen Art. 47 OR als eigener Anspruch des Angehörigen als vorrangig angesehen[130]

c) Zusammenfassung

Angehörige haben somit zumindest einen Anspruch auf Ersatz des entgangenen Unterhalts und - soweit sie Erben sind - auf Ersatz der dem Verstorbenen entstandenen materiellen Schäden. Auch der Schmerzensgeldanspruch des Verstorbenen geht regelmäßig auf die Erben bzw. den Nachlaß über. Einen eigenen Anspruch auf Ausgleich für die durch den Tod erlittenen immateriellen Nachteile haben die Hinterbliebenen jedoch nur in einigen der hier untersuchten Rechtsordnungen[131].

---

126 *D. Henrich*, Einführung in das englische Privatrecht (1993) 104-105, 110.

127 *Wollen v DePaul Health Center*, 828 SW2d 681, 685 (Mo 1992). Hierzu zählte auch ein eigener Anspruch des Geschädigten für die sogenannte *loss of expectation of life*, der nunmehr aufgrund einer Gesetzesänderung abgeschafft worden ist, *D. Giesen*, International Medical Malpractice Law (1988) Rn. 454-455.

128 § 847 Abs. 1 Satz 2 BGB ist durch Gesetz v. 14.3.1990 (BGBl I S. 478) aufgehoben worden.

129 OGH, 30.9.1996 6 Ob 2068/96b JBl 1997, 40.

130 OR I (- *A.K. Schnyder*) Rn. 4 zu Art. 47 OR.

131 Hierzu *W. Odersky*, Schmerzensgeld bei der Tötung naher Angehöriger (1989) 7-8, 19-22.

II. Zusammenfassung

Begeht der Arzt in schuldhafter Weise einen Behandlungsfehler, so kann er Ansprüchen des Patienten und der Angehörigen ausgesetzt sein. Dies setzt für sämtliche der dargestellten Haftungsgründe voraus, daß ein Ursachenzusammenhang zwischen dem ärztlichen Fehler und dem geltend gemachten Schaden vorliegt, wobei in Deutschland zusätzlich zwischen der haftungsbegründenden und der haftungsausfüllenden Kausalität unterschieden wird[132].

C. Insbesondere: Kausalität als Voraussetzung der Arzthaftung

Alle soeben dargestellten Rechtsordnungen machen somit die Verursachung des Schadens zur Haftungsvoraussetzung, da niemand für Schäden einstehen soll, die nicht durch eigenes Verhalten verursacht worden sind[133]. Die Haftung knüpft daher grundsätzlich an die Verantwortlichkeit des Einzelnen für die Folgen seines nachlässigen Verhaltens an[134]. Die Feststellung der Verursachung bereitet aus vielfältigen Gründen Probleme und gehört damit zu den schwierigsten Fragen im Bereich der Haftung[135] und insbesondere der Arzthaftung. Das für die Arzthaftung bezeichnende Problem liegt darin, daß neben dem ärztlichen Behandlungsfehler weitere Ursachen wie der Gesundheitszustand des Patienten für den Erfolg in Betracht zu ziehen sind.

I. Einführung

Die Feststellung der Kausalität richtet sich auch im Arzthaftungsrecht nach den Grundsätzen der jeweiligen Rechtsordnung. Die wissenschaftliche Diskussion ist in diesem komplexen Bereich naturgemäß besonders reichhaltig[136], hier werden nur die gängigen und von der Rechtsprechung verwendeten Konzepte herausgegriffen, da die Diskussion um die Bedeutung von Heilungschancen vor diesem Hintergrund aufgekommen ist. Es findet sich regelmäßig eine Zweitei-

---

132 Statt vieler: *H. Kötz*, Deliktsrecht (1996) Rn. 159.

133 *J. Esser/E. Schmidt*, Schuldrecht I/2 (1993) § 33 (S. 208-210); *J.G. Fleming*, The Law of Torts (1992) 193.

134 *J.G. Fleming*, The Law of Torts (1992) 193; *A.M. Honoré*, Causation and Remoteness of Damage, IECL Vol XI Ch. 7 (1971) 10.

135 Siehe nur *P. Gottwald*, „Kausalität und Zurechnung“, Karlsruher Forum 1986, 3-32, 3; *W.L. Prosser/W.P. Keeton*, The Law of Torts (1984) 263.

136 Ausführlich und rechtsvergleichend *A.M. Honoré*, Causation and Remoteness of Damage, IECL Vol XI Ch. 7 (1971); *R.W. Wright*, „Causation in Tort Law“, 73 CalLRev 1735-1828 (1985). Siehe auch *P. Gottwald*, „Kausalität und Zurechnung“, Karlsruher Forum 1986, 3-32 u. *K. Oftinger/E.W. Stark*, Schweizerisches Haftpflichtrecht I (1995) § 3.

lung[137], wonach zunächst ein tatsächlicher Zusammenhang zwischen Handlung und Erfolg vorliegen muß[138], der sodann unter Heranziehung weiterer Kriterien wertend betrachtet wird[139]. Diese Zweiteilung wird plastisch durch die aus dem *common law* stammenden Begriffe *cause in fact*[140] und *cause in law*[141] umschrieben, wobei stets zu beachten ist, daß bereits auf der ersten Stufe durch die Festlegung der jeweiligen Voraussetzungen in gewissem Umfang eine rechtliche Wertung vorgenommen wird[142].

1. *Conditio sine qua non* als Ausgangspunkt

Zum Nachweis des Kausalzusammenhanges wird zunächst die sogenannte *conditio-sine-qua-non*-Formel[143] herangezogen, wobei der tatsächliche Geschehensablauf mit einem hypothetischen Geschehensablauf verglichen und bei dem hypothetischen Geschehensablauf die mögliche Schadensursache, also das vorwerfbare Verhalten, nicht mit in Betracht gezogen wird[144]. Führt dieser Vergleich dazu, daß der Erfolg dennoch eingetreten wäre, so fehlt es an dem tatsächlichen Ursachenzusammenhang[145], da das vorwerfbare Verhalten nicht zu dem Schaden geführt haben kann. Ursache im Sinne der *conditio sine qua non* ist jeder Umstand, der nicht hinweggedacht werden kann, ohne daß der Erfolg entfiele[146]. Problematisch kann die Festlegung dieser Parameter allerdings durchaus sein. Fraglich ist zum einen, ob man sich das vorwerfbare Verhalten hinwegdenkt oder ein nicht mehr vorwerfbares hinzudenkt und zum anderen wie genau es und der Erfolg, an den dieses Verhalten anknüpft, im Einzelfall

---

137 Ausführlich *D. Giesen*, International Medical Malpractice Law (1988) §§ 15-18 mit zahlreichen Nachweisen; in Frankreich wird diese Trennung nicht immer deutlich ausgesprochen, ist aber vorhanden: *J. Carbonnier*, Les obligations (1992) No 213; *A.M. Honoré*, Causation and Remoteness of Damage, IECL Vol XI Ch. 7 (1971) 106. Siehe auch *P. Gottwald*, „Kausalität und Zurechnung", Karlsruher Forum 1986, 3-32 (10).

138 *D. Giesen*, International Medical Malpractice Law (1988) Rn. 294-305.

139 *D. Giesen*, International Medical Malpractice Law (1988) Rn. 281-293, 306-358; *H., L. u. J. Mazeaud /F. Chabas*, Leçons de Droit Civil: Obligations (1991) Nos 568-570.

140 *Kilpatrick v Bryant*, 868 SW2d 594, 598 (Tenn 1993); *P.L. Andel*, „Medical Malpractice: The Right to Recover for the Loss of a Chance of Survival", 12 PeppLRev 973-998, 978-979 (1985); *W.S. Malone*, „Ruminations on Cause-In-Fact", 9 StanLRev 59-99 (1956).

141 *Kilpatrick v Bryant*, 868 SW2d 594, 598 (Tenn 1993); *W.L. Prosser/W.P. Keeton*, The Law of Torts (1984) 264, 273.

142 *P. Gottwald*, „Kausalität und Zurechnung", Karlsruher Forum 1986, 3-32 (6-7).

143 *D. Giesen*, International Medical Malpractice Law (1988) Rn. 294; *H.L.A. Hart/T. Honoré*, Causation in the Law (1985) 109-114; *L. Traeger*, Der Kausalbegriff im Straf- und Zivilrecht (1929) 38-48.

144 *D. Giesen*, International Medical Malpractice Law (1988) Rn. 295 sowie *J.G. Fleming*, The Law of Torts (1992) 194 zum sogenannten *but for test*.

145 *L. Traeger*, Der Kausalbegriff im Straf- und Zivilrecht (1929) 40.

146 *L. Traeger*, Der Kausalbegriff im Straf- und Zivilrecht (1929) 39.

umschrieben werden müssen. Trotz solcher im Einzelfall noch auftretenden Anwendungsschwierigkeiten hat sich die *conditio-sine-qua-non*-Formel als erste Stufe der Kausalitätsprüfung durchzusetzen vermocht. Sie wird für den Großteil der Fälle als ein taugliches Mittel angesehen und hat Niederschlag in der sogen. Äquivalenztheorie[147] und in dem sogen. *but for test*[148] gefunden.

2. Ergänzungen der *conditio sine qua non*

Die *conditio-sine-qua-non*-Formel kann zu einer sehr weitgehenden Haftung führen und bedarf somit einer Einschränkung[149]. Hierfür haben sich verschiedene Instrumentarien entwickelt[150]. Im deutschen Rechtskreis wird vor allem auf die Adäquanztheorie[151] abgestellt und als weiteres Korrektiv mit dem Rechtswidrigkeitszusammenhang bzw. dem Schutzbereich der Norm[152] gearbeitet. Die englischen Gerichte ziehen ebenso wie die weitere Rechtsprechung im *Commonwealth* vor allem den sogenannten *reasonable-foresight*-Test[153] heran, während die US-amerikanische Rechtsprechung auf eine *proximate cause*[154] abstellt, bei der es sich um eine Umschreibung der für die Zurechnung maßgeblichen Billigkeitsgesichtspunkte handelt[155]. In Frankreich ist eine Zu-

---

147 *P. Gottwald*, „Kausalität und Zurechnung", Karlsruher Forum 1986, 3-32 (4).

148 *J.G. Fleming*, The Law of Torts (1992) 194 : „*but for' test enjoys almost universal acceptance*".

149 *J.G. Fleming*, The Law of Torts (1992) 202-203; *L. Traeger*, Der Kausalbegriff im Straf- und Zivilrecht (1929) 38.

150 *D. Giesen*, International Medical Malpractice Law (1988) Rn. 281-293, 306-358; *H., L. u. J. Mazeaud /F. Chabas*, Leçons de Droit Civil: Obligations (1991) Nos 568-570.

151 Aus der reichhaltigen Rechtsprechung: RG, 5.12.1927 VI 257/27 RGZ 119, 204 (207); 4.7.1938 V 17/38 RGZ 158, 34 (39); BGH, 23.10.1951 I ZR 31/51 BGHZ 3, 261 (265-267); 29.2.1956 VI ZR 352/52 BGHZ 20, 137; 1.6.1959 III ZR 49/58 BGHZ 30, 154 (156-157); 6.6.1989 VI ZR 241/88 BGHZ 107, 359 (363); deutlich zurückhaltend zur Anwendbarkeit der Adäquanztheorie im Rahmen der haftungsbegründenden Kausalität BGH, 4.5.1993 VI ZR 283/92 NJW 1993, 2234.

152 BGH, 22.4.1958 VI ZR 65/57 BGHZ 27, 137 (139); 6.6.1989 VI ZR 241/88 BGHZ 107, 359 (364); hierzu auch *H. Kötz*, Deliktsrecht (1996) Rn. 156-158.

153 *Overseas Tankship (UK) Ltd v Morts Dock & Engineering Co Ltd, The Wagon Mound* [1961] AC 388, PC; *Hughes v Lord Advocate* [1963] AC 837.

154 *Milwaukee & St Paul Ry Co v Kellogg*, 94 US 256 (1877); *Palsgraf v Long Island R Co*, 162 NE 99, 103 (1928).

155 *Palsgraf v Long Island R Co*, 162 NE 99, 103 (1928): „*a matter of public policy*"; *W.L. Prosser/W.P. Keeton*, The Law of Torts (1984) 273: „*those more or less undefined considerations*"; vgl. auch *K. Zweigert/H. Kötz*, Einführung in die Rechtsvergleichung (1996) 612.

rechnung gegeben, wenn es sich um eine *préjudice directe*[156] handelt[157]. Allen diesen Rechtsfiguren ist gemeinsam, daß sie mittels juristischer, wertender Betrachtung[158] einen tatsächlich gegebenen Kausalzusammenhang daraufhin überprüfen, ob eine Haftung bejaht werden soll oder nicht. Ausgeschlossen werden dabei zu weit entfernte[159], zu unwahrscheinliche[160] oder vernünftigerweise nicht vorhersehbare[161] Geschehensabläufe. All diese Kriterien sind ausfüllungsbedürftig und können von den Gerichten als Korrektiv zur Begrenzung der Haftung eingesetzt werden[162]. Auch wenn die Begrifflichkeit in den hier untersuchten Rechtsordnungen nicht übereinstimmend ist, so sind die dahinter stehenden Wertungsgesichtspunkte durchaus vergleichbar. Dies vermag insofern nicht zu verwundern, als ihre Funktion ebenfalls vergleichbar ist: Es soll die ansonsten ausufernde Haftung beschränkt werden. Es handelt sich somit um einen Kausalitätsfilter[163] (*social policy filter*[164]).

3. Zusammenfassung

Im Arzthaftungsrecht steht zunächst die erste Stufe der Kausalität im Mittelpunkt, da es Schwierigkeiten bereitet zu ermitteln, ob der Erfolg ohne den Behandlungsfehler eingetreten wäre[165]. Auch höchsten Sorgfaltsmaßstäben genügendes ärztliches Verhalten schließt nicht das Ausbleiben der Heilung oder gar die Verschlechterung des Gesundheitszustandes aus, so daß der tatsächliche Ursachenzusammenhang insbesondere dann schwierig festzustellen ist, wenn der eingetretene Schaden ebenso gut auf der Grunderkrankung des Patienten beruhen könnte und sich der Behandlungsfehler auf die Entstehung des Schadens unter Umständen gar nicht ausgewirkt hat. Die Haftung einschränkende, wer-

---

156 Diese Terminologie orientiert sich an der Formulierung des Art. 1151 CC, wo auf „*la suite immédiate et directe* abgestellt" wird. Die Zurechnung scheidet demnach aus, wenn eine *cause étrangère* vorliegt; *H., L. u. J. Mazeaud /F. Chabas*, Leçons de Droit Civil: Obligations (1991) 644-646.

157 *G. Viney*, La responsabilité: conditions (1982) Nos 332, 348.

158 *W.L. Prosser/W.P. Keeton*, The Law of Torts (1984) 273, 276-280.

159 *Overseas Tankship (UK) Ltd v Morts Dock & Engineering Co Ltd, The Wagon Mound* [1961] AC 388, PC; *Hughes v Lord Advocate* [1963] AC 837.

160 BGH, 23.10.1951 I ZR 31/51 BGHZ 3, 261 (265-267).

161 *H., L. u. J. Mazeaud /F. Chabas*, Leçons de Droit Civil: Obligations (1991) No 573: „*un événement anonyme, imprévisible et irréstible*".

162 Vgl. nur *Palsgraf v Long Island R Co*, 162 NE 99, 103 (1928); BGH, 23.10.1951 I ZR 31/51 BGHZ 3, 261 (265-267); *H., L. u. J. Mazeaud /F. Chabas*, Leçons de Droit Civil: Obligations (1991) No 570.

163 BGH, 4.5.1993 VI ZR 283/92 NJW 1993, 2234, wo zudem darauf hingewiesen wird, daß dieses Filter auch an anderer Stelle des Haftungstatbestandes ansetzen könnte.

164 *D. Giesen*, International Medical Malpractice Law (1988) Rn. 306-325.

165 *P.H. Winfield/J.A. Jolowicz*, On Tort (1994) 149-151.

tende Betrachtungen werden erst angestellt, wenn diese erste Stufe überwunden ist. Hat der Beklagte den Erfolg verursacht, so kann auf der zweiten Stufe noch fraglich sein, inwiefern der nachteilige Gesundheitszustand eine Haftung vermindern oder ausschließen kann und ob ein anderes Ereignis als Reserveursache berücksichtigt werden darf. So kann es liegen, wenn der Schaden wegen einer besonderen Schadensdisposition des Patienten besonders schwerwiegend war oder durch ein anderes Ereignis zu einem späteren Zeitpunkt eingetreten wäre.

II. Besondere Kausalitäts- und Zurechnungsprobleme in der Arzthaftung

1. Kausalität

Kommen mehrere Ursachen in Betracht, erschwert dies die Feststellung der Kausalität, da sich der mögliche Schädiger regelmäßig mit dem Hinweis auf die von ihm nicht gesetzten Ursachen zu entlasten versuchen wird[166]. Im Arzthaftungsrecht tritt insbesondere die Frage auf, inwiefern der Behandlungsfehler als ursächlich angesehen werden kann, wenn die eingetretene Gesundheitsbeeinträchtigung auch auf dem Zustand des Patienten beruhen könnte. Zu beachten ist, daß das Zusammentreffen mehrerer potentieller Ursachen in Literatur und Rechtsprechung zumeist dann ausführlich behandelt wird, wenn sämtliche in Betracht kommenden Ursachen den Haftungstatbestand bis auf den Verursachungsnachweis erfüllen, also mehrere mögliche oder tatsächliche Schädiger vorhanden sind[167]. Im Arzthaftungsrecht konkurriert hingegen regelmäßig nur ein vorwerfbares Verhalten (Behandlungsfehler) mit dem Gesundheitszustand als einem Umstand, der keiner dritten Person zugerechnet werden kann und damit als ein „Zufall" in den Risikobereich des Klägers fällt[168]. Fraglich ist daher, ob die Grundsätze, die für das Zusammentreffen mehrerer potentieller Ursachen entwickelt worden sind, auch für das Nebeneinander von Verschulden und Zufall gelten.

a) Zusammenwirken mehrerer Ursachen

Kein Ursachenzusammenhang ist monokausal, es wirken stets eine Vielzahl von vorgegebenen Bedingungen und Handlungen zusammen, damit ein bestimmter

---

166 *D. Giesen*, International Medical Malpractice Law (1988) Rn. 359-405.

167 *W. Posch*, „Multikausale Schäden in modernen Haftungsrechten", Arbeiten zur Rechtsvergleichung (1988) 153-186 (162).

168 Dazu *F. Bydlinski*, „Haftungsgrund und Zufall als alternativ mögliche Schadensursachen", Festschrift für G. Frotz (1993) 3-10.

Erfolg bewirkt werden kann[169]. Ein Schaden wird niemals nur durch die Handlung des Schädigers ausgelöst, es müssen stets weitere Umstände hinzutreten, die auch aus der Sphäre des Geschädigten stammen können[170]. Diese Gegebenheiten schließen eine Verursachung nicht aus, es reicht vielmehr der Nachweis, daß der Schaden ohne das vorwerfbare Verhalten nicht eingetreten wäre, auch wenn die weiteren Bedingungen für die Schadensherbeiführung unerläßlich waren. Das Nebeneinander von verschiedenen Ursachen wird regelmäßig nur dann als problematisch angesehen, wenn sich der Geschädigte mehreren potentiellen oder tatsächlichen Schädigern gegenübersieht[171]. Für diese Fälle haben sich die Begriffe der kumulativen, konkurrierenden und alternativen Kausalität herausgebildet[172].

aa) Kumulative Kausalität

Kumulative Kausalität liegt vor, wenn zwei Faktoren bei der Schadensverursachung zusammenwirken und jede für sich betrachtet hierfür nicht ausgereicht hätte[173]. Hierbei läßt sich die Kausalität weiterhin mittels der *conditio-sine-qua-non*-Formel feststellen: Denkt man eine Ursache hinweg, wäre der Schaden gänzlich ausgeblieben[174]. Die vorwerfbare Handlung muß somit nicht die alleinige Ursache darstellen[175]. Ein Beispielsfall außerhalb der Arzthaftung ist gegeben, wenn zwei Personen jeweils einen Schuß auf eine dritte Person abgeben und die durch die Schüsse zugefügten Verletzungen nur zusammen[176], aber nicht für sich allein betrachtet zur Herbeiführung des Todes geeignet sind. Hier ist jeweils die *conditio-sine-qua-non*-Formel einschlägig. Wirken mehrere Ur-

---

169 *P. Gottwald*, „Kausalität und Zurechnung“, Karlsruher Forum 1986, 3-32 (6); *W. Posch*, „Multikausale Schäden in modernen Haftungsrechten“, Arbeiten zur Rechtsvergleichung (1988) 153-186 (153).

170 *D. Giesen*, International Medical Malpractice Law (1988) Rn. 359-360.

171 *W. Posch*, „Multikausale Schäden in modernen Haftungsrechten“, Arbeiten zur Rechtsvergleichung (1988) 153-186 (153).

172 Zu beachten ist, daß die Terminologie nicht durchweg einheitlich ist; vgl. nur *J.C. Joerden*, „OGH JBl 1987, 191 - ein Fall alternativer Kausalität?, 432-435 zum Strafrecht sowie BGH, 22.6.1976 VI ZR 100/75 BGHZ 67, 14 (19) und *E. Deutsch*, Allgemeines Haftungsrecht (1996) Rn. 152 zum Zivilrecht.

173 BGH, 10.5.1990 IX ZR 113/89 NJW 1990, 2882 (2883-2884).

174 *K. Larenz*, Schuldrecht AT (1987) § 27 III a (S. 434).

175 BGH, 10.5.1990 IX ZR 113/89 NJW 1990, 2882 (2883); *L. Enneccerus/H. Lehmann*, Recht der Schuldverhältnisse (1958) § 15 III 1 (S. 65).

176 Beispielsweise durch den eingetretenen Blutverlust.

sachen zusammen, haben alle eine tatsächliche Auswirkung auf die Schadensherbeiführung[177].

bb) Konkurrierende Kausalität

Bei der konkurrierenden Kausalität[178] sind ebenfalls zwei voneinander unabhängige Schadensursachen gegeben. Es hätte aber bereits jede allein für die Herbeiführung des Schadens ausgereicht. Um bei dem soeben eingeführten Beispielsfall zu bleiben: Es wird wiederum von zwei Personen ein Schuß abgegeben, beide treffen zeitgleich und jeder Schuß war tödlich. Zieht man nunmehr die *conditio-sine-qua-non*-Formel heran, so könnte sich jeder der beiden Schädiger darauf berufen, daß seine Handlung hinweggedacht werden kann, ohne daß der Erfolg ausgeblieben wäre. Diese ansonsten bewährte Formel versagt. Ein weiterer Fall der konkurrierenden Kausalität ist gegeben[179], wenn die Wirkung der beiden, jeweils allein zur Schadensherbeiführung ausreichenden Handlungen anders als beim Schuß nicht unmittelbar eintritt, sondern sich verzögert: Zwei Brandherde führen zu dem Abbrennen eines Gebäudes[180], zwei Industrieanlagen leiten Abwasser in einen Fluß, so daß die Fische eingehen[181]. In die zivilrechtliche Haftung haben daher normative Ergänzungen der *conditio-sine-qua-non*-Formel Eingang gefunden, da diese in den Fällen der konkurrierenden Kausalität Schwächen hat[182].

---

177 *D. Giesen*, International Medical Malpractice Law (1988) Rn. 303; *ders.*, Arzthaftungsrecht (1995) Rn. 190; *H., L. u. J. Mazeaud /F. Chabas*, Leçons de Droit Civil: Obligations (1991) No 567.

178 Die Terminologie ist hier nicht einheitlich, es wird hier auch von kumulativer, kumulativ-überschießender und von Doppelkausalität gesprochen, vgl. nur *E. Deutsch*, Allgemeines Haftungsrecht (1996) Rn. 153; *D. Giesen*, International Medical Malpractice Law (1988) Rn. 301; *K. Larenz*, Schuldrecht AT (1987) § 27 III a (S. 434); *R. Maurach/H. Zipf*, Strafrecht AT (1992) § 18 Rn. 56. *J.G. Fleming*, The Law of Torts (1992) 196 spricht von *alternative sufficient causes*.

179 Vgl. hierzu *A.M. Honoré*, Causation and Remoteness of Damage, IECL Vol XI Ch. 7 (1971) 131, 140.

180 *Anderson v Minneapolis, St. P & S.S.M. Ry.* Co, 170 NW 45 (1920).

181 Fall nach *L. Traeger*, Der Kausalbegriff im Straf- und Zivilrecht (1929) 46; siehe auch *K. Larenz*, Schuldrecht AT (1987) § 27 III a (S. 434).

182 So *L. Enneccerus/H. Lehmann*, Recht der Schuldverhältnisse (1958) § 15 III 6 (S. 73); *D. Giesen*, International Medical Malpractice Law (1988) Rn. 361; *W. Posch*, „Multikausale Schäden in modernen Haftungsrechten“, Arbeiten zur Rechtsvergleichung (1988) 153-186 (153).

(1) In den Vereinigten Staaten von Amerika ist der *substantial factor test*[183] zur Ergänzung des *but for test* entwickelt worden. Dieser wurde von *J. Smith* als Alternative zu der *conditio-sine-qua-non*-Formel vorgeschlagen[184] und auch in das *Restatement of Torts*[185] übernommen. Hiernach liegt eine *cause in fact* vor, wenn eine Handlung einen *substantial factor* bei der Herbeiführung des Schadens darstellt. Die Handlung muß somit in einer relevanten Weise zur Schadensverursachung beitragen[186]. Dieser Ansatz ist allerdings etwas unpräzise gefaßt, da die Kriterien für einen solchen *substantial factor*, die im übrigen regelmäßig von einer *jury* ermittelt werden[187], nicht genau festgelegt worden sind[188]. Dies hat auch zu einer Kritik an diesem Ansatz geführt[189]. Besondere Bedeutung erlangt der *substantial factor test* bei dem Zusammenwirken mehrerer möglicher Ursachen, indem durch das Abstellen auf einen *substantial factor* ganz geringfügige Ursachenbeiträge als vernachlässigenswert ausgeschieden werden, also wenn beispielsweise jemand ein brennendes Streichholz in einen bereits entfachten Brandherd wirft[190]. Umgekehrt kann sich der potentielle Schädiger nicht darauf berufen, daß der Schaden auch ohne sein Verhalten eingetreten wäre, solange er zu der Entstehung des Schadens beigetragen hat. So war die Klage eines Eigentümers gegen beide Beklagte erfolgreich, nachdem beide voneinander unabhängig einen Brand verursacht hatten, beide Brandherde aber für sich betrachtet das Haus des Klägers hätten zerstören können[191]. Die-

---

183 Zwei voneinander unabhängige Brandherde: *Anderson v Minneapolis, St. P & S.S.M. Ry.* Co, 170 NW 45 (1920); zwei lärmende Fahrzeuge fahren an einem Pferd vorbei, welches dann durchgeht: *Corey v Havener*, 65 NE 69 (Mass 1902). Vgl. hierzu *D. Giesen*, International Medical Malpractice Law (1988) Rn. 302; *W.S. Malone*, „Ruminations on Cause-In-Fact", 9 StanLRev 59-99, 88 (1956); *F. W. Thurman*, „Loss of Chance in Medical Malpractice Cases: A Contra View With an Examination of Tennessee's Current Position", 20 MemStULRev 81-118, 85 (1989).

184 *J. Smith*, „Legal Cause in Actions of Tort", 25 HarvLRev 103-128, 223-252, 303-327, 230, 303 (1911/1912).

185 §§ 431(a), 432 (2), 433, 465 (1) Rest2d (Torts). Hierbei handelt es sich nicht per se um geltendes Recht, sondern um eine Zusammenfassung des Fallrechts durch das *American Law Institute*, welche durch die Gerichte für anwendbar erklärt und damit verbindlich werden kann, *P. Hay*, Einführung in das amerikanische Recht (1995) 14-15.

186 Vgl. *A.M. Honoré*, Causation and Remoteness of Damage, IECL Vol XI Ch. 7 (1971) 108.

187 *W.L. Prosser/W.P. Keeton*, The Law of Torts (1984) 267. Siehe zur Rolle der *jury* unter § 3 D III 1 a) cc).

188 Vgl. *H.L.A. Hart/T. Honoré*, Causation in the Law (1985) 124; *A.M. Honoré*, Causation and Remoteness of Damage, IECL Vol XI Ch. 7 (1971) 108.

189 *A.M. Honoré*, Causation and Remoteness of Damage, IECL Vol XI Ch. 7 (1971) 108; *W.L. Prosser/W.P. Keeton*, The Law of Torts (1984) 267-269.

190 *A.M. Honoré*, Causation and Remoteness of Damage, IECL Vol XI Ch. 7 (1971) 108; ein ähnliches Beispiel findet sich bei *L. Traeger*, Der Kausalbegriff im Straf- und Zivilrecht (1929) 44-45.

191 *Anderson v Minneapolis, St. P & S.S.M. Ry.* Co, 170 NW 45 (1920).

ser Test hat sich in einigen Bundesstaaten der Vereinigten Staaten auch außerhalb dieser relativ begrenzten Situationen als allgemeine Grundlage zur Feststellung der faktischen Kausalität (*cause in fact*) durchgesetzt[192].

(2) Eine vergleichbare Argumentation findet sich in England, wo es auch ausreicht, wenn ein Beitrag zu dem Schaden gemacht worden ist (*material contribution to the damage*). In der Leitentscheidung *Bonnington Castings Ltd v Wardlaw*[193] litt der Kläger unter einer Staublunge, die auf seine Arbeitsbedingungen zurückzuführen war. Zwei unterschiedliche Quellen setzten ihn dem Staub aus, wobei dem beklagten Arbeitgeber nur hinsichtlich der einen Quelle die Unterlassung von Vorsorgemaßnahmen vorzuwerfen war. Die Sachverständigen konnten keine genaueren Angaben dazu machen, welche genaue Wirkung welche Quelle auf die Erkrankung des Klägers hatte. Das *House of Lords* entschied, daß der Kläger mit Sicherheit Staub aus beiden möglichen Quellen eingeatmet hatte, da sich beide an seinem Arbeitsplatz befanden[194]: In einem solchen Fall reiche es aus, nachzuweisen, daß jede Quelle zu der Schadensentstehung beigetragen habe; der Nachweis, daß es sich hierbei um die Hauptursache gehandelt habe, sei hingegen nicht erforderlich. *Lord Reid* wies zudem darauf hin, daß dieser Schadensbeitrag *material* sein muß, was bei ganz geringfügigen Beiträgen ausscheide[195]. Damit ist diese Rechtsprechung ihrem Inhalt nach durchaus mit dem *substantial factor test* vergleichbar[196] und verfolgt zudem denselben Zweck: Es sollen die Unzulänglichkeiten des *but for test* bei mehreren Ursachen ausgeglichen werden.

(3) Diese Erwägung, wonach der tatsächliche Wirkungszusammenhang weiter reicht als der logische Bedingungszusammenhang, findet sich auch anderswo[197]. Es läßt sich nicht leugnen, daß jeweils beide möglichen Ursachen (Schüsse, Brandherde, Gifteinleitungen usw.) bei der konkreten Schadensverursachung eine Wirkung hatten, auch wenn dieser Schaden auch ohne sie hätte

---

192 *D. Giesen*, International Medical Malpractice Law (1988) Rn. 302; *W.L. Prosser/W.P. Keeton*, The Law of Torts (1984) 267 mit weiteren Nachweisen.

193 [1956] AC 613.

194 *Bonnington Castings Ltd v Wardlaw* [1956] AC 613, 621 (*Lord Reid*), 626 (*Lord Keith of Avonholm*).

195 *Bonnington Castings Ltd v Wardlaw* [1956] AC 613, 621: „*A contribution which becomes within the exception de minimis non curat lex is not material*“.

196 *E.J. Weinrib*, „A Step forward in Factual Causation“, (1975)38 MLR 518-534 (523) stellt diese beiden Ansätze gleich.

197 *A.M. Honoré*, Causation and Remoteness of Damage, IECL Vol XI Ch. 7 (1971) 107; BGH, 6.5.1971 VII ZR 302/69 VersR 1971, 818 (819-820); *H. Jung*, „Die sogenannte Gesamtursache“, AcP 170 (1970) 426-436 (432); *K. Larenz*, Schuldrecht AT (1987) § 27 III a (S. 434); *L. Traeger*, Der Kausalbegriff im Straf- und Zivilrecht (1929) 45-46.

eintreten können[198]. Bei der Interessenabwägung zwischen den potentiellen Schädigern und dem Geschädigten bevorzugen die hier untersuchten Rechtsordnungen somit regelmäßig den Geschädigten und ermöglichen einen Anspruch gegen beide Schädiger. Die dahinterstehende Erwägung ist vor allem darin zu sehen, daß beide Schädiger sich gegenüber dem Geschädigten und seinen Rechtsgütern sorglos verhalten haben und sich daher nicht unter Hinweis auf einen anderen Schädiger sollen entlasten können[199].

cc) Zusammenwirken von Verschulden und Zufall

Beim Zusammenwirken von Zufall und Verschulden im Sinne der konkurrierenden und der kumulativen Kausalität haftet der Schädiger nach den obigen Ausführungen voll, da sich sein Beitrag auf die Schadensentstehung (mit-) ausgewirkt hat. Dieses Ergebnis wird in den hier untersuchten Rechtsordnungen nicht in Frage gestellt, da es auf dem allgemeingültigen Grundsatz beruht, daß jeder Erfolg stets mehrere Ursachen oder Bedingungen hat und die Haftung nicht bereits deshalb ausscheiden kann, weil das vorwerfbare Verhalten (Behandlungsfehler) nur im Zusammenwirken mit weiteren Komponenten (Gesundheitszustand des Patienten) zum Erfolg führen kann[200]. Eine Verursachung kann aber nur dann bejaht werden, wenn sich dieser Zusammenhang zwischen Behandlungsfehler und endgültigem Schaden feststellen läßt, nicht aber, wenn ungewiß ist, ob sich der Behandlungsfehler überhaupt ausgewirkt hat[201].

b) Alternative Kausalität

Alternative Kausalität kennzeichnet eine Situation, in der der Kausalzusammenhang deswegen ungewiß erscheint, weil mehrere Schädiger in Betracht kommen und diese jeweils eine zur Schadensherbeiführung geeignete Handlung vorgenommen haben, aber nicht sicher ist, welche der Handlungen den Schaden

---

198 *A.M. Honoré*, Causation and Remoteness of Damage, IECL Vol XI Ch. 7 (1971) 107.

199 *E. Deutsch*, Allgemeines Haftungsrecht (1996) Rn. 153; *H.L.A. Hart/T. Honoré*, Causation in the Law (1985) 124; *A.M. Honoré*, Causation and Remoteness of Damage, IECL Vol XI Ch. 7 (1971) 132; *L. Enneccerus/H. Lehmann*, Recht der Schuldverhältnisse (1958) § 15 III 6 (S. 73).

200 *D. Giesen*, International Medical Malpractice Law (1988) Rn. 359-360.

201 *D. Giesen*, International Medical Malpractice Law (1988) Rn. 366.

herbeigeführt hat[202]. Es steht mithin fest, daß nur eine der Handlungen ursächlich war, es kann aber nicht nachgewiesen werden, welche von ihnen dies ist. Anders als beim Zusammenwirken mehrerer Ursachen hat sich nur eine der Handlungen auf den Erfolg ausgewirkt. Die *conditio-sine-qua-non*-Formel versagt nicht, weil auch eine andere Ursache zu dem Erfolg hingeführt hätte, sondern weil man nicht einmal weiß, welche Konsequenzen die Sorgfaltspflichtverletzung hatte. Nach dem hier gewählten Anschauungsfall: Es geben wiederum zwei Personen einen Schuß ab, es trifft aber nur einer der Schüsse und verletzt den Getroffenen tödlich[203]. Somit steht die Kausalität für den allwissenden Betrachter eindeutig fest und würde zum Ausschluß der Haftung für den hiernach nicht ursächlichen Schuß führen. Dies nutzt dem Geschädigten aber zunächst wenig, da er nicht weiß, welcher der eindeutig ursächliche Schuß war und wen er daher verklagen soll. Es handelt sich streng genommen nicht um einen Fall, in dem die *conditio-sine-qua-non*-Formel versagt, sondern in dem massive Beweisschwierigkeiten vorliegen[204]. Diese Beweisschwierigkeiten führen dazu, daß der Geschädigte nur dann erfolgreich klagen kann, wenn ihm entweder Beweiserleichterungen zugute kommen oder ein Schadenersatzanspruch trotz der ungewissen Verursachung bejaht wird. Solche Instrumentarien sind in den hier untersuchten Rechtsordnungen zum Teil durch die Rechtsprechung, zum Teil aber auch durch Gesetz gewährt worden.

aa) Beweislastumkehr

Eine Möglichkeit, den Interessen des Geschädigten den Vorzug gegenüber den Interessen der potentiellen Schädiger zu geben, kann in einer Beweislastumkehr liegen. Kommen zwei Schädiger in Betracht, so muß nicht der Kläger die Ursächlichkeit beweisen, sondern diese müssen nachweisen, daß ihr Verhalten nicht zu dem Schaden geführt hat. Besonders anschaulich wird dies in dem ge-

202 BGH, 22.6.1976 VI ZR 100/75 BGHZ 67, 14 (19); *E. Deutsch*, Allgemeines Haftungsrecht (1996) Rn. 152; im angloamerikanischen Rechtskreis ist von *alternative liability* die Rede, *Sindell v Abbott Laboratories*, 607 P2d 924, 928 (Cal 1980); W.*L. Prosser*/*W.P. Keeton*, The Law of Torts (1984) 271. Vgl. im übrigen zur abweichenden Terminologie innerhalb des deutschen Strafrechts *J.C. Joerden*, „OGH JBl 1987, 191 - ein Fall alternativer Kausalität?", JBl 1987, 432-435 sowie *A. Schönke*/*H. Schröder* (- *Th. Lenckner*) Rn. 82 vor § 13 StGB, wo übereinstimmend die hier als „konkurrierend" bezeichnete Kausalität als „alternative Kausalität" eingeordnet wird. Hier wird jedoch der zivilrechtlichen Terminologie der Vorzug gegeben.

203 So der kalifornische Fall *Summers v Tice*, 199 P2d 1 (Cal 1948) und der ähnliche kanadische Fall *Cook v Lewis* [1952] 1 DLR 1, SCC. Abgelehnt wurde eine Haftung in CassCiv, 29.9.1941 GazPal 1941, 2, 437.

204 Ebenso *E. Deutsch*, Allgemeines Haftungsrecht (1996) Rn. 152; *H.L.A. Hart*/*T. Honoré*, Causation in the Law (1985) 423-424.

wählten Beispiel, für welches sich ähnlich gelagerte Gerichtsentscheidungen[205] finden.

(1) Einer Entscheidung des kalifornischen *Supreme Court*[206] lag eine Fallkonstellation zugrunde, die dem hier gewählten Anschauungsfall gleicht. Die Parteien, also der durch eine Kugel geschädigte Kläger und die beiden Beklagten, waren gemeinsam auf die Jagd gegangen. Beide Beklagte wurden für den Schaden, der nur von einem von ihnen herbeigeführt worden sein konnte, für verantwortlich gehalten. Das Gericht führte aus, daß in einem solchen Fall die Beweislast hinsichtlich des Kausalzusammenhangs auf die Beklagten übergehe[207], da alle anderen Lösungen den Geschädigten benachteiligen würden. Es könne nicht sein, daß zwei sorglose Beklagte sich jeweils mit dem sorglosen Verhalten des anderen entlasten dürften[208]. Diese Argumentation findet sich auch in einer Entscheidung des *Supreme Court of Canada*[209] sowie in § 433 B (3) Rest2d (Torts).

(2) Eine Haftung kann auch dann bejaht werden, wenn die materiellrechtlichen Voraussetzungen eines Anspruches erweitert werden. So ist eine Mittäterschaft angenommen worden (*concert of action*)[210], was eine gegenseitige Zurechnung der Handlungen und damit eine Haftung von beiden potentiellen Schädigern zur Folge hatte[211].

(3) Ein weiteres Mittel, vorhandenen Beweisschwierigkeiten im Rahmen der alternativen Kausalität Rechnung zu tragen, findet sich in einer Entscheidung des kalifornischen *Supreme Court*, die auch außerhalb des angloamerikanischen Rechtskreises für Aufsehen gesorgt hat[212]: In *Sindell v Abbott*[213] wurden Me-

---

205 *Oliver v* Miles, 110 So 666 (Miss 1927); *Summers v Tice*, 199 P2d 1 (Cal 1948); *Cook v Lewis* [1952] 1 DLR 1, SCC, dazu *W. Buxbaum*, Solidarische Schadenshaftung bei ungeklärter Verursachung im deutschen, französischen und anglo-amerikanischen Recht (1965) 92-104.

206 *Summers v Tice*, 199 P2d 1 (Cal 1948).

207 *Summers v Tice*, 199 P2d 1, 4 (Cal 1948).

208 *Summers v Tice*, 199 P2d 1, 3 (Cal 1948).

209 *Cook v Lewis* [1952] 1 DLR 1, SCC.

210 Vgl. hierzu *J.G. Fleming*, „Probabilistic Causation in Tort Law", (1989) 68 CanBarRev 661-681 (666-667).

211 *Oliver v Miles*, 110 So 666 (Miss 1927); vgl. zu dieser Entwicklung *W.L. Prosser/W.P. Keeton*, The Law of Torts (1984) 271.

212 So *T. Bodewig*, „Probleme alternativer Kausalität bei Massenschäden", AcP 185 (1985) 505-558; *K. Otte*, Marktanteilshaftung (1990); *P. Gottwald*, „Kausalität und Zurechnung", Karlsruher Forum 1986, 3-32 (24-26); *W. Posch*, „Multikausale Schäden in modernen Haftungsrechten", Arbeiten zur Rechtsvergleichung (1988) 153-186 (154-155).

213 607 P2d 924 (Cal 1980); dazu *D. Giesen*, International Medical Malpractice Law (1988) Rn. 1089.

dikamentenhersteller auf Schadenersatz verklagt, da die von ihnen vertriebenen Medikamente bei den Töchtern der ursprünglichen Konsumentinnen eine bestimmte Krebserkrankung hervorgerufen hatten. Da seit dem Medikamentenkonsum eine erhebliche Zeit verstrichen war, konnte nicht mit Sicherheit ermittelt werden, von welchem Hersteller das seinerzeit eingenommene Medikament stammte. Der Klage wurde mit der Argumentation stattgegeben, daß der Nachweis eines bestimmten Marktanteiles des jeweiligen Herstellers ausreiche, um den Herstellern die Beweislast für die Kausalität zu überbürden. Diese haften dann anteilig jeweils in Höhe ihres Marktanteils für den Schaden. Die Klägerin sah sich wiederum einer Mehrzahl von potentiellen Schädigern gegenüber und stand vor der Schwierigkeit, daß sich die Hersteller jeweils mit dem Hinweis auf die anderen zu entlasten versuchten. Diese Situation ist im Arzthaftungsrecht hingegen nicht häufig anzutreffen, wo regelmäßig nur ein potentieller Schädiger vorhanden ist. Diese viel diskutierte sogenannte *market-share-liability* ist auf die Produkthaftung und die Unbestimmbarkeit des Schädigers[214] begrenzt. Sie läßt vor allem auf die Kreativität einiger US-amerikanischer Jurisdiktionen schließen, was die Handhabung und Lösung neu auftretender haftungsrechtlicher Problemstellungen anbelangt. Mit der *loss of chance* im Arzthaftungsrecht ist sie hingegen nicht vergleichbar[215].

(4) Im angloamerikanischen Rechtskreis finden sich keine allgemeingültigen Regelungen für die alternative Kausalität. Die Gerichte haben in den soeben dargelegten Entscheidungen Lösungsmöglichkeiten aufgezeigt, auf die in weiteren Fällen zurückgegriffen werden könnte. Es besteht eine Bereitschaft, durch Erweiterungen des materiellen Rechts und der Beweisregeln der Tatsache Rechnung zu tragen, daß der Verursachungsnachweis in bestimmten Konstellationen schwer zu erbringen ist. Die Anerkennung der *loss of chance* in einigen Jurisdiktionen der Vereinigten Staaten geht ebenfalls auf dieses Streben nach einem als angemessen empfundenen Ergebnis zurück.

bb) § 830 Abs. 1 Satz 2 BGB als gesetzliche Regelung

Das Bürgerliche Gesetzbuch regelt die alternative Kausalität in § 830 Abs. 1 Satz 2 BGB[216]. Die für die alternative Kausalität bezeichnenden Kausalitätszweifel sind Voraussetzungen dieses Anspruches[217]. Der Geschädigte kann alle

---

214 Es hat sich der Begriff des *indeterminate defendant* eingebürgert; *J.G. Fleming*, „Probabilistic Causation in Tort Law“, (1989) 68 CanBarRev 661-681 (664).

215 Dies zeigt sich bereits darin, daß sich die unter § 5 B ausführlich dargestellte Rechtsprechung nicht auf diese Rechtsprechung gestützt hat.

216 Ausführlich *W. Buxbaum*, Solidarische Schadenshaftung bei ungeklärter Verursachung im deutschen, französischen und anglo-amerikanischen Recht (1965) 6-44.

217 BGH, 22.6.1976 VI ZR 100/75 BGHZ 67, 14 (19).

in Betracht kommenden Schädiger in Anspruch nehmen, obwohl nur einer von ihnen eine Schadensursache gesetzt hat.

(1) Die Ratio dieser Vorschrift ist umstritten. Einerseits wird davon ausgegangen, daß die Haftung vor allem darauf beruhe, daß die potentiellen Schädiger durch ihr Verhalten die Beweisnot des Klägers herbeigeführt haben und ihnen daher eine Inanspruchnahme auch zuzumuten sei[218]. Demgegenüber wird andererseits nicht auf die erschwerte Beweisbarkeit abgestellt, sondern die Inanspruchnahme darauf zurückgeführt, daß in bestimmten Fällen die Haftung bereits bei einer möglichen Verursachung anzunehmen sei[219]. Diese Unterscheidung ist insbesondere dann bedeutsam, wenn es um die Eingrenzung sowie eine mögliche Erweiterung des Anwendungsbereichs dieser Vorschrift geht[220].

(2) Bei dieser Regelung handelt es sich nicht (bloß) um eine Beweiserleichterung, sondern um eine eigenständige Anspruchsgrundlage[221], die die typischen Beweisprobleme der alternativen Kausalität berücksichtigt. Die Rechtsprechung setzt voraus, daß sämtliche möglichen Schädiger bis auf den ungewissen Kausalitätszusammenhang einen deliktischen Tatbestand erfüllt haben und darüber hinaus als „Beteiligte" gehandelt haben. Das letztgenannte Merkmal wurde zunächst dadurch als erfüllt angesehen, daß die in Betracht kommenden Taten einen räumlichen und zeitlichen Zusammenhang aufwiesen und im wesentlichen gleichartig waren[222]. Diese Kriterien greifen jedoch nicht stets durch[223] und sind mittlerweile von der Rechtsprechung[224] zurückhaltender beurteilt worden. Maßgeblich dürfte daher die Erwägung sein, die Haftung für mögliche Kausalität sinnvoll dadurch zu begrenzen, daß die jeweilige mögliche Schadensursache einen bestimmten Zusammenhang mit dem eingetretenen Schaden aufweisen muß, sie muß zur Herbeiführung des Schadens konkret geeignet sein[225].

---

218 BGH, 22.6.1976 VI ZR 100/75 BGHZ 67, 14 (19); 7.11.1978 VI ZR 128/76 BGHZ 72, 355 (358-359).

219 *K. Larenz/C.-W.Canaris*, Schuldrecht BT 2 (1994) § 82 II 1 a (S. 571); kritisch *L. Traeger*, Der Kausalbegriff im Straf- und Zivilrecht (1929) 288-293.

220 Siehe unter § 7 D II 3 u. 4.

221 So BGH, 22.6.1976 VI ZR 100/75 BGHZ 67, 14 (19); 7.11.1978 VI ZR 128/76 BGHZ 72, 355 (358); anders aber *K. Larenz/C.-W.Canaris*, Schuldrecht BT 2 (1994) § 82 II 1 d (S. 572), der hierin eine Beweislastumkehr durch eine Kausalitätsvermutung sieht.

222 RG, 30.6.1904 Rep VI 483/03 RGZ 58, 357 (361).

223 Vgl. nur den bei *K. Larenz/C.-W.Canaris*, Schuldrecht BT 2 (1994) § 82 II 2 b (S. 573-574) gebildeten Beispielsfall, bei dem für eine AIDS-Infektion entweder der Geschlechtsverkehr mit einem Infizierten, der fahrlässig handelte, oder eine kontaminierte Blutkonserve in Betracht kam. Von Gleichartigkeit oder einem räumlich-zeitlichen Zusammenhang kann nicht die Rede sein, dennoch sollte § 830 Abs. 1 Satz 2 BGB durchgreifen.

224 BGH, 27.5.1987 V ZR 59/86 BGHZ 101, 106 (112): Statt räumlicher und zeitlicher Nähe reicht hiernach die Gleichartigkeit der Gefährdung.

225 *K. Larenz/C.-W.Canaris*, Schuldrecht BT 2 (1994) § 82 II 2 b (S. 574).

cc) Zusammenfassung

Die Haftung eines potentiellen Schädigers in einem Fall der alternativen Kausalität ist mithin durchaus unterschiedlich gestaltet: Während teilweise in der Rechtsprechung eine Beweiserleichterung gewährt wurde, wird diese Situation in Deutschland durch eine gesetzlich vorgegebene, selbständige Anspruchsgrundlage gelöst. Beachtenswert ist jedoch, daß die dahinter stehenden Erwägungen weitgehend übereinstimmen. Die Ratio sowohl der Beweislastumkehr als auch des § 830 Abs. 1 Satz 2 BGB wird darin gesehen, daß sich ein möglicher Schädiger nicht auf das fahrlässige Verhalten einer dritten Person berufen darf[226]. Die Interessen des Geschädigten, dem der Kausalitätsbeweis nur deshalb nicht gelingt, weil ihm nicht nur eine, sondern mehrere sorglose Personen gegenüberstehen, sind gegenüber denen der möglichen Schädiger vorrangig. In Frankreich ist die Rechtsprechung gegenüber einer Haftung ohne nachgewiesene Verursachung hingegen sehr zurückhaltend[227].

c) Konkurrenz von Verschulden und Zufall

Die soeben gemachten Ausführungen zur alternativen Kausalität betreffen Konstellationen, in denen die in Betracht kommenden Ursachen jeweils Sorgfaltspflichtverletzungen darstellen. Die Interessen der potentiellen Schädiger werden gerade deswegen gegenüber den Interessen des Geschädigten zurückgestellt, weil der Haftungstatbestand jedenfalls bis auf den Nachweis der Verursachung erfüllt ist. Gänzlich anders liegt es jedoch, wenn eine der möglichen Ursachen nicht auf ein menschliches Fehlverhalten, sondern auf einen Zufall oder einen in den Risikobereich des Klägers fallenden Umstand zurückzuführen ist. Bei dieser Konstellation verbleibt es bei den hergebrachten Grundsätzen, der Kläger geht leer aus, wenn ihm der Verursachungsnachweis nicht gelingt[228]. Bei der alternativen Kausalität führt das Nebeneinander von Verschulden und Zufall somit grundsätzlich zum Haftungsausschluß[229]: Da der Kläger nicht beweisen kann, daß der Sorgfaltspflichtverstoß überhaupt eine Auswirkung hatte, erhält er nichts. Im Arzthaftungsrecht ergibt sich vor allem eine Konkurrenz von Behandlungsfehler und Gesundheitszustand des Patienten. Hier kann eine echte alternative Kausalität vorliegen, weil entweder der ärztliche Fehler oder der Ge-

---

226 Rechtsvergleichend *W. Buxbaum*, Solidarische Schadenshaftung bei ungeklärter Verursachung im deutschen, französischen und anglo-amerikanischen Recht (1965) 113; *D. Giesen*, International Medical Malpractice Law (1988) Rn. 1091-1092.

227 CassCiv, 29.9.1941 GazPal 1941, 2, 437; *W. Buxbaum*, Solidarische Schadenshaftung bei ungeklärter Verursachung im deutschen, französischen und anglo-amerikanischen Recht (1965) 52-53.

228 *K. Larenz/C.-W.Canaris*, Schuldrecht BT 2 (1994) § 82 II 3 c) befürwortet eine Haftung. Zu der Entwicklung in Österreich ausführlich unter § 5 D III.

229 *P. Gottwald*, „Kausalität und Zurechnung", Karlsruher Forum 1986, 3-32 (21).

sundheitszustand allein den Schaden herbeigeführt haben. Daneben steht in einer Vielzahl von Fällen fest, daß sich die Grunderkrankung in dem Schaden niedergeschlagen hat und somit zumindest mitursächlich war, während die Bedeutung des Behandlungsfehlers offen bleibt[230]. So liegt es, wenn eine Erkrankung nicht rechtzeitig behandelt wird, zu einem bleibenden Schaden führt und sich die Auswirkung der gebotenen Behandlung nicht ermitteln läßt. Diese Konstellation entspricht den Fällen, in denen - wie noch darzulegen sein wird - die *perte d'une chance/loss of chance* in der Arzthaftung herangezogen wird.

2. Zurechnung in der Arzthaftung

Die Zurechnung, also die wertende Betrachtung der Verursachung, bereitet in der Arzthaftung geringere Schwierigkeiten als der Nachweis der tatsächlichen Verursachung[231]. In der Arzthaftung ist vor allem fraglich, ob sich der Arzt unter Hinweis auf eine besondere Schadensanfälligkeit des Patienten entlasten kann, auch wenn feststeht, daß er den eingetretenen Schaden (mit-) verursacht hat. Die Vorerkrankung steht hier nicht dem tatsächlichen Kausalzusammenhang entgegen, könnte aber zum Ausschluß der Zurechnung führen.

a) Schadensanlagen

In den untersuchten Rechtsordnungen herrscht Einigkeit darüber, daß sich der Schädiger auf die besondere Schadensanfälligkeit des Geschädigten grundsätzlich nicht berufen kann[232]. Es handelt sich um die Frage des Schadensumfangs, wenn die vom Beklagten herbeigeführte Gesundheitsbeeinträchtigung aufgrund der Konstitution des Opfers besonders schwerwiegend war. Der Beklagte muß dann den gesamten entstandenen Schaden ersetzen.

b) Reserveursachen

Ein weiteres Problem kann entstehen, wenn die Verursachung der gesundheitlichen Beeinträchtigung durch den Arzt feststeht, er aber darauf verweist, daß dieselbe Beeinträchtigung zu einem späteren Zeitpunkt aufgrund des Gesundheitszustandes eingetreten wäre. Die rechtliche Behandlung dieser Frage ist in

230 *D.R. Carney*, „Smith v State of Louisiana, Department of Health and Hospitals: Loss of Chance of Survival: The Valuation Debate“, 58 LaLRev 339-367, 341 (1997).
231 Vgl. oben § 3 C I 3.
232 *D. Giesen*, International Medical Malpractice Law (1988) Rn. 352-358, 373-376 mit zahlreichen Nachweisen.

den untersuchten Rechtsordnungen durchaus unterschiedlich und vielschichtig[233], bedarf aber im vorliegenden Zusammenhang deshalb nicht der Vertiefung, weil dieses haftungsrechtliche Problem nicht mit der Vereitelung von Heilungschancen vergleichbar ist, da es nicht die faktische Kausalität, sondern die Ermittlung des Schadensumfangs betrifft[234].

c) Rechtmäßiges Alternativverhalten

In Deutschland wird zudem das sogenannte rechtmäßige Alternativverhalten erörtert, bei dem in Frage steht, ob sich der Schädiger dadurch entlasten kann, daß er nachweist, daß der von ihm verursachte Schaden auch dann aufgetreten wäre, wenn er sich den Sorgfaltsanforderungen entsprechend verhalten hätte[235]. Gerade in der Arzthaftung wäre dieser Einwand denkbar, wenn darauf verwiesen wird, daß auch bei bestmöglicher Behandlung die Heilung ausgeblieben wäre. Die Abgrenzung zu der *conditio-sine-qua-non*-Formel ist hier nicht einfach, da für beide Fragestellungen die Betrachtung eines hypothetischen Geschehensablaufes erforderlich ist[236]. Hinzu kommt, daß diese Figur von der Rechtsprechung nur in wenigen Konstellationen herangezogen wird und daher eine abschließende Einordnung in den Haftungstatbestand nicht ohne weiteres möglich ist[237]. Das rechtmäßige Alternativverhalten berührt sowohl Fragen der Kausalität, des Schutzzweckes der Norm und der Beweislastverteilung[238]. Das rechtmäßige Alternativverhalten wird in der Arzthaftung nur im Aufklärungsbereich behandelt und dabei untersucht, ob der Patient bei pflichtgemäßer Aufklärung eingewilligt hätte oder nicht[239]. Der Haftungsgrund bei unzureichender Aufklärung ist die durch den ärztlichen Heileingriff vorliegende Körperverletzung, die aufgrund der ungenügenden Aufklärung nicht von einer wirksamen Einwilligung gedeckt wird[240]. Diese Einwilligung ist als Rechtfertigungsgrund vom

---

233 *D. Giesen*, International Medical Malpractice Law (1988) Rn. 390-405. Zu der Rechtslage in Deutschland *R. Backhaus*, „Einige Überlegungen zum Verhältnis von kumulativer und hypothetischer Kausalität", VersR 1982, 210-213 sowie die darin besprochene Entscheidung BGH, 7.10.1980 VI ZR 176/79 BGHZ 78, 209.

234 *Malec v JC Hutton Proprietary Ltd* (1990) 169 CLR 639; *Wendland v Sparks and David County Hospital*, 574 NW2d 327, 330 (Iowa 1998).

235 *J.Esser/E.Schmidt*, Schuldrecht I/2 (1993) § 33 III 2 (S. 227).

236 *J.Esser/E.Schmidt*, Schuldrecht I/2 (1993) § 33 III 2 (S. 227); *H. Stoll*, „Haftungsverlagerung durch beweisrechtliche Mittel", AcP 176 (1976) 145-196 (173-175).

237 *M. Gotzler*, Rechtmäßiges Alternativverhalten im haftungsbegründenden Zurechnungszusammenhang (1977) 7-8; *von Staudinger* (- *D. Medicus*) Rn. 108 zu § 249 BGB.

238 *S. Schramm*, Der Schutzbereich der Norm im Arzthaftungsrecht (1992) 138.

239 Siehe BGH, 22.1.1980 VI ZR 263/78 VersR 1980, 428; 7.2.1984 VI ZR 174/82 BGHZ 90, 103 (111-112); grundsätzlich kritisch zu diesem Einwand vor allem *D. Giesen*, Arzthaftungsrecht (1995) Rn. 232, 234, 473-477.

240 BGH, 13.1.1987 VI ZR 82/86 NJW 1987, 1481.

Arzt zu beweisen[241]. Sodann ist fraglich, inwiefern der Patient bei ausreichender Aufklärung dem Eingriff zugestimmt und sich der Behandlung unterzogen hätte. Für diesen Zusammenhang hat die deutsche Rechtsprechung[242] die Darlegungs- und Beweislast nicht einseitig verteilt, sondern ein differenziertes Modell gefunden: Beruft sich der Arzt auf das rechtmäßige Alternativverhalten, muß der Patient darlegen, daß er sich bei angemessener Aufklärung in einem wirklichen Entscheidungskonflikt befunden hätte. Den Arzt trifft dann die Beweislast dafür, daß der Patient dennoch eingewilligt hätte, wobei der Hinweis auf einen vernünftigen Durchschnittspatienten keinesfalls ausreicht. Bei der Haftung für Behandlungsfehler hat das rechtmäßige Alternativverhalten in der Rechtsprechung bisher weder in Deutschland noch andernorts eine eigenständige Bedeutung erfahren[243].

3. Zusammenfassung

Im Arzthaftungsprozeß treten mithin besondere Verursachungs- und Zurechnungsprobleme auf, die auf dem Nebeneinander von Vorerkrankung und ärztlichem Fehlverhalten beruhen. Dabei kann sich der Arzt regelmäßig nicht mit dem Hinweis auf den Gesundheitszustand des Patienten entlasten, wenn die Mitursächlichkeit des Behandlungsfehlers feststeht. Offen ist jedoch die Frage, wie zu entscheiden ist, wenn die Mitursächlichkeit des Behandlungsfehlers nicht bewiesen werden kann und somit bereits die erste Stufe der Verursachung zweifelhaft ist. Anders als bei mehreren potentiellen Schädigern haben die hier untersuchten Rechtsordnungen zunächst keine materielle Lösung für diese in der Arzthaftung häufig auftretende Konstellation herausgebildet. Damit gewinnen die jeweiligen Beweisregeln an Bedeutung.

D. Beweis im Arzthaftungsprozeß

I. Einführung

Da der Kausalitätsnachweis im Arzthaftungsprozeß regelmäßig schwierig ist, kommt den diesbezüglichen Beweisregeln für den Ausgang des Arzthaftungs-

---

241 *Palandt* (- *H. Thomas*) Rn. 42-44 zu § 823 BGB.

242 Siehe BGH, 22.1.1980 VI ZR 263/78 VersR 1980, 428; 7.2.1984 VI ZR 174/82 BGHZ 90, 103 (111-112); rechtsvergleichend *D. Giesen*, International Medical Malpractice Law (1988) Rn. 670-702 und *M. Kasche*, „Operation in Australien", Jura 1993, 94-103 (96, 102).

243 Auch *S. Schramm*, Der Schutzbereich der Norm im Arzthaftungsrecht (1992) 138-142 weist nichts Gegenteiliges nach. Im strafrechtlichen Schrifttum hat das rechtmäßige Alternativverhalten in der Diskussion um die Risikoerhöhungslehre eine weitergehende Bedeutung hat. Dazu ausführlich unter § 4 C III 1.

prozesses eine maßgebliche Bedeutung zu[244]. Der Patient steht bereits wegen seiner fehlenden Sachkunde und dem unzureichenden Überblick über den Behandlungsablauf, den er möglicherweise nicht einmal bei vollem Bewußtsein wahrnehmen konnte, vor erheblichen Schwierigkeiten. Da sich der Verlauf eines Genesungsprozesses zudem häufig nicht im Prozeß nachvollziehen läßt, befindet sich der Kläger in einer ungünstigen Lage. Es stellt sich mithin die Frage, inwiefern die hier untersuchten Rechtsordnungen diesen Problemen durch das Beweisrecht Rechnung getragen haben. Fraglich ist zunächst, wer die Verursachung beweisen und im Falle der Nichtbeweisbarkeit die nachteiligen Konsequenzen hieraus tragen muß (Beweislast, dazu II.). Daneben spielt das jeweils anzulegende Beweismaß[245] (dazu III.), also der Maßstab, dem die richterliche Überzeugung von den vorgetragenen Tatsachen genügen muß, für den Ausgang des Prozesses eine erhebliche Rolle. Zudem besteht die Möglichkeit, Beweiserleichterungen zu gewähren, um den Beweisschwierigkeiten bestimmter Konstellationen Rechnung zu tragen (dazu IV.).

II. Beweislast

Um das tatsächliche Geschehen zu ermitteln, müssen die Parteien[246] dem Gericht Mittel zu dessen Feststellung vorlegen. Dabei reicht ein entsprechender Tatsachenvortrag, der aber durch eine abweichende Behauptung der Gegenpartei erschüttert werden kann[247]. Ist somit eine Tatsache wie die Kausalität zwischen den Parteien streitig, so ist hierüber Beweis zu erheben. Welche der Parteien den Beweis in den Prozeß einführen muß, wird durch die Beweisführungslast oder sogen. subjektive Beweislast[248] festgelegt. Welche Partei die

---

244 *L.L. Cross*, „*Alfonso v. Lund*: Loss of Chance Rejected as a Basis for Recovery in Medical Malpractice“, 12 OklaCityULRev 187-203, 202 (1987); *D. Giesen*, Arzthaftungsrecht (1995) Rn. 368-371; *W. Holzer*, „Die Haftung des Arztes im Zivilrecht“, Arzt- und Arzneimittelhaftung in Österreich (1992) 1-71 (18).

245 Zu diesem Begriff *B.M. Maassen*, Beweismaßprobleme im Schadensersatzprozeß (1975) 1; im *common law* wird auf die *measure of persuasion* bzw. den *standard of proof* abgestellt, *C.T. McCormick*, On Evidence (1992) 568; *Phipson*, On Evidence (1990) Rn. 4-38.

246 Ein eigenständiges Tätigwerden des Gerichtes durch Amtsermittlung ist im Rahmen des Zivilprozesses in den hier untersuchten Rechtsordnungen nicht bekannt, *D. Coester-Waltjen*, Internationales Beweisrecht (1983) Rn. 29.

247 Zu den Besonderheiten in den Jurisdiktionen der Vereinigten Staaten sogleich unter III 1 a) cc).

248 *W.J. Habscheid*, „Beweislast und Beweismaß - Ein kontinentaleuropäisch-angelsächsischer Rechtsvergleich -“, Festschrift für G. Baumgärtel (1990) 105-119 (110); *L. Rosenberg*, Die Beweislast (1965) 18-24; im *common law* als *measure of producing evidence, evidential burden of proof* oder *evidentiary burden* bezeichnet: *Thompson v Sun City Community Hospital, Inc*, 688 P2d 605, 614 (Ariz 1984); *W.J. Habscheid*, aaO, 105-119 (112-113); *C.T. McCormick*, On Evidence (1992) 569; *Phipson*, On Evidence (1990) Rn. 4-04.

Folgen der Nichterweislichkeit einer behaupteten Tatsache zu tragen hat[249], ist Gegenstand der objektiven Beweislast[250]. Der Kläger hat sämtliche Anspruchsvoraussetzungen zu beweisen, da er hieraus Rechte herzuleiten sucht[251]. Im Arzthaftungsprozeß zählen insbesondere das Vorliegen eines Sorgfaltspflichtverstoßes und die Kausalität zu diesen Voraussetzungen[252]. Anspruchshindernde Tatsachen sind hingegen von dem Beklagten zu beweisen[253]. Damit ist die Einordnung einer Tatsache als anspruchsbegründend oder anspruchshindernd für den Ausgang eines Prozesses von großer Bedeutung, da sich hieraus ergibt, wer die Folgen der Nichterweislichkeit dieser Tatsache trägt. Für die hier im Mittelpunkt stehende Frage der Ursächlichkeit des Fehlverhaltens ist diese Zuordnung weniger problematisch, da sie ausnahmslos zu den Anspruchsvoraussetzungen zu zählen ist[254]. Nach diesem Ausgangspunkt beeinflussen die besonderen Beweisprobleme des Klägers die Verteilung der generellen Beweislast im Rahmen der Kausalität zunächst nicht[255].

III. Beweismaß

Im Gegensatz zur Beweislast weisen die untersuchten Rechtsordnungen hinsichtlich des bei der Kausalität anzulegenden Beweismaßes erhebliche Unterschiede auf. Für den Beweis soll zum Teil bereits der Nachweis einer überwiegenden Wahrscheinlichkeit genügen, während andernorts eine richterliche Überzeugung von ihrer Wahrheit oder einer sehr hohen Wahrscheinlichkeit gefordert wird. Je niedriger diese Schwelle ist, desto größer sind die Erfolgsaussichten der beweisbelasteten Partei. Damit sind die praktischen Konsequenzen

---

249 *F.W. Eisner*, „Beweislastfragen und Beweiswürdigung im deutschen und amerikanischen Zivilprozeß", ZZP 80 (1967) 78-90 (84); *W.J. Habscheid*, „Beweislast und Beweismaß - Ein kontinentaleuropäisch-angelsächsischer Rechtsvergleich -", Festschrift für G. Baumgärtel (1990) 105-119 (107, 112); *C.T. McCormick*, On Evidence (1992) 569; *W.L. Prosser/W.P. Keeton*, The Law of Torts (1984) 239.

250 *L. Rosenberg*, Die Beweislast (1965) 24-25; im *common law* wird der Begriff *burden of persuasion* bzw. *persuasive burden of proof* verwendet, *J.G. Fleming*, The American Tort Process (1988) 252; *W.J. Habscheid*, „Beweislast und Beweismaß - Ein kontinentaleuropäisch-angelsächsischer Rechtsvergleich -", Festschrift für G. Baumgärtel (1990) 105-119 (112-113); *C.T. McCormick*, On Evidence (1992) 568-569.

251 *Phipson*, On Evidence (1990) Rn. 4-02.

252 *J. Penneau*, Medical Responsibility in Western Europe: France (1985) Rn. F 81 *E. Deutsch*, Medizinrecht (1997) Rn. 302; *D. Giesen*, Arzthaftungsrecht (1995) Rn. 354, 357; *A. Könning-Feil*, Das Internationale Arzthaftungsrecht (1992) 146-159. Vgl. auch *Bolitho v City and Hackney Health Authority* [1993] 4 MedLR 381, CA.

253 *D. Giesen*, Arzthaftungsrecht (1995) Rn. 356, 358.

254 Siehe oben § 3 B u. C.

255 So ausdrücklich *Barnett v Chelsea and Kensington Hospital Management Committee* [1969] 1 QB 428, 438.

des Beweismaßes mit denen der Beweislastverteilung durchaus vergleichbar. Dies gilt insbesondere im Arzthaftungsprozeß, wo Sachverständige zur Ursächlichkeit häufig nur Wahrscheinlichkeitsaussagen anhand medizinischer Statistiken treffen, ohne sich auf eine Sicherheit festlegen zu lassen[256]. Für die Feststellung einer überwiegenden oder hohen Wahrscheinlichkeit können diese Statistiken bereits ausreichend sein.

1. Überwiegende Wahrscheinlichkeit

a) *Common law*

aa) *Balance of probabilities/Preponderance of evidence*

Im Zivilrecht des *common law* gilt der Maßstab der überwiegenden Wahrscheinlichkeit (*balance of probabilities*[257] oder *preponderance of evidence*[258]). Ab wann eine überwiegende Wahrscheinlichkeit vorliegt und inwiefern sie sich nach Prozentwerten und Statistiken ermitteln läßt, ist von der Rechtsprechung erst nach und nach konkretisiert worden. Die englischen Gerichte haben sich zunächst nicht auf einen allgemeingültigen Grenzwert für die überwiegende Wahrscheinlichkeit festlegen lassen[259]. Eine Stellungnahme hierzu wäre nur dann zu erwarten, wenn nach der Beweislage im Einzelfall eine Wahrscheinlichkeit von geringfügig über fünfzig Prozent gegeben ist und es darauf ankommt, ob diese ausreichend sein kann. Jedenfalls scheidet eine Haftung aus, wenn die Wahrscheinlichkeit unter fünfzig Prozent liegt, da sie dann nicht

---

256 *W.S. Malone*, „Ruminations on Cause-In-Fact", 9 StanLRev 59-99, 64 (1956); *W. Wachsmuth/H.-L. Schreiber*, „Sicherheit und Wahrscheinlichkeit - juristische und ärztliche Aspekte", NJW 1982, 2094-2098; in diesem Sinne allgemein für wissenschaftliche Sachverständige *P. Gottwald*, „Kausalität und Zurechnung", Karlsruher Forum 1986, 3-32 (13).

257 *Newis v Lark* (1571) Plowd 403, 412; *Cooper v Slade* (1858) 6 HL Cas 746, 777; *Miller v Minister of Pensions* [1947] 2 AllER 372, KB; *Bater v Bater* [1951] P 35, 37, CA; *Blyth v Blyth* [1966] AC 643, 678; *Barnett v Chelsea and Kensington Hospital Management Committee* [1969] 1 QB 428, 433; *Allied Maples Ltd v Simmons & Simmons (a firm)* [1995] 4 AllER 907, 915, CA; *Laferrière v Lawson* [1991] 1 SCR 541 (602); *Malec v JC Hutton Proprietary Ltd* (1990) 169 CLR 639 (643).

258 *Fennell v Southern Maryland Hospital Center, Inc*, 580 A2d 206, 215 (Md 1990); *Wollen v DePaul Health Center*, 828 SW2d 681, 685 (Mo 1992); *W.S. Malone*, „Ruminations on Cause-In-Fact", 9 StanLRev 59-99, 68 (1956); *C.T. McCormick*, On Evidence (1992) 574.

259 *Bater v Bater* [1951] P 35, 37, CA; *Hotson v Berkshire Area Health Authority* [1987] AC 750, 785-786.

überwiegen kann[260]. In den Vereinigten Staaten wird offener mit prozentualen Grenzwerten umgegangen[261] und zum Teil eine geringfügige Überschreitung der fünfzig Prozent als hinreichend erachtet[262]. Dies führt dazu, daß der Ausgang des Prozesses von einer minimalen Erhöhung der Wahrscheinlichkeit[263] abhängen kann[264] und daß die so ermittelte Wahrscheinlichkeit einer Gewißheit gleichgestellt wird[265].

Der Hintergrund dieses fest im Fallrecht verwurzelten[266] und bisher nicht in Frage gestellten Grundsatzes der überwiegenden Wahrscheinlichkeit läßt sich nicht ohne weiteres ermitteln[267]. Maßgeblich dürfte jedoch gewesen sein, daß dieser Maßstab für die ursprünglich zur Entscheidungsfindung berufene *jury* als leicht handhabbar galt[268]. Der Gesichtspunkt, wonach hierdurch das (Kosten-) Risiko einer unrichtigen Entscheidung zwischen den Parteien gleichmäßig verteilt sei[269], ist jedoch neueren Datums und kann nur die Beibehaltung des Maß-

---

260 *J.G. Fleming*, „Probabilistic Causation in Tort Law: A Postscript", (1991) 71 CanBarRev 136-141 (136).

261 Nach *J.G. Fleming*, The Law of Torts (1992) 315 Fn. 39 soll dabei ein Bereich zwischen 55 und 75 Prozent ausreichend sein.

262 *Waffen v United States Department of Health & Human Services*, 799 F2d 911, 923 (4th Cir 1986); *Boose v Digate*, 246 NE2d 50, 53 (IllApp 1969) und besonders deutlich *Wollen v DePaul Health Center*, 828 SW2d 681, 684 (Mo 1992), wo ausdrücklich zwischen 49,9999 und 50,0001 Prozent unterschieden wird. Siehe auch *D.R. Carney*, „Smith v State of Louisiana, Department of Health and Hospitals: Loss of Chance of Survival: The Valuation Debate", 58 LaLRev 339-367, 342 (1997).

263 Beispielsweise von 49,5 auf 50,5 Prozent.

264 Aus diesem Grunde übt *J.G. Fleming*, The Law of Torts (1992) 314-315 an diesem Grenzwert Kritik.

265 *H. Stoll*, „Schadensersatz für verlorene Heilungschancen vor englischen Gerichten in rechtsvergleichender Sicht", Festschrift für E. Steffen (1995) 465-478 (469).

266 So ausdrücklich *Hotson v Berkshire Area Health Authority* [1987] AC 750, 782; *Cooper v Sisters of Charity of Cincinnati, Inc*, 272 NE2d 97 (Ohio 1971); *Kramer v Lewisville Memorial Hospital*, 858 SW2d 397, 405 (Tex 1993).

267 Ebenso *B.M. Maassen*, Beweismaßprobleme im Schadensersatzprozeß (1975) 44, der von einer „unreflektierten Wertentscheidung der Gerichte und Literatur" spricht.

268 *Newis v Lark* (1571) Plowd 403, 412: „*if the matter is doubtful, they [the jury] may found their verdict upon that which appears the most probable*"; *C.T. McCormick*, On Evidence (1992) 574; die Handhabbarkeit für die *jury* wird beispielsweise auch bei der Entwicklung neuer Beweisgrundsätze berücksichtigt, vgl. *Delaney v Cade*, 756 FSupp 1476, 1484 (DKan 1991); *B.C. Boggs*, „Lost Chance of Survival Doctrine: Should the Courts Ever Tinker With Chance?", 16 SoIllULJ 421-449, 436, 447 (1992).

269 *B.M. Maassen*, Beweismaßprobleme im Schadensersatzprozeß (1975) 5-11; vgl. auch *C.T. McCormick*, On Evidence (1992) 577, wo darauf hingewiesen wird, daß die Folgen einer falschen Entscheidung im Zivilprozeß beide Parteien gleich schwer belasten würden, während im Strafrecht eine Falschverurteilung erheblich gravierender ist als ein möglicherweise ungerechtfertigter Freispruch, weswegen der Maßstab im Strafprozeß wesentlich höher anzusetzen ist.

stabes der überwiegenden Wahrscheinlichkeit erklären, nicht aber dessen Entwicklung.

bb) Sonderbeweismaß im Arzthaftungsrecht der Vereinigten Staaten?

Während die Mehrheit der Gerichte[270] in den Vereinigten Staaten den Maßstab der überwiegenden Wahrscheinlichkeit auch im Arzthaftungsrecht anwendet, wurde von einigen Gerichten[271] verlangt, daß das Klägervorbringen anderen Anforderungen zu genügen habe. Der Sachverständige müsse eine *reasonable medical certainty* der Schadensverursachung bestätigen, da die Begrifflichkeiten in der Medizin nicht mit den juristischen gleichzusetzen seien[272]. Bei der Formulierung dieses Standards haben sich die Gerichte vor allem davon leiten lassen, daß sich medizinische Sachverständige eher auf den Rechtsbegriff *reasonable medical certainty* als auf eine absolute Gewißheit im naturwissenschaftlich-medizinischen Sinne festlegen lassen wollen[273]. Dieser Ansatz hat sich aber nicht durchsetzen können, was vor allem darauf zurückzuführen ist,

---

270 *Cooper v Sisters of Charity of Cincinnati, Inc*, 272 NE2d 97 (Ohio 1971); *Poertner v Swearingen*, 695 F2d 435, 437 (10th Cir 1982); *Gooding v University Hospital Building, Inc*, 445 So2d 1015 (Fla 1984); *Alfonso v Lund*, 783 F2d 958, 963 (10th Cir 1986); *Falcon v Memorial Hospital*, 462 NW2d 44, 53 (Mich 1990); *Fennell v Southern Maryland Hospital Center, Inc*, 580 A2d 206, 214 (Md 1990); *Perez v Las Vegas Medical Center*, 805 P2d 589, 591 (Nev 1991); *Hurley v United States*, 923 F2d 1091, 1094 (4th Cir 1991); *Kramer v Lewisville Memorial Hospital*, 858 SW2d 397, 405 (Tex 1993); *McAfee v Baptist Medical Center*, 641 So2d 265, 267 (Ala 1994); *Jones v Owings*, 456 SE2d 371, 373 (SC 1995).

271 *Bertram v Wunning*, 385 SW2d 803 (MoApp 1965); *Boose v Digate*, 246 NE2d 50, 53 (IllApp 1969); *Schrantz v Luancing*, 527 A2d 967 (NJSuper 1986); ähnlich *W.S. Malone*, „Ruminations on Cause-In-Fact", 9 StanLRev 59-99, 86-88 (1956) mit Hinweis auf die Schutzwürdigkeit der gesellschaftlich erwünschten ärztlichen Tätigkeit.

272 *D. Danner/E.K.Sagall*, „Medicolegal Causation: A Source of Professional Misunderstanding", 3 AmJL&Med 303-308 (1978); *W.S. Malone*, „Ruminations on Cause-In-Fact", 9 StanLRev 59-99, 64 (1956); *F. W. Thurman*, „Loss of Chance in Medical Malpractice Cases: A Contra View With an Examination of Tennessee's Current Position", 20 MemStULRev 81-118, 86 (1989).

273 *Boose v Digate*, 246 NE2d 50, 53 (IllApp 1969); *L.L. Cross*, „*Alfonso v. Lund*: Loss of Chance Rejected as a Basis for Recovery in Medical Malpractice", 12 OklaCityULRev 187-203, 191 (1987); *W.S. Malone*, „Ruminations on Cause-In-Fact", 9 StanLRev 59-99, 64 (1956); *D.S. Smith*, „Increased Risk of Harm: A New Standard for Sufficiency of Evidence of Causation in Medical Malpractice Cases", 65 BULRev 275-313, 279 (1985); *F. W. Thurman*, „Loss of Chance in Medical Malpractice Cases: A Contra View With an Examination of Tennessee's Current Position", 20 MemStULRev 81-118, 86 (1989); vgl. generell zu den unterschiedlichen Begrifflichkeiten der Medizin und des Rechts: *R. Goldberg*, „Scientific Evidence, Causation and The Law-Lessons of Bendectin (Debendox) Litigation", [1996] MedLRev 32-61 (35-36) sowie *W. Wachsmuth/H.-L. Schreiber*, „Sicherheit und Wahrscheinlichkeit - juristische und ärztliche Aspekte", NJW 1982, 2094-2098.

daß der Begriff der *reasonable medical certainty* nicht einheitlich definiert werden konnte[274].

cc) Exkurs: Bedeutung des Beweismaßes im *jury*-Prozeß

Der Zivilprozeß in den *common-law*-Jurisdiktionen wurde geprägt von der Kompetenzverteilung zwischen *jury* und Richter. Der soeben dargelegte Maßstab gilt vor allem für den Grad der Überzeugung des zur Feststellung der entscheidungserheblichen Tatsachen Berufenen (*trier of fact*). Ist eine *jury* an dem Prozeß beteiligt, so fällt ihr diese Aufgabe zu[275]. Dies ist heute vor allem in den Vereinigten Staaten der Fall[276], während Entscheidungen durch *juries* im englischen Zivilprozeß zumindest bei Körperverletzungen nur noch äußerst selten anzutreffen sind[277].

(1) Die Rolle des Richters besteht in der Tatsacheninstanz vor allem darin, der *jury* die Rechtslage und insbesondere den Maßstab für die Tatsachenentscheidung und die Beweiswürdigung zu erläutern[278] (*jury instructions*[279]). Gegen die Tatsachenentscheidung sind dann nur in sehr eingeschränktem Maße

---

274 Teilweise wurde eine 90-prozentige Wahrscheinlichkeit nicht für ausreichend erachtet, *Bertram v Wunning*, 385 SW2d 803 (MoApp 1965), während andererseits bereits 50 Prozent ausreichen sollten, *Boose v Digate*, 246 NE2d 50, 53 (IllApp 1969); siehe die jeweilige Übersicht bei *D.S. Smith*, „Increased Risk of Harm: A New Standard for Sufficiency of Evidence of Causation in Medical Malpractice Cases", 65 BULRev 275-313, 280 (1985); *F. W. Thurman*, „Loss of Chance in Medical Malpractice Cases: A Contra View With an Examination of Tennessee's Current Position", 20 MemStULRev 81-118, 87 (1989).

275 *C. T. McCormick*, On Evidence (1992) 568; *J.A. Jolowicz*, Procedural Questions, IECL Vol XI Ch. 13 (1972) Anm. 130-148; *D.S. Smith*, „Increased Risk of Harm: A New Standard for Sufficiency of Evidence of Causation in Medical Malpractice Cases", 65 BULRev 275-313, 281 (1985).

276 Durch das *Seventh Amendment* der Verfassung der USA hat jeder Kläger auch im Zivilverfahren einen Anspruch auf Entscheidung durch eine *jury*, wenn der geltend gemachte Anspruch $ 20 übersteigt. Diese Regelung gilt allerdings nur vor den Bundesgerichten, während der Anspruch auf eine *jury* vor den Gerichten der Einzelstaaten sich nach deren Gesetzgebung richtet, *J.G. Fleming*, The American Tort Process (1988) 101; *H. Schack*, Einführung in das US-amerikanische Zivilprozeßrecht (1995) 65.

277 Seit 1965 ist nur ein Fall bekannt: *Hodges v Harland & Wolff Ltd* [1965] 1 AllER 1086, CA; eine Mitwirkung ist durch gesetzliche Regelung (Sec. 69 des *Supreme Court Act* 1981) bei Schadenersatzprozessen wegen Körperverletzungen nur als Ausnahme vorgesehen. Als Begründung wird vor allem darauf verwiesen, daß Richter anders als die Mitglieder der *jury* über eine größere Erfahrung hinsichtlich des angemessenen Schadenersatzes bei Körperverletzungen verfügen, *Ward v James* [1965] 1 QB 273, CA (*Lord Denning MR*, 303); bestätigt durch *H v Ministry of Defence* [1991] 2 QB 834, CA.

278 *H. Schack*, Einführung in das US-amerikanische Zivilprozeßrecht (1995) 65.

279 *W.L. Prosser/W.P. Keeton*, The Law of Torts (1984) 239.

Rechtsmittel zulässig, wenn der Richter nicht die zutreffenden Anweisungen (*instructions*) erteilt hat oder wenn die Entscheidung der *jury* in keiner Weise nachvollziehbar (*erraneous*) ist[280]. Insofern kommt den *juries* bei der Prüfung der Kausalität als einer Tatsachenfrage ein von den Gerichten nicht mehr überprüfbares Feststellungsermessen[281] zu. In gewissem Maße existiert aber eine Kontrolle der *jury*, da das Gericht ihr auf Antrag einer der Parteien die Entscheidung unter bestimmten Voraussetzungen entziehen oder ihr gar nicht erst überlassen kann. In der Anfangsphase des Zivilprozesses kann der Beklagte ein sogen. *summary judgement*[282] zu seinen Gunsten beantragen. Hierzu muß er vortragen, daß das vom Kläger vorgelegte Beweismaterial nicht ausreichend ist, was die Einbeziehung einer *jury* ausschließt[283]. Hat der Prozeß und die Beweisaufnahme vor der *jury* bereits begonnen, kann der Beklagte ein *directed verdict*[284] beantragen. Hierdurch wird der *jury* die Entscheidung entzogen, wenn das vom Kläger vollständig präsentierte Beweismaterial eine Klage nicht zu stützen vermag[285]. Hintergrund dieser Kontrollmöglichkeit[286] ist, daß sich die *jury* nicht mit Fällen befassen soll, in denen die Tatsachenfeststellung aufgrund des unzureichenden Beweismaterials eine reine Spekulation ist[287] und die Entscheidung somit von dem Mitleid mit dem Geschädigten[288] beeinflußt werden kann[289]. Aufgrund der geringeren Erfahrung der *jury*-Mitglieder bei der Beweiswürdigung findet daher auf Antrag eine richterliche Vorprüfung der Beweismittel statt[290]. Der Richter hat darüber zu befinden, ob das vorgelegte Be-

---

280 *Martin v East General Jefferson Hospital*, 582 So2d 1272, 1278 (La 1991); *Barre v Nadell*, 657 So2d 514, 519 (LaApp 1995).

281 Dieser die Funktion der *jury* äußerst treffend umschreibende Begriff wurde von *B.M. Maassen*, Beweismaßprobleme im Schadensersatzprozeß (1975) 45-51 übernommen.

282 *Mayhue v Sparkman*, 653 NE2d 1384, 1386 (Ind 1995); *J.G. Fleming*, The American Tort Process (1988) 131.

283 *Mayhue v Sparkman*, 653 NE2d 1384, 1386 (Ind 1995).

284 *J.G. Fleming*, The American Tort Process (1988) 131.

285 Beispiele: *Cloys v Turbin*, 608 SW2d 697, 699 (Tex Civ App 1980); *Hastings v Baton Rouge General Hospital*, 498 So2d 713, 717-718 (La 1986); *McKellips v Saint Francis Hospital, Inc*, 741 P2d 467, 471 (Okla 1987); *Ehlinger by Ehlinger v Sipes*, 454 NW2d 754, 759 (Wis 1990).

286 *J.G. Fleming*, The American Tort Process (1988) 133.

287 *Taylor v City of Yonkers*, 11 NE 642, 644 (NY 1887); *Falcon v Memorial Hospital*, 462 NW2d 44, 66 (Mich 1990); *D.S. Smith*, „Increased Risk of Harm: A New Standard for Sufficiency of Evidence of Causation in Medical Malpractice Cases", 65 BULRev 275-313, 278 (1985).

288 Auf welches von der Klägerseite oft bewußt gesetzt wird, *H. Schack*, Einführung in das US-amerikanische Zivilprozeßrecht (1995) 62; *juries* sind im Zivilprozeß als tendenziell klägerfreundlich einzustufen: *J.G. Fleming*, The American Tort Process (1988) 131.

289 *D.S. Smith*, „Increased Risk of Harm: A New Standard for Sufficiency of Evidence of Causation in Medical Malpractice Cases", 65 BULRev 275-313, 279 (1985).

290 *F.W. Eisner*, „Beweislastfragen und Beweiswürdigung im deutschen und amerikanischen Zivilprozeß", ZZP 80 (1967) 78-90 (82).

weismaterial des Klägers ausreichend ist (*sufficiency of evidence)*[291]. Je geringer dieser Standard der richterlichen Beweiswürdigung angelegt wird, desto größer ist das Entscheidungsermessen der *jury*[292]. In bestimmten Ausnahmefällen kann der Maßstab der gerichtlichen Vorprüfung von dem von der *jury* anzulegenden Beweismaß abweichen[293]. Das Beweismaß ist somit im Haftungsprozeß sowohl für die richterliche Vorprüfung als auch für die Entscheidungsfindung der *jury* relevant.

(2) Richterliche Ausführungen hinsichtlich des Beweismaßes sind daher genau daraufhin zu untersuchen, ob sie sich auf die richterliche Vorprüfung, auf die Entscheidung der *jury* oder auf beides beziehen. Insbesondere bei Entscheidungen der obersten Gerichte werden häufig nur Ausführungen zu der Frage gemacht, inwiefern dem Kläger ein Recht auf Entscheidungsfindung durch eine *jury* zu Unrecht verweigert wurde. Eine abschließende Beweiswürdigung findet sich hingegen nur selten, da die *juries* ihre Entscheidung nicht begründen und die Tatsachenfragen nicht in den Kompetenzbereich der Gerichte fallen. Es ist also bei der Untersuchung dieser Entscheidungen stets zu beachten, daß eine vermeintliche Großzügigkeit der Gerichte bei der Festlegung der Anforderungen an den Kausalitätsnachweis nicht bedeuten muß, daß dieser leichter zu erbringen ist, sondern lediglich, daß zumindest eine *jury* zu befragen ist. Da *juries* allerdings im Haftungsprozeß dazu tendieren, dem Geschädigten recht zu geben, hat dieser an einer Entscheidung durch eine *jury* regelmäßig ein großes Interesse und hiervon wohl auch oftmals einen tatsächlichen Vorteil[294].

b) Schweiz und Österreich

Auch in der Schweiz und in Österreich wird von der Rechtsprechung hinsichtlich der Kausalität eine Wahrscheinlichkeitsbetrachtung zur Ermittlung des Beweismaßes für möglich erachtet.

aa) In der Schweiz wird im Rahmen des Kausalitätsnachweises auf die überwiegende Wahrscheinlichkeit abgestellt, da für diesen Bereich eine Ungewißheit bezeichnend und daher aus der Natur der Sache ein geringeres Beweismaß

---

291 *D.S. Smith*, „Increased Risk of Harm: A New Standard for Sufficiency of Evidence of Causation in Medical Malpractice Cases“, 65 BULRev 275-313, 278 (1985).
292 *D.S. Smith*, „Increased Risk of Harm: A New Standard for Sufficiency of Evidence of Causation in Medical Malpractice Cases“, 65 BULRev 275-313, 279 (1985).
293 *Blondel v Hays*, 403 SE2d 340, 344 (Va 1991); *Griffett v Ryan*, 443 SE2d 149, 152 (Va 1994), hierzu § 4 B II 1 b) bb).
294 *J.G. Fleming*, The American Tort Process (1988) 131.

zu folgern sei[295]. Dies weicht von dem Regelbeweismaß ab, wonach es darauf ankommt, daß der Richter von einer Tatsache überzeugt ist und noch vorhandene Zweifel nicht als erheblich anzusehen sind[296]. Die Rechtsprechung weist zur Begründung darauf hin, daß ein Nachweis der Kausalität mit „wissenschaftlicher Genauigkeit" den Geschädigten überfordern würde[297]. Eine überwiegende Wahrscheinlichkeit scheide hiernach aus, wenn andere Ursachen in gleichem oder größerem Maß in Betracht kommen[298]. Anders als Teile der Rechtsprechung der Vereinigten Staaten arbeitet das Bundesgericht jedoch nicht offen mit der 50-Prozent-Regel, so daß offen ist, wann eine überwiegende Wahrscheinlichkeit vorliegt. Die Ausführungen des Gerichts legen nahe, daß bereits eine 50 Prozent übersteigende Wahrscheinlichkeit ausreichen soll, da nur dann keine andere Ursache zumindest in gleichem Maße wahrscheinlich ist[299]. Als Zwischenergebnis läßt sich festhalten, daß das schweizerische Recht aufgrund der schwierigeren Beweisbarkeit in bestimmten Fällen das Beweismaß reduziert und mit Wahrscheinlichkeitsbetrachtungen arbeitet. Dies gilt insbesondere für den hier im Mittelpunkt stehenden Kausalitätsnachweis.

bb) In Österreich gilt zunächst § 272 öZPO als Regelbeweismaß, wonach der Richter die Tatsache „für wahr halten muß"[300]. Welchen Maßstab die Rechtsprechung aus dieser Vorschrift ableitet, ist nicht ganz eindeutig[301]. Die Rechtsprechung erachtet jedenfalls in der Arzthaftung für den Verursachungsnachweis eine hohe Wahrscheinlichkeit als ausreichend[302], bei Unterlassungen genügt sogar eine überwiegende Wahrscheinlichkeit dafür, daß der Erfolg bei

---

295 BG, 8.5.1991 BGE 117 II 269 (272-273); *F. Hohl*, „Le degrè de la preuve", Festschrift für O. Vogel (1991) 125-159 (142); *I. Meier*, „Das Beweismass - ein aktuelles Problem des schweizerischen Zivilprozessrechts", BJM 1989, 57-79; ZGB I (- *H. Schmid*) Rn. 18 zu Art. 8 ZGB.

296 ZGB I (- *H. Schmid*) Rn. 17 zu Art. 8 ZGB.

297 BG, 8.5.1991 BGE 117 II 269 (273).

298 BG, 2.5.1905 BGE 32 II 669 (674); 23.11.1927 BGE 53 II 419 (422); 6.5.1931 BGE 57 II 208 (122); 28.10.1941 BGE 67 II 119 (122); 26.5.1964 BGE 90 227 (232); 8.5.1991 BGE 117 II 269 (273).

299 A.A. *F. Hohl*, „Le degrè de la preuve", Festschrift für O. Vogel (1991) 125-159 (156), die mindestens 75 Prozent fordert sowie *I. Meier*, „Das Beweismass - ein aktuelles Problem des schweizerischen Zivilprozessrechts", BJM 1989, 57-79 (73).

300 § 272 Abs. 1 öZPO: Das Gericht hat (...) nach freier Überzeugung zu beurteilen, ob eine tatsächliche Angabe für wahr zu halten sei oder nicht.

301 *W. H. Rechberger*, „Maß für Maß im Zivilprozess? Ein Beitrag zur Beweismaßdiskussion", Festschrift für G. Baumgärtel (1990) 471-490 (481-484).

302 OGH, 29.2.1956 2 Ob 75EvBl 1956/249; 4.2.1959 1 Ob 504/58 JBl 1960, 188 (191).

Vornahme der gebotenen Handlung ausgeblieben wäre[303]. Hintergrund ist die erschwerte Beweisführung im Arzthaftungsprozeß, wonach ein exakter Beweis kaum zu erbringen ist[304]. Diese hat die Rechtsprechung zur Einführung von Sonderregeln für den Arzthaftungsprozeß veranlaßt.

2. Richterliche Überzeugung von der Wahrheit

a) Im deutschen Zivilprozeß hat der Beweis den Erfordernissen der §§ 286, 287 ZPO zu genügen. Als Regelbeweismaß nach § 286 ZPO gilt dabei die Überzeugung des Richters von der Wahrheit[305] oder zumindest einer sehr hohen Wahrscheinlichkeit[306] der behaupteten Tatsache, wobei Zweifel nicht völlig ausgeschlossen sein müssen. Ausreichend ist, daß der Richter einen Grad der Gewißheit erlangt hat, der möglichen Zweifeln „Schweigen gebietet"[307]. Dieses Regelbeweismaß ist auch für die haftungsbegründende Kausalität maßgeblich, wo ein (geringer) Rest an Zweifel nicht schadet und dem Gelingen der Beweisführung somit nicht entgegensteht[308]. Damit legt die deutsche Rechtsprechung hier ein höheres Beweismaß als die überwiegende Wahrscheinlichkeit zugrunde.

---

303 OGH, 11.6.1952 1 Ob 592/51 JBl 1953, 18; 17.6.1992 2 Ob 538/92 JBl 1993, 316 (319) mit Hinweisen auf weitere unveröffentlichte Entscheidungen. *W. H. Rechberger*, „Maß für Maß im Zivilprozess? Ein Beitrag zur Beweismaßdiskussion", Festschrift für G. Baumgärtel (1990) 471-490 (485-486) sieht dies allerdings als eine Anwendung des Anscheinsbeweises, wobei er diesen den Beweismaßregeln zuordnet.

304 OGH, 17.6.1992 2 Ob 538/92 JBl 1993, 316 (319); 8.7.1993 2 Ob 590/92 JBl 1994, 540 (542) (*R. Bollenberger*); Praxiskommentar (- *F. Harrer*) Rn. 51 zu § 1300 ABGB; *P. Rummel* (- *R. Reischauer*) Rn. 12 zu § 1302 ABGB.

305 BGH, 17.2.1970 III ZR 139/67 BGHZ 53, 245 (255-256).

306 Die Rechtsprechung hat sich beider Begriffe bedient, vgl. dazu die Nachweise bei *R. Greger*, Beweis und Wahrscheinlichkeit (1978) 68-75. Im tatsächlichen Ergebnis dürften die unterschiedlichen Konzepte wohl keinen Unterschied zur Folge haben: Münchener Kommentar ZPO (- *H. Prütting*) Rn. 31-33 zu § 286 ZPO.

307 BGH, 17.2.1970 III ZR 139/67 BGHZ 53, 245 (256).

308 *D. Giesen*, Arzthaftungsrecht (1995) Rn. 354-355.

b) In der Literatur wird die Frage des Beweismaßes ausführlich diskutiert[309] und zum Teil eine Übernahme des aus Schweden[310] und dem *common law*[311] stammenden Beweismaßes der überwiegenden Wahrscheinlichkeit gefordert. Demnach kommt es auf die subjektive Überzeugung des Richters nicht an, sondern auf eine objektiv bestimmbare und bereits deshalb vorzugswürdige Wahrscheinlichkeit[312]. Mehr als eine Wahrscheinlichkeit lasse sich nicht ermitteln, sie sei daher „das Beste, was wir haben können"[313]. Zudem sei es gerechter, demjenigen Recht zu geben, der wahrscheinlich Recht hat, als ihn leer ausgehen und denjenigen obsiegen zu lassen, der wahrscheinlich Unrecht hat [314]. Gegen ein Beweismaß der überwiegenden Wahrscheinlichkeit ist eingewendet worden, daß das Beweisrecht nicht Ansprüche begründen dürfe, die nach materiellem Recht nicht gegeben seien[315]. Des weiteren habe das Rechtssystem bereits darüber entschieden, wem das Risiko der Nichtbeweisbarkeit aufzuerlegen sei, indem die Anspruchsvoraussetzungen als rechtsbegründend, -vernichtend und -

---

309 *G. Baumgärtel*, „Beweisrechtliche Studien", Festschrift der Rechtswissenschaftlichen Fakultät zur 600-Jahr-Feier der Universität zu Köln (1990) 165-181; *R. Bender*, „Das Beweismaß", Festschrift für F. Baur (1981) 247-271; *R. Greger*, Beweis und Wahrscheinlichkeit (1978) 68-124; *P. Gottwald,* Schadenszurechnung und Schadensschätzung (1979) 186-214; *M. Huber*, Das Beweismaß im Zivilprozeß (1983); *D. Leipold*, Beweismaß und Beweislast im Zivilprozeß (1985); *G. Kegel*, „Der Individualanscheinsbeweis und die Verteilung der Beweislast nach überwiegender Wahrscheinlichkeit", Festgabe für H. Kronstein (1967) 321-344; *B.M. Maassen*, Beweismaßprobleme im Schadensersatzprozeß (1975); *R. Motsch*, Vom rechtsgenügenden Beweis (1983); Münchener Kommentar ZPO (- *H. Prütting*) Rn. 27-46 zu § 286 ZPO; *H. J. Musielak*, Die Grundlagen der Beweislast im Zivilprozeß (1975) 290-292; *H. Prütting*, Gegenwartsprobleme der Beweislast (1983) 73-92; *O. Rommé*, Der Anscheinsbeweis im Gefüge von Beweiswürdigung, Beweismaß und Beweislast (1989); *K. H. Schwab*, „Das Beweismaß im Zivilprozeß", Festschrift für H.W. Fasching (1988) 451-462; *G. Walter*, Freie Beweiswürdigung (1979); *H. Weber*, Der Kausalitätsbeweis im Zivilprozeß (1997).

310 *P.O. Bolding*, „Aspects of the Burden of Proof", Scand Stud in Law 1960, 11-27; *P.O. Ekelöf*, „Free Evalution of Evidence", Scand Stud in Law 1964, 47-66; *ders.*, „Beweiswert", Festschrift für F. Baur (1981) 343-363. Durch diese Publikationen wurde die Sprachbarriere überwunden und diese schwedische Lehre dem deutschen Recht zugänglich gemacht.

311 § 3 D III 1 a) aa).

312 *G. Kegel*, „Der Individualanscheinsbeweis und die Verteilung der Beweislast nach überwiegender Wahrscheinlichkeit", Festgabe für H. Kronstein (1967) 321-344 (335-337); *B.M. Maassen*, Beweismaßprobleme im Schadensersatzprozeß (1975) 153-163; *H.J. Musielak*, „Das Överviktsprincip. Zum Verhältnis von richterlicher Überzeugung und Wahrscheinlichkeit", Festschrift für G. Kegel (1977) 451-471.

313 *G. Kegel*, „Der Individualanscheinsbeweis und die Verteilung der Beweislast nach überwiegender Wahrscheinlichkeit", Festgabe für H. Kronstein (1967) 321-344 (335).

314 *G. Kegel*, „Der Individualanscheinsbeweis und die Verteilung der Beweislast nach überwiegender Wahrscheinlichkeit", Festgabe für H. Kronstein (1967) 321-344 (344); *B.M. Maassen*, Beweismaßprobleme im Schadensersatzprozeß (1975) 159.

315 *K. H. Schwab*, „Das Beweismaß im Zivilprozeß", Festschrift für H.W. Fasching (1988) 451-462 (456).

hindernd ausgestaltet seien[316]. Letztlich sei auch der Wortlaut des § 286 ZPO eindeutig und lasse ein Abstellen auf die überwiegende Wahrscheinlichkeit nicht zu[317]; ebensowenig sei ein Beweismaß, welches ausschließlich mit objektiven Kriterien arbeitet, mit dem Gesetzestext vereinbar, da in § 286 ZPO ausdrücklich auf die richterliche Überzeugung abgestellt wird[318].

c) Einige Stimmen aus der Literatur befürworten zumindest eine Herabsetzung des Regelbeweismaßes für bestimmte Konstellationen[319], wozu insbesondere die (haftungsbegründende) Kausalität zu zählen sei[320]. Begründet wird dies - ähnlich wie in der Schweiz und in Österreich - damit, daß der Nachweis des Ursachenzusammenhanges regelmäßig schwierig sei und die Anforderungen an den Beweis daher aus Gründen materieller Gerechtigkeit nicht überspannt werden dürften[321]. Dem habe das Gesetz bereits in den Vorschriften der §§ 119 Abs. 1, 2087 Abs. 1 BGB Rechnung getragen, wo die Anforderungen an die Kausalität geringer seien als eine an Sicherheit grenzende Wahrscheinlichkeit[322]. Der Wortlaut des § 286 ZPO stehe der Möglichkeit, das Beweismaß nach der generellen Beweisbarkeit abzustufen, zudem nicht entgegen[323].

d) Zum Teil hat die Diskussion sich auf die Abgrenzung zwischen § 286 und § 287 ZPO verschoben, da der Grad der richterlichen Überzeugung bei § 287 ZPO ein geringerer ist als bei § 286 ZPO[324]. Ordnet man daher ein bestimmtes Beweisthema dem Anwendungsbereich von § 287 ZPO zu, so kann sich dessen Nachweis erleichtern. Dabei ist die Anwendung von § 287 ZPO auf die haftungsausfüllende Kausalität überwiegend anerkannt[325], kann aber im Einzelfall

---

316 Münchener Kommentar ZPO (- *H. Prütting*) Rn. 38 zu § 286 ZPO; *K. H. Schwab*, „Das Beweismaß im Zivilprozeß", Festschrift für H.W. Fasching (1988) 451-462 (455).

317 *R. Greger*, Beweis und Wahrscheinlichkeit (1978) 104-107; Münchener Kommentar ZPO (- *H. Prütting*) Rn. 35, 39 zu § 286 ZPO; *K. H. Schwab*, „Das Beweismaß im Zivilprozeß", Festschrift für H.W. Fasching (1988) 451-462 (455); *R. Zöller* (- *R. Greger*) Rn. 28 vor § 284 ZPO.

318 Münchener Kommentar ZPO (- *H. Prütting*) Rn.35 zu § 286 ZPO.

319 *G. Walter*, Freie Beweiswürdigung (1979) 215-234.

320 *M. Huber*, Das Beweismaß im Zivilprozeß (1983) 136-137; Münchener Kommentar ZPO (- *H. Prütting*) Rn.46 zu § 286 ZPO. Ein Überblick findet sich bei *H. Weber*, Der Kausalitätsbeweis im Zivilprozeß (1997) 56-65.

321 *M. Huber*, Das Beweismaß im Zivilprozeß (1983) 134-136.

322 Münchener Kommentar ZPO (- *H. Prütting*) Rn. 46 zu § 286 ZPO.

323 *P. Gottwald*, „Kausalität und Zurechnung", Karlsruher Forum 1986, 3-32 (13).

324 Vgl. allgemein hierzu *P. Arens*, „Dogmatik und Praxis der Schadensschätzung", ZZP 88 (1975) 1-48; *H. Weber*, Der Kausalitätsbeweis im Zivilprozeß (1997) 63-64 sowie *D. Giesen*, Arzthaftungsrecht (1995) Rn. 400-401 zu der Bedeutung des § 287 ZPO in der Arzthaftung.

325 *Stein/Jonas* (- *D. Leipold*) Rn. 16 zu § 287 II ZPO; *H. Thomas/H. Putzo*, Rn. 4 zu § 287 ZPO; a.M. *J. Prölss*, Beweiserleichterungen im Schadensersatzprozeß (1966) 55-58.

durchaus schwer von der nach § 286 ZPO nachzuweisenden haftungsbegründenden Kausalität abzugrenzen sein[326]. Es wird daher auch vertreten, daß sich § 287 ZPO auf die haftungsbegründende Kausalität beziehen soll[327]. Ziel dieses Ansatzes ist die Anwendung des reduzierten Beweismaßes in bestimmten Konstellationen, was zu einer Aushöhlung des Haftungstatbestandes führen kann[328].

e) Die Diskussion um das jeweilige Beweismaß und den Anwendungsbereich des § 287 ZPO wird von dem Gedanken bestimmt, daß einige Tatsachen für den Kläger schwer nachweisbar sind und daher ein Abstellen auf die richterliche Überzeugung von der Wahrheit zu weitgehend ist. Im Rahmen der vorliegenden Untersuchung ist eine abschließende Stellungnahme hierzu nicht vorzunehmen, sondern zunächst festzuhalten, daß bei der Festlegung der Beweisregeln Billigkeitsgesichtspunkte eine Rolle spielen, die auf die Erreichung eines materiell gerechten Ergebnisses abzielen. Dieser Gedanke läßt sich auch in der deutschen Rechtsprechung ausmachen, die zwar nicht eine generelle Beweismaßreduzierung befürwortet, aber andere Beweiserleichterungen wie den Anscheinsbeweis anerkennt. Daher wird sowohl für Deutschland als auch für die anderen hier untersuchten Rechtsordnungen die Frage zu untersuchen sein, inwiefern eine materiellrechtliche Lösung gegenüber einer Erweiterung der Beweisregeln vorzugswürdig sein könnte.

f) In Frankreich steht das anzulegende Beweismaß hingegen nicht im Mittelpunkt, die Rechtsprechung geht aber in vergleichbarer Weise wie die deutsche von einem an eine Sicherheit grenzenden Wahrscheinlichkeitsmaßstab aus[329].

IV. Beweiserleichterungen

Die Grundsätze von Beweislast und Beweismaß werden durch Beweiserleichterungen und Regeln zur Beweislastumkehr, die oftmals mit dem Ziel eines als billig erachteten Ergebnisses befürwortet werden, ergänzt. Ihre Bedeutung ist um so größer, je höher das jeweilige Beweismaß ist, da der Kläger bei einem entsprechend niedrigeren Beweismaß auf eine Beweiserleichterung oftmals nicht mehr angewiesen ist[330].

---

326 *P. Gottwald*, Schadenszurechnung und Schadensschätzung (1979) 81-83.

327 *P. Gottwald*, Schadenszurechnung und Schadensschätzung (1979) 78-87; kritisch dazu *H. Weber*, Der Kausalitätsbeweis im Zivilprozeß (1997) 54-56.

328 *H. Stoll*, „Haftungsverlagerung durch beweisrechtliche Mittel", AcP 176 (1976) 145-196 (181).

329 *Laferrière v Lawson* [1991] 1 SCR 541 (602) zum französischen Recht.

330 In diesem Sinne auch *H. Stoll*, „Haftungsverlagerung durch beweisrechtliche Mittel", AcP 176 (1976) 145-196 (179).

1. Senkung des Regelbeweismaßes

Der Begriff der Beweiserleichterung umfaßt zunächst Fälle, in denen das Regelbeweismaß herabgesetzt wird[331], wobei nicht immer deutlich zu einer Modifikation der Anspruchsvoraussetzungen, die dem materiellen Recht zuzuordnen ist, abgegrenzt wird[332].

a) So wird beispielsweise im Bereich der Kausalität diskutiert, ob eine Risikoerhöhung von Bedeutung ist[333]. Diese könnte man bereits im materiellen Recht verorten, indem die Risikoerhöhung der Verursachung gleichgestellt wird. Möglich ist aber auch, die Anspruchsvoraussetzungen unberührt zu lassen und statt dessen den Nachweis der Risikoerhöhung als Beweis für die Verursachung ausreichen zu lassen oder hieran eine Beweislastumkehr zu knüpfen. Ein weiteres Beispiel ist die Schadensermittlung nach § 252 BGB, die ebenfalls als gesetzliche Modifikation der Anspruchsvoraussetzungen oder des Beweismaßes aufgefaßt werden kann[334]. Es wird häufig nicht deutlich gemacht oder ausdrücklich offengelassen, welcher dogmatische Ansatz verfolgt wird[335]. Dies ist wohl auch darauf zurückzuführen, daß diese Abgrenzung nicht entscheidungserheblich ist, da sie sich zumeist nicht auf das Ergebnis auswirkt[336].

b) Der Begriff der Beweiserleichterung kann somit sowohl eine materiellrechtliche als auch eine prozessuale Bedeutung haben, da in beiden Fällen der Beweis für den Kläger einfacher zu führen ist[337]. Hintergrund ist jeweils, daß dem Kläger aufgrund der schwierigen Beweislage Erleichterungen zu Gute kommen sollen. Aus diesem Grunde und aufgrund der im Einzelfall schwierigen Grenzziehung werden die Modifikation von Anspruchsvoraussetzungen und die Senkung des Beweismaßes im folgenden nicht voneinander unterschieden.

---

331 Münchener Kommentar ZPO (- *H. Prütting*) Rn. 124 zu § 286 ZPO; *Stein/Jonas* (- *D. Leipold*) Rn. 5a zu § 286 ZPO.

332 *P. Gottwald*, „Kausalität und Zurechnung“, Karlsruher Forum 1986, 3-32 (17-18).

333 Dazu ausführlich § 4 B II 2 b) u. 4, C III 1 u. 2.

334 *W. Müller-Stoy*, Schadensersatz für verlorene Chancen (1973) 206-208 mit weiteren Nachweisen.

335 *McGhee v National Coal Board* [1972] 3 AllER 1008, 1011, 1017, HL; *Hamil v Bashline*, 392 A2d 1280, 1286 (Pa 1978).

336 Anders kann es liegen, wenn es auf die Abgrenzung zwischen der lex causae und der lex fori ankommt. Hierauf weist auch *R. Zöller* (- *R. Greger*) Rn. 25 vor § 284 ZPO hin, der der deutschen Rechtsprechung vorwirft, daß sie den Begriff der Beweiserleichterung nicht eindeutig genug faßt.

337 Münchener Kommentar ZPO (- *H. Prütting*) Rn. 124 zu § 286 ZPO spricht insofern anschaulich davon, daß materiellrechtlichen Modifikationen eine „beweisvermindernde Wirkung“ zukommt.

2. Anscheinsbeweis

Eine weitere Beweiserleichterung ist der sogenannte Anscheinsbeweis, der vor allem von der deutschen[338], aber auch von der österreichischen Rechtsprechung[339] verwendet wird und im *common law* eine gewisse Entsprechung in dem Grundsatz der *res ipsa loquitur*[340] findet.

a) Der Anscheinsbeweis führt zu einer Beweiserleichterung hinsichtlich des Ursachenzusammenhangs, wenn ein bestimmter Geschehensablauf zwar nicht nachzuweisen ist, aber einem nach allgemeiner Lebenserfahrung typischen Geschehensablauf entspricht[341]. Die rechtliche Qualifikation bereitet erhebliche Schwierigkeiten[342], da der Anscheinsbeweis sowohl als Beweismaßreduzierung[343], Bestandteil der Beweiswürdigung[344] oder materiellrechtliche Modifikation bestimmter Tatbestandsmerkmale[345] aufgefaßt werden kann. Der Rechtsprechung wird zudem der Vorwurf gemacht, daß der Anscheinsbeweis zur Erreichung von gerechten Ergebnissen über seinen Anwendungsbereich ausgedehnt und dabei insbesondere ein nach der Lebenserfahrung typischer Geschehensablauf vorschnell bejaht werde[346].

b) Die *res ipsa loquitur* setzt ebenfalls einen typischen Geschehensablauf voraus, bei dem die Dinge für sich sprechen[347]. Hinzukommen muß eine Kontrolle des Schädigers über die Sache, die den Schaden herbeiführte, sowie die Feststellung, daß der Schaden dergestalt ist, daß er regelmäßig nur bei einer Sorg-

---

338 Umfassend *O. Rommé*, Der Anscheinsbeweis im Gefüge von Beweiswürdigung, Beweismaß und Beweislast (1989).

339 OGH, 8.7.1993 2 Ob 590/92 JBl 1994, 540 (542); *H. Rechberger*, „Der Anscheinsbeweis in der österreichischen Judikatur", JBl 1972, 425-432 jeweils mit weiteren Nachweisen.

340 *D. Giesen*, International Medical Malpractice Law (1988) Rn. 1059-1065.

341 Zum Arzthaftungsrecht *D. Giesen*, Arzthaftungsrecht (1995) Rn. 402-405.

342 *R. Zöller* (- *R. Greger*) Rn. 29 vor § 284 ZPO weist auf die fehlende dogmatische Ableitung hin.

343 *P. Gottwald*, „Kausalität und Zurechnung", Karlsruher Forum 1986, 3-32 (15); *W. H. Rechberger*, „Maß für Maß im Zivilprozess? Ein Beitrag zur Beweismaßdiskussion", Festschrift für G. Baumgärtel (1990) 471-490 (485-486).

344 *A. Baumbach/W. Lauterbach* (- *P. Hartmann*) Rn. 15 Anhang zu § 286 ZPO; Münchener Kommentar ZPO (- *H. Prütting*) Rn. 50-54 zu § 286 ZPO.

345 *R. Greger*, Beweis und Wahrscheinlichkeit (1978) 179-183.

346 *A. Baumbach/W. Lauterbach* (- *P. Hartmann*) Rn. 15 Anhang zu § 286 ZPO; *P. Gottwald*, „Kausalität und Zurechnung", Karlsruher Forum 1986, 3-32 (15); *M. Huber*, Das Beweismaß im Zivilprozeß (1983) 151 ist daher der Auffassung, daß der Anscheinsbeweis keine eigenständige Bedeutung hat.

347 *Barkway v South Wales Transport Co* [1950] 1 AllER 392, 399, HL; *Roe v Ministry of Health* [1954] 2 AllER 131, 138, CA.

faltspflichtverletzung auftritt[348]. Damit erfährt der Anwendungsbereich der *res ipsa loquitur* im Vergleich zum Anscheinsbeweis eine Einschränkung. Die rechtliche Qualifikation ist auch hier nicht eindeutig[349]. Einerseits wird von einer widerleglichen Vermutung ausgegangen[350], andererseits angenommen, daß das Gericht bei Vorliegen der Voraussetzungen den Schluß auf den Ursachenzusammenhang zwar nicht ziehen muß, aber ziehen darf[351]. In den Vereinigten Staaten und Kanada soll die *res ipsa loquitur* lediglich ein Indiz dafür sein, daß eine *jury* zu befragen ist[352], so daß nur die richterliche Vorprüfung der Beweise betroffen ist.

c) Im Arzthaftungsrecht haben der Anscheinsbeweis und die *res ipsa loquitur* ohnehin einen eingeschränkten Anwendungsbereich, da es sich bei dem Schaden oft aufgrund der medizinischen Unwägbarkeiten nicht um eine typische, sondern nur um eine mögliche Folge handelt oder es an einem entsprechenden Erfahrungssatz mangelt[353]. Daher handelt es sich um eine Beweiserleichterung, die für die hier untersuchten Fallkonstellationen zumeist nicht einschlägig ist. Es wird jedoch wiederum die Tendenz deutlich, Beweisregeln aus Billigkeitsgründen aufzustellen oder zu erweitern.

3. Beweislastumkehr

Die Umkehr der Beweislast ist eine weitere Möglichkeit der Beweiserleichterung, die in allen hier untersuchten Rechtsordnungen bekannt ist. Aus den Besonderheiten des Arzthaftungsrechts wird jedoch überwiegend keine Umkehrung der Beweislast gefolgert[354], während sie in Deutschland im Zentrum des Arzthaftungsprozesses steht[355]. Im Rahmen dieser Untersuchung ist dabei vor allem der grobe Behandlungsfehler von Bedeutung, der eine Beweislastumkehr hinsichtlich der Verursachung zur Folge hat. Wie noch ausführlich darzustellen sein wird, zieht die deutsche Rechtsprechung den groben Behandlungsfehler auch in Konstellationen heran, die in anderen Rechtsordnungen mit der Lehre

---

348 *D. Giesen*, International Medical Malpractice Law (1988) Rn. 1060; *Phipson*, On Evidence (1990) Rn. 4-29; *Phipson*, On Evidence (1990) Rn. 4-29.

349 *D. Giesen*, International Medical Malpractice Law (1988) Rn. 1065.

350 *Barkway v South Wales Transport Co* [1950] 1 AllER 392, 399, HL.

351 *Ng Chun Pui v Lee Chuen Tat* [1988] RTR 298, PC.

352 *Sweeney v Erving*, 228 US 233, 240 (1913); *Anderson v Chasney* [1949] 4 DLR 71, 74 (Man CA).

353 *D. Giesen*, Arzthaftungsrecht (1995) Rn. 405; vgl. auch *ders.*, International Medical Malpractice Law (1988) Rn. 1061-1065.

354 *D. Giesen*, International Medical Malpractice Law (1988) Rn. 1068-1090.

355 Ausführlich hierzu § 4 C III 3 a).

von den vereitelten Heilungschancen gelöst werden[356]. Es handelt sich mithin um eine noch im einzelnen zu untersuchende Möglichkeit, den besonderen Beweisschwierigkeiten des Patienten Rechnung zu tragen. Die überragende praktische Bedeutung dieser Beweislastumkehr begründet sich auch damit, daß in Deutschland der Kausalitätsbeweis höheren Anforderungen genügen muß als in anderen Rechtsordnungen[357].

4. Zusammenfassung

Je komplexer ein Ursachenzusammenhang ist, desto größere Bedeutung haben Beweislast, Beweismaß sowie Beweiserleichterungen einschließlich einer Beweislastumkehr. Häufig wird das Beweisrecht zur Erzielung eines als billig empfundenen Ergebnisses instrumentalisiert, wobei darauf hingewiesen wird, daß die materielle Gerechtigkeit das Ziel des Prozeßrechts ist. Es ist ein Zusammenhang zwischen diesen Beweisregeln festzustellen, wonach insbesondere das jeweilige Beweismaß die Entwicklung und die Bedeutung von Beweiserleichterungen beeinflußt. Demgegenüber sind materiellrechtliche Lösungsvorschläge für den allgemein als besonders schwierig angesehenen Kausalitätsnachweis kaum anzutreffen. Dies ist insofern erstaunlich, als eine Modifikation der Anspruchsvoraussetzungen der Ungewißheit bezüglich des Kausalverlaufs durchaus gerecht werden könnte[358]. Eine solche materiellrechtliche Lösung ist die Ersatzfähigkeit von Heilungschancen im Arzthaftungsrecht, die im Anschluß an die Bedeutung der Heilungschance im Beweisrecht behandelt wird.

---

356 Ebenso *H. Stoll*, „Haftungsverlagerung durch beweisrechtliche Mittel", AcP 176 (1976) 145-196 (157); *ders.*, „Schadensersatz für verlorene Heilungschancen vor englischen Gerichten in rechtsvergleichender Sicht", Festschrift für E. Steffen (1995) 465-478 (472f.).

357 *H. Stoll*, „Haftungsverlagerung durch beweisrechtliche Mittel", AcP 176 (1976) 145-196 (179).

358 *F. Bydlinski*, „Aktuelle Streitfragen um die alternative Kausalität", Festschrift für G. Beitzke (1979) 3-34; *R. Zöller* (- *R. Greger*) Rn. 35 vor § 284 ZPO.

§ 4 Vereitelung von Heilungschancen als Mittel der Beweiserleichterung

A. Einführung

Beweiserleichterungen sind gerade im Arzthaftungsrecht von großer Bedeutung. Der für einen Krankheitsverlauf typischen Ungewißheit kann dadurch Rechnung getragen werden, daß zugunsten des beweisbelasteten Patienten unter bestimmten Voraussetzungen Beweiserleichterungen eingeführt werden. So ist eine Beweiserleichterung bejaht worden, wenn der Arzt durch sein schuldhaftes Verhalten eine Heilungschance vereitelt oder das Risiko eines nachteiligen Verlaufes erhöht hat. Die Reduzierung einer Chance ist mit dieser Risikoerhöhung möglicherweise gleichzusetzen, so daß beide Fallgruppen als vergleichbar oder gar identisch angesehen werden. Andere Rechtsordnungen knüpfen nicht an diese Begrifflichkeiten an, haben aber dennoch in ähnlichen Sachverhaltskonstellationen eine Beweiserleichterung oder gar eine Beweislastumkehr bejaht.

B. Beweiserleichterung durch die Vereitelung von Heilungschancen in den Vereinigten Staaten von Amerika

I. Einführung

In einigen Jurisdiktionen der Vereinigten Staaten von Amerika hat sich eine reichhaltige Rechtsprechung entwickelt, die an die Vereitelung einer Heilungschance eine Beweiserleichterung knüpft[359]. Diese Beweiserleichterung steht in einem engen Zusammenhang zu den Besonderheiten des amerikanischen Zivilprozesses, namentlich des *jury*-Verfahrens und des Beweismaßes der überwiegenden Wahrscheinlichkeit. Sie spiegelt sich an zwei Stellen der Entscheidungsfindung wieder, da das Gericht zunächst von dem Beweismaterial des Klägers überzeugt werden muß, bevor die *jury* die Tatsachenentscheidung hinsichtlich der Kausalität trifft. Die Beweiserleichterung kann den Maßstab der

---

359 Arizona: *Thompson v Sun City Community Hospital, Inc*, 688 P2d 605 (Ariz 1984); District of Columbia: *Daniels v Hadley Memorial Hospital*, 566 F2d 749 (DC Cir 1977); Indiana: *Mayhue v Sparkman*, 653 NE2d 1384 (Ind 1994); Pennsylvania: *Hamil v Bashline*, 392 A2d 1280 (Pa 1978); Virginia: *Brown v Koulizakis*, 331 SE2d 440 (Va 1985); West Virginia: *Thornton v CAMC, ETC*, 305 SE2d 316 (WVa 1983); Wisconsin: *Ehlinger by Ehlinger v Sipes*, 454 NW2d 754 (Wis 1990) sowie mit gewissen Einschränkungen New Jersey: *Scafidi v Seiler*, 574 A2d 398 (NJ 1990) sowie Oklahoma: *McKellips v Saint Francis Hospital, Inc*, 741 P2d 467, 474 (Okla 1987); nicht ganz deutlich ist die Rechtslage in North Carolina: *Morrison v Stallworth*, 326 SE2d 387 (NCApp 1985).

richterlichen Vorprüfung des Beweismaterials ebenso betreffen wie den der Entscheidungsfindung der *jury*. Da die Gerichte die *jury*-Entscheidung nur in Ausnahmefällen inhaltlich überprüfen können, befassen sich ihre Ausführungen zumeist nur mit der Rechtsfrage[360], ob eine Entscheidung der *jury* zulässig ist und welche Anweisungen ihr zur Entscheidungsfindung zu erteilen sind[361]. Ob tatsächlich eine Kausalität zu bejahen war, wird hingegen regelmäßig nicht erörtert[362], sondern nur, ob eine Kausalität als möglich erscheint und diese Frage daher der *jury* vorzulegen war[363]. Gegebenenfalls wird dann an die Tatsacheninstanz zurückverwiesen[364].

II. Herleitung der Beweiserleichterung

Die Beweiserleichterung bei einer Vereitelung von Heilungschancen wird in der Rechtsprechung unterschiedlich begründet. Es finden sich sowohl eine Herabsetzung des Beweismaßes für die richterliche Vorprüfung und/oder die Entscheidung der *jury*, eine Erweiterung des *substantial factor test* sowie des § 323 Rest2d (Torts). Damit werden sowohl die Anspruchsvoraussetzungen als auch das Beweisrecht berührt.

1. Herabsetzung des Beweismaßes: *Substantial Possibility of Survival*

a) *Hicks v United States*

Ausgangspunkt ist die Entscheidung *Hicks v United States*[365], die auf folgendem Sachverhalt beruhte: Eine Frau wurde wegen starker Bauchschmerzen in ein Militärkrankenhaus gebracht. Der behandelnde Arzt verschrieb ihr ein Medikament gegen Gastroenteritis und schickte sie nach Hause. Dort wurde sie

---

360 *F.W. Eisner*, „Beweislastfragen und Beweiswürdigung im deutschen und amerikanischen Zivilprozeß", ZZP 80 (1967) 78-90 (83).

361 *D.H. Smith*, „Increased Risk of Harm: A New Standard For Sufficiency of Evidence of Causation in Medical Malpractice Cases", 65 BULRev 275-313, 278 (1985).

362 Eine Ausnahme besteht nur in den Fällen, in denen das Gericht ohne *jury* als Tatsacheninstanz entscheidet, was vor allem bei Entscheidungen unter Anwendung des *Federal Tort Claims Act* möglich ist, *Morales v United States*, 642 FSupp 269 (DPuerto Rico 1986).

363 *W.M. Bradt/J.H. Guthmann*, „Recovery for the Value of a Chance in Medical Negligence Cases: Bringing Minnesota's Standard of Causation Up To Date", 12 Wm Mitchell LRev 459-518, 478 (1986).

364 Vgl. nur *Hamil v Bashline*, 392 A2d 1280 (Pa 1978).

365 368 F2d 626 (4th Cir 1966).

bewußtlos und verstarb an einem nicht erkannten Darmverschluß. Der Nachlaß (*estate*) der Patientin erhob Klage.

aa) Der behandelnde Arzt wandte sich unter anderem mit dem Argument gegen eine Haftung, daß auch bei einer sofortigen Operation nicht sicher gewesen wäre, daß die Patientin hätte gerettet werden können. Die Sachverständigenvernehmung erwies jedoch, daß bei einer sofortigen Operation das Überleben gesichert worden wäre[366]. Zudem führte der *United States Court of Appeals of the Fourth Circuit* in einer danach oft zitierten[367] Passage aus, daß sich der Arzt nicht auf die möglicherweise geringen Überlebenschancen seines Patienten berufen dürfe, wenn feststehe, daß er diese durch sein Verhalten endgültig zerstört habe:

> „*When a defendant's negligent action or inaction has effectively terminated a person's chance of survival, it does not lie in the defendant's mouth to raise conjectures as to the measure of the chances that he has put beyond the possibility of realization. If there was any substantial possibility of survival and the defendant destroyed it, he is answerable. Rarely it is possible to demonstrate to an absolute certainty what would have happened in circumstances that the wrongdoer did not allow to come to pass. The law does not require the plaintiff to show to a certainty that the patient would have lived had she been hospitalized and operated on promptly.*“[368]

bb) Das Gericht stützte sich bei diesen Ausführungen auf eine andere Entscheidung[369], die nicht dem Arzthaftungsrecht zuzuordnen ist: Der Ehemann der Klägerin war als Seemann bei der beklagten Reederei tätig. Während einer mehrere Stunden dauernden Bordwache verschwand er. Es konnte nicht geklärt werden, wann er über Bord gegangen war. Als zum Ende der Wache sein Verschwinden bemerkt wurde, hielt der Kapitän das Schiff weder an noch wurde eine Suchaktion eingeleitet. Obwohl nicht feststellbar war, daß der Seemann noch zu retten gewesen wäre, sprach das Gericht seiner Witwe dem Grunde

---

366 *Hicks v United States*, 368 F2d 626, 632 (4th Cir 1966).

367 Vgl. nur *Jeanes v Milner*, 428 F2d 598, 605 (8th Cir 1970); *Hamil v Bashline*, 392 A2d 1280, 1288 (Pa 1978); *Sharp v Kaiser Foundation Health Plan of Colorado*, 710 P2d 1153, 1155-1156 (Colo App 1985); *Mays v United States*, 608 FSupp 1476, 1480 (DColo 1985); *McKellips v Saint Francis Hospital, Inc*, 741 P2d 467, 472 (Okla 1987); nach *F. W. Thurman*, „Loss of Chance in Medical Malpractice Cases: A Contra View With an Examination of Tennessee's Current Position“, 20 MemStULRev 81-118, 96 (1989) handelt es sich um „*the most famous dicta in medical malpractice law*“.

368 *Hicks v United States*, 368 F2d 626, 632 (4th Cir 1966, *Sobeloff J*).

369 *Gardner v National Bulk Carriers, Inc*, 310 F2d 284 (4th Cir 1962).

nach einen Schadenersatz zu. Begründet wurde dies damit, daß der Kapitän die Pflicht (*duty of care*) hatte, alles in seiner Macht stehende zur Rettung des Vermißten zu unternehmen. Das Gericht führte zu den Einwendungen der beklagten Reederei aus:

> „*(...) this view ignores the underlying character of the duty. It was less than a duty to rescue him, but it was a positive duty to make a sincere attempt at rescue. The duty is of such nature that its omission will contribute to cause the seaman's death. The duty arises when there is a reasonable possibility of rescue.*“[370]

Somit wurde die Sorgfaltspflicht des Arbeitgebers gegenüber dem Seemann dahingehend konkretisiert, daß bei Bestehen einer Rettungsmöglichkeit ein Rettungsversuch unternommen werden muß. Wird dieser Versuch unterlassen, so ist eine Haftung des Beklagten zu bejahen. Dieses Ergebnis wurde des weiteren damit begründet, daß die Beweisschwierigkeiten der Klägerin gerade darauf beruhten, daß keine Rettungsmaßnahmen eingeleitet wurden[371]. Den Begriff der Chance verwendete das Gericht nicht, sondern sprach von einer *reasonable probability of rescue*[372]. Das Gericht bereitete damit der Erkenntnis den Weg, daß auch die Möglichkeit eines Vorteiles (hier: Rettung) haftungsrechtlich relevant sein kann. Auf diese Wertung griff es in seiner späteren Entscheidung *Hicks v United States* zurück.

cc) Die Bedeutung von *Hicks v United States* liegt vor allem darin, daß die Begriffe *chance of survival* und *possibility of survival*[373] im Arzthaftungsprozeß eingeführt wurden, auf die andere Gerichte in späteren Entscheidungen immer wieder zurückgegriffen haben[374]. Damit stellt *Hicks v United States* den Ausgangspunkt für die Rechtsprechung zu der *loss of chance* dar[375]. Ob das Gericht selbst eine neue Entwicklung einläuten wollte, darf bezweifelt werden[376]. Bei der Passage, in der auf die *chance of survival* eingegangen wird, handelt es

370 *Gardner v National Bulk Carriers, Inc*, 310 F2d 284, 287 (4th Cir 1962).

371 *Gardner v National Bulk Carriers, Inc*, 310 F2d 284, 287 (4th Cir 1962) unter Bezugnahme auf *Cook v Lewis* [1951] SCR 830.

372 *Gardner v National Bulk Carriers, Inc*, 310 F2d 284, 287 (4th Cir 1962).

373 *Hicks v United States*, 368 F2d 626, 632 (4th Cir 1966, *Sobeloff J*).

374 *Jeanes v Milner*, 428 F2d 598, 605 (8th Cir 1970); *McBride v United States*, 462 F2d 72, 75 (9th Cir 1974); *Hamil v Bashline*, 392 A2d 1280, 1288 (Pa 1978); *James v United States*, 483 FSupp 581, 586 (ND Cal 1980); *Mays v United States*, 608 FSupp 1476, 1480 (DColo 1985).

375 *L.L.Wolfstone/T.J. Wolfstone*, „Recovery of Damages for the Loss of a Chance“, MedTrialTechQuart 121-144, 132 (1982).

376 Ebenso *S.F. Brennwald*, „Proving Causation in 'Loss of a Chance' Cases: A Proportional Approach“, 34 CathULRev 747-790, 757 (1985).

sich lediglich um *obiter dicta*[377], da zuvor bereits der Kausalzusammenhang zwischen der unterlassenen Operation und dem Tod der Patientin festgestellt worden war und diese Ausführungen für das Ergebnis daher nicht von tragender Bedeutung waren. Hätte das Gericht eine neue Rechtslage durch Einführung einer neuartigen Beweiserleichterung oder eines neuen Schadenstypus schaffen wollen, hätte es dies deutlicher zum Ausdruck gebracht. Es erscheint vielmehr so, daß das Gericht dem Verteidigungsvorbringen des Beklagten die Spitze nehmen wollte und diese Ausführungen machte, um darauf hinzuweisen, daß in gleichgelagerten Fällen der Maßstab für den Nachweis der Kausalität geringer anzusetzen sein kann als sonst.

dd) Inzwischen hat der *United States Court of Appeals (4th Circuit)* in einer neueren Entscheidung[378] selbst ausgeführt, daß durch *Hicks v United States* keine neue Rechtslage geschaffen werden sollte. Vielmehr sei die dort erwähnte *substantial possibility* mit der sonst für den Kausalitätsnachweis erforderlichen *probability*[379] gleichzusetzen. Hierbei hatte das Gericht allerdings das Recht des Bundesstaates Maryland anzuwenden, so daß eine Bindung an die Rechtsprechung des *Court of Appeals of Maryland*[380] als der höchsten bundesstaatlichen Instanz vorlag, die diese Abkehr von *Hicks v United States* in diesem Fall erforderlich machte. Hierdurch ist die Bedeutung von Hicks *v United States* für die Entwicklung der *loss of chance* jedoch nicht aufgehoben, in anderen Jurisdiktionen[381] der Vereinigten Staaten wird weiterhin hierauf zurückgegriffen, so daß sich die einmal in Lauf gesetzte Entwicklung, die zum Teil über *Hicks v United States* hinausgeht[382], vom *United States Court of Appeals (4th Circuit)* selbst nicht mehr umkehren läßt.

---

377 So auch *Pearson J* in *Herskovits v Group Health Cooperative of Puget Sound*, 664 P2d 474, 483 (Wash 1983); *H. R. Feldman*, „Chances as Protected Interests: Recovery for the Loss of a Chance and Increased Risk“, 17 BaltLRev 139-159, 145 (1987); *M. Hayes/M. Schwerin*, „Recent Developments in 'Loss of Chance'“, 28 HOSPLW 173 (1995) (zitiert nach lexis S. 5).

378 *Hurley v United States*, 923 F2d 1091 (4th Cir 1991).

379 Siehe hierzu oben § 3 D III 1 a).

380 Insbesondere an die Entscheidung *Fennell v Southern Maryland Hospital Center, Inc*, 580 A2d 206 (Md 1990), auf die ausführlich verwiesen wird, *Hurley v United States*, 923 F2d 1091, 1098-1099 (4th Cir 1991).

381 Aus neuerer Zeit: *Mayhue v Sparkman*, 653 NE2d 1384, 1387 (Ind 1995).

382 Kritisch zu dieser extensiven Auslegung von *Hicks v United States L. Perrochet/S.J. Smith/U. Colella*, „Lost Chance Recovery and the Folly of Expanding Medical Malpractice Liability“, 27 Torts & Ins LJ 615-637, 619 (1992).

b) Folgeentscheidungen

aa) So wurde in einigen Entscheidungen[383] unter Hinweis auf *Hicks v United States* für den Kausalitätsnachweis als ausreichend erachtet, wenn der Kläger nachweisen konnte, daß durch das Verhalten des Arztes eine relevante Chance (*substantial chance/possibility of survival*) zunichte gemacht wurde. Der Sache nach handelt es sich um einen neuen Beweismaßstab (*sufficiency of evidence*) für die Kausalität, der nicht auf die überwiegende Wahrscheinlichkeit der Schadensverursachung (*reasonable probability*), sondern auf eine Möglichkeit der Schadensvermeidung (*substantial possibility*) abstellt[384].

bb) Dieser Ansatz hat sich vor allem in Virginia[385] durchgesetzt, während er in anderen Jurisdiktionen nur vereinzelt angewendet[386] oder wieder aufgegeben[387] worden ist. Aber auch in Virginia hat dieser Maßstab eine erhebliche Einschränkung erfahren, da die *substantial possibility* nunmehr nur noch für die richterliche Vorprüfung des Beweismaterials maßgeblich ist, nicht aber für die Entscheidung der *jury*[388]. Dies hat zur Folge, daß die *jury* nicht angewiesen werden darf, die Kausalität nach dem Vorliegen einer *substantial possibility of*

---

383 *Whitfield v Whittaker Memorial Hospital*, 169 SE2d 563, 568-569 (Va 1969) (Tod nach Operation mit fehlerhafter Anästhesie); *Jeanes v Milner*, 428 F2d 598, 605 (8th Cir 1970) (Gewebeproben wurden verspätet weitergeleitet, Patient verstarb an Krebs); *McBride v United States*, 462 F2d 72, 75 (9th Cir 1972) (Herzerkrankung wurde nicht diagnostiziert); *Glicklich v Spievack*, 452 NE2d 287, 292 (MassApp 1983) (Brustkrebs wurde nicht sofort diagnostiziert); *Brown v Koulizakis*, 331 SE2d 446 (Va 1985) (Lungenembolie wurde nicht erkannt); *Thomas v Corso*, 288 A2d 379, 390 (Md 1972) (diensthabender Arzt war nicht anwesend), wobei in Maryland diese Möglichkeit inzwischen nicht mehr befürwortet wird, *Fennell v Southern Maryland Hospital Center, Inc*, 580 A2d 206 (Md 1990). Eine *jury*-Entscheidung wurde sogar bei einer Chance von nur zwei Prozent ermöglicht: *Kallenberg v Beth Israel Hospital*, 357 NYS2d 508, 511 (1974), wobei eine Auseinandersetzung mit der weiteren Rechtsprechung nicht stattfand; die Entscheidung wies auch insofern eine Besonderheit auf, als daß die Patientin sowohl durch Medikation als auch durch eine nachfolgende Operation hätte behandelt werden können, wobei die erstgenannte Maßnahme eine zweiprozentige Überlebenschance aufwies, während durch eine Kombination mit der nachfolgenden Operation eine 20-40prozentige Chance bestanden hätte.

384 *D.H. Smith*, „Increased Risk of Harm: A New Standard For Sufficiency of Evidence of Causation in Medical Malpractice Cases“, 65 BULRev 275-313, 282 (1985).

385 *Whitfield v Whittaker Memorial Hospital*, 169 SE2d 563, 568-569 (Va 1969); *Brown v Koulizakis*, 331 SE2d 446 (Va 1985).

386 *Jeanes v Milner*, 428 F2d 598, 605 (8th Cir 1970); *McBride v United States*, 462 F2d 72, 75 (9th Cir 1972); *Glicklich v Spievack*, 452 NE2d 287, 292 (MassApp 1983); *Kallenberg v Beth Israel Hospital*, 357 NYS2d 508, 511 (1974).

387 Maryland: *Thomas v Corso*, 288 A2d 379, 390 (Md 1972), nunmehr abgelehnt in *Fennell v Southern Maryland Hospital Center, Inc*, 580 A2d 206 (Md 1990).

388 *Blondel v Hays*, 403 SE2d 340, 344 (Va 1991) (Plazentaablösung wurde nicht erkannt); *Griffett v Ryan*, 443 SE2d 149, 152 (Va 1994) (Lungenkrebs wurde nicht erkannt).

survival zu beurteilen[389]. Ihre Entscheidung muß sich nach den Grundsätzen der *reasonable probability* richten.

cc) Damit hat die Beweismaßreduzierung bei einer *substantial possibility of survival* nur noch eine geringfügige Bedeutung im geltenden Recht. Sie ist größtenteils durch eine geänderte Rechtsprechung abgelöst, weiterentwickelt oder modifiziert worden. Die herausragende Bedeutung von *Hicks v United States* liegt darin, daß es sich um den ersten Schritt auf dem Wege der *loss-of-chance*-Lehre handelt und diese Entscheidung daher einhellig als ihr Ausgangspunkt angesehen wird[390].

2. Erweiterung des *substantial-factor*-Tests

Eine andere Möglichkeit besteht darin, die Voraussetzungen für den Kausalitätsnachweis zu modifizieren. Eine Vielzahl von Gerichten hat statt des *but for test* unter bestimmten Voraussetzungen den *substantial factor test* für anwendbar erklärt. Es handelt sich mithin um eine Beweiserleichterung, die bereits im materiellen Recht und nicht erst im Beweisrecht ansetzt[391].

a) Einführung

Hintergrund dieser Beweiserleichterung ist der bei mehreren Ursachen maßgebliche *substantial factor test.* Hierbei handelt es sich um eine Ergänzung des *but for test*, wonach einem Schädiger die Berufung auf die Verursachung des Schadens durch einen anderen Schädiger abgeschnitten ist[392]. Keiner von ihnen darf sich dabei durch einen Verweis auf die anderen möglichen Ursachen entlasten. Typische Anwendungsfälle liegen vor, wenn mehrere Personen gehandelt haben, aber auch das Verhalten einer Person allein für die Schadensverur-

389 *Blondel v Hays*, 403 SE2d 340, 344 (Va 1991); wobei die Entscheidung der *jury* bei Vorliegen einer solchen Chance nicht mehr einer Überprüfung zugänglich ist, *Griffett v Ryan*, 443 SE2d 149, 152 (Va 1994).

390 *D.J. Andersen*, „'Loss of Chance' in Utah", 9 UtahBarJ 8 (1996) (zitiert nach lexis S. 3); *D.W. Louisell/H. Williams*, Medical Malpractice (1996) Ch. 18-07.

391 Zu der Doppelbedeutung der Beweiserleichterung oben § 3 D IV 1.

392 Ausführlich zur Entwicklung des *substantial factor test* oben § 3 C II 1 a) bb) (1) und *W.S. Malone*, „Ruminations on Cause-In-Fact", 9 StanLRev 59-99, 88 (1956). Zur Bedeutung im Rahmen der *loss of chance*: *Scafidi v Seiler*, 574 A2d 398, 406 (NJ 1990); *P.L. Andel*, „Medical Malpractice: The Right to Recover for the Loss of a Chance of Survival", 12 PeppLRev 973-998, 988 (1985); *F. W. Thurman*, „Loss of Chance in Medical Malpractice Cases: A Contra View With an Examination of Tennessee's Current Position", 20 MemStULRev 81-118, 84 (1989).

sachung ausreichend gewesen wäre[393]. Zieht man eine Analogie zu Fällen aus dem Arzthaftungsrecht, so kann sowohl das Fehlverhalten des Arztes als auch die bereits vorhandene Erkrankung des Patienten als mögliche Ursache des endgültigen Schadens in Betracht kommen. Hierbei handelt es sich um eine Ausweitung des *substantial factor test*, da dieser von zwei schuldhaften möglichen Ursachen ausgeht, während der Gesundheitszustand einem Patienten naturgemäß nicht vorzuwerfen ist[394]. Bejaht man danach die Anwendbarkeit des *substantial factor test*, so kann sich der Arzt nicht darauf berufen, daß der Schaden auch ausschließlich auf der Vorerkrankung des Patienten beruhen könnte und sich der Behandlungsfehler nicht ausgewirkt hätte. Das Verhalten des Arztes gilt dann als ursächlich. Diese Anwendung des *substantial factor test* ist in einigen Bundesstaaten der Vereinigten Staaten inzwischen bejaht worden, wobei sich zwei Ansätze finden. Teilweise wird der *substantial factor test* mit dem Rechtsgedanken aus § 323 Rest2d (Torts) kombiniert[395], teilweise steht der *substantial factor test* aber auch allein[396].

b) § 323 Rest2d (Torts) - *Increased Risk of Harm*

Eine Herleitung stützt sich auf § 323 Rest2d (Torts), der mit dem *substantial factor test* kombiniert wird. Bei dem *Restatement of Torts* handelt es sich nicht um eine gesetzliche Regelung, sondern um eine kodifikationsähnliche Zusammenfassung des Fallrechts, die nur durch die ausdrückliche Anerkennung durch die Gerichte Verbindlichkeit erlangen kann[397].

---

393 Mehrere voneinander unabhängige Brandherde zerstören ein Gebäude: *Anderson v Minneapolis, St. P & S.S.M. Ry.* Co, 170 NW 45 (1920); zwei lärmende Fahrzeuge fahren an einem Pferd vorbei, welches dann durchgeht: *Corey v Havener*, 65 NE 69 (Mass 1902); *W.S. Malone*, „Ruminations on Cause-In-Fact", 9 StanLRev 59-99, 88 (1956); *F. W. Thurman*, „Loss of Chance in Medical Malpractice Cases: A Contra View With an Examination of Tennessee's Current Position", 20 MemStULRev 81-118, 85 (1989).

394 *Kramer v Lewisville Memorial Hospital*, 858 SW2d 397, 405 (Tex 1993); *P.L. Andel*, „Medical Malpractice: The Right to Recover for the Loss of a Chance of Survival", 12 PeppLRev 973-998, 989 (1985).

395 Arizona: *Thompson v Sun City Community Hospital, Inc*, 688 P2d 605 (Ariz 1984); Indiana: *Mayhue v Sparkman*, 653 NE2d 1384 (Ind 1995); Pennsylvania: *Hamil v Bashline*, 392 A2d 1280 (Pa 1978); West Virginia: *Thornton v CAMC, ETC*, 305 SE2d 316 (WVa 1983) sowie mit gewissen Einschränkungen New Jersey: *Scafidi v Seiler*, 574 A2d 398 (NJ 1990); *Battenfeld v Gregory*, 589 A2d 1059 (NJSuperAD 1991) und Oklahoma: *McKellips v Saint Francis Hospital, Inc*, 741 P2d 467, 474 (Okla 1987).

396 District of Columbia: *Daniels v Hadley Memorial Hospital*, 566 F2d 749 (DC Cir 1977); Wisconsin: *Ehlinger by Ehlinger v Sipes*, 454 NW2d 754 (Wis 1990).

397 *P. Hay*, Einführung in das amerikanische Recht (1995) 14-15.

aa) Ursprünglicher Anwendungsbereich

Greift jemand in einer Gefahrensituation zugunsten des Gefährdeten ein, so kann ihn nach § 323 Rest2d (Torts) eine Haftung treffen, wenn durch das Eingreifen das Risiko eines Schadens erhöht wird.

> § 323: *One who undertakes, gratuitously or for consideration, to render services to another which he should recognize as necessary for the protection of the other's person or things, is subject to liability to the other for physical harm resulting from his failure to exercise reasonable care to perform his untertaking if*
> *(a) his failure to exercise such care increases the risk of such harm, or*
> *(b) the harm is suffered because of the other's reliance upon the undertaking.*

Hintergrund ist, daß nach *common law* grundsätzlich keine Verpflichtung zum Eingreifen in Gefahrensituationen besteht[398]. Derjenige, der sich dennoch zum Eingreifen entschließt, ist unter bestimmten Voraussetzungen zur Einhaltung der entsprechenden Sorgfaltsmaßstäbe verpflichtet[399]: Durch das Eingreifen kann eine Verpflichtung entstehen (*duty of care*)[400]. Daher befaßt sich diese Regelung zunächst nicht mit der Kausalität, sondern sie legt fest, in welchen Fällen bei einer freiwilligen Übernahme von Handlungen eine Sorgfaltspflicht (*duty of care)* zu bejahen ist[401]. Die Haftung des freiwillig Eingreifenden soll dabei auf bestimmte Fälle begrenzt bleiben, um ihn nicht zu großen Haftungsrisiken auszusetzen[402].

bb) Erweiterung des § 323 Rest2d (Torts) in *Hamil v Bashline*

(1) Der *Supreme Court of Pennsylvania* hat erstmalig in *Hamil v Bashline*[403] § 323 Rest2d (Torts) für den Kausalitätsnachweis herangezogen. Es lag folgender Sachverhalt zugrunde: Kenneth Hamil begab sich mit starken Brustschmer-

398 *D.H. Smith*, „Increased Risk of Harm: A New Standard For Sufficiency of Evidence of Causation in Medical Malpractice Cases“, 65 BULRev 275-313, 283-285 (1985).
399 *Sherer v James*, 351 SE2d 148, 150 (SC 1986).
400 *D.H. Smith*, „Increased Risk of Harm: A New Standard For Sufficiency of Evidence of Causation in Medical Malpractice Cases“, 65 BULRev 275-313, 285 (1985).
401 *Sherer v James*, 351 SE2d 148, 150 (SC 1986); *Ehlinger by Ehlinger v Sipes*, 454 NW2d 754, 758 (Wis 1990); *Wollen v DePaul Health Center*, 828 SW2d 681, 683 (Mo 1992).
402 *F.C. Woodside III/ J.E. Schlesinger/ J.E. Jevicky/ C.G. Combs/ C.S. Ross*, „Loss of Chance: A Fundamental Change in Proximate Causation“, 59 DefCounsJ 42-49 (1992).
403 392 A2d 1280 (Pa 1978); ebenso die Vorinstanz 307 A2d 57, 61 (PaSuper 1973).

zen in das später beklagte Krankenhaus. Dort sollte ein Elektrokardiogramm (EKG) erstellt werden. Jedoch war das erste EKG-Gerät defekt, das zweite konnte nicht gefunden werden. Daher wurde Mr. Hamil zu einem anderen Arzt gebracht, in dessen Praxis er an einem Herzanfall verstarb. Die Witwe verklagte daraufhin das Krankenhaus auf Schadenersatz nach dem *Wrongful Death and Survival Act*[404]. In der Tatsacheninstanz führte der von ihr benannte Sachverständige aus, daß der Verstorbene bei Einlieferung in das beklagte Krankenhaus eine Überlebenschance von 75 Prozent hatte, während der Sachverständige der Gegenseite zu diesem Zeitpunkt eine Überlebenschance ausschloß. Daraufhin wies die *jury* die Klage wegen fehlenden Kausalzusammenhanges ab[405]. Die Klägerin legte ein Rechtsmittel ein und berief sich vor allem darauf, daß der Richter der *jury* nicht die zutreffenden Maßstäbe zur Entscheidung über den tatsächlichen Kausalzusammenhang dargelegt hatte[406]. Der *Supreme Court of Pennsylvania* schloß sich diesen Bedenken an und stützte sich dabei auf § 323 (a) Rest2d (Torts). Ebenso wie die zweite Instanz[407] legte der *Supreme Court* diese Regelung als eine Beweiserleichterung und nicht lediglich als eine Bestimmung des Umfanges der *duty* aus[408]. Dabei ließ sich das Gericht unter ausdrücklichem Bezug auf *Hicks v United States*[409] von dem Gedanken leiten, daß sich der Patient an den Arzt wendet, um dieses Risiko zu vermeiden[410]. Der Maßstab für das vom Kläger zunächst vorzulegende Beweismaterial (*substantial evidence*) wird demnach gesenkt[411], so daß es zur Anordnung einer *jury*-Entscheidung ausreicht, wenn nachgewiesen wird, daß der Beklagte durch sein Verhalten das Risiko, eine bestimmte Folge zu erleiden, erhöht hat (*increased risk of harm*). Die *jury* muß aber weiterhin die Frage der Kausalität entscheiden, sie muß feststellen, daß die Risikoerhöhung zu dem Schaden geführt hat, wobei der Nachweis eines *substantial factor*[412] ausreicht[413]. Damit

404 Vgl. hierzu oben § 3 B I 3 a) aa).

405 Die Klage hatte der Tatsacheninstanz bereits zweimal vorgelegen, vergleiche zur Prozeßgeschichte *Hamil v Bashline*, 392 A2d 1280, 1283 (Pa 1978).

406 Die Instruktion lautete wie folgt: „*Unless Mr. Hamil would have died without treatment, his chances for life were not terminated by any failure of the defendants to treat him and such failure cannot be considered a proximate cause of his death*", zitiert nach *Hamil v Bashline*, 392 A2d 1280, 1289 (Pa 1978).

407 *Hamil v Bashline*, 307 A2d 57, 61 (PaSuper 1973).

408 *Hamil v Bashline*, 392 A2d 1280, 1286 (Pa 1978).

409 368 F2d 626 (4th Cir 1966).

410 *Hamil v Bashline*, 392 A2d 1280, 1286-1288 (Pa 1978).

411 Hierzu auch *P.L. Andel*, „Medical Malpractice: The Right to Recover for the Loss of a Chance of Survival", 12 PeppLRev 973-998, 987 (1985).

412 Zur Bedeutung des *substantial factor test* im Rahmen der Kausalität: *W.S. Malone*, „Ruminations on Cause-In-Fact", 9 StanLRev 59-99, 88-90 (1956).

413 *Hamil v Bashline*, 392 A2d 1280, 1286 (Pa 1978).

werden zwei Fragen aufgeworfen[414]: Zunächst, ob der Arzt durch sein Verhalten ein Risiko erhöht hat, und dann, ob dieses erhöhte Risiko von der *jury* als *substantial factor* zur Herbeiführung des endgültigen Schadens angesehen werden kann. Die Fahrlässigkeit des Arztes wird somit mit der Krankheit des Patienten als eine der möglichen Schadensursachen auf eine Stufe gestellt[415]. Ersetzt wird dann der gesamte endgültige Schaden[416]. Begründet wird diese Ausweitung vor allem damit, daß der Arzt gerade vor dem tatsächlich eingetretenen Schaden schützen sollte und er sich daher nicht darauf berufen könne, daß die Kausalität unsicher und damit das Beweismaterial nicht ausreichend für die Vorlage an eine *jury* sei[417]. Der *Supreme Court of Pennsylvania* führte somit eine zweistufige Beweiserleichterung ein: Das Gericht hat den Fall einer *jury* bereits dann vorzulegen, wenn eine Risikoerhöhung vorliegt. Zudem ist sie darauf hinzuweisen, daß für den Nachweis der Kausalität bereits eine Mitursächlichkeit im Sinne eines *substantial factor* ausreicht. Die erste Stufe modifiziert somit den Maßstab der richterlichen Vorprüfung des Beweismaterials, während die Ausdehnung des *substantial factor test* materiellrechtlich zu qualifizieren ist, indem die Voraussetzungen der Kausalität verändert werden.

(2) Obwohl in *Hamil v Bashline* vor allem auf die *increased risk of harm* abgestellt wird, ist diese Entscheidung als ein Fall der *loss of chance* einzuordnen[418]. Dies ist einmal darauf zurückzuführen, daß ausdrücklich auf die Entscheidung *Hicks v United States*[419] und die dortigen Ausführungen zur *chance of survival* eingegangen wird[420]. Die Risikoerhöhung steht zudem auch deshalb im Zentrum der Argumentation, weil in § 323 Rest2d (Torts) von *increased risk of harm* die Rede ist. Die Begriffe *loss of chance* und *increased risk of harm* sind als Beschreibung einer übereinstimmenden Konstellation von zwei unterschiedlichen Perspektiven aus angesehen und zusammengefaßt worden: Wird

414 *Hamil v Bashline*, 392 A2d 1280, 1288 (Pa 1978); *Scafidi v Seiler*, 574 A2d 398, 406 (NJ 1990); sehr plastisch auch *M. Hayes/M. Schwerin*, „Recent Developments in 'Loss of Chance'", 28 HOSPLW 173 (1995) (zitiert nach lexis S. 5).

415 *Hamil v Bashline*, 392 A2d 1280, 1288 (Pa 1978).

416 *Hamil v Bashline*, 392 A2d 1280, 1288 (Pa 1978).

417 *Hamil v Bashline*, 392 A2d 1280, 1288 (Pa 1978).

418 *D. L. Keith*, „Loss of Chance: A Modern Proportional Approach to Damages in Texas", 44 Baylor LRev 759-823, 764 (1992); *W. Miller*, „*Herskovits v Group Health Cooperative of Puget Sound*: Negligent Creation of a Substantial Risk of Injury is a Compensable Harm", 9 UnivPugetSound LRev 251-291, 253-254 (1985); *R.A. Reisig*, „The Loss of Chance Theory in Medical Malpractice Cases: An Overview", 13 AmJTrialAdv 1163-1185, 1176 (1990); *F. W. Thurman*, „Loss of Chance in Medical Malpractice Cases: A Contra View with an Examination of Tennessee's Current Position", 20 MemStULRev 81-118, 91 (1989).

419 368 F2d 626 (4th Cir 1966).

420 *Hamil v Bashline*, 392 A2d 1280, 1288 (Pa 1978).

die Chance, geheilt zu werden, vermindert, so erhöht sich zugleich auch das Risiko eines nachteiligen Ergebnisses[421].

cc) Übernahme in anderen Bundesstaaten

Die Entscheidung *Hamil v Bashline*[422] und insbesondere die Einführung des § 323 Rest2d (Torts) in Verbindung mit dem *substantial factor test* als Maßstab für die Kausalität hat in der nachfolgenden Rechtsprechung eine große Resonanz gefunden: So wird in Arizona[423], Indiana[424] und West Virginia[425], ebenfalls orientiert an § 323 Rest2d (Torts), ein geringerer Maßstab gefordert, um eine *jury*-Entscheidung anhand des *substantial factor test* herbeizuführen. In Illinois hatten sich einige Instanzgerichte diesem Ansatz angeschlossen[426], der

---

421 *Manning v Twin Falls Clinic & Hospital, Inc*, 830 P2d 1185, 1189 (Idaho 1992); *M. Hayes/M. Schwerin*, „Recent Developments in 'Loss of Chance'" , 28 HOSPLW 173 (1995) (zitiert nach lexis S. 5) fassen dies anschaulich: „ [it] *allows the plaintiff to recover when the defendant's actions have substantially increased the risk of harm to plaintiff by decreasing his chance for survival*".

422 392 A2d 1280 (Pa 1978); bestätigt in *Jones v Montefiore Hospital*, 431 A2d 920, 924 (Pa 1981) und *Sacks v Mambu*, 632 A2d 1333, 1334 (PaSuper 1993).

423 Ein Unfallopfer trug bleibende Schäden davon, nachdem es aus finanziellen Gründen in ein anderes Krankenhaus verlegt und daher später operiert wurde: *Thompson v Sun City Community Hospital, Inc*, 688 P2d 605 (Ariz 1984) unter Aufhebung von *Hiser v Randolph*, 617 P2d 774 (ArizApp 1980); vgl. *S.A. Bullington*, „Arizona's Loss of a Chance Doctrine: Not a Cause of Action, but more than an Evidentiary Rule", 33 AzAttorney 28-34 (1997); *D.W. Counce*, „The Increased Risk Rule: Establishing 'Probable' Causation Through Mere Possibility", 27 ArizLRev 257-264 (1985).

424 *Mayhue v Sparkman*, 653 NE2d 1384, 1388-1389 (Ind 1995): Beweiserleichterung ist gegenüber der *pure form of loss of chance* vorzugswürdig (es handelte sich um eine nicht erkannte und daher zunächst nicht behandelte Krebserkrankung); ebenso *Bader v Johnson*, 675 NE2d 1119 (IndApp 1997); zuvor war eine solche Beweiserleichterung noch abgelehnt worden in *McKain v Bisson*, 12 F3d 692 (7th Cir 1993); offengelassen hingegen in *Watson v Medical Emergency Services, Corp.*, 532 NE2d 1191 (IndApp 1989) und *Dillon v Glover*, 597 NE2d 971 (IndApp 1992).

425 *Thornton v CAMC, ETC*, 305 SE2d 316, 323-325 (WVa 1983) (Sachverhalt nicht mitgeteilt); *Catlett v MacQueen*, 375 SE2d 184 (WVa 1988): nach einem Unfall wurden dem Patienten im Krankenhaus einige Zehen entfernt, danach verschlechterte sich sein Zustand, der Fuß mußte amputiert werden, wobei nicht ohne weiteres zu klären war, ob dies auf dem Unfall oder einer unsorgfältigen Naht bei der ersten Operation beruhte.

426 Befürwortet in *Northern Trust Company v Louis A. Weiss Memorial Hospital*, 493 NE2d 6 (IllApp 1986) (verspätete Diagnose einer Infektion mit bleibenden Hirnschäden); *Chambers v Rush-Presbyterian-St. Luke's Medical Center*, 508 NE2d 426, 430 (IllApp 1987) (Patient fiel nach unzureichender Überwachung des Blutzuckerspiegels in ein Koma); *Hajian v Holy Family Hospital*, 652 NE2d 1132, 1137 (IllApp 1995) (im Ergebnis wird Haftung aus anderen Gründen verneint); abgelehnt hingegen in *Curry v Summer*, 483 NE2d 711, 717 (IllApp 1985) (unzutreffende Diagnose eines Herzanfalls, an dem Patient verstarb); *Hare v Foster G. McGaw* Hospital, 549 NE2d 778 (IllApp 1989) (Patient wurde trotz Hepatitis B

Supreme Court hat in einer neueren Entscheidung eine Beweiserleichterung jedoch verneint[427]. Der gemeinsame Ansatz dieser Entscheidungen besteht darin, daß eine Beweiserleichterung dann für angemessen gehalten wird, wenn sich genau das Risiko verwirklicht, welches der Arzt hätte vermeiden sollen und welches er durch seine Nachlässigkeit erhöht hat. In diesen Fällen kann der Patient durch den Nachweis dieser Pflicht zur Vermeidung des Risikos, des Verstoßes gegen diese Pflicht und der hieraus resultierenden Risikoerhöhung die Entscheidung durch eine *jury* begehren. Der Schwerpunkt der Argumentation liegt also auf der Feststellung der Risikoerhöhung[428]. Dabei ist jedoch stets deutlich geblieben, daß lediglich der Kausalitätsmaßstab gelockert werden[429], nicht aber die Risikoerhöhung, die im Ergebnis einer Reduzierung der Heilungschancen entspricht, einen eigenständigen Schaden darstellen sollte. Das Dilemma dieser Fälle wird somit durch eine Beweiserleichterung zu lösen versucht.

---

nicht in ein Krankenhaus eingewiesen und verstarb an Enzephalitis); *Netto v Goldenberg*, 640 NE2d 948, 954 (IllApp 1994) (Patientin verstarb nach Bypass-Operation); *Murrey v United States*, 73 F3d 1448, 1457 (7th Cir 1996) (Tod durch innere Blutungen nach Prostataoperation).

427 *Holton v Memorial Hospital*, 679 NE2d 1202 (Ill 1997) unter Beibehaltung des Beweismaßes aus *Borowski v von Solbrig*, 328 NE2d 301 (Ill 1975); damit liegt die von *S.E. Smith*, „Lost Chance of Survival in Illinois: The Need for Guidance from the Illinois Supreme Court", 23 Loyola Univ LJ 155-180 (1991) geforderte Entscheidung der höchsten Instanz vor.

428 *Chambers v Rush-Presbyterian-St. Luke's Medical Center*, 508 NE2d 426, 430 (IllApp 1987).

429 So bereits ausdrücklich *Hamil v Bashline*, 392 A2d 1280, 1286 (Pa 1978, *Pomeroy J*): *„the effect of § 323 (a) is to relax the degree of certitude"*; *Evers v Dollinger*, 471 A2d 405, 413 (NJ 1984, *Clifford J*): *„a standard of causation that is more flexible"*; ähnlich auch *Dore J* in *Herskovits v Group Health Cooperative of Puget Sound*, 664 P2d 474, 477 (Wash 1983).

dd) Kombination mit einem reduzierten Schadenersatz

Eine besondere Variante findet sich in New Jersey[430] sowie in Oklahoma[431]. Die dortigen Gerichte haben nunmehr die von ihnen mittels § 323 Rest2d (Torts) eingeführte Beweiserleichterung[432] mit einem proportionalen Schadenersatz, wie er für die *loss of chance* bezeichnend[433] ist, kombiniert[434]. Für die Frage, ob der Kläger hinreichend Beweismaterial zusammengestellt hat, um eine *jury*-Entscheidung beanspruchen zu können, wird § 323 Rest2d (Torts) herangezogen[435] und somit eine Beweiserleichterung in den Fällen eingeführt, in denen der Schaden eintritt, der von dem Arzt vermieden werden sollte[436]. Damit überläßt das Gericht die Feststellung des Kausalzusammenhanges als einer Tatsachenfrage der *jury*[437], wobei diese darauf hinzuweisen ist, daß eine Beweiserleichterung zugunsten des Patienten gegeben und insbesondere der *substantial factor test* anzuwenden ist[438]. Um der *jury* dann aber die Ermittlung des entstandenen Schadens zu erleichtern und die Schadenshöhe nicht von zu großen Unwägbarkeiten abhängig zu machen, soll die Höhe der eingebüßten

---

430 *Scafidi v Seiler*, 574 A2d 398, 408 (NJ 1990) (vorzeitige Wehen werden nicht rechtzeitig diagnostiziert, das Frühgeborene stirbt); *Fischer v Canario*, 670 A2d 516 (NJ 1996) (Lungentumor auf Röntgenbild verkannt); für eine Beweiserleichterung ohne ausdrückliche Stellungnahme zur Schadenshöhe *Evers v Dollinger*, 471 A2d 405 (NJ 1984) sowie *Gardner v Pawliw*, 666 A2d 592 (NJ Super AD 1995); die *loss of chance* soll auch außerhalb des Arzthaftungsrechts beachtlich sein: *Blinzler v Marriott International, Inc*, 81 F3d 1148 (1st Cir 1996); im Rahmen der Produkthaftung ist hingegen die *loss of chance* nicht einschlägig: *Cipollone v Liggett Group, Inc.*, 683 FSupp 1487 (DNJ 1988) (Zigarettenproduzenten); dies gilt auch für Hersteller von Sicherheitsgurten: *Lowmack v Century Products Co*, diese Entscheidung des *United States Court of Appeals* (4th Cir)wird erläutert in 17 Andrew Automotive Litigation Reporter 6 (1998).

431 *McKellips v Saint Francis Hospital, Inc*, 741 P2d 467, 474 (Okla 1987) (Herzanfall wurde fälschlicherweise für eine Gastritis gehalten, der Patient verstarb); *Weiher v Gupton*, 1995 Okla lexis 7 (fast identischer Sachverhalt); diese Rechtsprechung ist auf das Arzthaftungsrecht beschränkt: *Hardy v Southwestern Bell Tel Co*, 910 P2d 1024 (Okla 1996) (Telephongesellschaft wurde erfolglos verklagt, weil der Notruf erst verspätet erfolgen konnte)

432 *McKellips v Saint Francis Hospital, Inc*, 741 P2d 467, 474 (Okla 1987); *Scafidi v Seiler*, 574 A2d 398, 403, 406 (NJ 1990).

433 Vgl. nur *Delaney v Cade*, 873 P2d 175 (Kan 1994).

434 *McKellips v Saint Francis Hospital, Inc*, 741 P2d 467, 477 (Okla 1987); *Scafidi v Seiler*, 574 A2d 398, 408 (NJ 1990).

435 *McKellips v Saint Francis Hospital, Inc*, 741 P2d 467, 474 (Okla 1987); *Scafidi v Seiler*, 574 A2d 398, 403 (NJ 1990).

436 *Anderson v Picciotti*, 676 A2d 127 (NJ 1996) grenzt ab: *loss of chance* ist nicht anwendbar, wenn eine Amputation trotz möglicherweise fehlender Indikation durchgeführt wird. Als Schadensursachen dürfen mithin nur der Zustand des Patienten und das ärztliche Versehen in Betracht kommen.

437 *McKellips v Saint Francis Hospital, Inc*, 741 P2d 467, 475 (Okla 1987).

438 *Scafidi v Seiler*, 574 A2d 398, 408 (NJ 1990).

Chance herangezogen und somit ein proportionaler Ersatz gewährt werden[439], was der Schadensermittlung der Gerichte entspricht, die in der verlorenen Chance einen eigenständigen Schaden erblicken. Dies ist insbesondere deshalb erstaunlich, weil bei einem gelockerten Kausalitätsmaßstab die Folge zugunsten des Patienten eigentlich darin zu sehen sein müßte, daß er den gesamten ihm entstandenen Schaden ersetzt bekommt. Der *Supreme Court of Oklahoma* wies zur Begründung darauf hin, daß statistische Wahrscheinlichkeiten sich nur auf die Frage nach dem Schaden beschränken, nicht aber auch auf den Kausalitätsnachweis anwendbar sein sollten[440]. Durch diese Differenzierung werde zudem ein angemessenes Ergebnis erzielt, da berücksichtigt werde, daß der Patient sich bereits in einem verschlechterten Zustand befunden habe, als er sich an seinen Arzt wandte[441]. Auch der *Supreme Court of New Jersey* begründet dieses Ergebnis vor allem damit, daß die Beweiserleichterung zugunsten des Patienten durch einen Abschlag bei der Schadenshöhe ausgeglichen werden müsse[442]. Im Ergebnis wird in beiden Jurisdiktionen der klagende Patient einen Schadenersatz erhalten, der der Ersatzfähigkeit der Heilungschance entspricht. Da aber weiterhin ausdrücklich auf die Beweiserleichterung[443] abgestellt wird, handelt es sich (noch) nicht um die Anerkennung der verlorenen Chance als dem Schaden, der durch den Arzt verursacht sein muß. Zugleich ist aber nicht auszuschließen, daß die Entwicklung hier zu der Anwendung der reinen *loss of chance* führen wird[444]. Von dieser Rechtsprechung hat sich auch ein erstinstanzliches Bundesgericht[445], welches nach dem Recht des Staates Vermont zu entscheiden hatte, leiten lassen. Ob sich dies auch bei den höheren Instanzen durchsetzen wird, bleibt abzuwarten.

---

439 *McKellips v Saint Francis Hospital, Inc*, 741 P2d 467, 477 (Okla 1987); *Scafidi v Seiler*, 574 A2d 398, 408 (NJ 1990).

440 *McKellips v Saint Francis Hospital, Inc*, 741 P2d 467, 475 (Okla 1987).

441 *McKellips v Saint Francis Hospital, Inc*, 741 P2d 467, 475 (Okla 1987).

442 *Scafidi v Seiler*, 574 A2d 398, 408 (NJ 1990).

443 *Estep v Pope*, 842 P2d 360, 362 (OklaApp 1992).

444 Ähnlich bereits in Kansas und Louisiana, wo zunächst ebenfalls eine Kombination von Beweiserleichterung und reduziertem Schaden stattfand: *Boody v United States*, 706 FSupp 1458, 1461-1463, 1465 (DKan 1989) und *Hastings v Baton Rouge General Hospital*, 498 So2d 713, 720 (La 1986), bevor die Ersatzfähigkeit der Chance als solcher anerkannt wurde in *Delaney v Cade*, 873 P2d 175 (Kan 1994) und *Rachel Smith v State of Louisiana, Department of Health and Hospitals*, 676 So2d 543 (La 1996); hierzu ausführlich unter § 5 B III 1 a) u. b).

445 *Short v United States*, 908 FSupp 227 (DVt 1995) (Krebsdiagnose zu spät gestellt).

c) *Substantial factor*

Einige Gerichte lehnen hingegen die Anwendbarkeit des Rechtsgedankens aus § 323 Rest2d (Torts) ab und ziehen ausschließlich den *substantial factor test* heran[446]. Die Frage der Kausalität wird der *jury* vorgelegt, wenn die Schadensverursachung durch die Vereitelung der Chance als möglich erscheint[447]. Daß zur weiteren Begründung nicht zusätzlich § 323 Rest2d (Torts) eingeführt wird, beruht vor allem darauf, daß diese Regelung nicht auf die Kausalität, sondern nur auf den Umfang der Sorgfaltspflicht anwendbar sein soll[448]. Es handelt sich daher um eine abweichende Begründung einer ebenfalls für angemessen erachteten Beweiserleichterung. Im Einzelfall können allerdings Unterschiede auftreten, wenn man beachtet, daß die Risikoerhöhung nach § 323 Rest2d (Torts) nicht an den Umfang der Risikoerhöhung anknüpft und daher eine Beweiserleichterung zunächst auch bei einer geringfügigen Risikoerhöhung möglich sein könnte[449]. Der *substantial factor test* hingegen würde eine solche geringfügige Risikoerhöhung bzw. eine geringfügige Chancenreduzierung nicht berücksichtigen.

446 *Daniels v Hadley Memorial Hospital*, 566 F2d 749 (DC Cir 1977) (Patient erlitt nach Penicillininjektion einen Schock und verstarb, Angehörige machten unzureichende Überwachung und Behandlung geltend); *Ehlinger by Ehlinger v Sipes*, 454 NW2d 754 (Wis 1990) (Zwillingsschwangerschaft wurde nicht erkannt, die Frühgeborenen erlitten Schäden), wo die *loss of chance* nicht als Schaden qualifiziert wird, da eine Schadensreduzierung nicht zwingend folgt, sondern in das Ermessen der *jury* gestellt ist, *S.E. Smith*, „Lost Chance of Survival in Illinois: The Need for Guidance from the Illinois Supreme Court“, 23 Loyola Univ LJ 155-180, 164 (1991); nachdem eine solche Beweiserleichterung zuvor noch abgelehnt worden war, *Finn v Schammel*, 412 NW2d 147 (WisApp 1987); zustimmend zum *substantial factor test* *W.M. Bradt/J.H. Guthmann*, „Recovery for the Value of a Chance in Medical Negligence Cases: Bringing Minnesota's Standard of Causation up to date“, 12 Wm Mitchell LRev 459-518, 517-518 (1986).

447 *Ehlinger by Ehlinger v Sipes*, 454 NW2d 754, 758-759 (Wis 1990); vgl. auch die Darstellung bei *P.L. Andel*, „Medical Malpractice: The Right to Recover for the Loss of a Chance of Survival“, 12 PeppLRev 973-998, 989-990 (1985).

448 *Ehlinger by Ehlinger v Sipes*, 454 NW2d 754, 758 (Wis 1990); vgl. auch *Sherer v James*, 351 SE2d 148, 150 (SC 1986); *Wollen v DePaul Health Center*, 828 SW2d 681, 683 (Mo 1992); *Curry v Summer*, 483 NE2d 711, 717 (IllApp 1985); *B.C. Boggs*, „Lost Chance of Survival Doctrine: Should the Courts Ever Tinker With Chance?“, 16 SoIllULJ 421-449, 433 (1992); *D.W. Counce*, „The Increased Risk Rule: Establishing 'Probable' Causation Through Mere Possibility“, 27 ArizLRev 257-264, 261 (1985).

449 *S.F. Brennwald*, „Proving Causation in 'Loss of a Chance' Cases: A Proportional Approach“, 34 CathULRev 747-790, 752 (1985); *D.L. Keith*, „Loss of Chance: A Modern Proportional Approach to Damages in Texas“, 44 Baylor LRev 759-823, 795 (1992).

3. Zusammenfassung der Rechtsprechung

Die *loss-of-chance*-Lehre wird in den Vereinigten Staaten teilweise zur Beweiserleichterung angewendet. Der Patient soll nicht den Beweis nach dem Maßstab der überwiegenden Wahrscheinlichkeit erbringen müssen, wenn die Pflicht des Arztes gerade darin bestand, ihn vor dem eingetretenen Schaden zu bewahren[450]. Bei den zugrunde liegenden Sachverhalten handelt es sich regelmäßig um Fehldiagnosen oder die Unterlassung gebotener Behandlungs- oder Sicherheitsmaßnahmen[451]. Der Patient muß somit nur eine Risikoerhöhung nachweisen, wodurch die Vorlage an eine *jury* erreicht wird. Der Hintergrund dieser Entwicklung dürfte vor allem darin zu sehen sein, daß durch die Beweiserleichterung ein für den Patienten als billig empfundenes Ergebnis erzielt wird[452]. Diese Beweiserleichterung wird aber auch kritisiert, da sie eine Überkompensation durch Ersatz des vollständigen endgültigen Schadens des Patienten nach sich ziehen kann[453]. Des weiteren wird die Beweiserleichterung als zu kompliziert[454] erachtet, da sie auf den *substantial factor test*[455] und § 323 Rest2d (Torts) zurückgreifen müsse, während das Wesentliche, nämlich die Vereitelung einer Heilungschance, verkannt werde[456]. Zudem ziele § 323 Rest2d (Torts) nicht auf einen erleichterten Kausalitätsnachweis, es werden vielmehr nur die Voraussetzungen einer haftungsbegründenden Sorgfaltspflicht umschrieben[457]. Zweck des § 323 Rest2d (Torts) sei nicht eine Haftungsaus-

---

450 *Thornton v CAMC, ETC*, 305 SE2d 316, 325 (WVa 1983).

451 Siehe die in den vorstehenden Fußnoten zu Gliederungspunkt 2 aufgezählten Fälle nebst der dort kurz dargestellten Sachverhalte.

452 *P.L. Andel*, „Medical Malpractice: The Right to Recover for the Loss of a Chance of Survival", 12 PeppLRev 973-998, 988 (1985).

453 *B.C. Boggs*, „Lost Chance of Survival Doctrine: Should the Courts Ever Tinker With Chance?", 16 SoIllULJ 421-449, 431-432 (1992); *S.F. Brennwald*, „Proving Causation in 'Loss of a Chance' Cases: A Proportional Approach", 34 CathULRev 747-790, 776 (1985).

454 *B.C. Boggs*, „Lost Chance of Survival Doctrine: Should the Courts Ever Tinker With Chance?", 16 SoIllULJ 421-449, 432 (1992); *S.A. Bullington*, „Arizona's Loss of a Chance Doctrine: Not a Cause of Action, but more than an Evidentiary Rule", 33 AzAttorney 28-34, 33 (1997); *W. Miller*, „*Herskovits v Group Health Cooperative of Puget Sound*: Negligent Creation of a Substantial Risk of Injury is a Compensable Harm", 9 UnivPugetSound LRev 251-291, 285 (1985).

455 *P.L. Andel*, „Medical Malpractice: The Right to Recover for the Loss of a Chance of Survival", 12 PeppLRev 973-998, 989 (1985) weist darauf hin, daß dieser Test auch nicht einschlägig ist, da nicht mehrere Ursachen vorliegen; ähnlich *Wollen v DePaul Health Center*, 828 SW2d 681, 683 (Mo 1992).

456 *P.L. Andel*, „Medical Malpractice: The Right to Recover for the Loss of a Chance of Survival", 12 PeppLRev 973-998, 986, 988 (1985).

457 *D.J. Andersen*, „'Loss of Chance' in Utah", 9 UtahBarJ 8 (1996) (zitiert nach lexis S. 5); *D.W. Counce*, „The Increased Risk Rule: Establishing 'Probable' Causation Through Mere Possibility", 27 ArizLRev 257-264, 261 (1985).

dehnung durch eine Beweiserleichterung, sondern die Begrenzung der Haftung eines Retters auf bestimmte Fallgruppen[458].

4. Exkurs: Bedeutung einer Risikoerhöhung außerhalb der Arzthaftung

Die soeben dargelegte Rechtsprechung beschränkt sich auf die Arzthaftung und leitet eine Beweiserleichterung auch aus der besonderen Pflichtenstellung des Arztes, der sich um die Heilung des Patienten bemühen muß, ab. Dabei werden die Begriffe der *loss of chance* und der *increased risk of harm* synonym verwendet[459]. Fraglich ist, inwiefern diese Beweiserleichterung außerhalb der Arzthaftung eingreift, da auch in anderen Bereichen eine komplexe und damit ungewisse Kausalität vorliegen kann.

a) *Toxic Torts*

Bei den sogenannten *toxic torts* sind die Kläger einer bestimmten Gesundheitsgefahr (beispielsweise durch Asbest oder Strahlen) ausgesetzt worden und versuchen sodann, die eingetretene Gesundheitsbeeinträchtigung hierauf zurückzuführen[460]. Dieser Nachweis gestaltet sich dann als schwierig, wenn die Erkrankung auch ohne diese Umwelteinflüsse und damit schicksalhaft hätte auftreten können. Aufgrund dieser Beweisschwierigkeiten ist vorgeschlagen worden, die nachweisbare Risikoerhöhung für eine Haftung als ausreichend zu erachten[461]. Damit soll der Tatsache Rechnung getragen werden, daß der Beklagte durch sein nachlässiges Verhalten mit Sicherheit einige Individuen aus einer größeren Gruppe geschädigt hat, aber nicht feststellbar ist, welche Einzelpersonen dies sind[462]. Die Gesamtzahl der Erkrankungen erhöht sich durch das vom Schädiger geschaffene Risiko, der einzelne Kläger kann aber nicht belegen, daß gerade sein Schaden auf diesem Risiko beruht.

---

458 *F.C. Woodside III/ J.E. Schlesinger/ J.E. Jevicky/ C.G. Combs/ C.S. Ross*, „Loss of Chance: A Fundamental Change in Proximate Causation", 59 DefCounsJ 42-49, 48 (1992).

459 Siehe oben § 4 B II 2 b) bb) (2).

460 Hierzu *T. A. Brennan*, „Causal Chains and Statistical Links: The Role of Scientific Uncertainty in Hazardous-Substance Litigation", 73 CornLRev 469-533 (1988); ausführlich *F. Romerio*, Toxische Kausalität (1996).

461 Vgl. *D. Gerecke*, „Risk Exposure as Injury: Alleviating the Injustice of Tort Causation Rules", (1990) 35 McGillLJ 797-840; weitere Nachweise bei *F. Romerio*, Toxische Kausalität (1996)189-196.

462 Hier ist der Begriff des *„indeterminate plaintiff"* einschlägig, vgl. *J.G. Fleming*, „Probabilistic Causation in Tort Law", (1989) 68 CanBarRev 661-681 (679-680). Dieser Fall ist von der alternativen Kausalität bzw. dem *„indeterminate defendant"* abzugrenzen, wo die Person des Schädigers ungewiß ist, vgl. oben § 3 C II 1 b) aa).

b) Probabilistische Kausalität

In diesen Konstellationen wird zunehmend auf die sogenannte probabilistische Kausalität verwiesen[463]: Da ein Nachweis für den Einzelfall regelmäßig unmöglich sei, solle man sich hinsichtlich der Kausalität von der Einzelfallbetrachtung[464] lösen und statt dessen die anhand einer Vergleichsgruppe statistisch gewonnenen Erkenntnisse verwerten. Sei hierdurch belegt, daß der Schädiger ein Risiko erhöht habe, so reiche dies für eine Haftung auch dann aus, wenn nicht sicher sei, ob der einzelne Kläger hierdurch geschädigt worden ist[465]. Der Ungewißheit wird teilweise dadurch Rechnung getragen, daß der Schaden reduziert wird[466]; zum Teil wird aber auch der gesamte entstandene Schaden ersetzt[467]. Der Rückgriff auf Statistiken sei zulässig, da sämtlichen Erfahrungssätzen eine Anzahl von Vergleichsfällen vorausgegangen sei und es sich somit auch hierbei streng genommen um statistisch gewonnene Erkenntnisse handele[468]. Man könne somit nicht zwischen statistisch belegten und den jeweiligen Einzelfall betreffenden Aussagen unterscheiden[469].

c) Abgrenzung zur *loss of chance* im Arzthaftungsrecht

Die Gemeinsamkeiten der soeben beschriebenen Fälle und der *loss of chance* liegen in der ungewissen Kausalität und in dem Rückgriff auf Statistiken[470]. Die Rechtsprechung in den Vereinigten Staaten hat die Beweiserleichterung

---

463 *J.G. Fleming*, „Probabilistic Causation in Tort Law“, (1989) 68 CanBarRev 661-681; *P. Gottwald*, „Kausalität und Zurechnung“, Karlsruher Forum 1986, 3-32 (6); *F. Romerio*, Toxische Kausalität (1996) § 19. Vgl. aus strafrechtlicher Perspektive *I. Puppe*, „Zurechnung und Wahrscheinlichkeit“, ZStW (1983) 287-315 (305-309).

464 Im Englischen wird von „*particularistic causation*“ gesprochen, vgl. *J.G. Fleming*, „Probabilistic Causation in Tort Law“, (1989) 68 CanBarRev 661-681 (662).

465 Vgl. hierzu *P. Gottwald*, „Kausalität und Zurechnung“, Karlsruher Forum 1986, 3-32 (6).

466 Die Rechtsprechung hat eine solche Teilung bisher nur in Massenklageverfahren erörtert, wo eine Gruppe von Arbeitern oder von Armeeangehörigen klagte, vgl. *D. Gerecke*, „Risk Exposure as Injury: Alleviating the Injustice of Tort Causation Rules“, (1990) 35 McGillLJ 797-840; *J. Makdisi*, „Proportional Liability: A Comprehensive Rule to Apportion Tort Damages based on Probability“, 67 NCLRev 1063-1101 (1989); *F. Romerio*, Toxische Kausalität (1996) 190-196 mit weiteren Nachweisen.

467 *McGhee v National Coal Board* [1972] 3 AllER 1008, HL, dazu sogleich unter C I 1.

468 *D. Gerecke*, „Risk Exposure as Injury: Alleviating the Injustice of Tort Causation Rules“, (1990) 35 McGillLJ 797-840 (813f.) bildet folgendes Beispiel: Stürzt ein Passant auf einer vereisten Straße, so beruht der Schluß auf einen Zusammenhang zwischen dem Glatteis und dem Sturz darauf, daß die größte Zahl der Stürze unter diesen Umständen auftreten.

469 *P. Gottwald*, „Kausalität und Zurechnung“, Karlsruher Forum 1986, 3-32 (6).

470 Vgl. zu der Bedeutung von Statistiken im Rahmen der *loss of chance* unter § 7 C II 5.

wegen *increase of risk* dennoch auf die Arzthaftung beschränkt, was vor allem darauf beruht, daß bei einem ärztlichen Fehlverhalten eine engere Beziehung zwischen dem zu vermeidenden Schaden und dem Behandlungsfehler besteht. Der Arzt wird tätig, um die Heilungschance zu wahren und die bestmöglichen Voraussetzungen für eine Genesung zu schaffen. Die Sonderbehandlung der Heilungschance beruht somit nicht nur auf der ungewissen Kausalität, so daß die *toxic torts* mit der *loss of chance* im Arzthaftungsrecht nicht ohne weiteres vergleichbar sind[471].

C. Bedeutung einer Risikoerhöhung außerhalb der Vereinigten Staaten

Auch in anderen Rechtsordnungen hat die Beweisnot des Klägers in Fällen eines komplexen Ursachenzusammenhanges zu Beweiserleichterungen geführt. Diese knüpfen nicht ausdrücklich an den Begriff der *loss of chance* an. Es wird vielmehr die Bedeutung einer Risikoerhöhung (*increase of risk*) erörtert; teilweise ergibt sich die Beweiserleichterung aber auch aus anderen Gesichtspunkten[472].

I. England

Die englische Rechtsprechung hat den Begriff der Heilungschance zunächst nicht verwendet. Dennoch gibt es Entscheidungen, in denen aufgrund des schwierigen Kausalitätsnachweises eine Beweiserleichterung diskutiert wurde und die auch bei der späteren Erörterung der Heilungschancen herangezogen worden sind. Dies beruht vor allem darauf, daß zum Teil an eine Risikoerhöhung Rechtsfolgen geknüpft wurden[473] und es sodann als naheliegend angesehen wurde, diese Risikoerhöhung mit der Vereitelung einer Chance gleichzustellen[474].

---

471 A.M. *D. Gerecke*, „Risk Exposure as Injury: Alleviating the Injustice of Tort Causation Rules", (1990) 35 McGillLJ 797-840, der in allen Fällen einer schuldhaften Risikoschaffung eine anteilige Haftung befürwortet.

472 So vor allem in Deutschland, dazu unter C III 3.

473 Vor allem in *McGhee v National Coal Board* [1972] 3 AllER 1008, HL.

474 *Hotson v Berkshire Area Health Authority* [1987] AC 750, 786.

1. *McGhee v National Coal Board*

a) Dieser schottische[475] Fall beruhte auf folgendem Sachverhalt[476]: Der Kläger nahm seinen Arbeitgeber für eine Hauterkrankung (Dermatitis) in Anspruch, die er auf die Arbeitsbedingungen zurückführte. Er mußte einen Ziegelbrennofen ausräumen und wurde dabei sowohl starker Hitze als auch Ziegelstaub ausgesetzt. Da keine Duschen oder Waschgelegenheiten am Arbeitsplatz vorhanden waren, konnte der Kläger das Gemisch aus Schweiß und Ziegelstaub, welches sich während der Arbeit auf seiner Haut ablagerte, erst zu Hause entfernen. Die Sachverständigen stellten fest, daß die Hauterkrankung darauf beruhte, daß die Staubpartikel die Haut geschädigt hatten. Sie konnten allerdings keine genaue Aussagen darüber machen, ob die Hauterkrankung auch aufgetreten wäre, wenn sich der Kläger unmittelbar nach der Arbeit hätte waschen können. Vielmehr äußerten sie sich dahingehend, daß die fehlende Waschmöglichkeit das Risiko der Hauterkrankung erhöht habe (*material increase of risk*). Dies war für den Prozeß äußerst relevant, da dem Arbeitgeber für die Arbeitsbedingungen am Ziegelofen keine Sorgfaltspflichtverletzung vorzuwerfen war, sondern nur hinsichtlich der fehlenden Waschgelegenheit. Der Kläger konnte daher nur dann einen Schadenersatzanspruch erfolgreich geltend machen, wenn er nachweisen konnte, daß die Hauterkrankung auf der fehlenden Waschmöglichkeit beruhte. Insofern liegt eine ähnliche Fallkonstellation wie in *Bonnington Castings Ltd v Wardlaw*[477] vor, da von den zwei möglichen Ursachen nur eine dem Beklagten vorzuwerfen war. Der Unterschied lag jedoch darin, daß in *Bonnington Castings Ltd v Wardlaw* der Kläger Staubpartikel aus beiden Quellen eingeatmet hatte und somit feststand, daß beide zu seiner Lungenerkrankung konkret beigetragen hatten. In *McGhee v National Coal Board* hingegen war nicht einmal dieser Beitrag der fehlenden Waschgelegenheit zu dem Schaden im Sinne einer *material contribution to the damage* nachzuweisen. Daher hatten die unteren Instanzen die Klage unter Hinweis auf die Sachverständigengutachten abgewiesen.

b) Das *House of Lords* gab der Klage hingegen statt. Die Richter wiesen übereinstimmend darauf hin, daß ein zu starres Festhalten an den hergebrachten Beweisgrundsätzen in diesem Fall nicht angemessen sei[478]. Die Richter zogen zur Begründung jeweils die Sachverständigenaussage heran, wonach die feh-

---

475 Im Deliktsrecht stimmt das englische mit dem schottischen Recht überein, so daß diese Entscheidung auch für die Rechtslage in England maßgeblich ist, *Donogue v Stevenson* [1932] AC 562, 579.

476 *McGhee v National Coal Board* [1972] 3 AllER 1008, 1009, HL.

477 [1956] AC 613; vgl. zu diesem Fall oben § 3 C II 2 a) bb) (2).

478 *McGhee v National Coal Board* [1972] 3 AllER 1008, 1011, 1012, 1017, HL (*Lord Reid, Lord Wilberforce, Lord Salmon*).

lende Waschgelegenheit das Risiko der Hauterkrankung erhöht habe. Diese Risikoerhöhung wurde von den Richtern entweder als Begründung für eine Beweislastumkehr[479] zugunsten des Klägers oder als eine gewisse Beweiserleichterung hinsichtlich der Kausalität[480] angesehen.

c) Auf den ersten Blick erschließt sich die Bedeutung dieser Entscheidung für die Fälle von Heilungschancen nicht unmittelbar, da es sich nicht um einen Fall aus dem Arzthaftungsrecht handelt. Dennoch ist auf *McGhee v National Coal Board* gerade auch in Fällen aus dem Arzthaftungsrecht[481] später zurückgegriffen worden. Dies beruht zum einen darauf, daß sich ähnliche Beweisschwierigkeiten gerade in diesem Bereich ergeben. Des weiteren ist erkannt worden, daß die in *McGhee v National Coal Board* angesprochene Risikoerhöhung möglicherweise mit dem Verlust der Chance, den sodann aufgetretenen Schaden zu vermeiden, gleichgesetzt werden kann[482]: Es stellt sich die Frage, ob ein Unterschied besteht, wenn man darauf abstellt, daß das Risiko der Hauterkrankung erhöht oder die Chance, diese zu vermeiden, vermindert wurde. Zu beachten ist in jedem Fall, daß in *McGhee v National Coal Board* der dem Kläger entstandene Schaden voll ersetzt und damit der Risikoerhöhung als Beweiserleichterung bzw. Beweislastumkehr Bedeutung beigemessen wurde. Insofern läßt sich diese Entscheidung mit der Rechtsprechung aus den Jurisdiktionen der Vereinigten Staaten vergleichen, die an den Verlust einer Heilungschance eine Beweiserleichterung knüpft[483], wobei im Arzthaftungsrecht allerdings noch die besonders erhöhte Pflichtenstellung des Mediziners hinzutritt.

2. *Wilsher v Essex Area Health Authority*

a) Hierbei handelt es sich um eine Entscheidung, die für die Voraussetzungen des Kausalitätsnachweises bei mehreren möglichen Ursachen im Arzthaftungsrecht äußerst aufschlußreich ist. Der Kläger hatte sich, nachdem er drei Monate zu früh zur Welt gekommen war, eine längere Zeit in Intensivpflege befun-

---

479 So *Lord Wilberforce* in *McGhee v National Coal Board* [1972] 3 AllER 1008, 1012, HL, der ausdrücklich erörtert, wen billigerweise die Folgen der Nichtbeweisbarkeit der Kausalität treffen sollen, womit die Frage der Beweislast offen angesprochen ist.

480 So wohl *Lord Reid*, der von „*a broader view of causation*" spricht, *McGhee v National Coal Board* [1972] 3 AllER 1008, 1011, HL; im Ergebnis ähnlich *Lord Salmon*, der die Risikoerhöhung den Fällen der *material contribution to the damage* bei mehreren Ursachen gleichstellt, *McGhee v National Coal Board* [1972] 3 AllER 1008, 1017, HL.

481 *Clark v MacLennan* [1983] 1 AllER 416, QB; *Wilsher v Essex Area Health Authority* [1987] 1 QB 730, CA. Diese Entscheidungen haben sich nicht durchzusetzen vermocht.

482 Siehe dazu nur *Lord Mackay* in *Hotson v East Berkshire Area Health Authority* [1987] 1 AC 750, 786.

483 Hierzu oben § 4 B.

den[484]. Er leidet seither unter einem bestimmten Augenschaden mit nachfolgender Blindheit (retrolentale Fibroplasie), welcher bei Frühgeburten verhältnismäßig häufig auftritt. Der Kläger behauptete, dieser Schaden sei darauf zurückzuführen, daß er in dem Krankenhaus einer weit überhöhten Sauerstoffzufuhr ausgesetzt gewesen sei. In der Tat ließ sich nachweisen, daß versehentlich die Blutsauerstoffkonzentration nicht in einer Arterie, sondern in einer Vene gemessen wurde. Damit waren die behandelnden Ärzte von einer niedrigeren als der tatsächlichen Sauerstoffkonzentration ausgegangen und hatten dem Kläger anschließend zu viel Sauerstoff zugeführt. Die erhöhte Sauerstoffkonzentration konnte das Augenleiden verursacht haben. Genauso gut war es aber möglich, daß dieses Leiden auf fünf anderen Ursachen beruhte, die auf die Frühgeburt als solche und nicht auf die Fahrlässigkeit der Ärzte zurückzuführen waren.

b) In der ersten Instanz hatte der Richter auf *McGhee v National Coal Board* Bezug genommen und aus der erhöhten Sauerstoffzufuhr auf eine Risikoerhöhung geschlossen und diese für eine Beweislastumkehr als ausreichend erachtet[485]. Dieser Entscheidung schloß sich der *Court of Appeal*[486] im Ergebnis an, wobei *Sir Nicolas Browne-Wilkinson V-C* der Mehrheitsentscheidung nicht folgte und die Kausalität ablehnte[487]. Alle drei Richter erkannten, daß dieser Fall nicht ohne weiteres mit *McGhee* gleichgestellt und der Klage nur dann stattgegeben werden konnte, wenn das Prinzip aus *McGhee* ausgeweitet wird[488]. Denn die Beklagten hatten nicht ein bereits bestehendes Risiko (Ziegelstaub) erhöht, sondern durch die erhöhte Sauerstoffkonzentration ein neues zusätzliches Risiko geschaffen, von dem nicht einmal feststand, ob es sich verwirklicht hatte. *Mustill* und *Glidewell LJJ*[489] befürworteten eine Ausdehnung von *McGhee*, wobei sie davon ausgingen, daß diese Entscheidung vor allem auf Billigkeitserwägungen, die auch auf den vorliegenden Fall übertragbar seien, beruhte: Ein Schädiger soll dann für den aufgetretenen Schaden haften, wenn ihn die Pflicht trifft, das verwirklichte Risiko nicht entstehen zu lassen und er gegen diese Pflicht verstößt. Ob die Pflichtverletzung zu einer Risikoerhöhung oder zu einem neuen Risiko führe, mache keine Unterschied[490].

---

484 Zur Sachverhaltsdarstellung *Wilsher v Essex Area Health Authority* [1988] 1 AllER 871, 873-874, HL.

485 Vgl. *Wilsher v Essex Area Health Authority* [1987] 1 QB 730, 737, CA; die Entscheidung der ersten Instanz ist unveröffentlicht.

486 *Wilsher v Essex Area Health Authority* [1987] 1 QB 730, 771, 776, CA (*Mustill, Glidewell LJJ*).

487 *Wilsher v Essex Area Health Authority* [1987] 1 QB 730, 779-780, CA.

488 *Wilsher v Essex Area Health Authority* [1987] 1 QB 730, 771, 776, 779, CA.

489 *Wilsher v Essex Area Health Authority* [1987] 1 QB 730, 771, 776, CA.

490 *Wilsher v Essex Area Health Authority* [1987] 1 QB 730, 776, CA (*Mustill LJ*).

Sie ließen bei diesem Ergebnis allerdings offen, ob aus *McGhee* eine Beweiserleichterung oder eine Beweislastumkehr abzuleiten sei[491].

c) Dieser Entscheidung widersprach das *House of Lords* einstimmig und wies darauf hin, daß in *McGhee* kein neues Prinzip festgestellt worden war[492], sondern daß die hergebrachten Grundsätze auf diesen besonderen Fall in einer pragmatischen Weise umgesetzt worden waren. Insbesondere ergebe sich aus *McGhee* keine Beweislastumkehr bei einer Risikoerhöhung[493]. Die „Beweislücke" (*evidential gap*) sei nicht mit der Konstellation in *McGhee* vergleichbar, da nicht ein bestehendes Risiko erhöht, sondern ein neues geschaffen worden sei. Des weiteren sprächen Billigkeitsgesichtspunkte gegen eine Beweiserleichterung, da ansonsten die Rechtssicherheit durch die Ungewißheit zukünftiger Prozeßverläufe gefährdet sei[494]. Vielmehr seien die Richter in *McGhee* in einer zulässigen Weise davon ausgegangen, daß das Fehlen der Waschgelegenheiten und damit die Risikoerhöhung zu der Hauterkrankung beigetragen habe[495]. Damit liege eine Mitursächlichkeit für die Schadensentstehung vor (*contribution to the damage*), die für den Kausalitätsnachweis ausreiche[496]. Die Ausführungen aus *McGhee* wurden nicht aufgehoben, sondern neu interpretiert und zugleich auf die dortige Fallkonstellation beschränkt[497].

3. Zusammenfassung

Eine Beweiserleichterung oder Beweislastumkehr kann in England daher nicht auf die Schaffung oder Erhöhung eines Risikos gestützt werden, wenn nicht zugleich nachzuweisen ist, daß dieses Risiko sich mitursächlich auf den eingetretenen Schaden ausgewirkt hat. Auf eine solche Mitursächlichkeit können Gerichte in komplexen Sachverhalten wie in *McGhee v National Coal Board* schließen, ansonsten ist seit *Wilsher v Essex Area Health Authority* eine restriktive Haltung gegenüber einer solchen Schlußfolgerung festzustellen.

---

491 *Wilsher v Essex Area Health Authority* [1987] 1 QB 730, 771, 776, CA.

492 *Wilsher v Essex Area Health Authority* [1988] 1 AllER 871, HL.

493 *Lord Bridge* weist darauf hin, daß es sich bei den entsprechenden Ausführungen von *Lord Wilberforce* um ein Minderheitsvotum gehandelt habe: *Wilsher v Essex Area Health Authority* [1988] 1 AllER 871, 879, HL.

494 *Wilsher v Essex Area Health Authority* [1988] 1 AllER 871, 883, HL (*Lord Bridge*); zustimmend *A. Boon*, „Causation and the Increase of Risk", (1988) 51 MLR 508-516 (516).

495 *Wilsher v Essex Area Health Authority* [1988] 1 AllER 871, 879-880, HL (*Lord Bridge*).

496 *Wilsher v Essex Area Health Authority* [1988] 1 AllER 871, 879-88, HL (*Lord Bridge*); vgl. hierzu auch die Analyse von *J. Stapleton*, „The Gist of Negligence", (1988) 104 LQR 389-409 (403).

497 *J. Stapleton*, „The Gist of Negligence", (1988) 104 LQR 389-409 (403-404).

II. Kanada

1. Beweislastumkehr

Einige kanadische Gerichte haben unter Anwendung von *McGhee v National Coal Board* eine Beweislastumkehr bejaht, wenn die Kausalität nicht nachzuweisen war, dem Arzt aber eine Risikoerhöhung vorgeworfen werden konnte[498]. Nachdem die englische Rechtsprechung jedoch selbst von dieser möglichen Auslegung von *McGhee* abgerückt war[499], wurde sie auch in Kanada in Frage gestellt[500]. Der *Supreme Court of Canada* setzte sich ausführlich mit einer möglichen Beweislastumkehr auseinander, lehnte sie dann aber grundsätzlich ab[501]. Eine solche Beweislastumkehr sei nicht angemessen, wenn nicht einmal sicher sei, daß der eingetretene Schaden überhaupt auf einem vorwerfbaren menschlichen Verhalten beruhe[502]: In der Arzthaftung komme neben dem Behandlungsfehler regelmäßig nur der Gesundheitszustand des Patienten als Ursache in Betracht. Anders liege es, wenn nicht feststehe, wer den Schaden verursacht hat, aber alle potentiellen Schädiger fahrlässig gehandelt haben[503].

2. Anwendung der traditionellen Beweisgrundsätze

Statt eine Beweislastumkehr zuzulassen, hat das höchste kanadische Gericht festgestellt, daß die hergebrachten Grundlagen des Beweisrechts auch im Arzthaftungsrecht ausreichend sind[504]. Bei ihrer Anwendung sei allerdings eine gewisse Flexibilität erforderlich, da die Kausalität nicht mit naturwissenschaftlicher Gewißheit nachgewiesen werden müsse[505]. Da in Arzthaftungsklagen der klagende Patient regelmäßig nicht ohne weiteres über detaillierte Beweise verfüge, dürfe der Maßstab für die von ihm vorzulegenden Beweise nicht zu hoch

---

498 *Powell v Guttman* (1979) 89 DLR3d 180 (Man CA).

499 *Wilsher v Essex Area Health Authority* [1988] 1 AllER 871, HL.

500 *Snell v Farrell* [1990] 2 SCR 311 (Schaden beruhte entweder auf der sorgfaltswidrig fortgesetzten Operation oder auf einer davon unabhängigen Ursache); *Haag v Marshall* (1989) 1 CCLT2d 99 (BC CA).

501 *Snell v Farrell* [1990] 2 SCR 311, 322-332 (*Sopinka J*); vgl. zu dieser Entscheidung *J.G. Fleming*, „Probabilistic Causation in Tort Law: A Postscript", (1991) 71 CanBarRev 136-141 (138-139).

502 *Snell v Farrell* [1990] 2 SCR 311, 327 (*Sopinka J*).

503 *Snell v Farrell* [1990] 2 SCR 311, 327 (*Sopinka J*) unter ausdrücklicher Abgrenzung zu der Beweislastumkehr in *Cook v Lewis* [1951] SCR 830 (von zwei Schützen hat nur einer den Kläger verletzt).

504 *Snell v Farrell* [1990] 2 SCR 311, 328 (*Sopinka J*).

505 *Snell v Farrell* [1990] 2 SCR 311, 328 (*Sopinka J*).

angelegt werden[506]. Aufgrund dieser besonderen Situation sei es auch zulässig, in bestimmten Fällen trotz einer schwachen Beweislage auf eine Kausalität zu schließen[507]. Somit wird dem Richter der Tatsacheninstanz ein gewisser Beurteilungsspielraum bei der Bewertung der vorgebrachten Beweise zugestanden und zugleich festgestellt, daß eine abstrakte, für alle Fälle allgemeingültige Formel für die Kausalität nicht gegeben ist[508]. Damit wird zugleich ausgesprochen, daß ein Unterschied zwischen dem medizinischen und dem juristischen Nachweis der Kausalität besteht[509], so daß die Kausalität auch dann von einem Richter bejaht werden kann, wenn der medizinische Sachverständige die Verursachung nur für wahrscheinlich, nicht aber für sicher hält.

3. Zusammenfassung

Die kanadische Rechtsprechung sieht somit in diesem richterlichen Beurteilungsspielraum das angemessene Mittel zur Handhabung von Fällen, in denen wie im Arzthaftungsrecht für den Kläger gewisse Beweisschwierigkeiten auftreten. Reichen die hiernach vorliegenden Beweise für den Richter nicht dazu aus, auf die Kausalität zu schließen, so soll eine Haftung gänzlich ausscheiden[510].

III. Deutschland

Im deutschen Zivilrecht wird an eine Risikoerhöhung oder eine damit möglicherweise korrespondierende Chancenvereitelung keine Rechtsfolge geknüpft[511]. Demgegenüber hat die Strafrechtsdogmatik in Deutschland ausführlich und kontrovers erörtert, welche Rolle eine Risikoerhöhung im Rahmen der Erfolgszurechnung spielen kann und die sogenannte Risikoerhöhungslehre ent-

---

506 *Snell v Farrell* [1990] 2 SCR 311, 328-329 (*Sopinka J*).

507 *Snell v Farrell* [1990] 2 SCR 311, 330 (*Sopinka J*).

508 *Snell v Farrell* [1990] 2 SCR 311, 328 (*Sopinka J*).

509 *Snell v Farrell* [1990] 2 SCR 311, 330 (*Sopinka J*).

510 So entschieden in *Webster v Chapman* (1996) 30 CCLT2d 164 (Man CA), wo unter Bezugnahme auf *Hotson v East Berkshire Area Health Authority* [1987] 1 AC 750 die Haftung abgelehnt wurde, weil der Schaden bereits vor dem ärztlichen Fehlverhalten vorlag.

511 Siehe nur *H. Stoll*, „Schadensersatz für verlorene Heilungschancen vor englischen Gerichten in rechtsvergleichender Sicht", Festschrift für E. Steffen (1995) 465-478.

wickelt[512], wobei die Risikoerhöhung mit einer Chancenvereitelung gleichgesetzt wird[513]. Fraglich ist daher, ob aus dieser Diskussion Rückschlüsse für das Zivilrecht gezogen werden können, welche Lösungen hier bisher vorgeschlagen und angewendet worden sind und inwiefern die strafrechtliche Risikoerhöhungslehre über ihre Bezeichnung hinaus mit der soeben dargestellten *increased risk of harm* und der damit korrespondierenden *loss of chance* vergleichbar ist.

1. Die Risikoerhöhungslehre im Strafrecht

a) Entwicklung der Risikoerhöhungslehre

aa) Ausgangspunkt

(1) Ihren Ausgangspunkt fand die Risikoerhöhungslehre anhand von Sachverhalten, in denen sich der Angeklagte sorgfaltswidrig verhalten hatte[514], aber nicht mit Sicherheit festgestellt werden konnte, ob der Erfolg auch bei pflichtgemäßem Verhalten eingetreten wäre. So lag es bei einem Überholmanöver mit

512 Befürwortend *C. Roxin*, „Pflichtwidrigkeit und Erfolg bei fahrlässigen Delikten", ZStW 74 (1962) 411-444; *ders.*, Strafrecht AT I (1997) § 11 Rn. 76-87 sowie *M. Burgstaller*, Das Fahrlässigkeitsdelikt im Strafrecht (1974) 135-145; NK (- *I. Puppe*) Rn. 120-135 vor § 13 StGB; *H. Otto*, „Risikoerhöhungsprinzip statt Kausalitätsgrundsatz als Zurechnungskriterium bei Erfolgsdelikten", NJW 1980, 417-424; *B. Schünemann*, „Moderne Tendenzen in der Dogmatik der Fahrlässigkeitsdelikte", JA 1975, 647-656 (651-652); SK (- *H.-J. Rudolphi*) Rn. 66-70 vor § 1 StGB; *F. Schaffstein*, „Die Risikoerhöhung als objektives Zurechnungsprinzip im Strafrecht, insbesondere bei der Beihilfe", Festschrift für R.M. Honig (1970) 169-184 (172-173); *G. Stratenwerth*, „Bemerkungen zum Prinzip der Risikoerhöhung", Festschrift für W. Gallas (1973) 227-239; *ders.*, Strafrecht AT I (1981) Rn. 224-230; dagegen *J. Baumann/U. Weber/ W. Mitsch*, Strafrecht AT (1995) § 14 Rn. 86-87; *W. Frisch*, Tatbestandsmäßiges Verhalten und Zurechnung des Erfolgs (1988) 537-563; *G. Jakobs*, Strafrecht AT (1991) 7. Abschnitt Rn. 98-103; *ders.*, „Risikokonkurrenz - Schadensverlauf und Verlaufshypothese im Strafrecht", Festschrift für K. Lackner (1987) 53-75 (54-55); *J. Krümpelmann*, „Zur Kritik der Lehre vom Risikovergleich bei den fahrlässigen Erfolgsdelikten", GA 1984, 491-510; *E. Samson*, Hypothetische Kausalverläufe im Strafrecht (1972) 46-48; *K. Ulsenheimer*, „Erfolgsrelevante und erfolgsneutrale Pflichtverletzungen im Rahmen der Fahrlässigkeitsdelikte", JZ 1969, 364-369; *J. Wessels*, Strafrecht AT (1997) Rn. 185; *G. Wolfslast*, Anmerkung zu BGH, 20.5.1980 1 StR 177/80 NStZ 1981, 218-220 (219).

513 *W. Frisch*, Tatbestandsmäßiges Verhalten und Zurechnung des Erfolgs (1988) 538; *M. Kahlo*, „Das Bewirken durch Unterlassen bei drittvermitteltem Rettungsgeschehen", GA 1987, 66-79 (74); *I. Puppe*, „Zurechnung und Wahrscheinlichkeit", ZStW 95 (1983) 287-315 (287); J. *Wessels*, Strafrecht AT (1997) Rn. 185.

514 Vergleiche den Sachverhalt aus BGHSt, 25.9.1957 4 StR 354/57 BGHSt 11, 1 (7).

zu geringem Sicherheitsabstand, durch welches das Unfallopfer, ein Fahrradfahrer, tödliche Verletzungen erlitt[515]. Es stand nicht fest, ob der Unfall auch bei Einhaltung des Abstandes eingetreten wäre. Fraglich war, inwiefern eine strafrechtliche Verantwortung ausscheidet, wenn der tatbestandsmäßige Erfolg möglicherweise auch ohne die vorwerfbare Handlung, also bei pflichtgemäßem Verhalten, eingetreten wäre. Der *Bundesgerichtshof* traf eine Unterscheidung zwischen der Verursachung im „mechanisch-naturwissenschaftlichen" Sinn und der nach „rechtlichen Bewertungsmaßstäben" zu ermittelnden Bedeutung des pflichtwidrigen Verhaltens[516] und stellte sich auf den Standpunkt, daß das Ausbleiben des tatbestandsmäßigen Erfolges bei Einhaltung der erforderlichen Sorgfalt in dieser Konstellation sicher und nicht nur möglich gewesen sein muß[517]. Der Angeklagte dürfe bereits aufgrund des *in-dubio-pro-reo*-Grundsatzes nur verurteilt werden, wenn das pflichtgemäße Verhalten den Erfolg mit Sicherheit verhindert hätte[518]. Anderenfalls sei die strafrechtliche Relevanz des Verhaltens nicht erwiesen. Im Ergebnis fehle es daher an der Verursachung des Erfolges.

(2) Diese Entscheidung wurde einer starken Kritik aus dem Schrifttum[519] ausgesetzt. Neben anderen Ansätzen findet sich dabei auch die Einführung der Risikoerhöhungslehre durch *C. Roxin*[520]. Er sah nicht die Kausalität als problematisch an, sondern die mögliche Zurechnung des durch den Angeklagten im „mechanisch-naturwissenschaftlichen"[521] Sinne herbeigeführten Unfalles[522].

(a) *Roxin* griff dabei auf die Unterscheidung zwischen der Kausalität einerseits und der objekiven Zurechnung des Erfolges andererseits zurück. Die Lehre von der objektiven Zurechnung ergänzt die faktische Kausalität im Sinne der *conditio sine qua non*, indem eine wertende Betrachtung eingeführt wird[523], die meh-

---

515 BGHSt, 25.9.1957 4 StR 354/57 BGHSt 11, 1.

516 BGHSt, 25.9.1957 4 StR 354/57 BGHSt 11, 1 (7).

517 So insbesondere BGHSt, 25.9.1957 4 StR 354/57 BGHSt 11, 1.

518 BGHSt, 25.9.1957 4 StR 354/57 BGHSt 11, 1 (5, 7).

519 *A. Kaufmann*, „Die Bedeutung hypothetischer Erfolgsursachen im Strafrecht", Festschrift für E. Schmidt (1961) 200-231; *J. Krümpelmann*, „Zur Kritik der Lehre vom Risikovergleich bei den fahrlässigen Erfolgsdelikten", GA 1984, 491-510 (491-492); *C. Roxin*, „Pflichtwidrigkeit und Erfolg bei fahrlässigen Delikten", ZStW 74 (1962) 411-444; *G. Spendel*, „Zur Unterscheidung zwischen Tun und Unterlassen", Festschrift für E. Schmidt (1961) 183-199.

520 „Pflichtwidrigkeit und Erfolg bei fahrlässigen Delikten", ZStW 74 (1962) 411-444.

521 BGHSt, 25.9.1957 4 StR 354/57 BGHSt 11, 1 (7).

522 „Pflichtwidrigkeit und Erfolg bei fahrlässigen Delikten", ZStW 74 (1962) 411-444 (412-413).

523 *K. Lackner*, Rn. 14 vor § 13 StGB; *A. Schönke/H. Schröder* (- *Th. Lenckner*) Rn. 91-100 Vorbem. §§ 13 ff StGB; *H. Tröndle*, Rn. 17-17e vor § 13 StGB; *J. Wessels*, Strafrecht AT (1997) Rn. 180.

rere Aspekte zusammenfaßt[524]: Einerseits sollen Schäden, die nicht voraussehbar oder vermeidbar waren[525] oder nicht in den Schutzbereich der verletzten Norm fallen[526], bereits auf der Tatbestandsebene ausgeschieden werden, da es an einer rechtlich mißbilligten Verhaltensweise fehle. Es müsse daher bereits die Tatbestandsverwirklichung verneint und die strafrechtliche Verantwortung nicht erst mittels eines Korrektivs auf der Schuldebene abgelehnt oder durch eine Herabsetzung des Strafrahmens[527] gemildert werden. Des weiteren wird bei der objektiven Zurechnung die hier im Vordergrund stehende Frage erörtert, inwiefern der Täter darauf verweisen kann, ein pflichtgemäßes Verhalten hätte den Erfolg ebenso gut verursachen können[528].

(b) *Roxin* ging bei der Behandlung dieses Problems davon aus, daß der Unfall in seiner konkreten Erscheinungsform mit Sicherheit durch das Überholmanöver hervorgerufen wurde. Die zentrale Frage war daher, unter welchen Umständen ein Berufen auf das sogen. rechtmäßige Alternativverhalten[529] - also dem Einhalten des Sicherheitsabstandes - die objektive Zurechnung ausschließt. Nach der Risikoerhöhungslehre ist für die Zurechnung ausreichend, wenn das pflichtwidrige Verhalten das Risiko des Erfolgseintritts erhöht hat, es ist also nicht erforderlich, daß der Erfolg mit Sicherheit (und nicht nur möglicherweise) verhindert worden wäre[530], wie es die Rechtsprechung und ein Teil der Lehre voraussetzen[531]. Der Angeklagte kann daher nicht darauf verweisen, daß der

---

524 *H. Tröndle*, Rn. 17-17a vor § 13 StGB

525 Atypische Kausalverläufe, *H. Tröndle*, StGB (1997) Rn. 17a vor § 13 StGB

526 Fehlender Schutzzweckzusammenhang, *H. Tröndle*, Rn. 17d vor § 13 StGB.

527 *G. Jakobs*, Strafrecht AT (1991) 7. Abschnitt Rn. 92-97.

528 *A. Schönke/H. Schröder* (- *Th. Lenckner*) Rn. 99-99a Vorbem. §§ 13 ff StGB; *V. Erb*, Rechtmäßiges Alternativverhalten und seine Auswirkungen auf die Erfolgszurechnung im Strafrecht (1991) 70-71 gibt einen Überblick über die hierfür verwandte Terminologie, wonach die vorliegend umschriebene Fragestellung als „Pflichtwidrigkeitszusammenhang", „Schuldzusammenhang" oder „Rechtswidrigkeitszusammenhang" bezeichnet wird.

529 Zur Einschlägigkeit dieses Begriffs SK (- *H.-J. Rudolphi*) Rn. 69 vor § 1 StGB sowie die umfassende Monographie von *V. Erb*, Rechtmäßiges Alternativverhalten und seine Auswirkungen auf die Erfolgszurechnung im Strafrecht (1991).

530 *C. Roxin*, „Pflichtwidrigkeit und Erfolg bei fahrlässigen Delikten", ZStW 74 (1962) 411-444.

531 BGHSt, 25.9.1957 4 StR 354/57 BGHSt 11, 1 (7); BGH, 6.7.1990 2 StR 549/89 BGHSt 37, 106; *J. Baumann/U. Weber/ W. Mitsch*, Strafrecht AT (1995) § 14 Rn. 86-87; *W. Frisch*, Tatbestandsmäßiges Verhalten und Zurechnung des Erfolgs (1988) 537-563; *G. Jakobs*, Strafrecht AT (1991) 7. Abschnitt Rn. 98-103; *ders.*, „Risikokonkurrenz - Schadensverlauf und Verlaufshypothese im Strafrecht", Festschrift für K. Lackner (1987) 53-75 (54-55); *J. Krümpelmann*, „Zur Kritik der Lehre vom Risikovergleich bei den fahrlässigen Erfolgsdelikten", GA 1984, 491-510; *E. Samson*, Hypothetische Kausalverläufe im Strafrecht (1972) 46-48; *K. Ulsenheimer*, „Erfolgsrelevante und erfolgsneutrale Pflichtverletzungen im Rahmen der Fahrlässigkeitsdelikte", JZ 1969, 364-369; *J. Wessels*, Strafrecht AT (1997) Rn. 185; *G. Wolfslast*, Anmerkung zu BGH, 20.5.1980 1 StR 177/80 NStZ 1981, 218-220 (219).

von ihm herbeigeführte Erfolg auch andere Ursachen haben könnte, wenn er ein Risiko geschaffen und sich dieses in dem Erfolg realisiert hat[532]. Mit dieser Konstruktion soll der Tatsache Rechnung getragen werden, daß bei einer bereits bestehenden Gefahr für das Rechtsgut die Erhöhung dieses Risikos ansonsten nicht strafbewehrt wäre[533].

(3) Die soeben skizzierte Risikoerhöhungslehre ist von der Rechtsprechung[534] bisher nicht aufgegriffen worden, findet aber im Schrifttum zunehmende Verbreitung[535]. In ihrer ursprünglichen Ausgestaltung ist sie mit der zivilrechtlichen Beweiserleichterung aufgrund einer *increased risk of harm* nicht vergleichbar, da sich diese Beweiserleichterung auf die Kausalität und nicht auf ein sie ergänzendes Korrektiv wie die objektive Zurechnung bezieht. Das angloamerikanische Haftungsrecht unterscheidet zwischen der sogenannten tatsächlichen (*cause in fact*) und rechtlichen Kausalität (*cause in law*), die Frage der Risikoerhöhung wird dort aber bereits auf der ersten Stufe und nicht im Rahmen der wertenden Betrachtung des so ermittelten Kausalzusammenhanges gestellt[536].

bb) Risikoerhöhung und Kausalität

Die Frage, ob sich eine Risikoerhöhung auf die Feststellung des tatsächlichen Kausalzusammenhanges auswirken kann, stellt sich aber auch im deutschen Strafrecht.

(1) Dies gilt zunächst im Hinblick auf die Strafbarkeit von Unterlassungen, wo in entsprechender Anwendung der *conditio-sine-qua-non*-Formel geprüft wird, inwiefern der tatbestandsmäßige Erfolg bei Vornahme der gebotenen Handlung ausgeblieben wäre[537]. Das Ausbleiben des Erfolges muß mit Sicherheit oder zumindest mit an Sicherheit grenzender Wahrscheinlichkeit nachgewiesen wer-

---

532 *I. Puppe*, „Zurechnung und Wahrscheinlichkeit", ZStW 95 (1983) 287-315 (309).

533 *J. Krümpelmann*, „Zur Kritik der Lehre vom Risikovergleich bei den fahrlässigen Erfolgsdelikten", GA 1984, 491-510 (491); *B. Schünemann*, „Moderne Tendenzen in der Dogmatik der Fahrlässigkeitsdelikte", JA 1975, 647-656 (649); ähnlich SK (- *H.-J. Rudolphi*) Rn. 66 vor § 1 StGB, wonach die Risikoerhöhungslehre auch aus Präventionsgesichtspunkten vorzugswürdig sei.

534 BGH, 6.7.1990 2 StR 549/89 BGHSt 37, 106 (127).

535 Ebenso SK (- *H.-J. Rudolphi*) Rn. 65 vor § 1 StGB mit zahlreichen weiteren Nachweisen; vgl. zudem die in Fn. 512 aufgeführten Nachweise.

536 *Hamil v Bashline*, 392 A2d 1280, 1286 (Pa 1978); *Evers v Dollinger*, 471 A2d 405, 413 (NJ 1984).

537 BGH, 6.7.1990 2 StR 549/89 BGHSt 37, 106 (126-127).

den[538]. Demnach könnte die Risikoerhöhungslehre als Kriterium der Erfolgszurechnung bei Unterlassungen niemals einschlägig sein, da bei bloßer Möglichkeit, aber fehlender Gewißheit der Erfolgsvermeidung durch die gebotene Handlung die Schwelle der Kausalität niemals überschritten werden wird, so daß sich die daran anschließende Betrachtung der Erfolgszurechnung von vornherein verbietet[539]. Hiergegen ist eingewendet worden, daß auch im Bereich der Unterlassung zwischen Kausalität und wertender Zurechnung unterschieden werden könne[540]. Es sei der hypothetische Kausalverlauf zu betrachten, womit nicht jeder denkbare Geschehensablauf gemeint sei, sondern nur derjenige, der sich aus dem Hinzudenken der gebotenen Handlung ergebe[541]. Stelle man hierbei auf das Ausbleiben des tatbestandsmäßigen Erfolgs in seiner konkreten Gestalt ab, könne man insofern eine Kausalität oftmals bejahen, bevor erörtert werde, ob die Zurechnung dieses Erfolges nach wertender Betrachtung abzulehnen sei[542]. Dem ist zuzugeben, daß der Kausalzusammenhang bei Unterlassungen stets ein hypothetisches Element in sich trägt. Dennoch erscheint es zumindest konstruiert, wenn zunächst im Rahmen der Kausalität gesagt wird, daß der Erfolg in seiner konkreten Gestalt bei Vornahme der gebotenen Handlung ausgeblieben wäre, um sodann zu untersuchen, ob durch die Vornahme eben dieser Handlung lediglich das Risiko des Erfolgseintritts erhöht wurde. Es wird dieselbe Handlung als Bezugspunkt genommen, einerseits aber eine Sicherheit der Erfolgsvermeidung gefordert, andererseits eine nur mögliche Risikoerhöhung für die Zurechnung als ausreichend erachtet. Damit sind Fälle, in denen die Zurechnung trotz nachgewiesener Kausalität abgelehnt wird, kaum denkbar.

---

538 *T. Kleinknecht/L. Meyer-Goßner*, Rn. 2 zu § 261 StPO.

539 So *M. Kahlo*, „Das Bewirken durch Unterlassen bei drittvermitteltem Rettungsgeschehen“, GA 1987, 66-79 (76-77); *C. Roxin*, „Pflichtwidrigkeit und Erfolg bei fahrlässigen Delikten“, ZStW 74 (1962) 411-444 (438); *B. Schünemann*, „Moderne Tendenzen in der Dogmatik der Fahrlässigkeitsdelikte“, JA 1975, 647-656 (654-655); wohl auch *J. Krümpelmann*, „Zur Kritik der Lehre vom Risikovergleich bei den fahrlässigen Erfolgsdelikten“, GA 1984, 491-510 (509-510) trotz Bedenken hinsichtlich der Ungleichbehandlung von Handlung und Unterlassung; vgl. auch *V. Erb*, Rechtmäßiges Alternativverhalten und seine Auswirkungen auf die Erfolgszurechnung im Strafrecht (1991) 248-249, der von einer vermeintlichen Gefahr des Leerlaufens des rechtmäßigen Alternativverhaltens im Unterlassungsbereich spricht. *C. Roxin*, Strafrecht AT I (1997) § 11 Rn. 86 Fn. 162 läßt diese Frage nunmehr unter Hinweis auf seinen noch nicht erschienenen zweiten Band zum Allgemeinen Teil bedauerlicherweise offen.

540 *V. Erb*, Rechtmäßiges Alternativverhalten und seine Auswirkungen auf die Erfolgszurechnung im Strafrecht (1991) 251 (wobei der Autor die Risikoerhöhungslehre ablehnt).

541 *V. Erb*, Rechtmäßiges Alternativverhalten und seine Auswirkungen auf die Erfolgszurechnung im Strafrecht (1991) 251.

542 *V. Erb*, Rechtmäßiges Alternativverhalten und seine Auswirkungen auf die Erfolgszurechnung im Strafrecht (1991) 251.

(2) Wohl auch aufgrund der aufgezeigten Problematik im Unterlassungsbereich[543] wird die Risikoerhöhungslehre zum Teil über ihren ursprünglichen Anwendungsbereich hinaus ausgedehnt und für den Kausalitätsnachweis bei Begehungen und Unterlassungen gleichermaßen herangezogen[544]. Demnach reicht unter bestimmten Voraussetzungen für den Nachweis der Erfolgsverursachung aus, daß das Risiko für den Erfolgseintritt durch den Täter erhöht wurde und der tatbestandsmäßige Erfolg sodann tatsächlich eingetreten ist. Dabei kommt es nicht darauf an, ob das vorwerfbare Verhalten aus einem Tun oder einem Unterlassen besteht[545]. Diese Variante der Risikoerhöhungslehre, die in treffender Weise als „kausalitätsersetzende Risikoerhöhungslehre"[546] bezeichnet wird, steht der *increase of risk* wesentlich näher, da es sich um eine (materiellrechtliche) Senkung des Maßstabes für die Erfolgszurechnung[547] handelt. Die Trennung zwischen Kausalität und objektiver Zurechnung wird insofern aufgegeben, der erforderliche Zusammenhang zwischen Handlung (oder Unterlassung) und Erfolg wird auf einer Stufe durch wertende Betrachtung ermittelt[548].

cc) Voraussetzungen und Anwendungsbereich der Risikoerhöhungslehre

Die Lehre von der Risikoerhöhung ist auch nach ihren Befürwortern nur in bestimmten Konstellationen einschlägig. Die Ermittlung solcher Anwendungskriterien war erforderlich, damit die Risikoerhöhungslehre nicht ausnahmslos in allen Fällen ungewisser Erfolgsherbeiführung herangezogen werden kann, was

---

543 So ausdrücklich *B. Schünemann*, „Moderne Tendenzen in der Dogmatik der Fahrlässigkeitsdelikte", JA 1975, 647-656 (654-655), der die Ausdehnung der Risikoerhöhungslehre aber nicht befürwortet.

544 *I. Puppe*, „Zurechnung und Wahrscheinlichkeit", ZStW 95 (1983) 287-315 (293); SK (- *H.-J. Rudolphi*) Rn. 13, 69 vor § 1 StGB; *F. Schaffstein*, „Die Risikoerhöhung als objektives Zurechnungsprinzip im Strafrecht, insbesondere bei der Beihilfe", Festschrift für R.M. Honig (1970) 169-184 (170-173); *G. Stratenwerth*, „Bemerkungen zum Prinzip der Risikoerhöhung", Festschrift für W. Gallas (1973) 227-239 (236); *ders.*, Strafrecht AT I (1981) Rn. 224-230.

545 *F. Schaffstein*, „Die Risikoerhöhung als objektives Zurechnungsprinzip im Strafrecht, insbesondere bei der Beihilfe", Festschrift für R.M. Honig (1970) 169-184 (172).

546 *I. Puppe*, „Die Lehre von der objektiven Zurechnung (I)", Jura 1997, 408-416 (410).

547 *I. Puppe*, „Zurechnung und Wahrscheinlichkeit", ZStW 95 (1983) 287-315 (293): Diese „Risikobeziehung" tritt an die Stelle der Kausalität.

548 *F. Schaffstein*, „Die Risikoerhöhung als objektives Zurechnungsprinzip im Strafrecht, insbesondere bei der Beihilfe", Festschrift für R.M. Honig (1970) 169-184 (170); diesen Schluß zieht auch *V. Erb*, Rechtmäßiges Alternativverhalten und seine Auswirkungen auf die Erfolgszurechnung im Strafrecht (1991) 249, der diesem Ergebnis jedoch kritisch gegenübersteht.

auch hinsichtlich der Vereinbarkeit mit dem strafrechtlichen Grundsatz *in dubio pro reo* bedenklich wäre[549].

(1) In ihrer ursprünglichen Anwendung stellt die Risikoerhöhungslehre ein Zurechnungselement bei nachgewiesener Verursachung dar[550]. Sie ist einschlägig, wenn sich das Risiko des Schadenseintritts im Vergleich zu dem erlaubten Verhalten erhöht hat. Fraglich ist daher, wie diese Risikoerhöhung zu ermitteln ist und ob sich abstrakte, vom Einzelfall unabhängige Kriterien dafür entwickeln lassen.

(a) Da aus der ex-ante-Perspektive jedes sorgfaltswidrige Verhalten eine Gefahrschaffung und damit eine Risikoerhöhung darstellt[551], wird die ex-post-Betrachtung des Geschehens als maßgeblich erachtet[552]. Dabei sei zu untersuchen, inwiefern sich durch das vorgeworfene Verhalten das Risiko des Erfolgseintritts erhöht habe, wobei ein Vergleich zu dem hypothetischen Geschehen bei sorgfältigem Verhalten anzustellen sei[553]. Dies bedeute, daß sämtliche ex post erlangten Kenntnisse für die Feststellung der Risikoerhöhung heranzuziehen seien.

(b) Gegen diese ex-post-Untersuchung wird eingewandt, daß sich die Anwendbarkeit der Risikoerhöhungslehre dann nach der jeweiligen Beweislage im Einzelfall ergebe[554]. Die Risikoerhöhungslehre greife bereits deshalb, weil keine ausreichenden Beweise bezüglich des Kausalverlaufs verfügbar seien und daher auf die bloße Risikoerhöhung als Auffangtatbestand abgestellt werde[555]. Dieser Einwand verkennt jedoch, daß die ex-post-Betrachtung lediglich darauf abzielt, auch diejenigen Erkenntnisse zu verwerten, die nachträglich gewonnen werden

549 *M. Burgstaller*, Das Fahrlässigkeitsdelikt im Strafrecht (1974) 140.

550 Siehe oben III. 1 a) aa) (2) (b).

551 *M. Burgstaller*, Das Fahrlässigkeitsdelikt im Strafrecht (1974) 140; *B. Schünemann*, „Moderne Tendenzen in der Dogmatik der Fahrlässigkeitsdelikte", JA 1975, 647-656 (649); *G. Stratenwerth*, „Bemerkungen zum Prinzip der Risikoerhöhung", Festschrift für W. Gallas (1973) 227-239 (229); *K. Ulsenheimer*, „Erfolgsrelevante und erfolgsneutrale Pflichtverletzungen im Rahmen der Fahrlässigkeitsdelikte", JZ 1969, 364-369 (366).

552 *C. Roxin*, Strafrecht AT I (1997) § 11 Rn. 81 unter Bezugnahme auf *G. Stratenwerth*, „Bemerkungen zum Prinzip der Risikoerhöhung", Festschrift für W. Gallas (1973) 227-239, wobei *Roxin* nicht darauf hinweist, daß *Stratenwerth* die Risikoerhöhungslehre als kausalitätsersetzend einstuft.

553 *C. Roxin*, Strafrecht AT I (1997) § 11 Rn. 81.

554 *V. Erb*, Rechtmäßiges Alternativverhalten und seine Auswirkungen auf die Erfolgszurechnung im Strafrecht (1991) 135-138.

555 *V. Erb*, Rechtmäßiges Alternativverhalten und seine Auswirkungen auf die Erfolgszurechnung im Strafrecht (1991) 135-136.

können[556]. Die Zurechnung soll in den Fällen ausscheiden, in denen sich ergibt, daß eine Risikoerhöhung beispielsweise deshalb nicht in Betracht kam, weil das Opfer bereits nicht mehr zu retten war[557]. Behandelt also ein Arzt einen Schwerkranken und begeht dabei einen Kunstfehler, so liegt aus der ex-ante-Perspektive eine Risikoerhöhung vor. Diese darf aber nur dann zu einer Zurechnung führen, wenn sich nicht im Rahmen der Obduktion ergibt, daß der Patient in zuvor unerkannter Weise unheilbar erkrankt und daher der Erfolg nicht vermeidbar war[558]. Es kommt darauf an, eine ex ante bestehende Verhaltensnorm auf Grundlage des ex post vorliegenden Wissens auszufüllen[559].

(2) Problematischer ist die Eingrenzung der Risikoerhöhungslehre in ihrer kausalitätsersetzenden Variante. Hier steht nicht einmal die Verursachung des Erfolges fest, daher muß eine Rechtfertigung für die Senkung des Maßstabes für die Kausalität gefunden werden. Diese Rechtfertigung wird darin gesehen, daß gewissen Sachverhalten eine Ungewißheit immanent sei und diesem Umstand Rechnung getragen werden müsse[560].

(a) Es wird davon ausgegangen, daß eine Ungewißheit hinsichtlich eines Geschehensverlaufs unterschiedlicher Art sein könne[561]: Das Vorliegen bestimmter Tatsachen zu einem bestimmten Zeitpunkt könne zweifelhaft sein, weil diesbezügliche Beweise fehlten. Diese Ungewißheit sei zumindest theoretisch - nämlich bei optimaler Beweislage - zu beheben. Als Beispiel hierfür mag der Fall dienen, in dem mehrere Personen einen Schuß abgeben, jedoch nur einer davon das Opfer trifft[562], oder daß sich in der Rückschau nicht ermitteln läßt, ob ein Patient im Zeitpunkt des ärztlichen Fehlverhaltens bereits unheilbar an

---

556 *G. Stratenwerth*, „Bemerkungen zum Prinzip der Risikoerhöhung“, Festschrift für W. Gallas (1973) 227-239 (229).

557 So ausdrücklich *G. Stratenwerth*, „Bemerkungen zum Prinzip der Risikoerhöhung“, Festschrift für W. Gallas (1973) 227-239 (229-231).

558 *G. Stratenwerth*, „Bemerkungen zum Prinzip der Risikoerhöhung“, Festschrift für W. Gallas (1973) 227-239 (231).

559 *C. Roxin*, Strafrecht AT I (1997) § 11 Rn. 81.

560 *I. Puppe*, „Die Lehre von der objektiven Zurechnung (I)“, Jura 1997, 408-416 (410); *dies.*, „Die Lehre von der objektiven Zurechnung (II)“, Jura 1997, 513-519 (518); *F. Schaffstein*, „Die Risikoerhöhung als objektives Zurechnungsprinzip im Strafrecht, insbesondere bei der Beihilfe“, Festschrift für R.M. Honig (1970) 169-184 (170).

561 *M. Burgstaller*, Das Fahrlässigkeitsdelikt im Strafrecht (1974) 144-145; *I. Puppe*, „Zurechnung und Wahrscheinlichkeit“, ZStW 95 (1983) 287-315 (292-295); *G. Stratenwerth*, „Bemerkungen zum Prinzip der Risikoerhöhung“, Festschrift für W. Gallas (1973) 227-239 (231-233).

562 Nach *G. Stratenwerth*, „Bemerkungen zum Prinzip der Risikoerhöhung“, Festschrift für W. Gallas (1973) 227-239 (229).

einem Tumor erkrankt war[563]. Daneben gibt es Konstellationen, die auch bei Vorliegen sämtlicher Informationen und Beweismittel einen Rest von Unaufklärbarkeit in sich bergen[564]. So liegt es beispielsweise, wenn das Vorliegen einer Erkrankung feststeht, aber nicht mit Sicherheit gesagt werden kann, wie sich diese bei sachgerechter Therapie entwickelt hätte[565]. Die kausalitätsersetzende Variante der Risikoerhöhungslehre soll nur in diesen Fällen eines indeterminierten Kausalverlaufs anwendbar sein[566]. Die Unterscheidung zwischen behebbaren und unbehebbaren Zweifeln werde zum einen dem Grundsatz *in dubio pro reo* gerecht, da die Erfolgsverursachung nicht unter Heranziehung der Risikoerhöhungslehre bejaht werden dürfe, bloß weil die Beweislage im Einzelfall unzureichend sei[567]. Zum anderen stelle sie heraus, daß es indeterminierte Geschehensabläufe gibt, die nicht aus der strafrechtlichen Verantwortung herausgenommen werden dürfen, bloß weil niemals sichere Angaben über den Kausalverlauf gemacht werden können[568]. Dabei handele es sich zunächst um Fälle, in denen ein menschliches Verhalten ohne die pflichtwidrige Handlung beurteilt werden soll[569]; so etwa, ob ein hinzuzuziehender Arzt eine Herzschwäche diagnostiziert hätte[570], eine Vermögensverfügung auch ohne eine Täuschung vorgenommen worden wäre[571] oder hinreichend gewarnte Einzelhändler ein gefährliches Produkt zurückgerufen hätten[572]. Auch in der Medizin und Naturwissenschaft fänden sich Fälle, die prinzipiell unaufklärbar seien[573]. So lasse sich hinsichtlich des Heilungsverlaufs bei rechtzeitiger und sachgemäßer Behandlung oftmals auch bei Vorliegen sämtlicher Informationen keine si-

563 Nach *G. Stratenwerth*, „Bemerkungen zum Prinzip der Risikoerhöhung", Festschrift für W. Gallas (1973) 227-239 (231).

564 *H. J. Kahrs*, Das Vermeidbarkeitsprinzip und die conditio-sine-qua-non-Formel im Strafrecht (1968) 47-51; *ders.*, Kausalität und überholende Kausalität im Zivilrecht (1969) 23-28 für die zivilrechtliche Betrachtung; *G. Stratenwerth*, „Bemerkungen zum Prinzip der Risikoerhöhung", Festschrift für W. Gallas (1973) 227-239 (233).

565 NK (- *I. Puppe*) Rn. 123 vor § 13 StGB; *G. Stratenwerth*, „Bemerkungen zum Prinzip der Risikoerhöhung", Festschrift für W. Gallas (1973) 227-239 (231).

566 *I. Puppe*, „Zurechnung und Wahrscheinlichkeit", ZStW 95 (1983) 287-315 (309).

567 *G. Stratenwerth*, „Bemerkungen zum Prinzip der Risikoerhöhung", Festschrift für W. Gallas (1973) 227-239 (231-234).

568 *I. Puppe*, „Die Lehre von der objektiven Zurechnung (II)", Jura 1997, 513-519 (518); *G. Stratenwerth*, „Bemerkungen zum Prinzip der Risikoerhöhung", Festschrift für W. Gallas (1973) 227-239 (233).

569 *I. Puppe*, „Zurechnung und Wahrscheinlichkeit", ZStW 95 (1983) 287-315 (309); begrenzt auf diese Konstellation *M. Kahlo*, „Das Bewirken durch Unterlassen bei drittvermitteltem Rettungsgeschehen", GA 1987, 66-79 (77-79).

570 Enstpricht BGH, 27.4.1966 2 StR 36/66 BGHSt 21, 59.

571 Nach BGH, 24.2.1959 5 StR 618/58 BGHSt 13, 13.

572 Sachverhalt nach BGH, 6.7.1990 2 StR 549/89 BGHSt 37, 106 (Lederspravfall), die Rechtsprechung lehnte allerdings weiterhin die Anwendbarkeit der Risikoerhöhungslehre ab.

573 NK (- *I. Puppe*) Rn. 123 vor § 13 StGB.

chere Prognose machen[574]. Diese auf der Indeterminiertheit des Geschehensablaufs beruhende Unaufklärbarkeit dürfe weder verschleiert noch eine strafrechtliche Verantwortung mit dem bloßen Hinweis auf den Grundsatz *in dubio pro reo* ausgeschlossen werden[575]. Vielmehr sei in diesen Fällen die kausalitätsersetzende Risikoerhöhungslehre das probate Mittel: Ohne ihre Anerkennung seien nicht zu rechtfertigende Strafbarkeitslücken zu befürchten[576].

(b) Diese Begrenzung der Risikoerhöhungslehre auf unbehebbare Zweifel und indeterminierte Geschehensabläufe ist für sich betrachtet durchaus schlüssig. Im Rahmen der vorliegenden Untersuchung ist sie zudem deshalb von besonderem Interesse, weil sie der Eingrenzung des Anwendungsbereichs der *perte d'une chance/loss of chance* ähnelt[577]. Es erscheint auch konsequent, daß sie gerade von den Vertretern der Risikoerhöhungslehre in der kausalitätsersetzenden Variante herausgebildet worden ist, da sich die dargestellte immanenten Ungewißheiten nicht erst bei der Zurechnung, sondern streng genommen bereits bei der Kausalität ergeben[578]. Hiergegen wird vorgebracht, ein indeterminierter Geschehensablauf sei nur im Einzelfall abhängig von der jeweiligen Beweislage feststellbar[579]. Eine abstrakte Erfassung solcher Fälle sei hingegen nicht möglich. Dieser Einwand verkennt jedoch, daß unabhängig von den jeweils verfügbaren Beweisen ermittelt werden muß, ob es sich um ein Geschehen handelt, welches auch bei optimaler Beweislage nur eine Wahrscheinlichkeitsaussage zuläßt[580]. Diese optimale Beweislage bezieht auch die soeben dargelegte ex-post-Betrachtung mit ein: Dies bedeutet, daß sämtliche - also auch die nachträglich gewonnenen Erkenntnisse - zu verwerten sind[581]. Verstirbt ein Patient, könnte durch die unterlassene oder nicht sachgemäße Behandlung eine Risikoerhöhung vorliegen. Stellt sich aber bei der Obduktion heraus, daß der Patient inoperabel war oder ist die Inoperabilität auch nur zweifelhaft, so kann nicht

574 *W. Wachsmuth/H.-L. Schreiber*, „Sicherheit und Wahrscheinlichkeit - juristische und ärztliche Aspekte", NJW 1982, 2094-2098 (2095).

575 *I. Puppe*, „Die Lehre von der objektiven Zurechnung (II)", Jura 1997, 513-519 (517-518).

576 *I. Puppe*, „Die Lehre von der objektiven Zurechnung (II)", Jura 1997, 513-519 (518).

577 Siehe § 7 B.

578 So ausdrücklich *I. Puppe*, „Zurechnung und Wahrscheinlichkeit", ZStW 95 (1983) 287-315 (293).

579 *J. Krümpelmann*, „Zur Kritik der Lehre vom Risikovergleich bei den fahrlässigen Erfolgsdelikten", GA 1984, 491-510 (500); ebenso *V. Erb*, Rechtmäßiges Alternativverhalten und seine Auswirkungen auf die Erfolgszurechnung im Strafrecht (1991) 141-142.

580 NK (- *I. Puppe*) Rn. 127-128 vor § 13 StGB; *G. Stratenwerth*, „Bemerkungen zum Prinzip der Risikoerhöhung", Festschrift für W. Gallas (1973) 227-239 (233).

581 NK (- *I. Puppe*) Rn. 127 vor § 13 StGB bezeichnet dies als eine Wahrscheinlichkeitsermittlung nach dem „Prinzip der maximalen Bestimmtheit".

von einem indeterminierten Geschehensablauf die Rede sein[582]. Diese nachträglich gewonnenen Erkenntnisse heranzuziehen und nur, wenn dann im Zeitpunkt des Fehlverhaltens eine Prognose unmöglich ist, ist der Rückgriff auf die Risikoerhöhungslehre zulässig[583].

(c) Damit sind die Einwände, die auf eine fehlende Ein- und Abgrenzbarkeit der Risikoerhöhungslehre abstellen, zunächst entkräftet. Zu beachten bleibt jedoch weiterhin, daß den Vertretern der Risikoerhöhungslehre der Vorwurf zu machen ist, daß sie bei der Festlegung dieser Eingrenzungskriterien oftmals nicht genau zwischen ihrer kausalitätsersetzenden Funktion einerseits und ihrer Rolle in der objektiven Zurechnung andererseits differenzieren[584]. Die Risikoerhöhungslehre ist in beiden Spielarten stets ausgeschlossen, wenn es sich um (zumindest theoretisch) ausräumbare Zweifel handelt.

dd) Vereinbarkeit mit dem Grundsatz *in dubio pro reo*

Ein weiterer Einwand gegen die Risikoerhöhungslehre ist die Mißachtung des Grundsatzes *in dubio pro reo*, wonach eine strafrechtliche Verantwortlichkeit nur in Betracht kommt, wenn die Tatbestandsverwirklichung ohne jeglichen Zweifel feststeht[585]. Fraglich ist daher, ob die Risikoerhöhungslehre hinsichtlich der Verursachung und der Erfolgszurechnung verbleibende Zweifel nicht in unzulässiger Weise dem Angeklagten überbürdet.

(1) Die Vertreter der Risikoerhöhungslehre weisen jedoch darauf hin, daß nur ausräumbare Zweifel, nicht aber die immanente Ungewißheit indeterminierter Geschehensabläufe gemeint sein können[586]. Diese Ungewißheit könne nicht zu einer Entlastung des Täters führen, da ansonsten eine Strafbarkeit nie in Betracht käme. Es haben sich, wie soeben dargelegt[587], auch handhabbare Ab-

---

582 Dies verkennt *J. Krümpelmann*, „Zur Kritik der Lehre vom Risikovergleich bei den fahrlässigen Erfolgsdelikten", GA 1984, 491-510 (507), der eine ex-post-Unaufklärbarkeit des Gesundheitszustandes der von ihm abgelehnten Risikoerhöhungslehre zuordnet.

583 Anders *J. Krümpelmann*, „Zur Kritik der Lehre vom Risikovergleich bei den fahrlässigen Erfolgsdelikten", GA 1984, 491-510 (500), der insofern von einem Aufklärungszufall spricht.

584 So beispielsweise *C. Roxin*, Strafrecht AT I (1997) § 11 Rn. 81, der hinsichtlich der ex-post-Betrachtung auf *G. Stratenwerth*, „Bemerkungen zum Prinzip der Risikoerhöhung", Festschrift für W. Gallas (1973) 227-239 zurückgreift, obwohl dieser die Risikoerhöhungslehre nicht nur als ein Zurechnungskriterium begreift.

585 *J. Baumann/U. Weber/ W. Mitsch*, Strafrecht AT (1995) § 14 Rn. 86; *G. Jakobs*, Strafrecht AT (1991) 7. Abschnitt Rn. 100.

586 NK (- *I. Puppe*) Rn. 131 vor § 13 StGB; SK (- *H.-J. Rudolphi*) Rn. 69 vor § 1 StGB.

587 Siehe oben 1 a) cc).

grenzungskriterien für den Anwendungsbereich der Risikoerhöhungslehre gefunden, so daß dem Angeklagten nur ausräumbare, aber nicht immanente Zweifel hinsichtlich des Geschehensablaufs zugutekommen können.

(2) Des weiteren müsse zunächst die materiell-rechtliche Einordnung solcher ungewisser Geschehensabläufe geklärt werden, bevor sodann anhand der ermittelten Strafbarkeitsvoraussetzungen eine Sachverhaltsaufklärung unternommen werde[588]. Zweifel, die sich dabei aus der Ermittlung des Sachverhaltes ergäben, seien zugunsten des Angeklagten zu werten. Der Grundsatz *in dubio pro reo* spiele erst hier und nicht bereits bei der Ausfüllung des Tatbestandes eine Rolle. Diese Argumentation erscheint in sich schlüssig, da sie die Beweisgrundsätze und die materielle Ausfüllung der Tatbestandsmerkmale nicht miteinander vermischt.

(3) Daher steht der Grundsatz *in dubio pro reo* der Anwendung der Risikoerhöhungslehre nicht entgegen. Zudem handelt es sich aus zivilrechtlicher Perspektive um einen vernachlässigbaren Gesichtspunkt, da die zivilrechtliche Haftung die immanenten Zweifel in flexiblerer Weise kompensieren kann als es bei einem Strafurteil der Fall sein kann[589]. Eine Schadensreduzierung im Zivilrecht ist zumindest denkbar, während ein Schuldspruch trotz bestehender Zweifel nicht einfach auszugleichen ist, insbesondere wäre eine mildere Strafe nicht ausreichend.

ee) Mißachtung der Struktur der Erfolgsdelikte

Neben Erfolgsdelikten, bei denen die Herbeiführung eines bestimmten Erfolges für die Strafbarkeit vorausgesetzt wird, kennt das deutsche Strafrecht Gefährdungsdelikte[590], bei denen die Strafbarkeit bereits bei abstrakter oder konkreter Gefährdung eines Rechtsgutes begründet wird. Wird der Maßstab für den Nachweis der Erfolgsherbeiführung dergestalt herabgesetzt, daß nunmehr eine

---

588 *W. Frisch*, Tatbestandsmäßiges Verhalten und Zurechnung des Erfolgs (1988) 539; *M. Kahlo*, Das Bewirken durch Unterlassen bei drittvermitteltem Rettungsgeschehen", GA 1987, 66-79 (76); *I. Puppe*, „Die Lehre von der objektiven Zurechnung (I)", Jura 1997, 408-416 (410), in diesem Sinne auch *M. Burgstaller*, Das Fahrlässigkeitsdelikt im Strafrecht (1974) 143.

589 Ebenso *V. Erb*, Rechtmäßiges Alternativverhalten und seine Auswirkungen auf die Erfolgszurechnung im Strafrecht (1991) 145.

590 *H. Tröndle*, StGB (1997) Rn. 13-13a vor § 13 StGB.

Risikoerhöhung ausreichen soll, so liegt der Einwand nahe, daß die Unterscheidung zwischen den soeben beschriebenen Delikstypen verwischt werde[591].

(1) In der Tat handelt es sich hier um einen beachtenswerten Einwand: Wenn der Gesetzgeber entschieden hat, daß in einigen Fällen bereits die Begründung einer Gefahr, was einer Risikoerhöhung gleichzusetzen ist, ausreichen soll, so stellt sich die Frage, ob sich die Erfolgsdelikte diesem Deliktstyp ohne weiteres annähern können, wenn die Verursachung zweifelhaft ist. Dem wird entgegengehalten, daß die Risikoerhöhungslehre nicht auf das Vorliegen des Erfolges verzichte, sondern lediglich die Verknüpfung zwischen gefährlicher Handlung und Erfolg betreffe[592]: Es reiche nicht eine lediglich gefahrbegründende Handlung, sondern der Erfolg müsse nach wie vor gegeben sein.

(2) Es ist zwar zutreffend, daß durch das Erfordernis des Erfolgseintritts gegenüber den Gefährdungsdelikten ein Mehr vorliegt, dennoch fragt sich, ob dies ausreicht, um auf eine Verursachung zu schließen und den Erfolg dem Täter zuzurechnen. Hinzu kommt, daß zumindest im Rahmen der Vorsatzdelikte oftmals eine Versuchsstrafbarkeit in Betracht kommt, wenn sich wegen der fehlenden Zurechnung die Tatbestandsvollendung nicht nachweisen läßt, so daß einem möglichen Strafbarkeitsbedürfnis Rechnung getragen werden kann. Zudem ist fraglich, inwiefern ein vermeintliches Strafbarkeitsbedürfnis durch Reduzierung der Tatbestandsvoraussetzungen durchsetzbar ist, wenn doch der Gesetzgeber durch Einführung entsprechender Gefährdungstatbestände reagieren könnte[593]. Hier ist wohl eine Unterscheidung zwischen der kausalitätsersetzenden Risikoerhöhungslehre einerseits und ihrer Anwendung im Rahmen der Zurechnung andererseits erforderlich[594]. Dem pflichtwidrig handelnden Täter bei vorliegender Verursachung den Verweis auf das rechtmäßige Alternativverhalten zu verwehren, erscheint jedenfalls unproblematischer als die Herabsetzung des Maßstabes für den Kausalitätsnachweis, wonach die Verursachung bejaht wird, auch wenn diese Risikoerhöhung nur eine von mehreren möglichen Ursa-

---

591 *J. Baumann/U. Weber/W. Mitsch*, Strafrecht AT (1995) § 14 Rn. 87; *O. Ranft*, „Berücksichtigung hypothetischer Bedingungen beim fahrlässigen Erfolgsdelikt?“, NJW 1984, 1425-1433 (1431); *E. Samson*, Hypothetische Kausalverläufe im Strafrecht (1972) 156-157; ähnlich *W. Frisch*, Tatbestandsmäßiges Verhalten und Zurechnung des Erfolgs (1988) 541-542; *K. Lackner*, Rn. 14 vor § 13 StGB.

592 *I. Puppe*, „Zurechnung und Wahrscheinlichkeit“, ZStW 95 (1983) 287-315 (306); *G. Stratenwerth*, „Bemerkungen zum Prinzip der Risikoerhöhung“, Festschrift für W. Gallas (1973) 227-239 (238); SK (- *H.-J. Rudolphi*) Rn. 70 vor § 1 StGB; ebenso *W. Frisch*, Tatbestandsmäßiges Verhalten und Zurechnung des Erfolgs (1988) 540, der die Risikoerhöhungslehre dennoch im Ergebnis ablehnt.

593 So *G. Jakobs*, Strafrecht AT (1991) 7. Abschnitt Rn. 102.

594 *B. Schünemann*, „Moderne Tendenzen in der Dogmatik der Fahrlässigkeitsdelikte“, JA 1975, 647-656 (654-655).

chen darstellt[595]. Festzuhalten ist, daß der Schluß von einer Risikoerhöhung (oder einer damit korrespondierenden Chancenvereitelung) auf die Kausalität im Strafrecht zumindest fragwürdig ist. Dennoch soll die Erörterung der Risikoerhöhungslehre an dieser Stelle nicht abgebrochen werden, da die Diskussion dieses Ansatzes im Rahmen des ärztlichen Fehlverhaltens relevante Aspekte und Varianten aufweist.

b) Ärztliches Fehlverhalten und Risikoerhöhung

Bei ärztlichem Fehlverhalten treten häufig Konstellationen auf, in denen fraglich ist, inwiefern sich der Behandlungsfehler überhaupt in dem Erfolg realisiert hat, da der Erfolg zumindest möglicherweise auch auf dem bereits angegriffenen Gesundheitszustand des Opfers beruhen kann. Solche Fälle sind im Rahmen der zivilrechtlichen Ausführungen hier bereits dargestellt worden[596] und haben auch dem deutschen strafrechtlichen Schrifttum Anlaß zur gesonderten Erörterung ärztlichen Fehlverhaltens gegeben[597]. Die vergleichbaren Wertungen der Risikoerhöhungslehre im deutschen Strafrecht einerseits und der *increase of risk* in einigen Jurisdiktionen der Vereinigten Staaten andererseits wird daher insbesondere bei der Betrachtung ärztlichen Fehlverhaltens offenbar.

aa) Die deutsche Strafrechtsprechung zieht zur Feststellung der Kausalität und der Zurechnung ärztlichen Fehlverhaltens andere Lösungsansätze als die von ihr abgelehnte Risikoerhöhungslehre heran. Problematisch sind dabei insbesondere Fälle, in denen dem behandelnden Arzt eine Unterlassung vorgeworfen wird. Die Rechtsprechung geht davon aus, daß es ausreiche, wenn der Erfolg in seiner

595 Ähnlich *B. Schünemann*, „Moderne Tendenzen in der Dogmatik der Fahrlässigkeitsdelikte", JA 1975, 647-656 (654-656), der darauf hinweist, daß die Risikoerhöhungslehre ursprünglich die strafrechtliche Verantwortung beschränken und nicht ausdehnen sollte.

596 Siehe oben § 3 A I.

597 *W. Frisch*, Tatbestandsmäßiges Verhalten und Zurechnung des Erfolgs (1988) 551-560; *M. Kahlo*, „Das Bewirken durch Unterlassen bei drittvermitteltem Rettungsgeschehen", GA 1987, 66-79; NK (- *I. Puppe*) Rn. 123 vor § 13 StGB behandeln ärztliches Fehlverhalten ausdrücklich gesondert, während *V. Erb*, Rechtmäßiges Alternativverhalten und seine Auswirkungen auf die Erfolgszurechnung im Strafrecht (1991) 150-151; *J. Krümpelmann*, „Zur Kritik der Lehre vom Risikovergleich bei den fahrlässigen Erfolgsdelikten", GA 1984, 491-510 (494); *ders.*, „Die normative Korrespondenz zwischen Verhalten und Erfolg bei den fahrlässigen Verletzungsdelikten", Festschrift für H.-H. Jescheck (1985) 313-335 (319-321) ausschließlich Beispiele aus diesem Bereich wählen.

konkreten Gestalt zu einem früheren Zeitpunkt eingetreten ist[598], wobei ein Überleben um einige Stunden[599] oder einen Tag[600] genügen soll. Wenn der Erfolg (zumeist der Tod) bei sorgfältiger Behandlung zumindest zu einem späteren Zeitpunkt eingetreten wäre, kommt die Rechtsprechung zu einer strafrechtlichen Verantwortung[601].

bb) Dieser Begründung der Kausalität bei Unterlassungen wird entgegengehalten, daß eine sinnvolle Grenzziehung zwischen geringfügigen und beachtlichen zeitlichen Verschiebungen kaum durchführbar sei[602]. Zudem bestehe die Befürchtung, daß Ärzte bei „todgeweihten" Patienten angesichts der drohenden strafrechtlichen Konsequenzen die Behandlung fortsetzen und damit möglicherweise das Leiden des Patienten verlängern oder vergrößern, um sich nicht die Verursachung des früheren, im Ergebnis aber nicht mehr vermeidbaren Todes vorwerfen zu lassen[603]. Letztendlich sei es durch das Abstellen auf den Erfolg in seiner ganz konkreten Gestalt möglich, jedem alles zuzurechnen; eine solche Manipulation der Kausalität sei jedoch abzulehnen[604]. Diese Einwände gegen die Rechtsprechung machen die besondere Problematik im Bereich ärztlichen Fehlverhaltens insbesondere bei Unterlassungen deutlich, zugleich fragt sich jedoch, welche Lösungsalternativen vorgeschlagen werden.

cc) Nach der Risikoerhöhungslehre ist ärztliches Fehlverhalten dann zurechenbar, wenn sich die Gefahr des Erfolgseintritts im Vergleich zu einem pflichtgemäßen Verhalten erhöht hat[605]. Wird die Risikoerhöhung darüber hinaus zur Bestimmung der Kausalität herangezogen, so kommt es darauf an, daß sich der

598 BGH, 27.4.1966 2 StR 36/66 BGHSt 21, 59 (61) (Vor einer Narkose wird der allgemeine Gesundheitszustand nicht untersucht und eine Herzschwäche daher nicht erkannt; nach dem tödlichen Ausgang war zweifelhaft, inwiefern die Herzschwäche diagnostiziert worden wäre; der Angeklagte wurde freigesprochen, weil die zeitliche Relevanz des pflichtgemäßen Verhaltens nicht dargetan war); 20.5.1980 1 StR 177/80 NStZ 1981, 218 (*G. Wolfslast*); 10.8.1984 1 StR 9/84 NStZ 1985, 26; 29.11.1985 2 StR 596/85 NStZ 1986, 217 (jeweils vergleichbare Sachverhalte: Bauchfellentzündung bzw. Abszeß werden trotz Symptomen nicht erkannt, Patientin verstirbt).

599 BGH, 10.8.1984 1 StR 9/84 NStZ 1985, 26 (27).

600 BGH, 20.5.1980 1 StR 177/80 NStZ 1981, 218 (219) (krit. *G. Wolfslast*).

601 So in BGH, 20.5.1980 1 StR 177/80 NStZ 1981, 218 (*G. Wolfslast*); 10.8.1984 1 StR 9/84 NStZ 1985, 26; 29.11.1985 2 StR 596/85 NStZ 1986, 217.

602 *G. Wolfslast*, Anmerkung zu BGH, 20.5.1980 1 StR 177/80, NStZ 1981, 218-220 (219).

603 Und zwar auch von den Gegnern der Risikoerhöhungslehre; so *J. Krümpelmann*, „Zur Kritik der Lehre vom Risikovergleich bei den fahrlässigen Erfolgsdelikten", GA 1984, 491-510 (494); *G. Wolfslast*, Anmerkung zu BGH, 20.5.1980 1 StR 177/80, NStZ 1981, 218-220 (219).

604 NK (- *I. Puppe*) Rn. 125 vor § 13 StGB.

605 Siehe oben 1 a) aa)-cc).

Krankheitsverlauf als ein indeterminiertes Geschehen einordnen läßt[606]. Dies sei der Fall, wenn der Kausalverlauf objektiv unbestimmt ist, weil etwa die Genesungschance eines Krebspatienten sich nicht mit endgültiger Sicherheit festlegen lasse[607]. Diese Ungewißheit entspreche medizinischen Erkenntnissen und müsse sich auch in der juristischen Bewertung des Geschehens widerspiegeln[608]. Diese kausalitätsersetzende Variante der Risikoerhöhungslehre hat gerade im Strafrecht den Vorzug, daß bei Unterlassungen die oben aufgezeigten Widersprüchlichkeiten vermieden werden[609]. Zudem ist das Abstellen auf die Verursachung des Erfolges in seiner konkreten Gestalt im Bereich ärztlichen Fehlverhaltens in der Tat oftmals unbefriedigend, da ein gewisser Einfluß auf den Zeitpunkt des Erfolges in einer großen Zahl von Fällen zu bejahen sein wird und daher durch diesen Zusammenhang der Blick auf die hier bezeichnenden Beweisprobleme verstellt wird. Dies ist insbesondere auch aus zivilrechtlicher Perspektive relevant, da dort neben der Verursachung des Todes oder der Krankheit auch der hieraus resultierende Schaden nachgewiesen werden muß. Eine kurzzeitige Verschiebung des Todeszeitpunktes wäre für die Schadensberechnung jedoch ohne Belang und damit nicht weiterführend. Gegen diese Anwendung der Risikoerhöhungslehre sprechen allerdings - wie bereits dargelegt - erhebliche Bedenken hinsichtlich des bei Erfolgsdelikten erforderlichen Kausalitätsnachweises[610]. Sie kann somit auch im Arztstrafrecht nur befürwortet werden, wenn man aufgrund der immanenten Ungewißheit von Krankheitsverläufen den Maßstab für den Kausalitätsnachweis herabsenkt und eine Risikoerhöhung für ausreichend erachtet[611].

dd) Auch von Gegnern der Risikoerhöhungslehre sind die Besonderheiten der ärztlichen Verantwortung betont und erörtert worden, ob sie in diesem Bereich nicht ausnahmsweise anwendbar sein solle[612]. Im Ergebnis halten sie eine Anwendung der Risikoerhöhungslehre trotz der typischen Ungewißheit hinsichtlich des Krankheitsverlaufs nicht für erforderlich. In diesem Zusammenhang ist

---

606 Siehe oben 1 a) cc) (2).

607 NK (- *I. Puppe*) Rn. 124 vor § 13 StGB.

608 NK (- *I. Puppe*) Rn. 123 vor § 13 StGB.

609 Siehe oben 1 a) bb) (1).

610 Siehe oben 1 a) ee).

611 *I. Puppe*, „Die Lehre von der objektiven Zurechnung (II)“, Jura 1997, 513-519 (518).

612 So insbesondere *W. Frisch*, Tatbestandsmäßiges Verhalten und Zurechnung des Erfolgs (1988) 551-561.

interessanterweise auf die Relevanz von Heilungschancen hingewiesen worden[613], wobei hieraus unterschiedliche Schlußfolgerungen gezogen werden.

(1) Übereinstimmend wird davon ausgegangen, daß zu dem Kriterium der Rechtsprechung, wonach eine Lebensverkürzung erforderlich ist, noch etwas hinzukommen muß: Eine strafrechtliche Verantwortlichkeit könne nur dann vorliegen, wenn durch das ärztliche Fehlverhalten die Lebensspanne verkürzt worden sei <u>und</u> dem Patienten durch diese Verkürzung die Chance einer Genesung genommen wurde[614]. Der Arzt sei deshalb zur Lebensverlängerung verpflichtet, weil sich in der Zeitspanne des Weiterlebens eine Genesungschance realisieren könnte[615]. Damit sei eine strafrechtliche Verantwortung für eine Lebensverkürzung nur dann zu bejahen, wenn der Patient eine entsprechende Chance hatte, was bei moribunden Patienten nicht der Fall sei[616]. Damit sei auch der Haupteinwand gegen die Rechtsprechung entkräftet, da eine Verpflichtung zur Lebensverlängerung todgeweihter Patienten nicht bestehe[617].

(2) Diese Chancenreduzierung soll einerseits im Rahmen der Zurechnung bedeutsam sein. Bei der Kausalität wird weiterhin - in Übereinstimmung mit der Rechtsprechung - auf den Erfolg in seiner ganz konkreten Gestalt abgestellt[618]. Die Zurechnung dieses Erfolges soll aber dann ausscheiden, wenn es an einer Verhaltenspflicht und einem damit korrespondierenden Schutzanspruch des Opfers deshalb fehlte, weil keine relevante Chance bestand[619]. Dieses als „normative Korrespondenz"[620] bezeichnete Konzept geht davon aus, daß eine Zurechnung des Erfolges nur dann ausscheide, wenn dieser aus der ex-ante-

---

613 *V. Erb*, Rechtmäßiges Alternativverhalten und seine Auswirkungen auf die Erfolgszurechnung im Strafrecht (1991) 150-151; *W. Frisch*, Tatbestandsmäßiges Verhalten und Zurechnung des Erfolgs (1988) 560; *J. Krümpelmann*, „Die normative Korrespondenz zwischen Verhalten und Erfolg bei den fahrlässigen Verletzungsdelikten", Festschrift für H.-H. Jescheck (1985) 313-335 (322-324, 326).

614 *V. Erb*, Rechtmäßiges Alternativverhalten und seine Auswirkungen auf die Erfolgszurechnung im Strafrecht (1991) 150-151; *W. Frisch*, Tatbestandsmäßiges Verhalten und Zurechnung des Erfolgs (1988) 559-560.

615 *W. Frisch*, Tatbestandsmäßiges Verhalten und Zurechnung des Erfolgs (1988) 559.

616 *W. Frisch*, Tatbestandsmäßiges Verhalten und Zurechnung des Erfolgs (1988) 560 bezeichnet dies als eine „gute" Chance.

617 *W. Frisch*, Tatbestandsmäßiges Verhalten und Zurechnung des Erfolgs (1988) 559f.

618 *V. Erb*, Rechtmäßiges Alternativverhalten und seine Auswirkungen auf die Erfolgszurechnung im Strafrecht (1991) 251.

619 *J. Krümpelmann*, „Die normative Korrespondenz zwischen Verhalten und Erfolg bei den fahrlässigen Verletzungsdelikten", Festschrift für H.-H. Jescheck (1985) 313-335; ihm folgend *V. Erb*, Rechtmäßiges Alternativverhalten und seine Auswirkungen auf die Erfolgszurechnung im Strafrecht (1991) 146-247.

620 Welches sich nicht auf das Arztstrafrecht beschränkt, aber vor allem mit Beispielen aus diesem Bereich arbeitet.

Sicht zu ermittelnde Zusammenhang zwischen Verhaltenspflicht und Anspruch fehle[621]. Dabei wird zwischen der Tatsachenbasis im Zeitpunkt der vorwerfbaren Handlung und der Verlaufsprognose unterschieden[622]. Die Tatsachenbasis sei vollumfänglich einem Beweis zugänglich und umfasse insbesondere den konkreten Gesundheitszustand des Patienten, während die Verlaufsprognose stets hypothetisch und damit einem Beweis nicht zugänglich sei[623]. Der Vorzug dieses Konzepts gegenüber der Risikoerhöhungslehre liege darin, daß es nicht auf die nachträglich vorliegende Beweislage ankomme, wodurch die Tatsachenbasis und die Verlaufsprognose rückwirkend vermengt würden, sondern daß sich die Voraussetzungen der Zurechnung abstrakt bestimmen ließen[624]. Eine Zurechnung habe immer dann zu erfolgen, wenn sich eine Chancenverschlechterung bejahen lasse[625], wobei alle - auch die ex ante nicht erkennbaren - Tatsachen hinsichtlich des Gesundheitszustandes zugrundezulegen seien[626].

Wie bereits dargelegt[627], stellt die Risikoerhöhungslehre nicht uneingeschränkt auf die ex-post-Betrachtung und die sich daraus ergebende Beweislage im Einzelfall ab, so daß dieser Haupteinwand gegen sie nicht greift. Vielmehr handelt es sich bei der normativen Korrespondenz um eine der Risikoerhöhungslehre verwandte Betrachtung[628], da eine Wechselbeziehung zwischen Chancenvereitelung und Risikoerhöhung nicht zu leugnen ist. Es sind somit auch kaum Fälle

---

621 *J. Krümpelmann*, „Die normative Korrespondenz zwischen Verhalten und Erfolg bei den fahrlässigen Verletzungsdelikten", Festschrift für H.-H. Jescheck (1985) 313-335 (319-321); ihm folgend *V. Erb*, Rechtmäßiges Alternativverhalten und seine Auswirkungen auf die Erfolgszurechnung im Strafrecht (1991) 148, 150, 152.

622 *J. Krümpelmann*, „Die normative Korrespondenz zwischen Verhalten und Erfolg bei den fahrlässigen Verletzungsdelikten", Festschrift für H.-H. Jescheck (1985) 313-335 (322-323); ebenso *V. Erb*, Rechtmäßiges Alternativverhalten und seine Auswirkungen auf die Erfolgszurechnung im Strafrecht (1991) 150-151.

623 *V. Erb*, Rechtmäßiges Alternativverhalten und seine Auswirkungen auf die Erfolgszurechnung im Strafrecht (1991) 150-151.

624 *J. Krümpelmann*, „Die normative Korrespondenz zwischen Verhalten und Erfolg bei den fahrlässigen Verletzungsdelikten", Festschrift für H.-H. Jescheck (1985) 313-335 (321-322); ihm folgend *V. Erb*, Rechtmäßiges Alternativverhalten und seine Auswirkungen auf die Erfolgszurechnung im Strafrecht (1991) 136-137, 142-143.

625 *J. Krümpelmann*, „Die normative Korrespondenz zwischen Verhalten und Erfolg bei den fahrlässigen Verletzungsdelikten", Festschrift für H.-H. Jescheck (1985) 313-335 (326).

626 *V. Erb*, Rechtmäßiges Alternativverhalten und seine Auswirkungen auf die Erfolgszurechnung im Strafrecht (1991) 152.

627 Siehe oben 1 a) cc) (1).

628 Auch *V. Erb*, Rechtmäßiges Alternativverhalten und seine Auswirkungen auf die Erfolgszurechnung im Strafrecht (1991) 204 spricht insofern davon, daß beide Lehren „Bundesgenossen" seien, geht aber dennoch davon aus, daß es sich um „grundverschiedene Ansätze" handele. Dies überzeugt jedoch nicht, da die Risikoerhöhungslehre nicht uneingeschränkt auf eine ex-post-Betrachtung abstellt.

denkbar, die zu unterschiedlichen Wertungen gelangen[629]. Zweifel hinsichtlich des Zustandes des Patienten werden stets zugunsten des Angeklagten in Ansatz gebracht, während die zahlreichen Krankheitverläufen immanente Ungewißheit bei der Erfolgszurechnung berücksichtigt werden kann[630].

(3) Ein anderer Ansatz gesteht der Risikoerhöhungslehre einen relevanten Kern zu, meint aber, daß die Betrachtung des Risikos im Rahmen der Zurechnung verfehlt sei[631]. Die Vereitelung einer Chance könne nämlich nicht im Sinne der Risikoerhöhung eine Erfolgszurechnung begründen, sie sei - verknüpft mit einer Lebensverkürzung - als tatbestandsmäßiger Erfolg anzusehen[632]. Damit wird ein erstaunlicher Schritt vollzogen, der Parallelen zu noch auszuführenden zivilrechtlichen Wertungen in anderen Rechtsordnungen aufweist: Die Chancenvereitelung bzw. die mit dieser korrespondierende Risikoerhöhung wird nicht für den Nachweis der Kausalität, sondern als ihr Bezugspunkt instrumentalisiert.

c) Zusammenfassung

Die Besonderheiten des Arztrechts haben bei der Diskussion der Risikoerhöhungslehre ihren Niederschlag gefunden und dabei auch zur Prüfung der Relevanz von Heilungschancen im Rahmen der ärztlichen Zurechnung geführt. Begriffe wie Risikoerhöhung oder Verlust von Heilungschancen, die auch in anderen Rechtsordnungen Bedeutung haben, werden vom deutschen Schrifttum erörtert. In die Rechtsprechung der deutschen Strafgerichte haben sie jedoch noch keinen Eingang gefunden[633]. Dies hängt vor allem mit den dargelegten Bedenken gegen die Risikoerhöhungslehre zusammen, die angesichts der drohenden

---

629 So auch *V. Erb*, Rechtmäßiges Alternativverhalten und seine Auswirkungen auf die Erfolgszurechnung im Strafrecht (1991) 200-203, der jedoch eine Ausnahme darin erblickt, wenn zunächst eine Heilungschance vereitelt wurde, sodann eine weitere Komplikation auftritt und sich sodann ergibt, daß diese Komplikation auch zu dem Tod geführt hätte, wenn kein Behandlungsfehler vorgelegen hätte. Die Zurechnung in diesen Fällen mit *Erb* zu bejahen, überzeugt jedoch nicht.

630 Diese Differenzierung wird vorgenommen von *V. Erb*, Rechtmäßiges Alternativverhalten und seine Auswirkungen auf die Erfolgszurechnung im Strafrecht (1991) 151; *J. Krümpelmann*, „Die normative Korrespondenz zwischen Verhalten und Erfolg bei den fahrlässigen Verletzungsdelikten", Festschrift für H.-H. Jescheck (1985) 313-335 (322); NK (- *I. Puppe*) Rn. 124 vor § 13 StGB; *G. Stratenwerth*, „Bemerkungen zum Prinzip der Risikoerhöhung", Festschrift für W. Gallas (1973) 227-239 (231-233).

631 *W. Frisch*, Tatbestandsmäßiges Verhalten und Zurechnung des Erfolgs (1988) 560.

632 *W. Frisch*, Tatbestandsmäßiges Verhalten und Zurechnung des Erfolgs (1988) 560: „[die Risikoerhöhungslehre] fundiert (...) den tatbestandsmäßigen Erfolg - als Zurechnungslehre ist sie nicht überzeugend".

633 Anders in Österreich; vgl. *C. Roxin*, Strafrecht AT I (1997) § 11 Rn. 85 Fn. 159.

strafrechtlichen Sanktion besonders ernst zu nehmen sind. Herauszuheben ist dabei vor allem die Risikoerhöhungslehre in ihrer kausalitätsersetzenden Variante, die im Hinblick auf die Herabsetzung des für die Verursachung erforderlichen Maßstabes fragwürdig erscheint. Diese Spielart der Risikoerhöhungslehre steht aber im Rahmen der vorgelegten Untersuchung im Vordergrund, da sie als bloßes Zurechnungskriterium insbesondere bei Unterlassungen im Arztrecht keine eigenständige Bedeutung hat[634]. Es ergeben sich damit dieselben Bedenken, die einer Beweiserleichterung wegen *increased risk of harm* entgegengebracht werden, nämlich daß der gesamte eingetretene Erfolg trotz der ungewissen Verursachung zugerechnet wird. Diese Bedenken sind nach der Untersuchung anderer Lösungsmöglichkeiten vertiefter zu betrachten.

2. Risikoerhöhung im Zivilrecht

Wie bereits einführend erwähnt, hat das Vorliegen einer Risikoerhöhung im deutschen Haftungsrecht keine rechtliche Konsequenz. Im Hinblick auf die ausführliche und kontroverse Erörterung dieser Frage im Strafrecht ist ihre vergleichsweise stiefmütterliche Behandlung im Zivilrecht und insbesondere im Arzthaftungsrecht durchaus erstaunlich[635]. Dies ist - wie noch darzulegen sein wird - vor allem darauf zurückzuführen, daß das Zivilrecht in diesem Bereich auf das Strafrecht nicht ohne weiteres zu übertragende beweisrechtliche Lösungen entwickelt hat, die offenbar als zufriedenstellend und handhabbar aufgefaßt werden[636]. Dies kann jedoch nicht von vornherein zum Ausschluß möglicherweise vorzugswürdiger Modelle führen[637].

a) Möglicher Standort der Risikoerhöhung im Haftungsrecht

Im Rahmen der vorliegenden Untersuchung ist vor allem die Bedeutung einer Risikoerhöhung im Arzthaftungsrecht von Interesse. Aufgrund der typischen Ungewißheit hinsichtlich des Krankheitsverlaufs ohne das ärztliche Fehlverhalten stellt sich die Frage, wann eine Verursachung des Schadens vorliegt und welche Anforderungen an den Beweis der Schadensherbeiführung zu stellen sind und welche Rolle eine Risikoerhöhung hierbei spielen kann.

---

634 Siehe oben 1 a) bb) (1).

635 Ähnlich für Österreich *M. Karollus*, Funktion und Dogmatik der Haftung aus Schutzgesetzverletzung (1992) 396-397.

636 *M. Gotzler*, Rechtmäßiges Alternativverhalten im haftungsbegründenden Zurechnungszusammenhang (1977) 28.

637 *M. Karollus*, Funktion und Dogmatik der Haftung aus Schutzgesetzverletzung (1992) 397.

aa) In die Rechtsprechung hat der Begriff der Risikoerhöhung bisher keinen Eingang gefunden. Die entschiedenen Fälle beruhen jedoch auf Sachverhalten, die Parallelen zu den Entscheidungen aus den Vereinigten Staaten aufweisen, in denen eine *increase of risk* bzw. *loss of chance* angenommen wurde. So finden sich ebenfalls Fälle, in denen eine Diagnose nicht richtig gestellt wurde[638] oder die gebotenen Untersuchungen[639], Sicherheitsvorkehrungen[640] oder Behandlungsmaßnahmen nicht[641] oder fehlerhaft[642] eingeleitet wurden. Wie sich der Heilungsverlauf ohne diese Fehler gestaltet hätte, läßt sich nicht ohne weiteres sagen. Dies wird von den deutschen Gerichten erkannt, anders als im Strafrecht wird die Verursachung jedoch zumeist nicht ausführlich untersucht, der Schwerpunkt liegt vielmehr auf der Erörterung einer möglichen Beweislastumkehr[643]. Dies beruht auch darauf, daß anders als im Strafprozeß nicht der Amtsermittlungsgrundsatz herrscht und die Richter nur die von den Parteien vorgelegten Beweise auszuwerten haben. Da diese zumeist nicht dem anzulegenden Beweismaß entsprechen, verschiebt sich die Problematik auf eine eventuelle Beweislastumkehr[644]. In problematischen Fällen wird zumeist kurz auf die *conditio-sine-qua-non*-Formel hingewiesen und sodann auf die Prüfung einer

---

638 BGH, 11.6.1968 VI ZR 116/67 NJW 1968, 2291 (Verkennung einer inneren Blutung); 25.4.1989 VI ZR 175/88 BGHZ 107, 222 (Patient wird die Diagnose nicht mitgeteilt); 13.2.1996 VI ZR 402/94 BGHZ 132, 47 (Verkennung eines Herzinfarktes); OLG Hamm, 19.3.1980 3 U 247/79 AHRS Kza 6562/4 und 30.11.1981 3 U 238/81 AHRS Kza 6562/5 (Fraktur wird jeweils auf Röntgenbild nicht erkannt); 9.11.1992 3 U 312/91 AHRS Kza 6560/21 (eine deutlich sichtbare Knochenzyste wird auf Röntgenbildern nicht erkannt).

639 BGH, 3.12.1976 VI ZR 183/76 BGHZ 72, 132 (trotz hochpathologischen Harnbefundes keine weiteren Untersuchungen); 10.11.1987 VI ZR 39/87 NJW 1988, 1513 (trotz Hüftbeschwerden keine genauere Untersuchung); KG, 24.4.1980 20 U 95/78 VersR 1981, 681 (unterlassene Blutgasuntersuchung bei künstlich beatmetem Neugeborenen); OLG Celle, 9.1.1984 1 U 5/83 VersR 1985, 1047 (Unterlassung einer bakteriologischen Untersuchung); OLG Düsseldorf, 14.6.1984 8 U 155/81 AHRS Kza 6562/9 (angezeigte rektale Untersuchung wird nicht vorgenommen); OLG Hamm, 27.6.1979 3 U 366/78 VersR 1980, 291 (Hüfte wird nach Unfall nicht geröntgt); OLG Saarbrücken, 11.12.1985 1 U 87/83 AHRS Kza 6562/12 (Unterlassen einer Wundschau trotz hohen Fiebers); OLG Stuttgart, 21.6.1989 14 U 3/90 VersR 1991, 821 (fehlende Abklärung eines Karzinomverdachts).

640 OLG Düsseldorf, 30.12.1985 8 U 198/84 NJW 1986, 1548 (Überwachung eines Patienten mit Atemstörungen wird unterlassen).

641 BGH, 3.3.1970 VI ZR 171/68 VersR 1970, 544 (verspätete Krankenhauseinweisung trotz Symptomen frühkindlicher Gelbsucht); OLG Stuttgart, 4.2.1993 14 U 51/92 VersR 1994, 106 (fehlende Konsultation eines Spezialisten).

642 BGH, 3.12.1985 VI ZR 106/84 NJW 1986, 1540 (*E. Deutsch*): Kontraindizierte Krankengymnastik.

643 Siehe nur BGH, 27.6.1976 VI ZR 183/76 BGHZ 72, 132 (133-136); 21.9.1982 VI ZR 302/80 BGHZ 85, 212 (214-221); 28.6.1988 VI ZR 217/87 NJW 1988, 2949 (2949-2951); 25.4.1989 VI ZR 175/88 BGHZ 107, 222 (225-228).

644 *M. Gotzler*, Rechtmäßiges Alternativverhalten im haftungsbegründenden Zurechnungszusammenhang (1977) 28.

Beweislastumkehr übergegangen[645]. Die Verteilung der Darlegungs- und Beweislast zwischen den Parteien kann und soll somit ihre Risiko- und Verantwortlichkeitsbereiche berücksichtigen[646]. Relevant ist insbesondere die Beweislastumkehr bei groben Behandlungsfehlern[647].

bb) Daß anders als im Strafrecht bei Unterlassungen nicht ausführlich geprüft wird, inwiefern der Erfolg in seiner konkreten Gestalt herbeigeführt worden ist, dürfte auch damit zusammenhängen, daß das Ziel einer Schadenersatzklage ein anderes ist als das des Strafprozesses. Für eine strafrechtliche Verantwortung mag es schon ausreichen, daß der Tod und damit der tatbestandsmäßige Erfolg einige Stunden oder Tage früher eingetreten ist, auch wenn er letztlich unvermeidbar war. Anders liegt es bei einer Schadenersatzklage: Entgangener Unterhalt kann im Zivilprozeß nach § 844 Abs. 2 Satz 1 BGB nur für den Zeitraum geltend gemacht werden, den der Getötete mutmaßlich weiter gelebt hätte. Auch bei anderen Schäden wie beispielsweise einem Verdienstausfall spielt der Zeitpunkt der Rechtsgutverletzung eine wesentliche Rolle, so daß sich ein lediglich verzögerter Erfolgseintritt auf die Schadensberechnung erheblich auswirken kann. Neben der Rechtsgutverletzung ist stets noch die Verursachung des hieraus resultierenden Schadens nachzuweisen, so daß in den Fällen eines nur kurzen Überlebens oder einer verschobenen Gesundheitsbeeinträchtigung eine zivilrechtliche Klage mangels Erfolgsaussichten nicht angestrengt werden wird.

cc) Die Zivilgerichte haben sich - wohl auch aus den soeben dargelegten praktischen Gründen - mit der Risikoerhöhungslehre bisher nicht befaßt. Falls sie in das Haftungsrecht Eingang finden sollte, so würde sie ebenfalls bei der Kausalität anzusiedeln sein[648], da sich ebenso wie im Strafrecht die Frage stellt, ob eine Risikoerhöhung für den Nachweis der Erfolgsverursachung und -zurechnung ausreichen kann.

---

645 BGH, 27.6.1976 VI ZR 183/76 BGHZ 72, 132 (133-136); 21.9.1982 VI ZR 302/80 BGHZ 85, 212 (214-221); 14. 7.1981 VI ZR 35/79 VersR 1981, 1033; 28.6.1988 VI ZR 217/87 NJW 1988, 2949 (2949-2951); 25.4.1989 VI ZR 175/88 BGHZ 107, 222 (225-228).

646 RG, 17.5.1943 III 81/42 RGZ 171, 168 (171) spricht diese Interessenabwägung ausdrücklich an; siehe auch BGH, 7.6.1988 VI ZR 91/87 BGHZ 104, 323 (332), wo die Grundlagen des groben Behandlungsfehlers mit denen der Produzentenhaftung verglichen werden.

647 Dazu sogleich unter 3 a).

648 *E. Deutsch*, Allgemeines Haftungsrecht (1996) Rn. 324; *M. Gotzler*, Rechtmäßiges Alternativverhalten im haftungsbegründenden Zurechnungszusammenhang (1977) 28-29; *P. Hanau*, Die Kausalität der Pflichtwidrigkeit (1971) 130; *M. Karollus*, Funktion und Dogmatik der Haftung aus Schutzgesetzverletzung (1992) 399-403; *H. Stoll*, „Haftungsverlagerung durch beweisrechtliche Mittel", AcP 176 (1976) 145-196 (176).

b) Bisherige Bedeutung der Risikoerhöhung

Die Risiko- oder Gefahrerhöhungslehre ist im zivilrechtlichen Schrifttum lediglich vereinzelt behandelt und dabei überwiegend abgelehnt worden[649].

aa) Neben den bereits im Strafrecht eingeführten Argumenten[650] gegen die Risikoerhöhungslehre wird auf die unterschiedlichen Funktionen des Straf- und Zivilrechts hingewiesen, die eine Unterscheidung rechtfertigten[651]. Für die Risikoerhöhungslehre spreche insbesondere der Präventionszweck des Strafrechts, da riskantes Verhalten sanktioniert werde. Im Zivilrecht stehe jedoch die Ausgleichsfunktion im Vordergrund, die mit der Risikoerhöhungslehre nicht ohne weiteres zu vereinbaren sei[652].

(1) Der Ausgleich ist sicherlich das vorrangige Ziel des Schadenersatzrechts[653]: Der Schädiger hat für die von ihm hervorgerufenen Vermögensnachteile Ersatz und somit einen Ausgleich zu leisten. Der Geschädigte soll über die von ihm erlittene Einbuße hinaus jedoch keinen weiteren Ersatz erhalten. Daher wird darauf hingewiesen, daß ohne den Nachweis der Verursachung nicht bloß auf die Risikoerhöhung rekurriert werden dürfe, nur um potentielle Schädiger zu sorgfaltsgemäßem Verhalten zu veranlassen. Die hieraus folgende Überkompensation des Geschädigten sei mit der Ausgleichsfunktion nicht zu vereinba-

649 Befürwortend vor allem *E. Deutsch*, „Begrenzung der Haftung aus abstrakter Gefährdung wegen fehlender Adäquanz", JZ 1966, 556-559; *ders.*, „Gefahr, Gefährdung, Gefahrerhöhung", Festschrift für K. Larenz (1973) 885-904 (901-902); *ders.*, „Rechtswidrigkeitszusammenhang, Gefahrerhöhung und Sorgfaltsausgleichung bei der Arzthaftung", Festschrift für E. von Caemmerer (1978) 329-342 (335); *ders.*, Allgemeines Haftungsrecht (1996) Rn. 324-326 sowie für Österreich *M. Karollus*, Funktion und Dogmatik der Haftung aus Schutzgesetzverletzung (1992) 399-403; während *V. Erb*, Rechtmäßiges Alternativverhalten und seine Auswirkungen auf die Erfolgszurechnung im Strafrecht (1991) 221-247 die Übertragbarkeit der normativen Korrespondenz als einem vergleichbaren Konzept befürwortet. Ablehnend *M. Gotzler*, Rechtmäßiges Alternativverhalten im haftungsbegründenden Zurechnungszusammenhang (1977) 28-29; *P. Hanau*, Die Kausalität der Pflichtwidrigkeit (1971) 77-82, 130-132. *W. Münzberg*, Verhalten und Erfolg als Grundlagen der Rechtswidrigkeit und Haftung (1966) 128-140, läßt diese Frage offen (aaO, 139).

650 Siehe oben 1 a) bb)-ee).

651 *P. Hanau*, Die Kausalität der Pflichtwidrigkeit (1971) 130; *W. Münzberg*, Verhalten und Erfolg als Grundlagen der Rechtswidrigkeit und Haftung (1966) 138.

652 *P. Hanau*, Die Kausalität der Pflichtwidrigkeit (1971) 130; *H. Stoll*, „Haftungsverlagerung durch beweisrechtliche Mittel", AcP 176 (1976) 145-196 (176); auf die unterschiedlichen Funktionen weist auch *E. Deutsch*, „Begrenzung der Haftung aus abstrakter Gefährdung wegen fehlender Adäquanz", JZ 1966, 556-559 (557-558) hin.

653 *H. Kötz*, „Ziele des Haftungsrechts", Festschrift für E. Steindorff (1990) 643-666; *K. Larenz*, „Präventionsprinzip und Ausgleichsprinzip im Schadensersatzrecht", NJW 1959, 865-866.

ren. Im Strafrecht sei die Prävention hingegen ein wesentliches Ziel und könne daher die Einführung der Risikoerhöhungslehre rechtfertigen[654].

(2) Abgesehen davon, daß die Prävention ebenfalls Bedeutung im Zivilrecht hat[655], so ist doch fraglich, inwiefern der Vergleich der Straf- und Haftungsziele allein für die Ablehnung der Risikoerhöhungslehre im Zivilrecht taugt. Schließlich sollte doch im Strafrecht mit seinen schwerwiegenderen Sanktionen größere Zurückhaltung gegenüber einer möglichen Tatbestandserweiterung geübt werden als im Zivilrecht[656]. Zudem wird auch im Strafrecht nicht die Gefahrerhöhung als solche sanktioniert, auf den Erfolg wird nach wie vor nicht verzichtet[657]. Zur Begründung der Risikoerhöhungslehre im Strafrecht wird des weiteren darauf hingewiesen, daß ohne sie Strafbarkeitslücken zu befürchten seien[658]. Ein ähnliches Argument ließe sich für das Zivilrecht fruchtbar machen, wo - wenn nicht Beweiserleichterungen eingeführt werden - Haftungslükken entstehen können, was dem Ausgleich nicht dienlich ist[659].

(3) Auf die unterschiedliche Struktur des Straf- und Haftungsrechts läßt sich die Ablehnung der Risikoerhöhungslehre im Zivilrecht somit nicht stützen[660]. Wird die Risikoerhöhung generell als ein für die Zurechnung und die Verursachung

---

654 *P. Hanau*, Die Kausalität der Pflichtwidrigkeit (1971) 130-132.

655 *E. Deutsch*, Allgemeines Haftungsrecht (1996) Rn. 324; *K. Larenz*, „Präventionsprinzip und Ausgleichsprinzip im Schadensersatzrecht", NJW 1959, 865-866; *H. Kötz*, „Ziele des Haftungsrechts", Festschrift für E. Steindorff (1990) 643-666; *H. Bentert*, Das pönale Element im Zivilrecht - Ein Fremdkörper im deutschen Zivilrecht (1996) 161-165.

656 *M. Karollus*, Funktion und Dogmatik der Haftung aus Schutzgesetzverletzung (1992) 402; *K.-H. Matthies*, Schiedsinstanzen im Bereich der Arzthaftung: Soll und Haben (1984) 110-111.

657 Dazu bereits oben 1 a) ee) sowie *M. Karollus*, Funktion und Dogmatik der Haftung aus Schutzgesetzverletzung (1992) 402.

658 *I. Puppe*, „Die Lehre von der objektiven Zurechnung (I)", Jura 1997, 408-416 (410); *dies.*, „Die Lehre von der objektiven Zurechnung (II)", Jura 1997, 513-519 (518); *F. Schaffstein*, „Die Risikoerhöhung als objektives Zurechnungsprinzip im Strafrecht, insbesondere bei der Beihilfe", Festschrift für R.M. Honig (1970) 169-184 (170).

659 *E. Deutsch*, Allgemeines Haftungsrecht (1996) Rn. 324 befürchtet daher eine Aushöhlung der Ausgleichs- und Präventionsfunktion des Haftungsrechts.

660 *M. Karollus*, Funktion und Dogmatik der Haftung aus Schutzgesetzverletzung (1992) 402: „Einen spezifisch strafrechtlichen Ansatzpunkt hat die 'Risikoerhöhungslehre' gewiß nicht".

taugliches Kriterium angesehen, so ist eine Anwendbarkeit für das Zivil- und Strafrecht gleichermaßen zu bejahen[661].

bb) Der Risikoerhöhung könnte ähnlich wie im Strafrecht ein materiellrechtlicher Gehalt[662] zugemessen oder eine Beweislastumkehr[663] an sie geknüpft werden[664]. Eine materiellrechtliche Einordnung bestimmter ungewisser Kausalverläufe erscheint gegenüber einer beweisrechtlichen Lösung grundsätzlich als vorzugswürdig[665], da den typischen Gegebenheiten bestimmter Situationen flexibler Rechnung getragen werden kann. Dennoch wird sie bisher kaum erörtert. Eine Einführung einer Beweislastumkehr bei einer Risikoerhöhung würde der bisherigen Praxis des deutschen Haftungsrechts, in der das Problem der Einordnung ungewisser Kausalverläufe dem materiellen Recht entzogen und dem Beweisrecht zugeordnet wird, näher liegen. Dies ist insofern zumindest bedenklich, als das volle Beweisrisiko dem Beklagten überbürdet wird und dieser den gesamten Schaden zu ersetzen hat. Die Härten des Alles-oder-Nichts-Prinzips bleiben also bestehen[666]. Aus diesem Grund ist zum Teil vorgeschla-

---

661 So auch *V. Erb*, Rechtmäßiges Alternativverhalten und seine Auswirkungen auf die Erfolgszurechnung im Strafrecht (1991) 235-240 für die normative Korrespondenz. Die gegebene Begründung vermag jedoch nicht zu überzeugen, da *Erb* zwischen haftungsbegründendem und -ausfüllendem Tatbestand unterscheidet und eine Chancenverschlechterung nur auf der ersten Stufe berücksichtigen will, während das Ausgleichsprinzip deswegen nicht verletzt sei, weil bei der Schadensberechnung die Relevanz des rechtmäßigen Alternativverhaltens vom Beklagten nachzuweisen sei. Diese Begründung erscheint widersprüchlich und vermag insbesondere die vermeintlichen Vorteile für das Zivilrecht - nämlich die Vermeidung willkürlicher Beweislastverteilungen - nicht zu verdeutlichen, da bei der Haftungsausfüllung weiterhin an den Beweislastregeln festgehalten wird.

662 So für Österreich *M. Karollus*, Funktion und Dogmatik der Haftung aus Schutzgesetzverletzung (1992) 396. Vgl. zudem *H. J. Kahrs*, Kausalität und überholende Kausalität im Zivilrecht (1969) 22-24: Vernichtung von objektiven Rettungsmöglichkeiten; ähnlich *F. Bydlinski*, „Aktuelle Streitfragen um die alternative Kausalität", Festschrift für G. Beitzke (1979) 3-34 (ausführlich hierzu unter § 5 D III 1a) und für die normative Korrespondenz *V. Erb*, Rechtmäßiges Alternativverhalten und seine Auswirkungen auf die Erfolgszurechnung im Strafrecht (1991) 242-243. Da dieser Autor die Übertragung dieses für das Strafrecht entwickelten Konzepts auf das Zivilrecht befürwortet, ist dies die zwingende Folge daraus, daß im Strafrecht Beweiserleichterungen unzulässig sind.

663 Die Fragen der Beweislast werden zwar ebenfalls dem materiellen und nicht dem Prozeßrecht zugeordnet, lassen sich dennoch von den Anspruchsvoraussetzungen differenzieren, *E. Deutsch*, Medizinrecht (1997) Rn. 300.

664 *E. Deutsch*, Allgemeines Haftungsrecht (1996) Rn. 324; *ders.*, „Gefahr, Gefährdung, Gefahrerhöhung", Festschrift für K. Larenz (1973) 885-904 (901-902).

665 *M. Karollus*, Funktion und Dogmatik der Haftung aus Schutzgesetzverletzung (1992) 399-403; *K.-H. Matthies*, Schiedsinstanzen im Bereich der Arzthaftung: Soll und Haben (1984) 110; *R. Zöller* (- *R. Greger*) Rn. 35 vor § 284 ZPO.

666 *E. Deutsch*, „Rechtswidrigkeitszusammenhang, Gefahrerhöhung und Sorgfaltsausgleichung bei der Arzthaftung", Festschrift für E. von Caemmerer (1978) 329-342 (335); *H. Stoll*, „Haftungsverlagerung durch beweisrechtliche Mittel", AcP 176 (1976) 145-196 (176-177).

gen worden, die Beweiserleichterung durch die Gewährung proportionalen Schadenersatzes zu kompensieren[667]. Dieser Ansatz ähnelt im Ergebnis einigen Entscheidungen aus den Vereinigten Staaten und soll erst nach Darstellung der Lösungsmodelle anderer Rechtsordnungen und der deutschen Rechtsprechung abschließend gewürdigt werden[668].

3. Beweiserleichterungen im Arzthaftungsrecht

Eine Risikoerhöhung spielt im deutschen Zivilrecht nur eine marginale Rolle, während andere Beweiserleichterungen eine große praktische Bedeutung haben. Gerade im Arzthaftungsrecht haben sich - auch aufgrund der besonderen Beweisführungsschwierigkeiten - besondere Grundsätze herausgebildet, wonach bis zu einer Beweislastumkehr gehende Beweiserleichterungen möglich sind. Obwohl nicht auf eine Risikoerhöhung oder die Vereitelung einer Heilungschance abgestellt wird, kommt die deutsche Rechtsprechung in bestimmten Konstellationen zu einem Schadenersatzanspruch des Patienten.

a) Der grobe Behandlungsfehler

Im Mittelpunkt steht dabei die Beweislastumkehr oder Beweiserleichterung wegen Vorliegen eines groben Behandlungsfehlers[669]. Diese Beweisregel betrifft den hier maßgeblichen Ursachenzusammenhang zwischen Behandlungsfehler und Schaden, während sich andere von der Rechtsprechung herangezogene Beweiserleichterungen mit dem ärztlichen Pflichtverstoß befassen und somit nicht weiter zu verfolgen sind[670].

---

667 *E. Deutsch*, Allgemeines Haftungsrecht (1996) Rn. 223, 325-326; *ders.*, Anmerkung zu BGH, 3.12.1985 VI ZR 106/84, NJW 1986, 1541; *H. Stoll*, „Haftungsverlagerung durch beweisrechtliche Mittel", AcP 176 (1976) 145-196 (176) halten dies für ein vorzugswürdiges, aber mit dem geltenden Recht nicht vereinbares Konzept; ähnlich *H. J. Kahrs*, Kausalität und überholende Kausalität im Zivilrecht (1969) 22-23, 28; während *K.-H. Matthies*, Schiedsinstanzen im Bereich der Arzthaftung: Soll und Haben (1984) 80-81 diese Bedenken nicht als unüberwindlich ansieht.

668 Siehe unter § 7 D II 3 b).

669 *D. Giesen*, Arzthaftungsrecht (1995) Rn. 406-419; *A. Laufs*, Arztrecht (1993) Rn. 600.

670 Dies gilt namentlich für den sogenannten Dokumentationsmangel, vgl. dazu BGH, 13.2.1996 VI ZR 402/94 BGHZ 132, 47; 13.1.1998 VI ZR 242/96 NJW 1998, 1780 sowie *D. Giesen*, Arzthaftungsrecht (1995) Rn. 420-421 mit weiteren Nachweisen.

aa) Nach einer gefestigten Rechtsprechung[671] trägt der Beklagte die Beweislast hinsichtlich der fehlenden Verursachung, wenn ihm ein solcher grober Behandlungsfehler, der auch in einer Unterlassung bestehen kann[672], vorzuwerfen ist. Als grobe Fehler sind die Sorgfaltspflichtverstösse anzusehen, bei denen unbeachtet geblieben ist, was jedem hätte einleuchten müssen[673] oder die aus einer objektiv ärztlichen Sicht nicht mehr verständlich sind[674]. Die Beweiserleichterung ist jedoch ausgeschlossen, wenn überhaupt keine oder nur eine ganz geringe Heilungswahrscheinlichkeit bestand, da der Arzt nicht mit dem Krankheitsrisiko belastet werden soll[675]. Die Ursächlichkeit des Fehlers muß dabei nicht naheliegend sein, es reicht, daß er zur Schadensherbeiführung geeignet[676] war, also nicht ein nur theoretisch denkbarer[677] oder in hohem Maße unwahrscheinlicher[678] Zusammenhang bestand. Diese Eignung richtet sich nicht nur nach der Wahrscheinlichkeit der Verursachung, da es sich anders als beim Anscheinsbeweis nicht um eine typische, sondern nur um eine mögliche Folge des Behandlungsfehlers gehandelt haben muß[679]. Hintergrund dieser bis zur Beweislastumkehr gehenden Beweiserleichterung ist, daß der Arzt durch den Behandlungsfehler die Aufklärung des Geschehensablaufes erschwert hat und den Kläger zumindest dann nicht die Beweislast treffen soll, wenn der Beklagte in besonders hohem Maße gegen die ärztliche Sorgfaltspflicht verstoßen und zugleich das „Spektrum der in Betracht kommenden Ursachen“[680] vergrößert hat[681]. Die Unsicherheit hinsichtlich des Kausalverlaufs wird somit durch die Schwere des Fehlers ausgeglichen[682]. Eine allgemein anerkannte dogmatische

---

671 RG, 17.5.1943 III 81/42 RGZ 171, 168 (171); BGH, 27.6.1978 VI ZR 183/76 BGHZ 72, 132 (136); 16.6.1981 VI ZR 38/80 NJW 1981, 2513; 14.7.1981 VI ZR 35/79 VersR 1981, 1033; 21.9.1982 VI ZR 302/80 BGHZ 85, 212 (216-218); *D. Giesen*, Arzthaftungsrecht (1995) Rn. 406 spricht insofern von einer „tatbestandsmäßig umschriebenen Beweislastsonderregel“.

672 BGH, 14.7.1981 VI ZR 35/79 VersR 1981, 1033.

673 OLG Celle, 9.1.1984 1 U 5/83 VersR 1985, 1047 (1048).

674 BGH, 26.11.1991 VI ZR 389/90 NJW 1992, 754; 1.2.1994 VI ZR 65/93 NJW 1994, 1594.

675 BGH, 28.6.1988 VI ZR 217/87 NJW 1988, 2949 (2950); OLG Düsseldorf, 31.1.1991 8 U 7/90 VersR 1992, 240.

676 BGH, 13.11.1962 VI ZR 214/61 VersR 1963, 67 (69); 12.3.1968 VI ZR 85/66 NJW 1968, 1185.

677 BGH, 21.9.1982 VI ZR 302/80 BGHZ 85, 212 (216-218).

678 OLG Oldenburg, 14.1.1997 5 U 139/95 VersR 1997, 1405 (1406).

679 BGH, 21.9.1982 VI ZR 302/80 BGHZ 85, 212 (217).

680 BGH, 21.9.1982 VI ZR 302/80 BGHZ 85, 212 (216).

681 RG, 17.5.1943 III 81/42 RGZ 171, 168 (171); BGH, 21.9.1982 VI ZR 302/80 BGHZ 85, 212 (217); sehr anschaulich KG, 24.4.1980 20 U 95/78 VersR 1981, 681 (683); kritisch zu dieser Begründung *H. Kleinewefers/W. Wilts*, „Die Beweislast für die Ursächlichkeit ärztlicher Kunstfehler“, VersR 1967, 617-625 (620-621).

682 *E. Deutsch*, Medizinrecht (1997) Rn. 314.

Begründung für diese von Billigkeitsgesichtspunkten beeinflußte Beweisregel hat sich bisher nicht gefunden[683]. Angesichts der auch vom *Bundesverfassungsgericht*[684] betonten besonderen Beweisprobleme im Arzthaftungsprozeß ist sie jedoch überwiegend akzeptiert worden[685].

bb) Die Rechtsprechung weist eine große Zahl von Beispielen für grobe Behandlungsfehler auf[686]. Interessant sind dabei insbesondere Fälle, deren Sachverhaltskonstellation in anderen Rechtsordnungen zu einer Anwendung der *loss of chance/perte d'une chance* führen würden, also Fälle, in denen dem Arzt die Unterlassung einer anzeigten Behandlung, Sicherheitsvorkehrung oder Untersuchung oder eine fehlerhafte Diagnose vorgeworfen wird[687].

(1) Eine fehlerhafte Diagnose kann darauf beruhen, daß die aufgrund der vorliegenden Symptome angezeigten Untersuchungen nicht vorgenommen oder die Symptome nicht zutreffend gedeutet werden. Bei einer Fehlinterpretation von erhobenen Befunden ist nach der Rechtsprechung ein sogenannter „fundamentaler Diagnoseirrtum" zur Annahme eines groben Behandlungsfehlers erforderlich[688]. Dieser liegt vor, wenn der Irrtum des behandelnden Arztes nicht mehr verständlich ist[689], es sich um ein krasses Versagen handelte[690],

683 *E. Deutsch/K.-H. Matthies*, Arzthaftungsrecht (1988) 61-62; *H. Kleinewefers/W. Wilts*, „Die Beweislast für die Ursächlichkeit ärztlicher Kunstfehler", VersR 1967, 617-625; *J. Prölss*, Anmerkung zu BGH, 11.6.1968 VI ZR 11/67 u. 17.12.1968 VI ZR 212/67, ZZP 82 (1969) 468-475 (473-475). *D. Franzki*, Die Beweisregeln im Arzthaftungsprozeß (1982) 92-93 sieht sie als Ausfluß der Beweislastverteilung nach Gefahrenbereichen, die dem Gesetz immanent seien, weist aber dennoch auf die „gerechte Zuordnung des Beweisrisikos", also einen Billigkeitsgesichtspunkt, hin.

684 BVerfG, 25.7.1979 2 BvR 878/74 BVerfGE 52, 131 (146-153).

685 *G. Baumgärtel,* Handbuch der Beweislast im Privatrecht. Band 1 (1991) Rn. 18-23 zu § 823 BGB Anhang C II; *E. Deutsch*, Medizinrecht (1997) Rn. 300-315; *D. Giesen*, Arzthaftungsrecht (1995) Rn. 406-419; *A. Laufs*, Arztrecht (1993) Rn. 600. Anders jedoch *K.-H. Matthies*, Schiedsinstanzen im Bereich der Arzthaftung: Soll und Haben (1984) 66-73 und *P. Hanau*, Die Kausalität der Pflichtwidrigkeit (1971) 132, der auch für den Zusammenhang zwischen Behandlungsfehler und Gesundheitsbeschädigung auf § 287 ZPO abstellen will. Dies trägt jedoch der Unterscheidung zwischen Haftungsbegründung und Haftungsausfüllung nicht hinreichend Rechnung.

686 Vgl. nur die zahlreichen Nachweise bei *E. Deutsch*, Medizinrecht (1997) Rn. 315 und *D. Giesen*, Arzthaftungsrecht (1995) Rn. 406-419 sowie aus jüngster Zeit *A. Laufs*, „Arzt und Recht - Fortschritte und Aufgaben", NJW 1998, 1750-1761 (1756f.).

687 Siehe hierzu § 3 A I u. § 4 B II 3 sowie unter § 5 A II 4 a) u. B III 2.

688 BGH, 14.7.1981 VI ZR 35/79 VersR 1981, 1033 (1034); 4.10.1994 VI ZR 205/93 VersR 1995, 46; 13.2.1996 VI ZR 402/94 BGHZ 132, 47 (54); OLG Köln, 28.1.1988 7 U 83/85 VersR 1989, 631; OLG Stuttgart, 21.1.1993 14 U 34/91 VersR 1994, 313 (315).

689 BGH, 13.2.1996 VI ZR 402/94 BGHZ 132, 47 (54).

690 BGH, 14.7.1981 VI ZR 35/79 VersR 1981, 1033 (1034).

sich der Verdacht einer Erkrankung hätte aufdrängen müssen[691] oder die Krankheitssymptome in völlig unvertretbarer Weise gedeutet wurden[692]. Bei der Nichterhebung von zweifelsfrei erforderlichen Befunden kann ein grober Behandlungsfehler auch ohne Erreichen dieser besonders hohen Schwelle bejaht werden und ist nach den allgemeinen Grundsätzen festzustellen[693]. Der Grund für diese Differenzierung liegt einmal darin, daß dem Arzt bei der Diagnose ein Beurteilungs- und Behandlungsspielraum gelassen werden soll, um eine Überdiagnose zu verhindern[694]. Zudem darf nicht verkannt werden, daß die Symptome oftmals nicht eindeutig sind, so daß die Schwelle der ärztlichen Verantwortlichkeit durch eine Beweislastumkehr hier hoch anzusetzen ist[695].

(2) So wurde ein fundamentaler Diagnoseirrtum bei der Verkennung einer inneren Blutung[696] oder bei der unzutreffenden Auswertung von Röntgenaufnahmen[697] bejaht. Ein grober Behandlungsfehler lag vor bei einer Unterlassung weiterer Untersuchungen trotz eines Tuberkulose[698]- oder Krebsverdachts[699], Anzeichen einer Nierenerkrankung[700], Lähmung[701], Hüftluxation[702], Gelenkinfektion[703], Meningitis[704], Malaria[705] oder eines Herzinfarktes[706].

---

691 OLG Stuttgart, 21.1.1993 14 U 34/91 VersR 1994, 313 (315).

692 OLG Köln, 28.1.1988 7 U 83/85 VersR 1989, 631.

693 Vergleiche die Differenzierung BGH, 4.10.1994 VI ZR 205/93 VersR 1995, 46; OLG Stuttgart, 21.1.1993 14 U 34/91 VersR 1994, 313 (314-315).

694 *D. Giesen*, Arzthaftungsrecht (1995) Rn. 411; *E. Steffen/W.-D. Dressler*, Arzthaftungsrecht (1997) Rn. 153-155.

695 BGH, 14.7.1981 VI ZR 35/79 VersR 1981, 1033 (1034); *A. Laufs*, Arztrecht (1993) Rn. 604.

696 BGH, 11.6.1968 VI ZR 116/67 NJW 1968, 2291 (*P. Hanau*).

697 OLG Hamm, 19.3.1980 3 U 247/79 AHRS Kza 6562/4; 30.11.1981 3 U 238/81 AHRS Kza 6562/5; 9.11.1992 3 U 312/91 AHRS Kza 6560/21.

698 BGH, 28.6.1988 VI ZR 210/87 NJW 1988, 2948; ähnlich bei Verletzung einer Befundsicherungspflicht BGH, 3.2.1987 VI ZR 56/86 BGHZ 99, 391; vgl. dazu die Anmerkung von *D. Giesen*, MedR 1988, 23-25 .

699 OLG Düsseldorf, 14.6.1984 8 U 155/81 AHRS Kza 6562/9; OLG Stuttgart, 21.6.1989 14 U 3/90 VersR 1991, 821.

700 BGH, 3.12.1976 VI ZR 183/76 BGHZ 72, 132.

701 BGH, 27.1.1998 VI ZR 339/96 NJW 1998, 1782.

702 OLG Hamm, 27.6.1979 3 U 366/78 VersR 1980, 291.

703 BGH, 10.11.1987 VI ZR 39/87 NJW 1988, 1513; OLG Celle, 9.1.1984 1 U 5/83 VersR 1985, 1047; OLG Köln, 12.6.1991 27 U 25/90 VersR 1992, 1003 (1004).

704 OLG Köln, 30.5.1990 27 U 169/89 VersR 1991, 186 (*E. Deutsch*) = JR 1991, 460 (*D. Giesen*); OLG München, 6.6.1991 24 U 590/89 VersR 1992, 964; OLG Stuttgart, 21.1.1993 14 U 34/91 VersR 1994, 313 (314-315).

705 OLG Bamberg, 7.5.1992 1 U 133/86 VersR 1993, 1019 (1020-1021).

706 BGH, 13.2.1996 VI ZR 402/94 BGHZ 132, 47 (53-54).

(3) Ein grober Behandlungsfehler ist aufgrund der Einzelfallumstände abgelehnt worden, wenn die Verkennung einer vaginalen Infektion[707] oder einer Zellgewebsentzündung[708] nur einen Verstoß gegen die durchschnittliche Sorgfalt darstellte, weil die Gefahr nach den Umständen nicht offen zutage lag, so daß es an einem fundamentalen Diagnoseirrtum fehlte. Die Unterlassung einer Mammographie soll ebenfalls kein grober Fehler sein, wenn diese Vorsorgemaßnahme noch nicht allgemein anerkannt war und es deswegen an einer erheblichen Mißachtung ärztlicher Sorgfaltspflichten fehlte[709].

cc) Grobe Behandlungsfehler, die die Genesungsaussichten herabsetzen können, finden sich nicht nur im Untersuchungs- und Diagnosebereich, sondern auch bei der Therapie. So liegt es bei der kontraindizierten Verordnung von Krankengymnastik[710] oder bei der Unterlassung der erforderlichen Behandlung, wozu insbesondere die Einweisung in ein Krankenhaus[711], die Konsultation eines Spezialisten[712] oder die Verordnung eines Medikamentes[713] zählen können. Verläßt ein Anästhesist einen Patienten mit Atemstörungen, so liegt in dieser unzureichenden Überwachung ebenfalls ein grober Behandlungsfehler[714].

b) Zusammenfassung

Die Feststellung eines groben Behandlungsfehlers steht somit im Zentrum des deutschen Arzthaftungsprozesses. In den soeben dargelegten Fällen ist dieser schwere Verstoß gegen die ärztliche Sorgfalt deswegen bejaht worden, weil die rechtzeitige Diagnose und Therapie insbesondere auch bei schweren Erkrankungen zu den wesentlichen Aufgaben des Arztes zählt. Allerdings stellt sich die Frage, ob durch die Erörterung dieses erhöhten Verschuldens der Blick auf das eigentliche Problem nicht verstellt wird. Problematisch ist vor allem der Verursachungsnachweis und nicht eigentlich die grobe Fahrlässigkeit des behandelnden Arztes. Es ist die Tendenz zu beobachten, daß bei der Ausfüllung des Rechtsbegriffs des groben Behandlungsfehlers Billigkeitsgesichtspunkte

---

707 BGH, 4.10.1994 VI ZR 205/93 VersR 1995, 46 (47).

708 BGH, 14.7.1981 VI ZR 35/79 VersR 1981, 1033 (1034).

709 OLG Stuttgart, 23.9.1993 14 U 59/92 VersR 1994, 1306 (1308), mit dieser Begründung wohl zweifelhaft.

710 BGH, 3.12.1985 VI ZR 106/84 NJW 1986, 1540 (*E. Deutsch*).

711 BGH, 3.3.1970 VI ZR 171/68 VersR 1970, 544.

712 OLG Stuttgart, 4.2.1993 14 U 51/92 VersR 1994, 106.

713 OLG Köln, 30.5.1990 27 U 169/89 VersR 1991, 186 (*E. Deutsch*) = JR 1991, 460 (*D. Giesen*).

714 OLG Düsseldorf, 30.12.1985 8 U 198/84 NJW 1986, 1548.

wie die für den Patienten erschwerte Beweislage miteinfließen[715], so daß zu untersuchen sein wird, ob es statt dieser Rechtsfigur Ansätze gibt, die dieser Situation besser und offener Rechnung tragen können, anstatt die Erörterung auf den Verschuldensgrad zu verlagern. Dies gilt um so mehr, als diese Beweislastumkehr weiterhin dem Alles-oder-Nichts-Prinzip verpflichtet ist und die Gefahr besteht, im Interesse eines gerechten Ergebnisses den Begriff des groben Behandlungsfehlers zu sehr auszudehnen[716]. Daher könnte eine beweis- oder auch materiellrechtliche Lösung, die diese Kausalitätsprobleme mehr in den Vordergrund stellt, vorzugswürdig sein[717].

D. Auswertung und Kritik

I. Im Arzthaftungsrecht werden häufig Beweiserleichterungen angenommen, um der erschwerten Beweisführung Rechnung zu tragen. Dem behandelnden Arzt wird unter bestimmten Voraussetzungen die Ungewißheit über den Krankheitsverlauf bei rechtzeitiger und fehlerfreier Behandlung aufgebürdet; kann er sich nicht entlasten, muß er den gesamten endgültigen Schaden des Patienten ersetzen. Die Voraussetzungen der Beweiserleichterungen sind sehr unterschiedlich ausgestaltet, während die jeweiligen Sachverhalte Übereinstimmungen aufweisen. Dies gilt auch für die Billigkeitsgesichtspunkte, die der Beweiserleichterung zugrunde liegen.

II. Gegen eine Beweiserleichterung lassen sich vor allem zwei Gesichtspunkte anführen. Zum einen erscheint eine materiellrechtliche Lösung generell als vorzugswürdig, da dem Arzthaftungsrecht bestimmte Ungewißheiten immanent sind und dies nicht durch eine Erweiterung der Beweisregeln verschleiert werden sollte. Des weiteren wird am Alles-oder-Nichts-Prinzip festgehalten und trotz der ungewissen Verursachung der vollständige Schaden ersetzt[718]. Es besteht somit die Gefahr, daß zur Erzielung eines als angemessen empfundenen

---

715 So *E. Deutsch*, VersR 1991, 186 und *D. Giesen*, JR 1991, 460 in ihren jeweiligen Anmerkungen zu OLG Köln, 30.5.1990 27 U 169/89; ebenso *P. Hanau*, Anmerkung zu BGH, 11.6.1968 VI ZR 116/67, NJW 1968, 2291.

716 *P. Hanau*, Anmerkung zu BGH, 11.6.1968 VI ZR 116/67, NJW 1968, 2291-2292.

717 *V. Erb*, Rechtmäßiges Alternativverhalten und seine Auswirkungen auf die Erfolgszurechnung im Strafrecht (1991) 242-243.

718 *B.C. Boggs*, „Lost Chance of Survival Doctrine: Should the Courts Ever Tinker With Chance?“, 16 SoIllULJ 421-449, 431-432 (1992); *S.F. Brennwald*, „Proving Causation in 'Loss of a Chance' Cases: A Proportional Approach“, 34 CathULRev 747-790, 776 (1985).

Ergebnisses die Beweisregeln immer weiter aufgeweicht werden[719]. Beweiserleichterungen vermögen den Besonderheiten der Arzthaftung somit nur in eingeschränktem Maße gerecht zu werden.

719 *Herskovits v Group Health Cooperative of Puget Sound*, 664 P2d 474, 487 (Wash 1983).

§ 5 Der Verlust einer Heilungschance als eigenständiger Schaden

An den Verlust von Heilungschancen werden von der Rechtsprechung nicht nur Beweiserleichterungen geknüpft, sondern es wird hierin auch eine ersatzfähige Schadensposition gesehen. Damit ist gegenüber dem beweisrechtlichen Ansatz eine erhebliche Weiterentwicklung der rechtlichen Qualifikation einer vereitelten Heilungschance festzustellen. Erstmals wurde dieser Ansatz in Frankreich vertreten, die Ersatzfähigkeit einer Heilungschance ist aber auch in einigen Jurisdiktionen der Vereinigten Staaten anerkannt. Bemerkenswert ist, daß sich diese Entwicklung unabhängig von der jeweils anderen Rechtsordnung vollzogen hat. In anderen Rechtsordnungen wird nicht mit dem Begriff der Heilungschance gearbeitet, es finden sich aber Ansätze, die zumindest im Ergebnis vergleichbar sind.

A. Frankreich

Die zeitlich erste Anerkennung der Heilungschance als einem eigenständigen Schaden findet sich in Frankreich. Bereits in den sechziger Jahren haben die dortigen Gerichte Ansprüche wegen *perte d'une chance de guérison* bejaht.

I. Entwicklung der Rechtsprechung

1. Erstmaliger Ersatz für entgangene Heilungschancen

Erstmals taucht eine neue Tendenz in einer unveröffentlichten Entscheidung der *Cour d'appel de Grenoble* auf[720]. In diesem Fall hatte der Kläger eine Verletzung des Handgelenks erlitten. Bei der daraufhin durchgeführten Röntgenuntersuchung war der Bruch des Gelenkes von dem behandelnden Arzt nicht entdeckt worden, so daß er nicht behandelt wurde. Der Kläger erlitt nun einen erneuten Bruch des Handgelenks. Bei der Behandlung dieses erneuten Bruches wurden die alten Röntgenaufnahmen wieder herangezogen und dabei festgestellt, daß auch bei der ersten Behandlung der damalige Bruch hätte erkannt werden können. Es ließ sich jedoch nicht mit Sicherheit nachweisen, daß die fehlerhafte Diagnose und damit die unterlassene Behandlung auch die neue Verletzung verursacht hatte, wie es der Kläger nunmehr geltend macht. Andererseits ließ sich aber auch nicht ausschließen, wie allerdings der Beklagte behauptete, daß die unterlassene Behandlung überhaupt keine Auswirkung auf den Folgeschaden hatte. Das Gericht ging bei der Entscheidung einen Mittel-

720 Berichtet von *A. Tunc*, RTDC 1963 (61) 326-363 (334-335).

weg und stellte fest, daß eine Kausalbeziehung zwischen unterlassener Behandlung und erneutem Bruch nicht nachzuweisen sei, daß aber mit Sicherheit die Aussicht des Klägers, bei rechtzeitiger Behandlung geheilt zu werden und dadurch die Disposition für eine erneute Verletzung zu vermeiden, verloren sei (*perte d'une chance de guérison*). Dieser Verlust stelle somit den einzigen ersatzfähigen Schaden dar.

2. Bestätigung durch höchstrichterliche Rechtsprechung

Auch die *Cour de Cassation* griff diesen Ansatz auf. Erstmals wurde im Jahre 1965 entschieden, daß der Verlust einer Chance auch dann ersatzfähig sei, wenn sich diese Chance auf eine mögliche Heilung bezog[721]. In diesem Fall war ein achtjähriger Junge gestürzt. Sein Arzt diagnostizierte einen Oberarmbruch. Da der Junge weiterhin Schmerzen hatte, wandte er sich einige Zeit später an einen anderen Arzt, der keinen Bruch, sondern eine Ellenbogenverrenkung feststellte. Von dieser Verletzung wurde der Junge nicht mehr vollständig geheilt. Es konnte nicht bewiesen werden, daß diese Folgen bei der erforderlichen rechtzeitigen Behandlung der Verrenkung nicht eingetreten wären. Die *Cour de Cassation* stellte aber fest, daß der fehlende Kausalzusammenhang zwischen Behandlungsfehler und endgültiger Verletzung nicht gegen die Annahme spricht, daß durch den Fehler in der Diagnose ein Verlust von einer Heilungschance herbeigeführt wurde. Auch in der folgenden Rechtsprechung geht der Verlust der Heilungschance häufig auf eine verspätete oder unterlassene Behandlung zurück, wie etwa in einem Fall, wo eine Frau bei der Geburt ihres Kindes eine Blutung erleidet, die verspätet behandelt wurde, da der zuständige Arzt die Klinik verlassen hatte, ohne sich um einen Vertreter zu kümmern[722]. Da eine solche Blutung auch bei rechtzeitiger Behandlung, also ohne Behandlungsfehler, den Tod verursachen kann, ließ sich ein sicherer Ursachenzusammenhang nicht feststellen. Das Gericht bejahte aber, daß bei rechtzeitiger Behandlung erhebliche Überlebenschancen (*chances sérieuses de survie*) gegeben waren. Weitere Fälle, in denen der Verlust einer Heilungschance ersetzt wurde, sind etwa das Unterlassen von erforderlichen Vorsorgemaßnahmen[723], zu spätes Eingreifen beim Vorliegen von Komplikationen[724] oder die Entlassung aus dem Krankenhaus, obwohl eine weitere Überwachung der Patientin erforderlich war[725]. Gemeinsam ist diesen Fällen, daß nicht der endgültige Schaden, also Körperverlet-

721 CassCiv, 1re, 14.12.1965 BullCiv I No 707.

722 Cour d'appel de Paris, 1re, 10.3.1966 JCP 1966 II 14753 (2. Fall) (*R. Savatier*).

723 CassCiv, 1re, 18.3.1969 BullCiv I No 117.

724 CassCiv, 1re, 17.11.1970 BullCiv I No 301.

725 CassCiv, 1re, 25.5.1971 BullCiv I No 171-172, es handelt sich bei diesen Entscheidungen um den gleichen Sachverhalt, da der Arzt und die Hebamme nicht gemeinsam verklagt waren.

zung, Behinderung oder Tod, ersetzt werden, sondern nur die Chance, geheilt zu werden oder zu überleben. Feststehen muß hierbei allerdings, daß eine derartige Chance überhaupt gegeben war. Dies ist nicht der Fall, wenn nicht ausgeschlossen werden kann, daß der Sterbeprozeß bereits unwiderruflich eingeleitet worden war, bevor der Behandlungsfehler begangen wurde[726]. Dann kann nämlich das Bestehen einer Überlebensmöglichkeit und damit der Verlust einer solchen nicht nachgewiesen werden. In der Rechtsprechung begann sich damit der Anwendungsbereich der *perte d'une chance* auch auf die Arzthaftung und damit auf den Ersatz von Heilungschancen auszudehnen. Nachgewiesen werden muß dabei allerdings, daß es sich um eine hinreichend relevante Chance handelte (*chance certaine*)[727]. Ersetzt wird nicht der volle, der endgültige Schaden (Tod, Behinderung), sondern nur der Wert der Chance[728].

3. Reaktionen auf diese Rechtsprechung

Bereits nach dem ersten Urteil der *Cour de Cassation* gab es heftige Kritik aus dem französischen Schrifttum[729]. Die Anwendung der *perte d'une chance* im Arzthaftungsrecht wurde als eine sehr weitgehende Ausdehnung der Haftung angesehen, die nicht als ein Fall der klassischen *perte d'une chance* eingestuft werden könne[730], da Heilungschancen anders als andere Chancen stets in der Vergangenheit lägen und das Schicksal endgültig entschieden habe[731]. Der Verlust einer Heilungschance stelle nur ein notwendiges Durchgangsstadium zum endgültigen Schaden dar und könne daher kein eigenständiger Schaden sein[732]. Anders als bei der klassischen *perte d'une chance* sei nicht der Schaden, also die mögliche Verwirklichung einer Aussicht, ungewiß, da der Zustand des Patienten feststehe. Eine Ungewißheit bestehe lediglich hinsichtlich des Ursachenzusammenhanges zwischen dem ärztlichen Fehler und dem endgültigen

---

726 CassCiv, 1re, 25.5.1971 JCP 1971 II 16859 (3. Fall).

727 CassCiv, 1re, 25.5.1971 JCP 1971 II 16859 (3. Fall).

728 CassCiv, 1re, 27.3.1973 D 1973 J 595 (*J. Penneau*).

729 Grundlegend *R. Savatier*, Anmerkung zu CassCiv, 1re, 14.12.1965 u. Cour d'Appel de Paris, 10.3.1966 JCP 1966 II 14753 und *ders.* „Une faute peut-elle engendrer la responsabilité d'un dommage sans l'avoir causé?“, D 1970, Chron, 123-126; siehe aber auch *J. Penneau*, Anmerkung zu CassCiv, 1re, 27.3.1973, D 1973 J 595-598.

730 *J. Penneau*, Anmerkung zu CassCiv, 1re, 27.3.1973, D 1973 J 595-598 (597) spricht von „*un visage nouveau*“, *R. Savatier*, Anmerkung zu CassCiv, 1re, 14.12.1965 u. Cour d'Appel de Paris, 10.3.1966, JCP 1966 II 14753 bezeichnet die Rechtsprechung als „*révolutionnaire*“.

731 *R. Savatier*, „Une faute peut-elle engendrer la responsabilité d'un dommage sans l'avoir causé?“, D 1970, Chron, 123-126 (124).

732 *J. Penneau*, Anmerkung zu CassCiv, 1re, 27.3.1973, D 1973 J 595-598 (596).

Zustand[733]. Damit untergrabe die *perte d'une chance* im Arzthaftungsrecht das Kausalitätserfordernis und verschleiere das zugrunde liegende Kausalitätsproblem[734]. Die Ausweitung der Arzthaftung bringe zudem die Gefahr einer Defensivmedizin mit sich[735] und wandele den Arztvertrag in eine *obligation de résultat*, also in eine Erfolgshaftung, um[736]. Die Rechtsprechung hat aber in der französischen Literatur auch Zustimmung erfahren, wobei vor allem darauf hingewiesen wird, daß die Heilungschance ein eigenständiger Schaden sei und dadurch das Kausalitätserfordernis weiterhin gewahrt bleibe[737]. Es bestehe zudem kein wesentlicher Unterschied zu der klassischen *perte d'une chance*[738], darüber hinaus sei eine Anwendung der *perte d'une chance* gerade in der Arzthaftung angebracht, da ansonsten aufgrund der typischen Unsicherheiten hinsichtlich des Kausalzusammenhanges Haftungslücken zu befürchten seien[739]. Diese Argumente finden sich in anderen Rechtsordnungen, die die Ersatzfähigkeit von Heilungschancen in Betracht ziehen, wieder und werden abschließend zu behandeln sein[740].

---

733 *J. Penneau*, Anmerkung zu CassCiv, 1re, 27.3.1973, D 1973 J 595-598 (597); *R. Savatier*, „Une faute peut-elle engendrer la responsabilité d'un dommage sans l'avoir causé?", D 1970, Chron, 123-126 (124); so auch *A. Tunc*, RTDC 1963 (61) 326-363 (335), der der Rechtsprechung dennoch im Ergebnis zustimmt.

734 *R. Savatier*, „Une faute peut-elle engendrer la responsabilité d'un dommage sans l'avoir causé?", D 1970, Chron, 123-126 (124); *G. Viney*, La responsibilité: conditions (1982) No 370.

735 *J. Penneau*, Anmerkung zu CassCiv, 1re, 27.3.1973, D 1973 J,595-598 (598); *R. Savatier*, „Une faute peut-elle engendrer la responsabilité d'un dommage sans l'avoir causé?", D 1970, Chron, 123-126 (125).

736 *F. Chabas*, „Vers un changement de nature de l'obligation médicale", JCP 1973 I 2541.

737 *F. Chabas*, „La perte d'une chance en droit français", Colloque Développements récents du droit de la responsabilité civile (1991) 131-143 (133-135).

738 *Y. Chartrier*, La réparation du préjudice dans la responsabilité civile (1983) 37; *G. Durry*, RTDC 1967 (65) 153-183 (182); *ders.*, RTDC 1972 (70) 395-412 (409); *A. Tunc*, RTDC 1963 (61), 326-363 (335).

739 *J. Boré*, „L'indemnisation pour les chances perdues: Une forme d'appreciation quantitative de la causalité d'un fait dommageable", JCP 1974 I 2620 (No 46); *G. Durry*, RTDC 1969 (67) 772-799 (798); ähnlich *G. Mémeteau*, „Perte de chance an droit médical fran| ais", (1986) 32 McGillLJ 125-151.

740 Ausführlich unter § 7 C.

II. Änderung der Rechtsprechung durch die Entscheidung vom 17. November 1982?

Im Jahre 1982 erging von der *Cour de Cassation* eine Entscheidung[741], die die Fachwelt in höchstes Erstaunen versetzte[742] und die Vermutung aufkommen ließ, daß die als gefestigt erscheinende Rechtsprechung zur *perte d'une chance* im Haftungsrecht eine Kehrtwendung vollzogen hatte.

1. Darstellung des Entscheidungsinhalts

Der behandelnde Arzt wollte eine Punktion der Kieferhöhle des Patienten und späteren Klägers durchführen. Dabei verletzte der Arzt - wie danach in der Tatsacheninstanz festgestellt wurde, ohne Verschulden - ein Blutgefäß. Bei dem anschließenden zweiten Versuch, die Kieferhöhle mit der Nadel zu treffen, injizierte der Arzt dem Patienten einige Kubikzentimeter Luft, um sich zu vergewissern, daß er bei diesem Versuch nunmehr die Kieferhöhle getroffen hatte. Bei dieser Injektion der Luft handelte es sich nach den Tatsachenfeststellungen eindeutig um einen schuldhaften Fehler. Der Arzt hätte aufgrund von austretendem Blut mit einer Verletzung rechnen müssen und daher keine Luft injizieren dürfen. Es ließ sich aber nicht ermitteln, ob die Embolie, die der Patient erlitt, auf dieser schuldhaften Injektion beruhte, oder ob sich bereits Luft in der Kieferhöhle befand, die von selbst in das verletzte Blutgefäß eingedrungen war. Der Patient fiel aufgrund der Embolie zeitweise in ein Koma und erlitt bleibende Behinderungen. Die *Cour d'Appel* verurteilte den Arzt zu einem proportionalen Schadenersatz, da er dem Patienten durch die Luftinjektion die Chance genommen habe, ohne eine Embolie davonzukommen bzw. die Aussichten auf eine Komplikation erhöht habe. Diese Entscheidung wurde von der *Cour de Cassation* mit der Begründung aufgehoben, daß die Lehre von der *perte d'une chance* nur die Schadensberechnung, nicht aber die Kausalität betreffe. Die Lehre von der *perte d'une chance* dürfe daher nicht dazu herangezogen werden, um trotz ungewisser Kausalverläufe einen Anspruch zu bejahen.

---

741 CassCiv, 1re, 17.11.1982 BullCiv I No 333; vgl. hierzu die folgenden Anmerkungen und Erläuterungen: *A. Dorsner-Dolivet*, D 1984 J 305; *G. Durry*, RTDC 1983 (82), 547-549; *J. Penneau*, D 1983 IR 380; *M. Saluden*, JCP 1983 II 20056.

742 *A. Dorsner-Dolivet*, Anmerkung zu CassCiv, 1re, 17.11.1982, D 1984 J 305 spricht gar von einem *coup d'état*; siehe auch *G. Durry*, RTDC 1983 (82) 547-549 (No 11) sowie *M. Saluden*, Anmerkung zu CassCiv, 1re, 17.11.1982, JCP 1983 II 20056.

2. Reaktionen auf die Entscheidung vom 17.November 1982

Das französische Schrifttum schloß aus der Entscheidung vom 17.11.1982, daß sich die *Cour de Cassation* nunmehr von der Anwendung der *perte d'une chance* im Arzthaftungsrecht gelöst hatte[743]. Je nach Einstellung der Autorinnen und Autoren zur Anwendung der *perte d'une chance* auch im Arzthaftungsrecht wurde die Entscheidung begrüßt[744] oder kritisiert[745]. Gerade die Befürworter der *perte d'une chance* im Arzthaftungsrecht stellten aber zugleich die Frage, ob diese Entscheidung tatsächlich zu einem völligen Ausschluß ihrer Anwendung führen müsse. Es wurde darauf verwiesen[746], daß die grundsätzlich zu begrüßende Lehre von der *perte d'une chance* im Arzthaftungsrecht nicht als „Allzweckwaffe"[747] verwendet werden dürfe, um in jedem Zweifelsfall eine Kausalität und damit eine Haftung begründen zu können. Daher wird auch von den Befürwortern der *perte d'une chance* die Entscheidung der *Cour de Cassation* zumindest im Ergebnis begrüßt, da hier völlig ungewiß war, ob der Fehler des Arztes (die Luftinjektion) überhaupt eine Konsequenz gehabt hatte und es sich somit nicht um einen typischen Anwendungsfall der *perte d'une chance* gehandelt habe[748].

3. Folgeentscheidungen

In den folgenden Jahren wurde die erste Einschätzung des Urteils vom 17. November 1982 durch eine Reihe höchstrichterlicher Entscheidungen[749] in Frage gestellt. Anders als zunächst vermutet, zog die Rechtsprechung in einigen Ent-

---

743 *A. Dorsner-Dolivet*, Anmerkung zu CassCiv, 1re, 17.11.1982, D 1984 J 305; *G. Durry*, RTDC 1983 (82) 535-550 (547-549); *J. Penneau*, Anmerkung zu CassCiv, 1re, 17.11.1982, D 1983 IR 380; *M. Saluden*, Anmerkung zu CassCiv, 1re, 17.11.1982, JCP 1983 II 20056.

744 *J. Penneau*, Anmerkung zu CassCiv, 1re, 17.11.1982, D 1983 IR 380.

745 *A. Dorsner-Dolivet*, Anmerkung zu CassCiv, 1re, 17.11.1982, D 1984 J 305; *G. Durry*, RTDC 1983 (82), 547-549 (No 11).

746 *A. Dorsner-Dolivet*, Anmerkung zu CassCiv, 1re, 17.11.1982, D 1984 J 305; *dies.*, Contribution à la restauration de la faute, ... (1986), 413-425 (Nos 496-510).

747 Wörtlich verwendet die Autorin den Begriff „Zauberstab" (*baguette magique*): *A. Dorsner-Dolivet*, Anmerkung zu CassCiv, 1re, 17.11.1982, D 1984 J 305 (306).

748 *A. Dorsner-Dolivet*, Anmerkung zu Civ, 1re, 17.11.1982, D 1984 J 305; *G. Durry*, RTDC 1983 (82) 547-549 (No 11); *M. Saluden*, Anmerkung zu CassCiv, 1re, 17.11.1982, JCP 1983 II 20056.

749 CassCiv, 1re, 8.1.1985 D 1986 J 390 (*J. Penneau*); CassCiv, 1re, 27.3.1985 D 1986 J 390 (*J. Penneau*); CassCiv, 1re, 20.7.1988 JCP 1988 IV 351; CassCiv, 1re, 11.10.1988 BullCiv I No 281; CassCiv, 1re, 18.1.1989 BullCiv I No 19; CassCiv, 1re, 7.6.1989 BullCiv I No 230; CassCiv, 1re, 10.1.1990 BullCiv I No 10; CassCiv, 1re, 7.2.1990 BullCiv I No 39; CassCiv, 1re, 5.2.1991 BullCiv I No 55; CassCiv, 1re, 16.7.1991 BullCiv I No 248; vgl. hierzu auch die Vorinstanz: Pau, 1re Ch, 8.3.1990 D 1991 Somm 357 (*J. Penneau*).

scheidungen die Lehre von der *perte d'une chance* im Arzthaftungsrecht heran und knüpfte an den Verlust einer Heilungschance einen Schadenersatzanspruch. Diese Entscheidungen machen die weitere Entwicklung der *perte d'une chance* in der französischen Rechtsprechung deutlich.

a) Erneuter Ersatz verlorener Heilungschancen

aa) Im Jahre 1985 gewährte die *Cour de Cassation* erneut Ersatz für eine *perte d'une chance*[750]: Bei dem klagenden Patienten war eine Strahlentherapie an der Hüfte durchgeführt worden, obwohl diese Therapie mangels ausreichender Verdachtsmomente für einen bösartigen Tumor nicht angezeigt war. Danach wurde ihm eine Hüftprothese (*prothèse de hanche*) angepaßt, die sich einige Monate später löste. Der Kläger begehrte daraufhin Schadenersatz dafür, daß ihm durch die nicht angezeigte Strahlentherapie die Chance genommen wurde, daß die Prothese haften bleibt. Er machte geltend, daß durch diese Therapie der Hüftknochen geschwächt worden war. Die beklagten Ärzte wandten hiergegen ein, daß entsprechend der Entscheidung vom 17. November 1982 auf die *perte d'une chance* nicht abgestellt werden dürfe, da hierdurch die ungewisse Kausalität zwischen der unangebrachten Behandlung und dem Ablösen der Prothese in nicht zulässiger Weise überdeckt würde. Daher sei eine Verurteilung zu einem teilweisen Ersatz des endgültigen Schadens, wie es der *perte d'une chance* entspricht, nicht möglich. Dagegen wies die *Cour de Cassation* darauf hin, daß laut Sachverständigengutachten ein Zusammenhang zwischen der aus der Therapie resultierenden Knochenschwäche und der Loslösung der Prothese bestand, auch wenn nicht völlig auszuschließen war, daß die Ablösung auch bei sachgerechter Behandlung, also bei Unterlassen der Strahlentherapie, aufgetreten wäre[751]. Daher ließ die *Cour de Cassation* einen Ersatz wegen *perte d'une chance* einer erfolgreichen Prothesenanpassung zu.

bb) Anders lag es in einem weiteren von der *Cour de Cassation* zu entscheidenden Fall[752]: Während einer Operation hatte der Anästhesist unzulässigerweise den Operationssaal verlassen. Nachdem er wieder zurückgekehrt war, trat bei dem Patienten ein Atemstillstand auf und er verstarb. Fraglich war nunmehr, ob der nachgewiesene Fehler des Anästhesisten zu einem Schadenersatz für die Hinterbliebenen führen konnte. Die *Cour de Cassation* führte aus, daß zwischen dem Fehler und dem Tod des Patienten keinerlei Zusammenhang[753] bestanden

750 CassCiv, 1re, 8.1.1985 D 1986 J 390 (1. Fall, *J. Penneau*).
751 CassCiv, 1re, 8.1.1985 D 1986 J 390 (1. Fall, *J. Penneau*).
752 CassCiv, 1re, 27.3.1985 D 1986 J 390 (2. Fall, *J. Penneau*).
753 Als *lien de causalité* bezeichnet: CassCiv, 1re, 27.3.1985 D 1986 J 390 (2. Fall, *J. Penneau*).

habe, so daß sich die erst hieran anschließende Frage[754] nach einem Verlust einer Überlebenschance nicht stelle.

cc) Aus diesen beiden Entscheidungen ergibt sich, daß der Verlust von Heilungschancen in der französischen Rechtsprechung weiterhin Bedeutung hat[755]. Fraglich ist jedoch, unter welchen Voraussetzungen die Rechtsprechung dieses Institut heranziehen will. Es fällt auf, daß ein Zusammenhang zwischen Fehler und endgültigem Schaden gefordert wird, damit eine *perte d'une chance* bejaht werden kann[756]. Mit diesem Kriterium bezweckt die Rechtsprechung eine Einschränkung der *perte d'une chance*, die nicht auf alle Fälle der ungewissen Kausalität im Arzthaftungsrecht ausgedehnt werden soll. Aus der weiteren Rechtsprechung lassen sich Hinweise auf die Voraussetzungen dieses Kriteriums entnehmen.

b) Überblick über die Rechtsprechung

aa) Für einschlägig erachtet wurde die *perte d'une chance* bei der Verkennung einer Meningitis aufgrund einer schuldhaft unterlassenen Temperaturmessung[757], während eine Haftung abgelehnt wurde, als die Therapie einer Meningitis sich nur kurzfristig verzögerte und daher ein Zusammenhang mit dem endgültigen Schaden als zu ungewiß erschien[758]. Auch in einem anderen Fall[759] zog die irrtümliche Annahme einer Rötelnerkrankung anstelle der tatsächlich vorliegenden Meningitis keinen Schadenersatz nach sich, da ungewiß war, ob die eingetretene Taubheit überhaupt eine Folge der Meningitis sein konnte.

bb) Als bei einer Geburt nur eine Hebamme und kein Arzt anwesend war, wurde dem Kind eine *perte d'une chance* zur Vermeidung einer Schädigung des Armnerves gewährt, da aufgrund der Erfahrungen und Kenntnisse eines Arztes bessere Chancen bestanden hätten, die Geburtskomplikation zu beheben[760].

cc) Ein Patient verstarb nach einer Operation, wobei drei mögliche Ursachen in Betracht kamen[761]. Nur eine dieser potentiellen Ursachen, nämlich die Injekti-

---

754 Das Gericht spricht von einer *question subsidiaire*: CassCiv, 1re, 27.3.1985 D 1986 J 390 (2. Fall, *J. Penneau*).
755 *P. Jourdain*, RTDC 1992 (91) 107-132 (111-112); *J. Penneau*, Anmerkung zu CassCiv, 1re, 8.1. und 27.3.1985 D 1986 J 390 (391).
756 CassCiv, 1re, 8.1.1985 u. 27.3.1985 D 1986 J 390 (*J. Penneau*).
757 CassCiv, 1re, 20.7.1988 JCP 1988 IV 351.
758 CassCiv, 1re, 7.6.1988 BullCiv I No 180.
759 CassCiv, 1re, 11.10.1988 BullCiv I No 281.
760 CassCiv, 1re, 18.1.1989 BullCiv I No 19.
761 CassCiv, 1re, 10.1.1990 BullCiv I No 10.

on eines Mittels, gegen welches der Patient möglicherweise allergisch war, war schuldhaft. Die *Cour de Cassation* lehnte die Anwendung der *perte d'une chance* mit der Begründung ab, daß ein Zusammenhang zwischen der Injektion und dem Tod völlig hypothetisch sei.

dd) Verneint wurde *perte d'une chance*, als ein Kind taub zur Welt kam und die Mutter dies auf ein Röntgen während der Schwangerschaft zurückführte[762]. Die *Cour de Cassation* führte aus, daß die Taubheit auf einer genetischen Disposition beruhte und daß das Röntgen höchstens eine geringfügige mitursächliche Wirkung gehabt habe. In einem solchen Fall sei die *perte d'une chance* aber unanwendbar.

c) Anwendungsbereich der *perte d'une chance*

aa) Fehlen einer Heilungschance

Die Fälle, in denen eine *perte d'une chance* verneint wurde, haben gemein, daß sich der Behandlungsfehler nicht in einen Zusammenhang mit dem endgültigen Schaden bringen läßt[763]. Dieser Zusammenhang kann - obwohl er teilweise als *lien de causalité* bezeichnet wird[764] - nicht ohne weiteres mit der Kausalität im herkömmlichen Sinne gleichgesetzt werden, da diese eine Haftung für den gesamten Schaden und nicht nur für die *perte d'une chance* zur Folge haben müßte[765]. Vielmehr steht dahinter zunächst die Frage, inwiefern überhaupt eine Heilungschance bestand. Hätte nämlich der endgültige Schaden nicht verhindert werden können oder ist nicht denkbar, daß er auf dem Behandlungsfehler beruht, dann kommt eine *perte d'une chance* nicht in Betracht. So liegt es etwa, wenn der Fehler begangen wurde, nachdem sich die Situation des Patienten nicht mehr beeinflussen ließ[766] oder wenn nicht anzunehmen ist, daß ein kunstgerechtes Verhalten des Arztes sich überhaupt positiv auf den Gesundheitszustand des Patienten ausgewirkt hatte[767]. Damit hat die Rechtsprechung deutlich gemacht, daß aus dem Vorliegen eines Behandlungsfehlers und dessen gene-

---

762 CassCiv, 1re, 5.2.1991 BullCiv I No 55.

763 CassCiv, 1re, 17.11.1982 BullCiv I No 333; CassCiv, 1re, 27.3.1985 D 1986 J 390 (2. Fall, *J. Penneau*); CassCiv, 1re, 7.6.1988 BullCiv I No 180; CassCiv, 1re, 11.10.1988 BullCiv I No 281; CassCiv, 1re, 10.1.1990 BullCiv I No 10; CassCiv, 1re, 5.2.1991 BullCiv I No 55.

764 CassCiv, 1re, 8.1.1985 u. 27.3.1985 D 1986 J 390 (*J. Penneau*).

765 *P. Jourdain*, RTDC 1992 (91) 107-132 (113); *J. Penneau*, Anmerkung zu CassCiv, 1re, 5.2.1991, D 1991 Somm 358.

766 CassCiv, 1re, 17.11.1982 BullCiv I No 333.

767 CassCiv, 1re, 27.3.1985 D 1986 J 390 (2. Fall, *J. Penneau*).

reller Eignung, eine Gesundheitsbeeinträchtigung herbeizuführen, nicht ohne weiteres auf eine vereitelte Chance geschlossen werden darf.

bb) Keine Anwendung in allen Fällen möglicher Kausalität

Die französische Rechtsprechung zieht die *perte d'une chance* nicht in allen Fällen zweifelhafter Kausalität heran. Da sich die *Cour de Cassation* selbst nicht mit ihren früheren Entscheidungen auseinandersetzt, hat ihre Rechtsprechung zu Einordnungsversuchen Anlaß gegeben.

(1) *F. Chabas* unterscheidet wie folgt[768]: Die *perte d'une chance* sei nur anzuerkennen, wenn sich der Patient in einem Zustand befunden habe, dem ein ungewisser Verlauf eigen sei, wie es bei Krankheiten oder Verletzungen mit unsicherer Prognose der Fall sei[769]. Eine *perte d'une chance* liege hingegen nicht vor, wenn der Patient zunächst bei guter Gesundheit sei, sich diese sodann verschlechtere, ohne daß die genaue Ursache ermittelt werden könne[770]. Um dies zu veranschaulichen: Bei Verkennung und Nichtbehandlung einer Krebserkrankung sei die *perte d'une chance* anwendbar, bei einem Behandlungsfehler während einer Operation jedoch nicht, wenn daneben andere Ursachen für den eingetretenen Schaden in Betracht kommen[771]. Dieser Unterscheidung liegt die Erkenntnis zugrunde, daß jeder Behandlungsfehler die Gefahr einer Gesundheitsverletzung erhöht und damit zugleich die Chance, unverletzt zu bleiben, herabsetzt. Würde man nicht zwischen Heilungschancen und der aus jedem Behandlungsfehler (zumindest abstrakt) resultierenden Risikoerhöhung unterscheiden, wäre die *perte d'une chance* ansonsten in jedem Fall der ungewissen Kausalität anwendbar, was mit der französischen Rechtsprechung unvereinbar ist.

(2) Dem ist entgegengehalten worden, daß eine Unterscheidung zwischen diesen beiden Fallgruppen nicht immer möglich sei, da der Arzthaftung stets eine Ungewißheit immanent sei[772]. Zudem sei nicht einzusehen, warum zwischen der Erhöhung eines bestehenden (*perte d'une chance*) und der Schaffung eines

---

768 *F. Chabas*, „La perte d'une chance en droit français", Colloque Développements récents du droit de la responsabilité civile (1991) 131-143.

769 *F. Chabas*, „La perte d'une chance en droit français", Colloque Développements récents du droit de la responsabilité civile (1991) 131-143 (133-136).

770 *F. Chabas*, „La perte d'une chance en droit français", Colloque Développements récents du droit de la responsabilité civile (1991) 131-143 (139).

771 *F. Chabas*, „La perte d'une chance en droit français", Colloque Développements récents du droit de la responsabilité civile (1991) 131-143 (139).

772 *P. Jourdain*, RTDC 1992 (91) 107-132 (111).

neuen Risikos durch einen Behandlungsfehler unterschieden werden solle[773]. Die Patienten sollten in beiden Fällen gleich behandelt werden, da sich durch den Behandlungsfehler jeweils ein Risiko erhöht und damit die Situation der Patienten verschlechtert habe[774]. Diesem Einwand ist zuzugeben, daß sich der Patient in beiden Fallkonstellationen in erheblichen Beweisschwierigkeiten befindet, die eine (teilweise) Haftung des Arztes rechtfertigen könnten. Diese Beweisschwierigkeiten werden von der Rechtsprechung aber gerade nicht für ausreichend erachtet, um eine Haftung wegen *perte d'une chance de guérison* zu begründen. Die von *Chabas* gefundene Differenzierung vermag die Rechtsprechung hingegen in nachvollziehbarer Weise zu erklären.

(3) Nach einer weiteren Ansicht ist die *perte d'une chance* nur bei Unterlassungen, also beispielsweise bei einer unterbliebenen Therapie oder Medikamentenverordnung, einschlägig[775]. In diesen Fällen habe eine Heilungsaussicht bestanden, die durch die unterbliebene Behandlung vereitelt wurde. Kommen hingegen neben einem Behandlungsfehler durch aktives Tun weitere Schadensursachen in Betracht, so sei die *perte d'une chance* nicht anwendbar. Die Differenzierung zwischen Tun und Unterlassen beruht hier auf der zutreffenden Erkenntnis, daß die *perte d'une chance* nur dann anwendbar sein soll, wenn sich der weitere Verlauf der Genesung rückwirkend nicht ermitteln läßt, weil nach dem Stand der medizinischen Erkenntnis eine Heilung bei sachgerechter Therapie nur möglich, aber nicht hinreichend gewiß ist. Diese Konstellation tritt insbesondere bei Unterlassungen auf, beschränkt sich aber nicht auf diese Fälle. Auch die *Cour de Cassation* wendet die *perte d'une chance* in Fällen aktiven Tuns an[776]. Es kann in der Tat keinen Unterschied machen, ob eine Behandlung gänzlich unterlassen oder fehlerhaft durchgeführt[777] wird, wenn dem Patienten in gleicher Weise die Möglichkeit genommen wird, die Erfolgsaussichten der gebotenen Behandlung zu erproben. Die Anwendung der *perte d'une chance* beschränkt sich somit nicht auf Unterlassungen, sondern auf Fälle eines ungewissen Genesungsverlaufs.

(4) Die abstrakte Zusammenfassung der von der Rechtsprechung anerkannten Anwendungsfälle der *perte d'une chance* ist nicht einfach. Dies beruht auf den für das französische Recht typischen sehr kurzen Urteilsbegründungen, in denen eine Abgrenzung zu anderen Entscheidungen und eine Auseinandersetzung

---

773 *P. Jourdain*, RTDC 1992 (91) 107-132 (111).

774 *P. Jourdain*, RTDC 1992 (91) 107-132 (111).

775 *M. Saluden*, Anmerkung zu CassCiv, 1re, 17.11.1982, JCP 1983 II 20056 (II. B.); *I. Vacarie*, „La perte d'une chance", RRJ 1987-3, 903-932 (911).

776 CassCiv, 1re, 8.1.1985 D 1986 J 390 (1. Fall, *J. Penneau*).

777 Wobei die fehlerhafte Durchführung wiederum die Unterlassung der gebotenen Behandlung enthält.

mit Stimmen aus der Literatur kaum stattfindet[778]. Die Erkenntnis, wonach die Rechtsprechung zwischen ungewissen Kausalverläufen einerseits und Schaffung neuer Risiken andererseits unterscheidet, ist jedoch überzeugend. Die *perte d'une chance* in Frankreich setzt also voraus, daß sich der Patient in einem Zustand befunden hat, in dem eine Heilung als möglich erscheint, und wird nicht auf alle Fälle der möglichen Kausalität ausgedehnt. Diese Unterscheidung wird dem Ausgangspunkt der *perte d'une chance* in Frankreich gerecht, da eine Chance nur bei einem möglicherweise vorteilhaften Verlauf eine Schadensposition sein soll. In anderen Fällen zweifelhafter Kausalität fehlt es an einem vergleichbaren Zustand, der sich für den Patienten zum Guten oder zum Schlechten wenden kann. Zudem wird ein Zusammenhang zwischen Art des Behandlungsfehlers und Anwendbarkeit der *perte d'une chance* deutlich: Eine Chance wird dann ersetzt, wenn die Pflicht, gerade diese Chance zu wahren, verletzt wird. Der Patient wendet sich an den Arzt, damit dieser die Heilungschancen des Patienten ausschöpft. Tut er dies nicht, muß er die vereitelte Chance ersetzen und darf nicht auf mögliche Kausalitätszweifel verweisen. Anders liegt es, wenn ein zusätzliches Risiko geschaffen wird, dessen Konsequenzen nicht ermittelbar sind. Dann ist dem Patienten nicht ein einstmals existierender Vorteil genommen worden, sondern er befindet sich „nur“ in erheblichen Beweisschwierigkeiten. Die französische Rechtsprechung ist daher für sich betrachtet nachvollziehbar und - wie noch darzulegen sein wird - mit der *loss of chance* in den Vereinigten Staaten vergleichbar.

4. Zusammenfassung

Die französische Rechtsprechung anerkennt die *perte d'une chance* im Arzthaftungsrecht. Die zugrunde liegenden Sachverhalte, die Anspruchsvoraussetzungen und die Rechtsfolgen lassen sich unter bestimmten Gesichtspunkten zusammenfassen, auch wenn die Abgrenzung zu den Fällen, in denen die *perte d'une chance* abgelehnt wird, wie bereits dargelegt, nicht einfach ist.

---

778 Zu diesem besonderen Urteilsstil *K. Zweigert/H. Kötz*, Einführung in die Rechtsvergleichung (1996) 121-122.

a) Sachverhaltskonstellationen

aa) Diagnosefehler

Ersetzt wurde die *perte d'une chance* bei Verkennung einer Meningitis[779] oder eines Knochenbruches[780], also in Fällen einer unzureichenden Diagnose durch den Arzt. Bisher nicht entschieden worden ist über eine verspätete Krebsdiagnose, ein solcher Fall dürfte aber ebenfalls zu einem Ersatz der *perte d'une chance* führen[781]. Der weitere Krankheitsverlauf und die mögliche Heilung bei rechtzeitiger Diagnose und Therapie läßt sich nicht ermitteln, so daß sich der Patient mit Erfolg auf die vereitelte Heilungschance berufen kann.

bb) Verspätete/unterlassene Behandlung

Anerkannt ist die *perte d'une chance* zudem bei verspätet eingeleiteten Behandlungsmaßnahmen[782] oder unterlassenen Vorsorgeuntersuchungen[783]. Ähnlich wie bei einer unzureichenden Diagnose ist nicht feststellbar, wie die Heilung bei rechtzeitiger Vornahme der erforderlichen medizinischen Schritte verlaufen wäre. Der Patient erhält aber Ersatz für die *perte d'une chance de guérison.*

cc) Unzureichende Sicherheitsvorkehrungen

Auch bei unterlassenen oder unsorgfältigen Vorsorgemaßnahmen oder Sicherheitsvorkehrungen kann der Patient auf die *perte d'une chance* verweisen[784]. Hierdurch wird die Möglichkeit des Eingreifens bei Komplikationen geschmä-

---

779 CassCiv, 1re, 20.7.1988 JCP 1988 IV 351; aufgrund der Umstände des Einzelfalls jedoch abgelehnt in CassCiv, 1re, 7.6.1988 BullCiv I No 180.

780 CassCiv, 1re, 14.12.1965 BullCiv I No 707; siehe auch die unveröffentlichte Entscheidung der *Cour d'appel de Grenoble*, dargelegt von *A.Tunc*, RTDC 1963 (61) 326-363 (334-335).

781 *F. Chabas*, „La perte d'une chance en droit français", Colloque Développements récents du droit de la responsabilité civile (1991) 131-143 (132).

782 CassCiv, 1re, 17.11.1970 BullCiv I No 301; Cour d'Appel de Paris, 1re, 10.3.1966 JCP 1966 II 14753 (2. Fall) (*R. Savatier*).

783 CassCiv, 1re, 16.7.1991 BullCiv I No 248.

784 CassCiv, 1re, 18.3.1969 BullCiv I No 117 (nach Operation wurden keine Vorkehrungen gegen eine Harnvergiftung getroffen); CassCiv, 1re, 25.5.1971 BullCiv I No 171-172 (zu frühe Entlassung aus dem Krankenhaus); CassCiv, 1re, 18.1.1989 BullCiv I No 19 (bei Geburt ist kein Arzt anwesend).

lert, auch wenn die Vermeidbarkeit der Komplikation nicht abschließend festzustellen ist.

dd) Schwächung der Konstitution

Die Erfolgsaussichten einer Therapie können aber nicht nur durch unterlassene Vorkehrungen, sondern auch durch andere Behandlungsfehler beeinträchtigt werden. Dies gilt insbesondere dann, wenn durch den Fehler die Konstitution des Patienten geschwächt wird und nicht zu ermitteln ist, ob der Mißerfolg der medizinischen Maßnahmen auf dieser Schwäche oder auf einer anderen Ursache beruhte[785].

ee) Zusammenfassung

Gemeinsam ist den bisher entschiedenen Fällen, daß sich der weitere Verlauf der Krankheit durch den Behandlungsfehler nicht mehr ermitteln läßt, im Zeitpunkt des ärztlichen Fehlverhaltens jedoch eine Heilungsmöglichkeit bestand.

b) Anspruchsvoraussetzungen und Rechtsfolgen

aa) Eine erfolgreiche Klage wegen *perte d'une chance* setzt einen Fehler des Beklagten und einen endgültigen Schaden voraus, wobei die Kausalität zwischen Fehler und Schaden nicht mit Sicherheit nachweisbar, aber zumindest möglich ist[786]. Zudem muß eine Chance bestanden haben, diesen Schaden zu vermeiden[787], die durch den Fehler vereitelt worden ist[788]. Diese Chance ist der ersatzfähige Schaden, zu dem eine Kausalbeziehung bestehen muß[789]. Eine Chance ist nur dann zu bejahen, wenn zum Zeitpunkt des ärztlichen Fehlers eine Heilung noch möglich war[790].

---

785 CassCiv, 1re, 8.1.1985 D 1986 J 390 (*J. Penneau*): Schwächung eines Knochens setzt Erfolgsaussichten einer Prothesenanpassung herab.

786 CassCiv, 1re, 7.6.1988 BullCiv I No 180; *F. Chabas*, „La perte d'une chance en droit français", Colloque Développements récents du droit de la responsabilité civile (1991) 131-143 (131-132).

787 CassCiv, 1re, 25.5.1971 JCP 1971 II 16859 (3. Fall).

788 *F. Chabas*, „La perte d'une chance en droit français", Colloque Développements récents du droit de la responsabilité civile (1991) 131-143 (131-133).

789 CassCiv, 1re, 27.3.1985 D 1986 J 390 (2. Fall) (*J. Penneau*).

790 CassCiv, 1re, 25.5.1971 JCP 1971 II 16859 (3. Fall).

bb) Eine Klage wegen *perte d'une chance* berechtigt zum Schadenersatz. Dieser ist am Wert der Chance zu berechnen, wobei die Heilungswahrscheinlichkeit mit dem endgültigen Schaden ins Verhältnis gesetzt wird und der Patient somit einen proportional errechneten Schadenersatz erhält[791].

c) Sonderfälle

Die französische Rechtsprechung hat zudem einige besondere Sachverhaltskonstellationen mit der *perte d'une chance* zu lösen versucht.

aa) Bei einer Aufklärungspflichtverletzung stellt sich die Frage, wie sich der Patient bei ordnungsgemäßer und umfassender Aufklärung verhalten und insbesondere ob er in die Behandlung eingewilligt hätte. Die Ermittlung dieses hypothetischen Verhaltens stellt sich häufig als schwierig dar, da sich der geschädigte Patient in der Rückschau darauf zu berufen suchen wird, daß er nicht zugestimmt hätte. In Frankreich hat man in diesem Zusammenhang auf die *perte d'une chance* verwiesen[792]: Dem Patienten sei durch die ungenügende Aufklärung die Möglichkeit einer auf umfassenden Informationen beruhenden Entscheidung genommen worden. Diese stelle einen eigenständigen, vom Körperschaden zu trennenden Schaden dar. Mit dieser Rechtsprechung wird den Beweisschwierigkeiten bei Aufklärungspflichtverletzungen Rechnung getragen.

bb) Eine ähnliche Lage liegt bei nicht durchgeführten Schwangerschaftsabbrüchen vor, wenn die Eltern darauf hinweisen, daß sie in Kenntnis der Behinderung ihres Kindes einen Abbruch vorgenommen hätten. Hier ist ebenso wie bei der Aufklärungspflichtverletzung ungewiß, wie die Entscheidung nach umfassender Information ausgefallen wäre. Daher greift die Rechtsprechung auf die *perte d'une chance* zurück und gewährt Schadenersatz für die Vereitelung der Möglichkeit einer Schwangerschaftsunterbrechung[793].

cc) Wie bereits dargestellt, wird der Wert der *perte d'une chance* durch Ermittlung des endgültigen Schadens und der Heilungswahrscheinlichkeit berechnet. Auf dieser Grundlage war einem Patienten, der nicht rechtzeitig auf eine bestehende Operationsmöglichkeit hingewiesen worden war, Schadenersatz gewährt

---

791 CassCiv, 1re, 27.3.1973 D 1973 J 595 (*J. Penneau*); CassCiv, 1re, 7.6.1989 BullCiv I No 230; *F. Chabas*, „La perte d'une chance en droit français", Colloque Développements récents du droit de la responsabilité civile (1991) 131-143 (141-143).

792 CassCiv, 1re, 7.2.1990 BullCiv I 1990 No 39: Patient wurde auf das Risiko des Durchstoßens der Augenhöhle bei der Operation der Stirnhöhle nicht hingewiesen.

793 CassCiv, 1re, 16.7.1991 BullCiv I No 248 (Arzt verkannte Rötelninfektion der Mutter).

worden[794]. Danach verschlechterte sich der Zustand des Patienten weiter, er begehrte deshalb einen höheren Schadenersatz. Die *Cour de Cassation* gab der Klage statt und führte aus, daß der Wert der *perte d'une chance* von dem Wert des endgültigen Schadens abhänge, da sich die Chance gerade auf die Vermeidung dieses endgültigen Zustandes bezog[795]. Damit hat die Rechtsprechung sich deutlich zum Verhältnis zwischen Chance und dem endgültigen Schaden geäußert.

B. Die Vereinigten Staaten von Amerika

In den Vereinigten Staaten von Amerika finden sich viele Beispielsfälle für die Anerkennung der Heilungschance als einem eigenständigen Schaden. Die Rechtsprechung ist dabei noch ergiebiger als die französische, da die Urteile wesentlich ausführlicher sind und unter Abwägung der Argumente und Gegenargumente abgefaßt werden. Hinzu kommt die Möglichkeit der sogenannten *dissenting opinions,* in denen ein Richter seine eigene Auffassung im Gegensatz zu der Mehrheit seiner Kollegen darlegen und begründen kann.

I. Vorläufer

Neben der bereits vorgestellten Entscheidung *Hicks v United States*[796] sind Heilungschancen auch von anderen Gerichten erwähnt worden[797]. Diese Entscheidungen sind für die Entwicklung der Lehre von der *loss of chance* ebenfalls von Bedeutung, stellen aber noch nicht heraus, daß es sich hierbei um etwas Neuartiges handelt.

1. *James v United States*

In diesem Fall wurde bereits ausdrücklich auf die eingebüßte Überlebenschance abgestellt und ihr somit eine eigenständige Relevanz eingeräumt.

a) Es lag folgender Sachverhalt zugrunde[798]: William James wurde bei einer Einstellungsuntersuchung geröntgt. Aufgrund der Röntgenbilder vermutete der

794 CassCiv, 1re, 7.6.1989 BullCiv I No 230.
795 CassCiv, 1re, 7.6.1989 BullCiv I No 230.
796 368 F2d 626 (4th Cir 1966).
797 Die Entscheidung *Craig v Chambers*, 17 OhioSt 253, 261 (1867), wo bereits auf eine *chance of recovery* abgestellt wurde, hat sich nicht durchsetzen können: *Kuhn v Banker*, 13 NE2d 242 (Ohio 1938).
798 *James v United States*, 483 FSupp 581 (ND Cal 1980).

Radiologe einen Tumor. Durch ein Versehen wurde diese Vermutung nicht in die Akten übernommen, so daß zunächst nichts unternommen wurde. Fast zwei Jahre später hatte James Atembeschwerden und Husten. Es wurde ein inoperabler Lungentumor diagnostiziert.

b) Der *District Court* stellte fest, daß nicht nachgewiesen werden konnte, ob der Tumor bei der ersten Untersuchung überhaupt noch operabel war[799]. Daher sei eine relevante Überlebenschance (*substantial possibility of survival*) und damit auch eine Anwendung der in *Hicks v United States*[800] dargelegten Grundsätze ausgeschlossen. Jedenfalls könne James aber den Schaden ersetzt verlangen, der ihm aus der verspäteten Diagnose entstanden war. Hierbei handele es sich insbesondere um das größere Leiden und um die Chance, durch eine frühere Therapie zumindest länger zu überleben[801]. Das Gericht führte aus:

> „*any chance of realizing any resulting gain in his life expectancy and physical and mental comfort (...) no one can say that the chance of prolonging one's life or decreasing suffering is valueless*".[802]

Das Gericht traf diese Feststellungen nach Anhörungen von Sachverständigen, die geäußert hatten, daß eine frühere Behandlung aus medizinischer Sicht in jedem Fall vorzugswürdig sei, auch wenn im Ergebnis keine Chance auf vollständige Heilung bestanden habe. Die Höhe dieses Schadens wurde von dem Gericht selbst festgesetzt[803], ohne daß eine prozentuale Relation zu der Größe der Chance hergestellt wurde. Damit hat das Gericht implizit, ohne dies im weiteren dogmatisch zu begründen oder auf Präjudizien zu stützen, festgestellt, daß sowohl die Überlebenschance (die im konkreten Fall jedoch wegen der Inoperabilität des Tumors nicht festgestellt werden konnte) als auch die Chance, die Überlebenszeit zu verlängern und insgesamt erträglicher zu machen, ersatzfähige Schäden sein können.

2. Weitere Fälle

Ähnlich gelagerte Fälle finden sich in den Entscheidungen *Jeanes v Milner*[804] und *O'Brien v Stover*[805], bei denen ebenfalls jeweils eine Krebserkrankung

799 *James v United States*, 483 FSupp 581, 586 (ND Cal 1980).
800 368 F2d 626 (4th Cir 1966).
801 *James v United States*, 483 FSupp 581, 587 (ND Cal 1980).
802 *James v United States*, 483 FSupp 581, 587 (ND Cal 1980, *Schwarzer J*).
803 *James v United States*, 483 FSupp 581, 587 (ND Cal 1980).
804 428 F2d 598 (8th Cir 1970).
805 443 F2d 1013 (8th Cir 1971).

nicht bei der ersten Untersuchung behandelt wurde und dadurch die Chance, geheilt zu werden, von 35 auf 24 Prozent[806] bzw. von 30 Prozent auf Null[807] gesenkt wurde. Ohne ausdrücklich darauf hinzuweisen, daß die Chance als solche ersatzfähig sei, hielten die Gerichte jeweils das vorgebrachte Material für ausreichend, um den Kausalitätsnachweis erbringen zu können. Insbesondere in *O'Brien v Stover*[808] wurde darauf hingewiesen, daß durch die verspätete Diagnose und die verspätet eingesetzte Behandlung Schäden durch zusätzliche medizinische Ausgaben, ein vergrößertes Leiden sowie erhöhte Schmerzen entstanden seien. Durch diese Verknüpfung der eingebüßten Chance mit konkreten Schadenspositionen wird deutlich, daß der Heilungschance eine eigenständige Rechtsfolge eingeräumt wird, auch wenn dies noch nicht ausdrücklich ausgesprochen wird[809].

3. Zusammenfassung

Diese drei Entscheidungen führten *Hicks v United States* fort[810], ohne dabei die rechtliche Bedeutung der Heilungschance, ihre dogmatische Einordnung und möglichen Anspruchsvoraussetzungen herauszuarbeiten[811]. Durch die Verwendung des in *Hicks v United States* eingeführten Begriffes der *loss of chance* im Rahmen der Arzthaftung haben sie jedoch der weiteren Entwicklung den Weg bereitet[812].

II. Ein neuer Ansatz: *Herskovits v Group Health Cooperative of Puget Sound*

Pearson J, Richter am *Supreme Court of Washington*, entwickelte vor diesem Hintergrund und beeinflußt durch einen grundlegenden Aufsatz von *J.H. King*[813] einen neuen Ansatz zur Einordnung der *loss of chance*[814]. Die heraus-

806 *Jeanes v Milner*, 428 F2d 598, 604 (8th Cir 1970).

807 *O'Brien v Stover*, 443 F2d 1013, 1018 (8th Cir 1971).

808 443 F2d 1013, 1019 (8th Cir 1971).

809 So auch *Pearson J* in *Herskovits v Group Health Cooperative of Puget Sound*, 664 P2d 474, 486 (Wash 1983).

810 Auf diese Entscheidung wurde jeweils ausdrücklich Bezug genommen *Jeanes v Milner*, 428 F2d 598, 605 (8th Cir 1970); *O'Brien v Stover*, 443 F2d 1013, 1018 (8th Cir 1971); *James v United States*, 483 FSupp 581, 586 (ND Cal 1980).

811 *L.L.Wolfstone/T.J. Wolfstone*, „Recovery of Damages for the Loss of a Chance", MedTrialTechQuart 121-144, 139 (1982).

812 *J. H. King*, „Causation, Valuation, and Chance in Personal Injury Torts Involving Preexisting Conditions and Future Consequences", 90 YaleLJ 1353-1397, 1380 (1981); *Herskovits v Group Health Cooperative of Puget Sound*, 664 P2d 474 (Wash 1983).

813 „Causation, Valuation, and Chance in Personal Injury Torts Involving Preexisting Conditions and Future Consequences", 90 YaleLJ 1353-1397 (1981).

ragende Bedeutung dieser Entscheidung beruht nicht nur auf einer neuen Herangehensweise, sondern geht darüber hinaus, da von den anderen beteiligten Richtern Gegenansichten zu der Anerkennung der *loss of chance* als einem eigenständigen Schaden vertreten werden. Damit enthält *Herskovits v Group Health Cooperative of Puget Sound* einen sehr anschaulichen und umfassenden Überblick über die mögliche Einordnung der *loss of chance*. So läßt sich wohl auch die große Resonanz erklären, die diese Entscheidung in Rechtsprechung und Literatur gefunden hat[815] und die über die Grenzen der Vereinigten Staaten hinausreicht[816].

1. Sachverhalt

Mr. Herskovits suchte das beklagte Krankenhaus 1974 wegen starken Hustens und Brustschmerzen auf. Ihm wurde ein Hustenmittel verordnet, seine Beschwerden besserten sich nicht. Die behandelnden Ärzte nahmen dennoch keine weiteren Untersuchungen vor. Mr. Herskovits begab sich daraufhin im Frühjahr 1975 in die Behandlung eines Dr. Ostrow, der Lungenkrebs diagnostizierte. Anfang 1977 verstarb der Patient. Seine Ehefrau verklagte das Krankenhaus im Namen des Nachlasses auf Schadenersatz. Dr. Ostrow führte in dem Prozeß aus, daß die Chancen des Patienten, fünf Jahre zu überleben, 39 Prozent betragen hätten, falls sich der Tumor bei der ersten Untersuchung im Jahre 1974 im ersten Stadium befunden hätte. Als er konsultiert worden sei, habe sich der Tumor bereits im zweiten Stadium mit einer lediglich 25prozentigen Chance, weitere fünf Jahre zu überleben, befunden.

2. Die Entscheidung des Gerichts

Der *Supreme Court of Washington* sprach der Klägerin in einer Mehrheitsentscheidung von sechs gegen drei Voten das Recht auf eine Entscheidung durch eine *jury* zu und verwies den Prozeß an die Tatsacheninstanz zurück. Sowohl

---

815 Siehe nur die Übersicht bei *S.E. Smith*, „Lost Chance of Survival in Illinois: The Need for Guidance from the Illinois Supreme Court", 23 Loyola Univ LJ 155-180, 161 (1991). Da im relevanten Schrifttum fast ausnahmslos auf diese Entscheidung zurückgegriffen wird, wird von einer Aufzählung dieser Fundstellen an dieser Stelle der Übersicht halber Abstand genommen und insofern auf die Angaben in dem folgenden Gliederungspunkt III verwiesen.

816 Beispielhaft für England: *Hotson v East Berkshire Area Health Authority* [1987] 1 AC 750; *M. Stauch*, „Causation, Risk, and Loss of Chance in Medical Negligence", (1997) 17 OJLS 205-225; Australien: *G. Cooper*, „Damages for the Loss of Chance in Contract and Tort", (1988) 6 AULR 39-51; Kanada: *J.G. Fleming*, „Probabilistic Causation in Tort Law", (1989) 68 CanBarRev 661-681; Deutschland: *H. Stoll*, „Schadensersatz für verlorene Heilungschancen vor englischen Gerichten in rechtsvergleichender Sicht", Festschrift für E. Steffen (1995) 466-478.

auf der Seite der Mehrheit als auch auf der Seite der Minderheit sind jeweils zwei separate Begründungen aufgeführt. Beachtlich ist, daß hinsichtlich der Rechtsfrage der *loss of chance* keine wirkliche Mehrheit vorliegt[817]. Das vorangestellte Votum (*leading opinion*) wird auch in seiner Begründung nur von zwei Richtern gestützt, während insgesamt vier Richter der Mehrheit der *concurring opinion* von *Pearson J* folgen[818]. Damit liegt diesbezüglich aufgrund der drei auch im Ergebnis abweichenden Richter nur eine relative, aber keine absolute Mehrheitsentscheidung vor[819].

a) *Leading opinion*

Nach dem einführenden Votum[820] wurde festgestellt, daß das vorgebrachte Beweismaterial ausreiche, um eine Entscheidung einer *jury* herbeizuführen. Dabei wurde die Entscheidung *Hamil v Bashline*[821] herangezogen, um von einer Beweiserleichterung zugunsten der Klägerseite auszugehen. Es wird somit weiterhin auf einen Ersatz des endgültigen Schadens abgestellt, für dessen Verursachung die Klägerin aber nicht mehr den Nachweis der überwiegenden Wahrscheinlichkeit erbringen muß, sondern der Nachweis einer Risikoerhöhung durch die fehlerhafte Diagnose ausreicht. Hinsichtlich der Schadenshöhe sollen die Einbußen berücksichtigt werden, die durch den verfrühten Tod des Patienten entstanden sind (zusätzliche Kosten für medizinische Behandlung, Verdienstausfall)[822].

---

817 *P.A. Lord*, „Loss of Chance in Legal Malpractice", 61 WashLRev 1479-1502, 1485 (1986); *W. Miller*, „*Herskovits v Group Health Cooperative of Puget Sound*: Negligent Creation of a Substantial Risk of Injury is a Compensable Harm", 9 UnivPugetSound LRev 251-291, 255-256 (1985); *L.M. Roubik*, „Recovery for 'Loss of Chance' in a Wrongful Death Action", 59 WashLRev 981-992, 983 (1984).

818 So auch *L.M. Roubik*, „Recovery for 'Loss of Chance' in a Wrongful Death Action", 59 WashLRev 981-992, 983 (1984), die daher den Ausdruck *leading opinion* bewußt in Anführungszeichen setzt.

819 *L.M. Roubik*, „Recovery for 'Loss of Chance' in a Wrongful Death Action", 59 WashLRev 981-992, 983 (1984), spricht daher von einer *plurality opinion* statt von einer *majority opinion*, ähnlich der *Supreme Court of Washington* in einer späteren Entscheidung: *Daugert v Pappas*, 703 P2d 600, 605 (Wash 1985).

820 *Herskovits v Group Health Cooperative of Puget Sound*, 664 P2d 474, 474-479 (Wash 1983); kritisch hierzu *W. Miller*, „*Herskovits v Group Health Cooperative of Puget Sound*: Negligent Creation of a Substantial Risk of Injury is a Compensable Harm", 9 UnivPugetSound LRev 251-291, 255 (1985).

821 392 A2d 1280 (Pa 1978).

822 *Herskovits v Group Health Cooperative of Puget Sound*, 664 P2d 474, 479 (Wash 1983).

b) *Concurring opinion*

Pearson J[823] entschied ebenfalls, daß der Fall einer *jury* vorzulegen sei. Die Begründung wich jedoch von dem einführenden Votum ab: Es könne nicht davon ausgegangen werden, daß die unterlassene Untersuchung im Jahre 1974 ein *substantial factor* für den Tod des Patienten darstelle[824]. Nach der Aussage des behandelnden Arztes Dr. Ostrow war nach dem Maßstab der überwiegenden Wahrscheinlichkeit der Nachweis der Verursachung des Todes durch die ungenaue Diagnose gerade nicht erbracht. Denn auch bei der ersten, unzureichenden Untersuchung lag die statistische Aussicht, noch weitere fünf Jahre zu überleben, mit 39 Prozent unterhalb der überwiegenden Wahrscheinlichkeit. Dennoch wollte *Pearson J* einen Schadenersatzanspruch nicht ausschließen. Fraglich sei nämlich, ob durch das ärztliche Versagen noch ein anderer Schaden als der Tod des Patienten verursacht worden sein könnte, der in dem Verlust einer Überlebenschance zu sehen wäre[825]. Hierauf hatte sich die Klägerseite auch gestützt und dabei die bereits dargestellten Fälle *Hicks v United States*[826], *Hamil v Bashline*[827] und *James v United States*[828] eingeführt. In einer sehr sorgfältigen Analyse stellte *Pearson J* jedoch fest, daß diese Fälle einen Ersatz von Heilungschancen als solchen noch nicht begründet haben[829]. In *Hicks v United States*[830] sei die überwiegende Wahrscheinlichkeit der Verursachung des Todes der Patientin nachgewiesen worden, bei den weiteren Ausführungen des Gerichts[831] habe es sich somit nur um *dicta* gehandelt[832]. Es habe keine neue Schadenskategorie geschaffen werden sollen. Auch *Hamil v Bashline*[833] habe den Ersatz von Heilungschancen nicht anerkannt. Vielmehr habe das Gericht die Aussage des Sachverständigen des Klägers, nach der eine 75-prozentige Wahrscheinlichkeit der Schadensverursachung bestanden habe, unter Hinweis

---

823 *Herskovits v Group Health Cooperative of Puget Sound*, 664 P2d 474, 479-487 (Wash 1983).

824 *Herskovits v Group Health Cooperative of Puget Sound*, 664 P2d 474, 480 (Wash 1983).

825 *Herskovits v Group Health Cooperative of Puget Sound*, 664 P2d 474, 481 (Wash 1983).

826 368 F2d 626 (4th Cir 1966).

827 392 A2d 1280 (Pa 1978).

828 483 FSupp 581 (ND Cal 1980).

829 *Herskovits v Group Health Cooperative of Puget Sound*, 664 P2d 474, 482-485 (Wash 1983).

830 368 F2d 626 (4th Cir 1966).

831 Insbesondere bei der § 4 B II 1 a) aa) zitierten Passage aus *Hicks v United States*, 368 F2d 626, 632 (4th Cir 1966).

832 *Pearson J* spricht von „*expansive dicta*“, *Herskovits v Group Health Cooperative of Puget Sound*, 664 P2d 474, 483 (Wash 1983).

833 392 A2d 1280 (Pa 1978).

auf § 323 Rest2d (Torts) für ausreichend erachtet, um den Fall einer *jury* vorzulegen. *Pearson J* zieht daher den zutreffenden Schluß, daß in beiden Fällen nur der erforderliche Maßstab für den Beweis der Kausalität herabgesetzt werden sollte. Diesem Ansatz zur Erleichterung des Kausalitätsnachweises schließt er sich jedoch nicht an: Vielmehr müsse nicht nur der Tod, sondern auch die verlorene Chance des Patienten, die Krankheit zu überleben, als eigenständiger Schaden angesehen werden[834]. Bei diesem Ansatz ließ sich *Pearson J* ausdrücklich nicht vorrangig von vorhergegangenen Entscheidungen[835], sondern vor allem von einem Aufsatz von *J. H. King*[836] und der dort dargelegten Argumentation, der er sich anschloß, leiten[837]. *Pearson J* vertrat dabei vor allem die Ansicht, daß das Alles-oder-Nichts-Prinzip als willkürlich anzusehen und durch dessen Beibehaltung nicht gewährleistet sei, daß die Abschreckungs- und Präventionsfunktionen des Haftungsrechts (*deterrence objective*) erfüllt werden könnten[838]. Außerdem würden durch das Festhalten an diesem Prinzip die Grundsätze des Beweisrechts aufgeweicht, da durch Beweiserleichterungen zugunsten des Patienten versucht werde, billige Ergebnisse zu erzielen[839]. Daher stelle die verlorene Überlebenschance einen nach dem *Wrongful Death Act* ersatzfähigen Schaden dar, dessen Höhe sich nach der Höhe der Chance zu bemessen habe[840]. Hiermit hatte die erste ausdrückliche Anerkennung von Heilungschancen als eigenständigen Schäden in die Rechtsprechung U.S.-amerikanischer Gerichte Eingang gefunden.

---

834 *Herskovits v Group Health Cooperative of Puget Sound*, 664 P2d 474, 486 (Wash 1983).

835 Wobei *Pearson J* darauf verweist, daß zuvor bereits inzidenter von der Ersatzfähigkeit von Heilungschancen ausgegangen worden sei in *Jeanes v Milner*, 428 F2d 598 (8th Cir 1970); *O'Brien v Stover*, 443 F2d 1013 (8th Cir 1971) und *James v United States*, 483 FSupp 581 (ND Cal 1980).

836 *J. H. King*, „Causation, Valuation, and Chance in Personal Injury Torts Involving Preexisting Conditions and Future Consequences", 90 YaleLJ 1353-1397 (1981); ein vergleichbarer Ansatz findet sich auch bei dem von *Pearson J* nicht herangezogenen Aufsatz von *L.L. Wolfstone/T.J. Wolfstone*, „Recovery of Damages for the Loss of a Chance", MedTrialTechQuart 121-144 (1982).

837 *Herskovits v Group Health Cooperative of Puget Sound*, 664 P2d 474, 486 (Wash 1983).

838 *Herskovits v Group Health Cooperative of Puget Sound*, 664 P2d 474, 486 (Wash 1983).

839 *Herskovits v Group Health Cooperative of Puget Sound*, 664 P2d 474, 487 (Wash 1983).

840 *Herskovits v Group Health Cooperative of Puget Sound*, 664 P2d 474, 487 (Wash 1983).

c) *Dissenting opinions*

aa) *Brachtenbach J*[841] wandte gegen diese Argumentation vor allem ein, daß statistische Chancen keine ersatzfähigen Schäden darstellen könnten, da der Einzelne eine Aussicht entweder ganz oder gar nicht habe, es nur noch nicht feststehe, zu welcher der statistischen Gruppen er zu zählen ist. Als Beispiel entwickelte er folgenden Fall[842]: Ein Fußgänger wird von einem Taxi angefahren. Er weiß nicht, zu welchem der beiden Taxiunternehmen der Stadt das Unfallfahrzeug gehörte. Dem einen Unternehmen gehören drei (blaue) Taxis, das andere betreibt lediglich eines (gelb). Es bestehe daher die statistische Chance von 75 Prozent, daß der Unfall von einem blauen Taxi verursacht wurde. Dennoch könne der Geschädigte nicht einfach 75 Prozent seines Schadens von diesem Taxiunternehmen begehren.

bb) *Dolliver J*[843] hielt in seinem Minderheitsvotum vor allem an dem Grundsatz fest, wonach eine Kausalität nur bei überwiegender Wahrscheinlichkeit der Schadensverursachung zu bejahen ist. Chancen könnten daher weder zur Beweiserleichterung herangezogen noch als eigenständiger Schaden angesehen werden.

d) Zusammenfassung

Herskovits v Group Health Cooperative of Puget Sound stellt nicht nur die erste ausdrückliche Auseinandersetzung der Rechtsprechung mit der Frage, inwiefern eine vereitelte Heilungschance als solche einen eigenständigen Schaden begründen kann, dar. Darüber hinaus findet sich in den vier Einzelvoten bereits ein guter Überblick über die möglichen Herangehensweisen an Fälle von reduzierten Heilungschancen und die hierbei maßgeblichen Argumente[844]. *Dore J* befürwortet in seinem Votum eine Vorlage an die *jury* aufgrund der in *Hamil v Bashline*[845] entwickelten Beweiserleichterung unter Heranziehung des § 323 Rest2d (Torts)[846], demgegenüber geht *Pearson J* durch die ausdrückliche An-

841 *Herskovits v Group Health Cooperative of Puget Sound*, 664 P2d 474, 487-491 (Wash 1983).

842 *Herskovits v Group Health Cooperative of Puget Sound*, 664 P2d 474, 490 (Wash 1983).

843 *Herskovits v Group Health Cooperative of Puget Sound*, 664 P2d 474, 491-492 (Wash 1983).

844 So auch *S.E. Smith*, „Lost Chance of Survival in Illinois: The Need for Guidance from the Illinois Supreme Court“, 23 Loyola Univ LJ 155-180, 158 (1991).

845 392 A2d 1280 (Pa 1978).

846 Dieses Votum wird daher auch häufig noch zur Begründung einer Beweiserleichterung herangezogen, vgl. nur *Mayhue v Sparkman*, 653 NE2d 1384, 1388 (Ind 1995).

erkennung eines neuen Schadenstypus[847] einen entscheidenden Schritt weiter. Dies begründet er vor allem damit, daß hierdurch die Grundsätze des Beweisrechts und der Kausalität nicht ausgehöhlt werden[848]. Dies ist für sich betrachtet schlüssig, da der stets erforderliche Kausalitätszusammenhang nun in bezug auf die entgangene Chance, nicht aber auf den endgültigen Schaden hergestellt werden muß. Auch die Bemessung des Schadens richtet sich dann nach dem Wert der Chance als solcher, nicht aber nach dem endgültig eingetretenen Schaden (Tod). Die in den *dissenting opinions* hiergegen vorgebrachten Einwände sind in der späteren Diskussion dieses Ansatzes dann häufig wieder zu finden. Dies gilt insbesondere für den Hinweis von *Brachtenbach J* darauf, daß statistische Chancen nicht mit tatsächlich vorhandenen Aussichten gleichgesetzt und daher nicht kompensiert werden könnten[849]. Aber auch das ausdrückliche Festhalten von *Dolliver J* an den traditionellen Grundsätzen des Beweisrechts, welche weder eine Beweiserleichterung noch die Einführung einer neuen Schadensart zulassen, findet weiterhin Anklang[850]. Damit läßt sich zusammenfassend bereits sagen, daß diese Entscheidung des *Supreme Court of Washington* insbesondere durch die sorgfältige Analyse der bisherigen Rechtsprechung und deren Weiterentwicklung durch *Pearson J*, aber auch durch die sehr bedenkenswerten Argumente der *dissenting opinion* von *Brachtenbach J* einen Meilenstein[851] bei der Entwicklung der Ersatzfähigkeit von Heilungschancen darstellt. Dem Votum von *Pearson J* hat sich in den folgenden Jahren bereits eine große Zahl von Jurisdiktionen in den Vereinigten Staaten angeschlossen[852]. Auch in Washington ist mittlerweile vom *Supreme Court* klargestellt worden, daß die *loss of chance* als solche ersatzfähig und damit die Ausführungen von *Pearson J* maßgeblich waren[853]. Demgegenüber wollen andere an den Verlust von Heilungschancen weiterhin nur eine Beweiserleichterung knüpfen. Andere Gerichte wiederum haben sich nach einer Auseinandersetzung mit der *loss-of-chance*-Lehre gegen diese ausgesprochen und verlangen nach wie vor den nicht

---

847 Bestätigt in *Daugert v Pappas*, 704 P2d 600, 605 (Wash 1985).

848 *Herskovits v Group Health Cooperative of Puget Sound*, 664 P2d 474, 487 (Wash 1983).

849 Eine ähnliche Argumentation etwa in *Fennell v Southern Maryland Hospital Center, Inc*, 580 A2d 206, 212-213 (Md 1990).

850 *Gooding v University Hospital Building, Inc*, 445 So2d 1015 (Fla 1984); *Clayton v Thompson*, 475 So2d 439 (Miss 1985); *Pillsbury-Flood v Portsmouth Hospital*, 512 A2d 1126 (NH 1986); *Alfonso v Lund*, 783 F2d 958 (10th Cir 1986); *Fennell v Southern Maryland Hospital Center, Inc*, 580 A2d 206 (Md 1990); *Kramer v Lewisville Memorial Hospital*, 858 SW2d 397 (Tex 1993); *McAfee v Baptist Medical Center*, 641 So2d 265 (Ala 1994); *Jones v Owings*, 456 SE2d 371 (SC 1995).

851 *L.R. Ellis*, „Loss of Chance as a Technique: Toeing the Line at Fifty Percent", 72 TexLRev 369-402, 369 (1993); *Kilpatrick v Bryant*, 868 SW2d 594, 609 (Tenn 1993).

852 Vergleiche die unter dem folgenden Gliederungspunkt III angeführten Nachweise.

853 *Daugert v Pappas*, 704 P2d 600, 605 (Wash 1985); siehe auch *Zueger v Public Hospital District No 2 of Snohomish County*, 789 P2d 326, 329 (WashApp 1990).

erleichterten Nachweis der Verursachung des endgültigen Schadens[854]. Zum Teil ist die Anwendbarkeit dieser Lehre aber auch offengelassen worden[855].

III. Loss of chance als eigenständiger Schaden in der weiteren Rechtsprechung

Im Anschluß an *Pearson J* in *Herskovits v Health Cooperative of Puget Sound*[856] und insbesondere auch an *J.H. King*[857] hat sich die Anerkennung der verlorenen Heilungschance als eigenständiger Schaden in Colorado[858], Iowa[859], Kansas[860], Louisiana[861], Michigan[862], Missouri[863], Montana[864] Nevada[865] und Ohio[866] durchgesetzt. Dieses Konzept findet auch einen starken Rückhalt im Schrifttum[867]. Daß diese Entwicklung dabei nicht immer geradli-

---

854 § 6 A.

855 So in Arkansas: *Blackmon v Langley*, 737 SW2d 455, 456 (Ark 1987); Connecticut: *Sochard v St. Vincent's Medical Center*, 510 A2d 1367 (ConnApp 1986); *LaBienec v Baker*, 526 A2d 1341 (ConnApp 1987); Maine: *Phillips v Eastern Maine Medical Center*, 565 A2d 306 (Me 1989).

856 664 P2d 474 (Wash 1983).

857 „Causation, Valuation, and Chance in Personal Injury Torts Involving Preexisting Conditions and Future Consequences", 90 YaleLJ 1353-1397 (1981).

858 *Mays v United States*, 608 FSupp 1476, 1481 (DColo 1985); im Ergebnis ebenfalls in *Sharp v Kaiser Foundation Health Plan*, 710 P2d 1153 (Colo App 1985), noch offengelassen in *Poertner v Swearingen*, 695 F2d 435, 436 (10th Cir 1982).

859 *DeBurkarte v Louvar*, 393 NW2d 131 (Iowa 1986); *Wendland v Sparks and David County Hospital*, 574 NW2d 327 (Iowa 1998).

860 *Delaney v Cade*, 873 P2d 175 (Kan 1994), angewendet in *Dickey v Daughety*, 905 P2d 697 (KanApp 1995), 917 P2d 889 (Kan 1996); *Rios v Bigler*, 67 F3d 1543 (10th Cir 1995).

861 *Rachel Smith v State of Louisiana, Department of Health and Hospitals*, 676 So2d 543 (La 1996).

862 *Falcon v Memorial Hospital*, 462 NW2d 44 (Mich 1990); dem folgend *Weymers v Kehra*, 533 NW2d 334 (MichApp 1995); *Pietrantonio v United States*, 827 FSupp 458 (WD Mich 1993).

863 *Wollen v DePaul Health Center*, 828 SW2d 681, 684 (Mo 1992).

864 *Aasheim v Humberger*, 695 P2d 824 (Mont 1985).

865 *Perez v Las Vegas Medical Center*, 805 P2d 589 (Nev 1991); bestätigt in *Greco v United States*, 893 P2d 345 (Nev 1995).

866 *Roberts v Ohio Permanente Med Group, Inc*, 668 NE2d 480 (Ohio 1996) unter Aufhebung von *Cooper v Sisters of Charity of Cincinnati, Inc*, 272 NE2d 97 (Ohio 1971).

867 *P.L. Andel*, „Medical Malpractice: The Right to Recover for the Loss of a Chance of Survival", 12 PeppLRev 973-998, 974 (1985); *J.L. Benson*, „The Dilemma of Chance in Medical Malpractice: Should Illinois Recognize a New Cause of Action for 'Lost Chance' of Survivability?", 9 NIllUnivLRev 575-602, 597-598 (1989); *B.C. Boggs*, „Lost Chance of Survival Doctrine: Should the Courts Ever Tinker With Chance?", 16 SoIllULJ 421-449, 436 (1992); *D.R. Carney*, „Smith v State of Louisiana, Department of Health and Hospitals: Loss of Chance of Survival: The Valuation Debate", 58 LaLRev 339-367 (1997); *L.L. Cross*,

nig erfolgt ist, ist darauf zurückzuführen, daß die Gerichte zunächst nicht ausdrücklich zwischen einer möglichen Beweiserleichterung und der Anerkennung der verlorenen Chance als einem eigenständigen Schaden unterschieden haben[868].

1. Entwicklungsstufen in der Rechtsprechung

Während die *loss of chance* in Colorado[869], Iowa[870], Michigan[871], Missouri[872], Montana[873] und Nevada[874] jeweils durch eine Entscheidung des höchsten Gerichts eingeführt wurde, ist die Entwicklung in Kansas[875] und Louisiana[876] in Stufen erfolgt. Eine Kehrtwendung hat die Rechtsprechung in Ohio vollzogen, die nach langjähriger ausdrücklicher Ablehnung nunmehr die Ersatzfähig-

---

„*Alfonso v. Lund*: Loss of Chance Rejected as a Basis for Recovery in Medical Malpractice", 12 OklaCityULRev 187-203, 203 (1987); *M.J Fox*, „The Loss of Chance Doctrine in Medical Malpractice", 33 AFLRev 97-104 (1990); *J.P. Kieffer*, „The Case for Across-the-Board Application of the Loss-of-Chance Doctrine", 64 DefCounsJ 568-580 (1997); *M.T. Mangan*, „The Loss of Chance Doctrine: A Small Price to pay for Human Life", 42 SDLRev 279-326 (1997); *W. Miller*, „*Herskovits v Group Health Cooperative of Puget Sound*: Negligent Creation of a Substantial Risk of Injury is a Compensable Harm", 9 UnivPugetSound LRev 251-291, 254, 260 (1985); *R.A. Reisig*, „The Loss of Chance Theory in Medical Malpractice Cases: An Overview", 13 AmJTrialAdv 1163-1185 (1990); *A.E. Shoenberger*, „Medical Malpractice Injury - Causation and Valuation of the Loss of a Chance to Survive", 6 J LegMed 51-83 (1985); *J.D. Wolf*, „Playing the Percentages: A Re-examination of Recovery for Loss of Chance", 26 Santa Clara LRev 429-459, 454-455 (1986).

868 *P.L. Andel*, „Medical Malpractice: The Right to Recover for the Loss of a Chance of Survival", 12 PeppLRev 973-998, 974 (1985); *H.R. Feldman*, „Chances as Protected Interests: Recovery for the Loss of a Chance and Increased Risk", 17 BaltLRev 139-159, 148 (1987).

869 *Mays v United States*, 608 FSupp 1476, 1481 (DColo 1985); im Ergebnis ebenfalls in *Sharp v Kaiser Foundation Health Plan*, 710 P2d 1153 (Colo App 1985), noch offengelassen in *Poertner v Swearingen*, 695 F2d 435, 436 (10th Cir 1982).

870 *DeBurkarte v Louvar*, 393 NW2d 131 (Iowa 1986).

871 *Falcon v Memorial Hospital*, 462 NW2d 44 (Mich 1990); *Weymers v Kehra*, 533 NW2d 334 (MichApp 1995); *Pietrantonio v United States*, 827 FSupp 458 (WD Mich 1993); in einer zuvor ergangenen Entscheidung wurde bei Heilungschancen ein starres Festhalten an der 50-Prozent-Regel abgelehnt und damit zunächst eine gewisse Beweiserleichterung geschaffen, *Bell v United States*, 854 F2d 881, 883 (6th Cir 1988).

872 *Wollen v DePaul Health Center*, 828 SW2d 681, 684 (Mo 1992).

873 *Aasheim v Humberger*, 695 P2d 824 (Mont 1985).

874 *Perez v Las Vegas Medical Center*, 805 P2d 589 (Nev 1991).

875 *Delaney v Cade*, 873 P2d 175 (Kan 1994), angewendet in *Dickey v Daughety*, 905 P2d 697 (KanApp 1995), 917 P2d 889 (Kan 1996); *Rios v Bigler*, 67 F3d 1543 (10th Cir 1995).

876 *Rachel Smith v State of Louisiana, Department of Health and Hospitals*, 676 So2d 543 (La 1996).

keit der *loss of chance* bejaht[877]. Beachtenswert ist, daß sich bisher keine Jurisdiktion von der Anerkennung der *loss of chance* als Schaden gelöst hat, sondern eine Tendenz zu einer weiteren Ausbreitung dieses Rechtsinstitutes festzustellen ist.

a) Die Entwicklung in Kansas

In Kansas ist die *loss-of-a-chance*-Lehre durch eine Entscheidung des *Supreme Court of Kansas*[878] anerkannt worden, nachdem zuvor einige Unklarheiten[879] geherrscht hatten. Zunächst hatte nur eine Entscheidung des höchsten Gerichts des Staates Kansas aus dem Jahre 1984 vorgelegen[880], die später von Bundesgerichten[881] herangezogen wurde und nicht immer eindeutig ausgelegt werden konnte. Dies beruht vor allem darauf, daß die hier nur ausnahmsweise zuständigen Bundesgerichte das Recht des Staates Kansas anzuwenden hatten, aber nicht dazu befugt waren, dieses fortzuentwickeln[882].

aa) Bundesgerichte

Der *United States District Court*[883] zog bei seinen frühen Entscheidungen die Ausführungen des *Supreme Court of Kansas* aus der genannten Entscheidung aus dem Jahre 1984, *Roberson v Counselman*[884], heran und suchte hieraus auf die Anwendbarkeit der *loss-of-chance*-Lehre in Kansas zu schließen. Diese Entscheidung des *Supreme Court of Kansas* befaßte sich allerdings noch nicht ausdrücklich mit der Frage, inwiefern die Chance ein eigenständiger Schaden sein kann. Vielmehr wurde auf § 323 Rest2d (Torts) und auch auf *Hicks v United States*[885] Bezug genommen und dabei auch ausführlich die Kausalität erör-

---

877 *Roberts v Ohio Permanente Med Group, Inc*, 668 NE2d 480 (Ohio 1996) unter Aufhebung von *Cooper v Sisters of Charity of Cincinnati, Inc*, 272 NE2d 97 (Ohio 1971).

878 *Delaney v Cade*, 873 P2d 175 (Kan 1994), angewendet in *Dickey v Daughety*, 905 P2d 697 (KanApp 1995), 917 P2d 889 (Kan 1996); *Rios v Bigler*, 67 F3d 1543 (10th Cir 1995).

879 *Roberson v Counselman*, 686 P2d 149 (Kan 1984); *Donnini v Ouano*, 810 P2d 1163, 1167 (KanApp 1991); *Boody v United States*, 706 FSupp 1458 (DKan 1989); *Borgren v United States*, 723 FSupp 581 (DKan 1989); *Delaney v Cade*, 756 FSupp 1476 (DKan 1991).

880 *Roberson v Counselman*, 686 P2d 149 (Kan 1984).

881 *Boody v United States*, 706 FSupp 1458 (DKan 1989); *Borgren v United States*, 723 FSupp 581 (DKan 1989); *Delaney v Cade*, 756 FSupp 1476 (DKan 1991).

882 Zu der Kompetenzverteilung zwischen Bundes- und Staatengerichten *P. Hay*, Einführung in das amerikanische Recht (1995) 50-53.

883 *Delaney v Cade*, 756 FSupp 1476, 1483 (DKan 1991); *Boody v United States*, 706 FSupp 1458, 1461-1463 (DKan 1989).

884 686 P2d 149 (Kan 1984).

885 368 F2d 626 (4th Cir 1966).

tert[886]. Der *United States District Court*[887] griff zunächst auf diese vermeintliche Beweiserleichterung aus § 323 Rest2d (Torts) zurück, kombinierte sie aber mit dem proportional bemessenen Schadenersatz, wie er für die Anerkennung der *loss of chance* als eigenständiger Schaden bezeichnend ist. In einer späteren Entscheidung wurde ausdrücklich die Chance als der zu ersetzende Schaden angesehen, wobei sich die Anwendung der *loss of chance* in Kansas auf den Verlust von Überlebenschancen beschränken sollte[888], da sich die bis dahin einzige Entscheidung des *Supreme Court of Kansas*[889] nur mit Überlebenschancen befaßt hatte. Damit wurde zwischen Chancen, die sich auf ein Überleben beziehen und solchen, die „nur" die Genesung von einer nicht lebensbedrohlichen Erkrankung zur Folge haben, unterschieden. Daß in Kansas bei bloßen Heilungschancen eine Beweiserleichterung vorliegen könnte, wurde hingegen ausdrücklich abgelehnt[890]. Diese Auslegung von *Roberson v Counselman* ist nicht zwingend, da man diese Entscheidung aufgrund der Einbeziehung von § 323 Rest2d (Torts) auch als Befürwortung einer Beweiserleichterung bei dem Verlust von Chancen auffassen könnte. Der *United States District Court* wies in der Entscheidung *Delaney v Cade*[891] auf diese Auslegungsmöglichkeit hin, kam aber zu dem Ergebnis, daß der *Supreme Court of Kansas* nicht beabsichtigt habe, die Schwelle des Kausalitätsnachweises beim Vorliegen von Heilungschancen herabzusetzen und daß daher keine bloße Beweiserleichterung anzunehmen sei[892]. Vielmehr habe die verlorene Chance als solche den ersatzfähigen Schaden darstellen sollen. Dies sei aber auf Überlebenschancen zu beschränken. Eine Anwendung der *loss-of-chance*-Lehre sei gerade in diesen Fällen sinnvoll, da ansonsten die Schwerkranken mit schlechter Prognose kaum die Möglichkeit hätten, Ansprüche geltend zu machen[893], da bei ihnen die überwiegende Wahrscheinlichkeit niemals für eine Heilung spreche. Eine Ausweitung auf alle verlorenen Heilungschancen wie der der Entscheidung zugrunde liegenden Möglichkeit, eine Querschnittslähmung zu verhindern, untergrabe jedoch die Grundsätze des Beweisrechts, wonach eine überwiegende Wahrscheinlichkeit der Schadensverursachung nachgewiesen werden muß[894]. Letztlich wurde darauf hingewiesen, daß eine Anerkennung der Ersatzfähigkeit von Chancen über Überlebenschancen hinaus für die *jury*, die in derartigen Fällen sowohl das Vorliegen einer Chance als auch ihren Wert feststellen muß, zu verwirrend sei. Denn bereits für Fachleute sei die Abgrenzung zwischen der

886 *Roberson v Counselman*, 686 P2d 149, 157-158 (Kan 1984).
887 *Boody v United States*, 706 FSupp 1458, 1461-1463, 1465 (DKan 1989).
888 *Delaney v Cade*, 756 FSupp 1476, 1483 (DKan 1991).
889 *Roberson v Counselman*, 686 P2d 149, 159 (Kan 1984).
890 *Delaney v Cade*, 756 FSupp 1476, 1483 (DKan 1991).
891 756 FSupp 1476, 1482 (DKan 1991).
892 *Delaney v Cade*, 756 FSupp 1476, 1482 (DKan 1991).
893 *Delaney v Cade*, 756 FSupp 1476, 1483 (DKan 1991).
894 *Delaney v Cade*, 756 FSupp 1476, 1483 (DKan 1991).

Schadensverursachung und der Schadensbemessung nicht immer leicht, dies müsse für Laien um so mehr gelten[895]. Der *United States District Court* hatte somit eine Zwischenlösung gefunden: Einerseits wird anerkannt, daß in bestimmten Fällen aufgrund der Beweisschwierigkeiten des Klägers und der besonderen Schutzbedürftigkeit des Patienten ein Bedürfnis besteht, auch Ersatz für den Verlust einer Heilungschance zu erhalten. Dieses Bedürfnis kann hiernach aber nur in gravierenden Fällen, nämlich bei einem Verlust von Überlebenschancen, gegenüber den Grundsätzen des Beweisrechts überwiegen. Zugleich wird die Zurückhaltung des Bundesgerichts deutlich, die Rechtsprechung eines obersten Staatengerichtes ausweitend auszulegen.

bb) *Supreme Court of Kansas*

Die Klägerin, der somit ein Schadenersatz für die verlorene Chance, eine Lähmung zu verhindern, versagt worden war, legte ein Rechtsmittel zum *United States Court of Appeals (10th Circuit)* ein. Da sich dieses Bundesappellationsgericht nicht selbst als befugt ansah, eine Ausweitung der *loss of chance* für bloße Heilungschancen vorzunehmen, legte es dem *Supreme Court of Kansas* diese Rechtsfrage zur Entscheidung vor[896]. Dieser hatte darüber zu befinden, ob die *loss-of-chance*-Lehre in Kansas nur auf Überlebenschancen Anwendung findet oder auf bloße Heilungschancen auszudehnen ist, und welches gegebenenfalls die Haftungsvoraussetzungen sind.

(1) Der *Supreme Court of Kansas* sprach sich für eine Gleichstellung von Heilungs- und Überlebenschancen aus[897]. Zur Begründung wies das Gericht darauf hin, daß keine Gründe für eine Differenzierung zu erkennen seien[898]. Die Tatsacheninstanz habe vielmehr verkannt, daß das Präjudiz aus *Roberson v Counselman*[899] nicht eine Beschränkung auf Überlebenschancen bezweckt, sondern sich nur mit der damaligen konkreten Situation auseinandergesetzt habe, bei der es um ein Überleben ging[900].

(2) Hinsichtlich der Voraussetzungen eines Anspruches wies der *Supreme Court of Kansas* zunächst darauf hin, daß es sich im Kern bei der *loss of chance* um ein Kausalitätsproblem handele, da sie nur dann einschlägig sei, wenn dem Maßstab der überwiegenden Wahrscheinlichkeit nicht Genüge getan werden

---

895 *Delaney v Cade*, 756 FSupp 1476, 1484 (DKan 1991).
896 *Delaney v Cade*, 986 F2d 387 (10th Cir 1993)
897 *Delaney v Cade*, 873 P2d 175, 182 (Kan 1994).
898 *Delaney v Cade*, 873 P2d 175, 182 (Kan 1994).
899 686 P2d 149 (Kan 1984).
900 *Delaney v Cade*, 873 P2d 175, 182 (Kan 1994).

könne[901]. Andererseits sei eine untrennbare Verknüpfung mit dem Schaden nicht zu leugnen[902]. Damit hat das Gericht offen ausgesprochen, daß die *loss of chance* zwar nicht als Erleichterung des Kausalitätsnachweises hinsichtlich des endgültigen Schadens angesehen werden kann, aber die ungewisse Kausalität der eigentliche Grund für die Entwicklung und auch die Anerkennung der *loss of chance* darstellt. Daß Kansas dennoch nicht zu den Staaten, die hieran eine Beweiserleichterung knüpfen, zu zählen ist, ergibt sich aus den vom *Supreme Court of Kansas* entwickelten Anspruchsvoraussetzungen[903]. Der Kläger muß hiernach beweisen, daß der Beklagte den Verlust einer Überlebens- oder Heilungschance verursacht hat und daß es sich hierbei um eine *substantial chance*[904] handelte[905]. Als Maßstab für die Kausalität wird an der überwiegenden Wahrscheinlichkeit festgehalten. Die Schadenshöhe sei proportional nach der Höhe der entgangenen Chance zu ermitteln (*proportional damages approach*)[906], worauf die *jury* in der Tatsacheninstanz ausdrücklich hinzuweisen sei.

---

901 *Delaney v Cade*, 873 P2d 175, 178, 180 (Kan 1994) unter Bestätigung von *Donnini v Ouano*, 810 P2d 1163, 1167 (KanApp 1991), wo eine Anwendung der *loss-of-chance*-Lehre aus tatsächlichen Gründen abgelehnt wurde, da der Patient eine überwiegende Chance hatte und daher die Kausalität nachgewiesen war.

902 *Delaney v Cade*, 873 P2d 175, 183 (Kan 1994).

903 Anders aber *M. Hayes/M. Schwerin*, „Recent Developments in 'Loss of Chance'", 28 HOSPLW 173 (1995) (zitiert nach lexis S. 6), allerdings ohne Begründung.

904 Hiermit löste sich der *Supreme Court* zugleich von dem Begriff der *appreciable chance*, der noch in *Roberson v Counselman*, 686 P2d 149, 159 (Kan 1984) verwendet wurde.

905 *Delaney v Cade*, 873 P2d 175, 185 (Kan 1994).

906 *Delaney v Cade*, 873 P2d 175, 187 (Kan 1994) unter ausdrücklichem Hinweis auf *J. H. King*, „Causation, Valuation, and Chance in Personal Injury Torts Involving Preexisting Conditions and Future Consequences", 90 YaleLJ 1353-1397 (1981).

b) Die Entwicklung in Louisiana

aa) In Louisiana[907] fand sich eine reichhaltige Judikatur[908], die eine Beweiserleichterung bei Zerstörung einer Heilungschance bejahte. Die Gerichte[909] beriefen sich dabei sowohl auf § 323 Rest2d (Torts) als auch auf die Entscheidung *Hicks v United States*[910]. Zudem verwiesen sie darauf, daß das Fehlverhalten des Arztes nicht die einzige Ursache des Schadens sein muß, da auch mehrere Ursachen zusammen im Sinne des *substantial factor test* als ursächlich anzusehen sind[911]. Somit reiche es zur Vorlage an die *jury* aus, wenn nachgewiesen werde, daß der ärztliche Fehler zu einer Risikoerhöhung geführt hat, was mit einer Verringerung einer Chance gleichgesetzt werden könne[912].

---

907 Zu beachten ist hier, daß Louisiana als einziger Bundesstaat der Vereinigten Staaten nicht dem *common-law*-Rechtskreis zuzuordnen ist, sondern als ehemalige französische Kolonie den vom Code Civil beeinflußten Civil Code of Louisiana hat, *K.Zweigert/H. Kötz*, Einführung in die Rechtsvergleichung (1996) 114-116. Das Arzthaftungsrecht ist durch gesetzliche Regelung mit den Haftungsvoraussetzungen des *common law* im Einklang, die Gerichte ziehen daher zur Begründung und Weiterentwicklung des Arzthaftungsrechts auch die Entwicklung aus den anderen Bundesstaaten heran, vgl. nur *Hastings v Baton Rouge General Hospital*, 498 So2d 713, 720 (La 1986). Auch im Deliktsrecht haben sich Begriffe der *negligence* „eingeschmuggelt“, *K.Zweigert/H. Kötz*, a.a.O., 116. Zum Privatrecht Louisianas siehe auch *J. Zekoll*, „Common Law und Civil Law im Privatrecht von Louisiana“, ZVglRWiss 93 (1994) 323-342.

908 *Hastings v Baton Rouge General Hospital*, 498 So2d 713, 720 (La 1986) (Schwerverletzter wird in ein anderes Krankenhaus verlegt); *Smith v State Through the Department of Health and Human Resources Administration*, 523 So2d 815, 821 (La 1988) (Tod durch Herzanfall, nachdem Untersuchungsmaßnahmen nicht sofort eingeleitet wurden); *Martin v East Jefferson General Hospital*, 582 So2d 1272 (La 1991) (fehlerhafte Diagnose eines *lupus erythematosus*); *Ambrose v New Orleans Police Department Ambulance Service*, 639 So2d 216 (La 1994) (unzureichende Maßnahmen bei einem Herzanfall); *Pfiffner v Correa*, 643 So2d 1228, 1230 (La 1994) (unzutreffende Diagnose einer Kopfverletzung, Haftung aber abgelehnt, da keine Behandlungsmöglichkeit bestand); *Bourne v Seventh Ward General Hospital*, 546 So2d 197, 203 (LaApp 1989) (unzureichende Überwachung einer selbstmordgefährdeten Patientin); *White v Touro Infirmary*, 633 So2d 755, 759 (LaApp 1994) (Embolie während einer Operation); *Snia v United Medical Center of New Orleans*, 637 So2d 1290 (LaApp 1994) (unzureichende Untersuchung einer Notfallpatientin); *Todd v Sauls*, 647 So2d 1366, 1373 (LaApp 1994) (unzureichende postoperative Überwachung eines Patienten); *Barre v Nadell*, 657 So2d 514, 519 (LaApp 1995) (aus anderen Gründen wurde Haftung abgelehnt); *Clark v Baton Rouge General Medical Center*, 657 So2d 741 (LaApp 1995) (rufbereite Ärzte begeben sich nicht zur Patientin, sondern erteilen telefonische Anweisungen); *Seal v Bogalusa Community Medical Center*, 665 So2d 52, 54 (LaApp 1995) (unzureichende medizinische Behandlung im Krankenhaus); in *Bartley v Pailet*, 527 So2d 430, 432 (LaApp 1988) wurde dies allerdings noch auf Fälle der *res ipsa loquitur* beschränkt.

909 *Hastings v Baton Rouge General Hospital*, 498 So2d 713, 720 (La 1986).

910 368 F2d 626 (4th Cir 1966).

911 *Hastings v Baton Rouge General Hospital*, 498 So2d 713, 720 (La 1986).

912 *Hastings v Baton Rouge General Hospital*, 498 So2d 713, 720 (La 1986).

bb) Allerdings hatte sich der *Supreme Court of Louisiana* nicht dazu geäußert, wie der Schadenersatz in diesen Fällen zu bemessen ist[913].

(1) Ein Instanzgericht[914] schloß sich ausdrücklich dem proportionalen Schadenersatz an, wie er bei Anerkennung der *loss of chance* als eigenständiger Schaden bezeichnend ist. So weit, die Chance als separaten Schaden zu betrachten, ging der *Court of Appeals of Louisiana (2d Cir)* jedoch nicht. Vielmehr wurde aus der Tatsache, daß bei dem Verlust einer Heilungschance eine Beweiserleichterung eintritt und somit den Beklagten benachteiligt, das Bedürfnis eines Ausgleichs dieser Benachteiligung abgeleitet. Die Reduzierung des Schadenersatzanspruches proportional zur Höhe der Chance wurde dabei als probates Mittel anerkannt[915]. Das Gericht näherte sich der Rechtslage in Oklahoma[916] und New Jersey[917] an, wo ebenfalls eine Beweiserleichterung mit einem proportional reduzierten Schadenersatz kombiniert wird.

(2) Damit war offen, inwiefern sich diese Entwicklung im *Supreme Court* durchsetzen und gegebenenfalls zu einer Anwendung der *loss-of-chance*-Lehre im engeren Sinn führen würde. Inzwischen ist diese Frage beantwortet worden, der *Supreme Court* hat in einer Entscheidung aus dem Jahre 1996 festgelegt, daß in Louisiana nunmehr die *loss of chance* als eigenständiger Schaden anzusehen ist[918]. Der *Supreme Court* ging über die Ausführungen der Vorinstanz[919], die eine Beweiserleichterung angenommen hatte, hinaus.

cc) Damit ist die *loss of chance* in Louisiana als eigenständiger Schaden anerkannt[920], nachdem für eine längere Zeit hieran eine Beweiserleichterung geknüpft worden war. Als dem *Supreme Court* erstmals die Frage der Schadensberechnung vorgelegt wurde, wendete er sich von dieser beweisrechtlichen Ein-

---

913 *Ambrose v New Orleans Police Department Ambulance Services*, 639 So2d 216, 218 (La 1994).

914 *Rachel Smith v State of Louisiana*, 647 So2d 653, 661-663 (LaApp 1994) (Lungenkrebs wurde nicht erkannt).

915 *Rachel Smith v State of Louisiana*, 647 So2d 653, 661-663 (LaApp 1994).

916 *McKellips v Saint Francis Hospital, Inc*, 741 P2d 467 (Okla 1987).

917 *Scafidi v Seiler*, 574 A2d 398 (NJ 1990).

918 *Rachel Smith v State of Louisiana, Department of Health and Hospitals*, 676 So2d 543, 547 (La 1996), dazu *D.R. Carney*, „Smith v State of Louisiana, Department of Health and Hospitals: Loss of Chance of Survival: The Valuation Debate“, 58 LaLRev 339-367 (1997).

919 *Rachel Smith v State of Louisiana*, 647 So2d 653, 661-663 (LaApp 1994).

920 Bestätigt durch *Graham v Willis-Knighton Medical Center*, 699 So2d 365 (La 1997) (Beinamputation, nachdem kein Spezialist hinzugezogen worden war); vgl. zu dieser Entscheidung *R.J. David*, „Effect of Payment of $ 100,000: Loss of Chance of a Better Result“, 45 LaBJ 365-366 (1997). Siehe auch *Boudoin v Nicholson, Baehr, Calhoun & Lanasa*, 698 So2d 469 (LaApp 1997) (Tumor auf Röntgenaufnahme nicht erkannt); *McCrery v Willis Knighton Medical Center*, 705 So2d 753 (LaApp 1997) (unzureichende Überwachung).

ordnung der *loss of chance* ab und verwies darauf, daß der Kläger durch Ersatz des gesamten Schadens überkompensiert werde[921]. Diese schrittweise Entwicklung könnte sich möglicherweise auch in anderen Bundesstaaten in ähnlicher Weise vollziehen: In einer Vielzahl von Bundesstaaten wird die *loss of chance* als Beweiserleichterung anerkannt, ohne daß die Möglichkeit einer Schadensreduzierung erwähnt wird[922]. Dabei handelt es sich teilweise um Entscheidungen, die zu einem Zeitpunkt ergangen sind, in dem die schadensrechtliche Qualifizierung der *loss of chance* noch nicht eingeführt oder noch neu war. Zudem ist zu bedenken, daß die Gerichte oftmals die Frage zu entscheiden hatten, ob das Beweismaterial für eine Vorlage an eine *jury* ausreichend war und daher die Schadenshöhe nicht im Vordergrund stand. Es ist nicht ausgeschlossen, daß auch weitere Gerichte nach einer gesonderten Prüfung der Schadensberechnung die *loss of chance* als Schaden qualifizieren werden. Die Tendenz in der Rechtsprechung spricht für diese Vermutung.

c) Die Entwicklung in Ohio

In Kansas und Louisiana gestanden die Gerichte den Heilungschancen bereits frühzeitig eine rechtliche Relevanz zu. Unklarheiten bestanden lediglich hinsichtlich der Einordnung der *loss of chance*, die, wie soeben dargelegt, nunmehr durch die zunehmend differenzierteren Ausführungen der obersten Instanzen beseitigt sind. Gänzlich anders ist jedoch die Entwicklung in Ohio verlaufen: Nachdem mehr als zwanzig Jahre lang die Anerkennung der *loss of chance* durch die Leitentscheidung *Cooper v Sisters of Charity of Cincinnati, Inc*[923] ausgeschlossen war, hat sich der *Supreme Court of Ohio* im Jahre 1996 von dieser Rechtsprechung gelöst und sieht in der *loss of chance* einen eigenständigen Schaden[924].

aa) *Cooper v Sisters of Charity of Cincinnati, Inc*

Nachdem durch die bereits dargestellte Entscheidung *Hicks v United States*[925] die Möglichkeit einer Beweiserleichterung bei einem bloßen Verlust von Chancen angedeutet worden war, berief sich die Klägerin vor dem *Supreme Court of*

921 *Rachel Smith v State of Louisiana, Department of Health and Hospitals*, 676 So2d 543, 547 (La 1996).
922 Siehe oben § 4 B II 2 b) cc).
923 272 NE2d 97 (Ohio 1971).
924 *Roberts v Ohio Permanente Med Group, Inc*, 668 NE2d 480 (Ohio 1996).
925 368 F2d 626 (4th Cir 1966).

Ohio ebenfalls auf die Möglichkeit einer Beweiserleichterung[926]: Ihr Sohn war nach einem Verkehrsunfall in die Notaufnahme der beklagten Klinik eingeliefert und untersucht worden. Obwohl die Klägerin darauf hinwies, daß eine Verletzung am Hinterkopf vorlag, erstreckte sich die Untersuchung nicht hierauf. Der Patient wurde nach Hause entlassen und verstarb wegen eines Schädelbasisbruches. Der Sachverständige gab an, daß bei einer rechtzeitigen Operation eine Überlebenschance von circa 50 Prozent[927] bestanden hätte. Das erstinstanzliche Gericht entschied, daß die Klägerin nicht hinreichend Beweismaterial beigebracht hatte, um eine *jury*-Entscheidung herbeizuführen. Hiergegen legte sie das Rechtsmittel zum *Supreme Court of Ohio* ein. Das Gericht hielt ausdrücklich an dem Erfordernis der *proximate cause* und dem hierbei anzulegenden Beweismaßstab der überwiegenden Wahrscheinlichkeit fest[928]. Der Verlust einer Heilungschance allein könne kein ersatzfähiger Schaden sein[929]. Auch könne in *Hicks v United States* keine Beweiserleichterung gesehen werden, da im dort zu entscheidenden Sachverhalt festgestanden habe, daß die Patientin bei rechtzeitiger Behandlung überlebt hätte. Eine Beweiserleichterung sei aber auch nicht zu befürworten. Zwar bestehe gerade im Arzthaftungsrecht die nachvollziehbare Neigung, zugunsten des Patienten Beweiserleichterungen einzuführen. Dieser Neigung dürfe aber nicht nachgegeben werden, da hierdurch mehr Ungerechtigkeit für die Beklagten als Gerechtigkeit für die Kläger geschaffen werde[930]. Da es sich bei dieser Entscheidung um eine der ersten ausdrücklichen Ablehnungen der *loss-of-chance*-Doktrin handelte, ist sie in späteren Entscheidungen[931] häufig zur Unterstützung einer ebenfalls ablehnenden Entscheidung

---

926 *Cooper v Sisters of Charity of Cincinnati, Inc*, 272 NE2d 97 (Ohio 1971); zustimmend *S. Horn*, „Should Lack of Diligence in Diagnosis Resulting in Loss of Chance to Live Be a Compensable Injury? - *Cooper v Sisters of Charity of Cincinnati, Inc,* 27 Ohio St. 2d 242, 272 N.E.2d 97 (1971)", 3 Seton Hall LRev 505-522 (1972).

927 „*some place around 50 %*", *Cooper v Sisters of Charity of Cincinnati, Inc*, 272 NE2d 97, 101 (Ohio 1971).

928 *Cooper v Sisters of Charity of Cincinnati, Inc*, 272 NE2d 97, 102-103 (Ohio 1971) unter Verweis auf *Kuhn v Banker*, 13 NE2d (Ohio 1938); ebenso *Moore v University of Cincinnati Hospital*, 639 NE2d 798 (OhioApp 1994) und *Schlachet v Cleveland Clinic Foundation*, 661 NE2d 259 (OhioApp 1995); erforderlich war allerdings nicht, daß die Heilungschance durch das schädigende Verhalten um 50 Prozent herabgesetzt wurde, sondern es reichte, daß eine Heilungswahrscheinlichkeit von über 50 Prozent bestand: *Safranic v Belany*, 623 NE2d 611, 613 (OhioApp 1993), wo sich der Beklagte erfolglos darauf berief, die Heilungschance sei lediglich von 70 Prozent auf ca. 60 Prozent gesenkt worden.

929 *Cooper v Sisters of Charity of Cincinnati, Inc*, 272 NE2d 97, 102 (Ohio 1971).

930 *Cooper v Sisters of Charity of Cincinnati, Inc*, 272 NE2d 97, 103 (Ohio 1971).

931 *Gooding v University Hospital Building, Inc*, 445 So2d 1015, 1020 (Fla 1984); *Alfonso v Lund*, 783 F2d 958 (10th Cir 1986); *Jones v Owings*, 456 SE2d 371, 373 (SC 1995).

herangezogen und auch im Schrifttum als Leitentscheidung gegen die Anerkennung der *loss of chance* angesehen worden[932].

bb) Abkehr von dieser Rechtsprechung

Daher ist die Aufhebung dieser Leitentscheidung und die Kehrtwendung in der Rechtsprechung des *Supreme Court of Ohio* über die Grenzen dieses Bundesstaates hinaus von Bedeutung. Das Gericht wies in seiner Begründung vor allem darauf hin, daß die *loss of chance* das gerechteste und angemessenste Mittel zur Lösung solcher Fälle darstelle[933]. Es könne daher nicht mehr an der Auffassung festgehalten werden, daß die *loss of chance* zu unbilligen Ergebnissen führe[934]. Dieser Rechtsprechungsumschwung kann vor allem mit der Weiterentwicklung der *loss of chance* erklärt werden: Während diese zunächst nur zu einer Beweiserleichterung und damit zu einem Ersatz des gesamten endgültigen Schadens führte[935], ist nunmehr ein proportionaler Schadenersatz möglich, wodurch auf die Interessen der Parteien und die jeweilige Risikoverteilung im Einzelfall differenzierter Rücksicht genommen werden kann. Hierdurch hat sich der *Supreme Court* dazu veranlaßt gesehen, die bisherige Rechtsprechung zu überprüfen und abzuändern[936].

d) Zusammenfassung

Es zeigt sich, daß sich die Entwicklung der *loss of chance* in den Vereinigten Staaten noch im Fluß befindet und deren Anerkennung als eigenständiger Schaden teilweise schrittweise oder unter einer grundlegenden Rechtsprechungsänderung erfolgt ist. Beachtenswert ist, daß in den Rechtsordnungen, die der *loss of chance* eine rechtliche Relevanz einräumen, die Tendenz auf eine schadens-

932 *P.L. Andel*, „Medical Malpractice: The Right to Recover for the Loss of a Chance of Survival“, 12 PeppLRev 973-998, 980 (1985); *B.C. Boggs*, „Lost Chance of Survival Doctrine: Should the Courts Ever Tinker With Chance?“, 16 SoIllULJ 421-449, 426 (1992); *S.F. Brennwald*, „Proving Causation in 'Loss of a Chance' Cases: A Proportional Approach“, 34 CathULRev 747-790, 764 (1985); *L.L. Cross*, „*Alfonso v. Lund:* Loss of Chance Rejected as a Basis for Recovery in Medical Malpractice“, 12 OklaCityULRev 187-203, 195 (1987); *F.C. Woodside III/ J.E. Schlesinger/ J.E. Jevicky/ C.G. Combs/ C.S. Ross*, „Loss of Chance: A Fundamental Change in Proximate Causation“, 59 DefCounsJ 42-49, 46 (1992).

933 *Roberts v Ohio Permanente Med Group, Inc*, 668 NE2d 480, 484 (Ohio 1996).

934 *Roberts v Ohio Permanente Med Group, Inc*, 668 NE2d 480, 484 (Ohio 1996) unter ausdrücklicher Aufhebung von *Cooper v Sisters of Charity of Cincinnati, Inc,* 272 NE2d 97, 103 (Ohio 1971).

935 Siehe oben § 4 B.

936 *Roberts v Ohio Permanente Med Group, Inc*, 668 NE2d 480, 484 (Ohio 1996).

rechtliche Qualifizierung derselben hindeutet[937]. Insbesondere dann, wenn die Frage der Schadensberechnung erstmals zu entscheiden ist, wird der schadensrechtlichen Qualifizierung gegenüber der Beweiserleichterung als der sachgerechteren Lösung der Vorzug gegeben[938].

2. Vergleich der Sachverhaltskonstellationen

Die Sachverhalte, die zu einer Anerkennung der *loss of chance* als eigenständiger Schaden geführt haben, lassen sich zu Fallgruppen zusammenfassen.

a) Verspätete Krebsdiagnose

Ein großer Teil der untersuchten Fälle diskutiert den Ersatz von Heilungschancen im Zusammenhang mit verspäteten Krebsdiagnosen[939], bei denen diese Verspätung zu einer Verzögerung der gebotenen Therapie führte. Die Patienten standen hierbei mehrfach vor Beweisschwierigkeiten, da sie zum einen oftmals nicht nachweisen konnten, in welchem Stadium sich ihre Krankheit im Zeitpunkt der frühestmöglichen Diagnose befand und sich darüber hinaus nach den maßgeblichen medizinischen Erkenntnissen regelmäßig nicht mit Gewißheit bzw. zumindest nicht mit überwiegender Wahrscheinlichkeit feststellen ließ, ob eine Heilung bei optimaler und rechtzeitiger Behandlung möglich gewesen wäre. Diese typische Fallkonstellation begünstigte offenbar die Entwicklung und Anerkennung der *loss-of-chance*-Lehre, da sich gerade hierbei sonst für den Patienten unüberwindliche Beweisschwierigkeiten ergeben, denen durch die Anerkennung von Heilungschancen als einem ersatzfähigen Schaden beizukommen versucht wird[940].

---

937 *Delaney v Cade*, 873 P2d 175 (Kan 1994); *Rachel Smith v State of Louisiana, Department of Health and Hospitals*, 676 So2d 543 (La 1996); anders aber *Mayhue v Sparkman*, 653 NE2d 1384 (Ind 1995).

938 *Delaney v Cade*, 873 P2d 175 (Kan 1994); *Rachel Smith v State of Louisiana, Department of Health and Hospitals*, 676 So2d 543 (La 1996).

939 *Herskovits v Group Health Cooperative of Puget Sound*, 664 P2d 474 (Wash 1983); *DeBurkarte v Louvar*, 393 NW2d 131 (Iowa 1986); *Wollen v DePaul Health Center*, 828 SW2d 681 (Mo 1992); *Rachel Smith v State of Louisiana, Department of Health and Hospitals*, 676 So2d 543 (La 1996); *Mays v United States*, 608 FSupp 1476 (DColo 1985); *Boody v United States*, 706 FSupp 1458 (DKan 1989); *Borgren v United States*, 723 FSupp 581 (DKan 1989).

940 So auch *Daughtrey J* in *Kilpatrick v Bryant*, 868 SW2d 594, 615 (Tenn 1993).

b) Weitere Fälle fehlerhafter Diagnosen

Aber auch bei anderen Fällen fehlerhafter Diagnosen ist die *loss of chance* eingeführt worden. Dies gilt beispielsweise in Fällen, in denen ein Patient nicht umfassend untersucht und daher die erforderliche Maßnahme nicht eingeleitet wird[941].

c) Unterlassung gebotener Maßnahmen

Andere Anwendungsfälle der *loss of chance* finden sich bei der Unterlassung gebotener Maßnahmen. Dies gilt insbesondere für die Nichtvornahme gebotener Vorsorge- und Sicherheitsmaßnahmen[942] oder Behandlungen[943]. Wird eine erforderliche Untersuchung nicht vorgenommen, so stellt dies bereits einen Fall einer fehlerhaften, da nicht *lege artis* umfassend durchgeführten Diagnose dar.

d) Zusammenfassung

aa) Zusammenfassend läßt sich nach einer Betrachtung der den entschiedenen Fällen zugrunde liegenden Tatsachen sagen, daß eine Haftung eines Arztes nach den Grundsätzen der *loss of chance* dann zum Tragen kommt, wenn sich der Patient bereits in einem gesundheitlich nachteiligen Zustand befindet und der Arzt eine gebotene Behandlung oder Vorsorgemaßnahme, die zu einer Heilung führen könnte, unterläßt oder in fehlerhafter Weise durchführt[944]. Häufig ist auch eine fehlerhafte Diagnose (insbesondere von Krebs) anzutreffen[945]. Daß derartige Konstellationen die Entwicklung der *loss-of-chance*-Lehre begünstigten, ist angesichts der typischen Beweisschwierigkeiten nicht verwunderlich. Mit der Anerkennung der *loss of chance* ist ein Instrument entwickelt worden, welches versucht, diesen besonderen Konstellationen gerecht zu werden.

941 *Perez v Las Vegas Medical Center*, 805 P2d 589 (Nev 1991); *Delaney v Cade*, 873 P2d 175 (Kan 1994).

942 *Falcon v Memorial Hospital*, 462 NW2d 44 (Mich 1990); *McCrery v Willis Knighton Medical Center*, 705 So2d 753 (LaApp 1997).

943 *Wendland v Sparks and David County Hospital*, 574 NW2d 327 (Iowa 1998) (Unterlassene Beatmung).

944 *J.L. Benson*, „The Dilemma of Chance in Medical Malpractice: Should Illinois Recognize a New Cause of Action for 'Lost Chance' of Survivability?", 9 NIllUnivLRev 575-602, 580 (1989); *D.W. Louisell/H. Williams*, Medical Malpractice (1996) Ch. 18-07.

945 Hierzu ausführlich *J.D. Wolf*, „Playing the Percentages: A Re-examination of Recovery for Loss of Chance", 26 Santa Clara LRev 429-459, 455-456 (1986).

bb) Diese Sachverhaltskonstellationen entsprechen denjenigen, in denen die französische Rechtsprechung einen Schadenersatz wegen *perte d'une chance de guérison* zuspricht. Die Rechtsprechung der Vereinigten Staaten hat sich bisher nicht mit der Frage zu befassen gehabt, inwiefern die *loss of chance* von anderen Fällen zweifelhafter Kausalität abzugrenzen ist. Aus diesem Grunde ist bisher nicht ausdrücklich entschieden worden, inwiefern die *loss of chance* möglicherweise über die in Frankreich gesteckten Grenzen hinausgeht. Eine Abweichung von der französischen Rechtsprechung erscheint jedoch als sehr fraglich, da die Gerichte in den Vereinigten Staaten sicherlich eine Gelegenheit gefunden hätten, den Anwendungsbereich der *loss of chance* zu erweitern, wenn sie dies in entsprechenden Sachverhaltskonstellationen[946] für erforderlich gehalten hätten.

3. Argumentationslinien

Anders als die französische Rechtsprechung haben die Richter in den Vereinigten Staaten die Anerkennung der *loss of chance* als eigenständiger Schaden ausführlich begründet und sich dabei von vergleichbaren Argumenten leiten lassen.

a) Wie bereits dargelegt, geht die *loss of chance* auf vergleichbare Sachverhalte zurück. Diese haben die Gerichte dazu veranlaßt, nach neuen Lösungsmöglichkeiten zu suchen, die anders als die bestehende Rechtslage eine als angemessener empfundene Lösung darstellen. Die Gerichte weisen darauf hin, daß die *loss of chance* aus Billigkeitsgründen vorzugswürdig sei[947], während das Alles-oder-Nichts-Prinzip als willkürlich angesehen wird[948]. Bei der *loss of chance* werde das Interesse beider Seiten gewahrt, da für die Haftung und die Schadenshöhe die Chancen maßgeblich seien und damit die Risikoverteilung zwischen Arzt und Patient widergespiegelt werde[949]. Dies sei durch das Alles-oder-Nichts-Prinzip nicht möglich. Zudem seien die Beweisschwierigkeiten gerade durch das Fehlverhalten des Mediziners verursacht, so daß er nicht in gleichem Maße schutzwürdig sei wie der Patient[950].

---

946 Also insbesondere in den Fällen der Schaffung eines zusätzlichen Risikos wie in CassCiv, 1re, 17.11.1982 BullCiv I No 301.

947 *DeBurkarte v Louvar*, 393 NW2d 131, 137 (Iowa 1986); *Falcon v Memorial Hospital*, 462 NW2d 44, 48 (Mich 1990); *Wollen v DePaul Health Center*, 828 SW2d 681, 684 (Mo 1992); *Rachel Smith v State of Louisiana, Department of Health and Hospitals*, 676 So2d 543 (La 1996).

948 *Herskovits v Group Health Cooperative of Puget Sound*, 664 P2d 474 486 (Wash 1983).

949 *Roberts v Ohio Permanente Med Group, Inc*, 668 NE2d 480, 484 (Ohio 1996).

950 *DeBurkarte v Louvar*, 393 NW2d 131, 137 (Iowa 1986); *dissenting opinion* von *Hightower J* in *Kramer v Lewisville Memorial Hospital*, 858 SW2d 397, 409 (Tex 1993).

b) Die Gerichte weisen zudem darauf hin, daß der Anerkennung der *loss of chance* als Schaden keine dogmatischen Bedenken entgegenstünden: Da an die Chance und nicht an den endgültigen Schaden zur Feststellung des Ursachenzusammenhangs angeknüpft werde, könne auf die allgemeinen Grundsätze für den Kausalitätsnachweis zurückgegriffen werden[951]. Es dürfe nicht außer acht gelassen werden, daß in vergleichbaren Fällen angesichts der Beweisschwierigkeiten des Patienten zu seinen Gunsten häufig Beweiserleichterungen eingeführt werden, die die allgemeinen Grundsätze, wonach er die Kausalität nachweisen muß, ergänzen. Dies führe anders als die *loss of chance* zu einer Aufweichung dieser Grundsätze[952]. Daher sei die Anerkennung der *loss of chance* gegenüber möglichen Beweiserleichterungen vorzugswürdig.

c) Gerade bei Medizinern werde durch das Festhalten am Alles-oder-Nichts-Prinzip die Präventionsfunktion des Haftungsrechts gefährdet[953]. Bei der Behandlung von Kranken trete die zu vermeidende Folge häufig trotz optimaler medizinischer Betreuung ein. Wenn dieser wisse, daß bei einem ungewissen Ausgang einer Behandlung durch eine fehlerhafte Therapie oder Diagnose keine Schadenersatzverpflichtung ausgelöst werden könne, werde er seine Bemühungen und seine Sorgfalt möglicherweise nicht auf das Äußerste ausdehnen[954]. Zudem müsse beachtet werden, daß Patienten mit schlechten Heilungsperspektiven ohne die *loss of chance* gegenüber anderen Patienten benachteiligt würden[955].

d) Eine uferlose Ausdehnung der Haftung sei hingegen nicht zu befürchten[956]. Ein Korrektiv sei bereits durch das fortbestehende Verschuldensprinzip vorhanden[957].

---

951 *Herskovits v Group Health Cooperative of Puget Sound*, 664 P2d 474, 487 (Wash 1983); *Perez v Las Vegas Medical Center*, 805 P2d 589, 592 (Nev 1991); *P.L. Andel*, „Medical Malpractice: The Right to Recover for the Loss of a Chance of Survival", 12 PeppLRev 973-998, 974 (1985).

952 *Herskovits v Group Health Cooperative of Puget Sound*, 664 P2d 474 (Wash 1983).

953 *DeBurkarte v Louvar*, 393 NW2d 131, 137 (Iowa 1986); *P.L. Andel*, „Medical Malpractice: The Right to Recover for the Loss of a Chance of Survival", 12 PeppLRev 973-998, 974 (1985).

954 *Herskovits v Group Health Cooperative of Puget Sound*, 664 P2d 474, 486-487 (Wash 1983).

955 *Perez v Las Vegas Medical Center*, 805 P2d 589, 591 (Nev 1991).

956 *Perez v Las Vegas Medical Center*, 805 P2d 589, 593 (Nev 1991); *dissenting opinion* von *Hightower J* in *Kramer v Lewisville Memorial Hospital*, 858 SW2d 397, 410 (Tex 1993).

957 *Perez v Las Vegas Medical Center*, 805 P2d 589, 592 (Nev 1991).

e) Die *loss of chance* könne auf das Arzthaftungsrecht beschränkt werden; dort sei ihre Anwendung aber auch erforderlich, da man sich an einen Arzt wende, um alle vorhandenen Genesungschancen vollständig auszunutzen[958]. Ziel der medizinischen Behandlung sei einvernehmlich zwischen Arzt und Mediziner auch die Wahrung dieser Chancen, die daher vom Schutz des Haftungsrechts umfaßt sein müssen[959].

f) Die Heilungschance müsse auch deswegen als eigenständiger Schaden angesehen werden, da sie für den Patienten einen Wert habe[960]. Dies sei mit einer Situation zu vergleichen, in der man die Wahl zwischen drei Türen habe und hinter zweien der sichere Tod und hinter einer die Rettung warte[961]. Es dürfe nicht verkannt werden, daß durch die Vereitelung der Möglichkeit, zwischen den Türen zu wählen, ein Nachteil gegeben sei. Insofern seien Heilungschancen mit anderen zukünftigen Chancen vergleichbar[962].

g) Ein unnachgiebiges Festhalten an dem Beweismaß der überwiegenden Wahrscheinlichkeit führe zudem dazu, daß der Prozeß sich auf einen Sachverständigenstreit um die Grenze zwischen 49 und 51 Prozent konzentriere (*battle of experts*)[963]. Es sei auch nicht einsichtig, warum bei einer Chance von 49,999 Prozent etwas anderes gelten solle als bei einer Chance von 50,001 Prozent[964].

h) Bei der *loss of chance* handele es sich um ein Mittel, welches dem medizinischen Fortschritt in der Diagnostik und Therapie von Krankheiten wie Krebs

---

958 *Aasheim v Humberger*, 695 P2d 824, 828 (Mont 1985); *Falcon v Memorial Hospital*, 462 NW2d 44, 51 (Mich 1990).

959 *Wollen v DePaul Health Center*, 828 SW2d 681, 684 (Mo 1992).

960 *Wollen v DePaul Health Center*, 828 SW2d 681, 684 (Mo 1992); *Dissenting opinion* von *Hightower J* in *Kramer v Lewisville Memorial Hospital*, 858 SW2d 397, 409 (Tex 1993).

961 Beispiel nach *Wollen v DePaul Health Center*, 828 SW2d 681, 684 (Mo 1992).

962 *Dissenting opinion* von *Hightower J* in *Kramer v Lewisville Memorial Hospital*, 858 SW2d 397, 409 (Tex 1993).

963 *Waffen v United States, Department of Health and Human Services*, 799 F2d 911 (4th Cir 1986); *H. R. Feldman*, „Chances as Protected Interests: Recovery for the Loss of a Chance and Increased Risk", 17 BaltLRev 139-159, 143 (1987).

964 *Wollen v DePaul Health Center*, 828 SW2d 681, 684 (Mo 1992); ähnlich *P.L. Andel*, „Medical Malpractice: The Right to Recover for the Loss of a Chance of Survival", 12 PeppLRev 973-998, 977, 986 (1985); *B.C. Boggs*, „Lost Chance of Survival Doctrine: Should the Courts Ever Tinker With Chance?", 16 SoIllULJ 421-449, 432 (1992); *W. Miller*, „*Herskovits v Group Health Cooperative of Puget Sound*: Negligent Creation of a Substantial Risk of Injury is a Compensable Harm", 9 UnivPugetSound LRev 251-291, 271 (1985); *J.D. Wolf*, „Playing the Percentages: A Re-examination of Recovery for Loss of Chance", 26 Santa Clara LRev 429-459, 445 (1986).

angemessen sei[965]. Ohne sie wäre eine unsorgfältige Diagnose trotz der unbestrittenen Vorteile einer möglichst frühzeitigen Behandlung aus haftungsrechtlicher Sicht folgenlos. Das Deliktsrecht sei dynamisch und damit einer solchen Anpassung zugänglich[966].

i) Diese Argumente weisen Übereinstimmungen mit den Stimmen aus der französischen Literatur auf, die eine Ersatzfähigkeit von Heilungschancen befürworten[967]. Einige Gesichtspunkte sind dem *common law* jedoch eigen, insbesondere werden die Härten des Alles-oder-Nichts-Prinzips wohl deshalb als besonders eklatant empfunden, weil das Prozeßergebnis bei einer geringfügigen Erhöhung der Verursachungswahrscheinlichkeit „kippen" kann. Die *loss of chance* ist im amerikanischen Arzthaftungsrecht ähnlich umstritten wie in Frankreich, da sich eine Vielzahl von Jurisdiktionen ausdrücklich gegen dieses Rechtsinstitut ausgesprochen haben[968] und somit noch eine ausführliche Untersuchung erforderlich ist[969].

4. Anspruchsvoraussetzungen und Art des Schadenersatzes

Anders als bei den Sachverhaltskonstellationen und bei der Argumentation finden sich bei den Voraussetzungen und Rechtsfolgen der *loss of chance* neben Übereinstimmungen auch signifikante Unterschiede zwischen den einzelnen Jurisdiktionen der Vereinigten Staaten.

a) *Substantial Chance*

Eine der wesentlichen Fragen, die die Gerichte bei dem Ersatz von Chancen zu klären hatten, betrifft den erforderlichen Umfang der bestehenden Chance.

aa) Zumeist wird auf eine substantielle Chance (*substantial/material chance*) abgestellt, bei geringen Wahrscheinlichkeiten der Genesung ist die Doktrin

---

965 *J.D. Wolf*, „Playing the Percentages: A Re-examination of Recovery for Loss of Chance", 26 Santa Clara LRev 429-459, 455-456 (1986).

966 *W. Miller*, „*Herskovits v Group Health Cooperative of Puget Sound*: Negligent Creation of a Substantial Risk of Injury is a Compensable Harm", 9 UnivPugetSound LRev 251-291, 260 (1985).

967 Siehe oben § 5 A I 3 u. II 2.

968 Siehe unter § 6 A.

969 Siehe unter § 7 C.

nicht anwendbar[970]. Ausgeschlossen wurde somit eine substantielle Chance in Fällen, in denen die Wahrscheinlichkeit nur zehn[971] oder zwanzig[972] Prozent betrug oder in denen nicht nachgewiesen werden konnte, daß zum Zeitpunkt des schuldhaften Handelns des Arztes überhaupt eine Aussicht auf Heilung bestand[973]. Es ist aber auch zu erkennen, daß sich einige Gerichte hier nicht auf eine eindeutige Zahl festlegen wollen, um in späteren Fällen nach den konkreten Umständen entscheiden zu können[974]. In jedem Fall trägt der Kläger die Beweislast für das Vorliegen einer *substantial chance* als einer der Voraussetzungen der *loss of chance*[975].

bb) In einigen wenigen Fällen finden sich hingegen keine Ausführungen zu dem Umfang der verlorenen Chance[976]. Dies bedeutet allerdings nicht, daß zwangsläufig auch ganz geringe Chancen zu einem Ersatzanspruch führen, wenn sie vereitelt werden. Vielmehr stellte sich für die Gerichte jeweils diese Abgrenzungsfrage nicht, so daß Ausführungen zur Entscheidungsfindung nicht erforderlich waren.

cc) Die Gerichte haben nicht ausdrücklich dargelegt, aus welchen Gründen Heilungschancen ab einer bestimmten Geringfügigkeit nicht mehr ersatzfähig sein sollen. Es steht durchaus in Frage, warum ein entsprechend reduzierter Schadenersatz nicht auch bei relativ niedrigen Chancen möglich sein soll[977]. Es bleibt somit abzuwarten, ob an diesem Erfordernis weiterhin festgehalten wird.

---

970 *Falcon v Memorial Hospital*, 462 NW2d 44, 56 (Mich 1990); *Perez v Las Vegas Medical Center*, 805 P2d 589, 592 (Nev 1991); *Wollen v DePaul Health Center*, 828 SW2d 681, 684 (Mo 1992); *Delaney v Cade*, 873 P2d 175, 185 (Kan 1994) unter Aufhebung der zuvor in Kansas maßgeblichen *appreciable chance* aus *Roberson v Counselman*, 686 P2d 149, 159 (Kan 1984); eine ausführliche Darstellung der Voraussetzungen für eine *substantial chance* findet sich in *Kroll v United States*, 708 FSupp 117, 119 (DMd 1989).

971 *Waffen v United States, Department of Health and Human Services*, 799 F2d 911, 922-923 (4th Cir 1986); ein weiteres Beispiel findet sich in *Bishop v Tri County Radiologists, Ltd*, 653 NE2d 421, 422 (IllApp 1995).

972 So *Anderson J* in einer *dissenting opinion*: *Kilpatrick v Bryant*, 868 SW2d 594, 615 (Tenn 1993).

973 *James v United States*, 483 FSupp 581, 586 (ND Cal 1980): Auch die Sachverständigen des Klägers räumten ein, daß der Tumor bereits bei der ersten Untersuchung nicht operabel war; *Zueger v Public Hospital District No 2 of Snohomish County*, 789 P2d 326, 331 (WashApp 1990), wo die Heilungschance als „*minimal at best*" bezeichnet wurde.

974 „*No brightline rule*", *Delaney v Cade*, 873 P2d 175, 186 (Kan 1994); ebenfalls keine ausdrückliche Festlegung in *Perez v Las Vegas Medical Center*, 805 P2d 589, 592 (Nev 1991).

975 *Rios v Bigler*, 67 F3d 1543, 1549 (10th Cir 1995).

976 *Aasheim v Humberger*, 695 P2d 824, 828 (Mont 1985); *Sanders v Ghrist*, 421 NW2d 520 (Iowa 1988).

977 *M. Noble*, „A second chance", (1996) 146 NLJ 310-311 (311).

b) Kausalität

Voraussetzung ist in jedem Fall, daß nachgewiesen werden kann, daß der Verlust der Heilungschance auf der Sorgfaltspflichtverletzung des behandelnden Arztes beruht[978]. Als Maßstab für diesen Kausalitätsbeweis wird an der überwiegenden Wahrscheinlichkeit festgehalten[979]. Es wird dabei betont, daß gerade hierin einer der Vorzüge der *loss of chance* liege[980], da diese eine Aufweichung oder Umgehung der Kausalitätsgrundsätze zur Erzielung als billig und gerecht empfundener Ergebnisse gerade vermeide.

c) Eintritt des endgültigen Schadens als Anspruchsvoraussetzung

Eine sehr relevante Frage ist, inwiefern der von der Heilungschance zu differenzierende endgültige Schaden (Tod, Verschlechterung des Gesundheitszustandes) eingetreten sein muß, um einen Schadenersatzanspruch begründen zu können. Denn eines der gewichtigen Argumente gegen eine Anerkennung von Heilungschancen als eigenständigen Schäden weist darauf hin, daß der Anspruch erst dann entstehen kann, wenn der endgültige Schaden eingetreten ist[981]. Diese Frage wird von den Gerichten unterschiedlich beantwortet[982]. Die Behandlung dieser Frage wird besonders anschaulich bei dem Verlust von Überlebenschancen. Denn hier müssen die Gerichte ausdrücklich dazu Stellung nehmen, ob es sich um einen eigenen Anspruch des Verstorbenen, der auf den Nachlaß übergeht (*survival of actions*), oder um Ansprüche von Angehörigen aufgrund des Todes (*wrongful death*) handelt[983]. Bei einem eigenständigen Anspruch des Patienten wird somit zugleich festgestellt, daß der Anspruch bereits im Zeitpunkt des Chancenverlustes - also vor dem Tod - entstanden war[984].

---

978 *Falcon v Memorial Hospital*, 462 NW2d 44, 53 (Mich 1990); *Rios v Bigler*, 67 F3d 1543, 1549 (10th Cir 1995).

979 *Falcon v Memorial Hospital*, 462 NW2d 44, 53 (Mich 1990); *Prabhu v Levine*, 855 P2d 543, 546 (Nev 1993); *Delaney v Cade*, 873 P2d 175, 185 (Kan 1994).

980 *Herskovits v Group Health Cooperative of Puget Sound*, 664 P2d 474, 487 (Wash 1983).

981 *Fennell v Southern Maryland Hospital Center, Inc*, 580 A2d 206, 213 (Md 1990); *Perez v Las Vegas Medical Center*, 805 P2d 589, 597 (Nev 1991, *Steffen J, dissenting*); *Kramer v Lewisville Memorial Hospital*, 858 SW2d 397, 405 (Tex 1993).

982 Endgültiger Schaden muß vorliegen: *Perez v Las Vegas Medical Center*, 805 P2d 589, 592 (Nev 1991); es reicht Chancenverlust: *Falcon v Memorial Hospital*, 462 NW2d 44 (Mich 1990).

983 *W. Miller*, „*Herskovits v Group Health Cooperative of Puget Sound*: Negligent Creation of a Substantial Risk of Injury is a Compensable Harm“, 9 UnivPugetSound LRev 251-291, 281 (1985).

984 So ausdrücklich in *Falcon v Memorial Hospital*, 462 NW2d 44, 56 (Mich 1990).

aa) Durch die Anerkennung der *loss of chance* als eigenständiger Schaden stellt sich für die Hinterbliebenen zunächst die Frage, ob dieser Schaden auch den *Wrongful Death Statutes*[985] unterfällt oder nicht. Nur dann haben sie Anspruch auf den entgangenen Unterhalt aus eigenem Recht.

(1) Zum Teil wird ein Schadenersatz nach *Wrongful Death Statutes* gewährt, wobei nicht stets eine Begründung hierfür zu finden ist. So wird ein an den Überlebenschancen bemessener anteiliger Ersatz für entgangenen zukünftigen Unterhalt gewährt, ohne zu problematisieren, ob der *Wrongful Death Statute* seinem Wortlaut nach überhaupt anwendbar sein kann[986]. Andererseits[987] wird der jeweilige *Wrongful Death Statute* auch dahingehend ausgelegt, daß der Verlust von Chancen umfaßt wird. Begründet wird dies einmal damit, daß die darin befindliche Formulierung „*cause the death of another person*" hinreichend flexibel und damit einer Auslegung zugänglich sei[988]. Diese Auslegung sei auch erforderlich, um das gewünschte Ergebnis - die Anerkennung des Verlustes von Heilungschancen als Schaden - zu erreichen[989].

(2) Ablehnend stehen einer solchen Ausdehnung des Anwendungsbereiches der *Wrongful Death Statutes* die Gerichte von Delaware[990], Maryland[991] und Missouri[992] gegenüber. Abgestellt wird dabei vor allem auf den Wortlaut dieser Gesetze, die regelmäßig die Verursachung des Todes durch den Schädiger voraussetzen[993]. Der Verlust der Überlebenschance könne mit dem Tod aber nicht ohne weiteres gleichgesetzt werden. Eine ausweitende Auslegung dieser Vor-

---

985 Siehe hierzu oben § 3 B I 3.

986 *Mays v United States*, 608 FSupp 1476, 1482 (DColo 1985).

987 *Herskovits v Group Health Cooperative of Puget Sound*, 664 P2d 474, 487 (Wash 1983).

988 *Herskovits v Group Health Cooperative of Puget Sound*, 664 P2d 474, 487 (Wash 1983); kritisch hierzu *H. Stoll*, „Schadensersatz für verlorene Heilungschancen vor englischen Gerichten in rechtsvergleichender Sicht", Festschrift für E. Steffen (1995) 466-478 (472, Fn. 26).

989 *Herskovits v Group Health Cooperative of Puget Sound*, 664 P2d 474, 487 (Wash 1983).

990 *United States v Cumberbatch*, 647 A2d 1098, 1103 (Del 1994), die generelle Anerkennung der *loss of chance* wurde in Delaware jedoch noch offen gelassen, ebenso in *Shively v Klein*, 551 A2d 41, 44 (Del 1988) und *United States v Anderson*, 669 A2d 73 (Del 1995).

991 *Weimer v Hetrick*, 525 A2d 643, 652 (Md 1987), wobei der grundsätzlichen Anerkennung der *loss of chance* sehr zurückhaltend begegnet, diese Frage aber noch offen gelassen wurde; endgültige Ablehnung fand die Anwendung der *loss-of-chance*-Doktrin in *Fennell v Southern Maryland Hospital Center, Inc*, 580 A2d 206 (Md 1990).

992 *Wollen v DePaul Health Center*, 828 SW2d 681, 686 (Mo 1992).

993 *Weimer v Hetrick*, 525 A2d 643, 652 (Md 1987); *Wollen v DePaul Health Center*, 828 SW2d 681, 685 (Mo 1992); ähnlich auch in *Dowling v Lopez*, 440 SE2d 205, 207 (Ga 1993), wo die Anwendung der *loss of chance* generell abgelehnt wird.

schriften, die den Grundsätzen des *common law*[994] widersprechen, sei nicht zulässig, insbesondere auch deswegen nicht, weil die Formulierung eindeutig sei[995].

bb) Lehnt man eine Ausdehnung der *Wrongful Death Statutes* auf den Verlust von Überlebenschancen ab, so stellt sich die Frage, ob Ansprüche des Verstorbenen auf den Nachlaß übergehen können. Dies setzt allerdings voraus, daß sie bereits vor dem Tod entstanden sind, was zugleich bedeutet, daß der Verlust der Heilungschance auch dann ersatzfähig ist, wenn der endgültige Schaden (Tod) noch nicht eingetreten ist. Von einigen Gerichten wird dies bejaht[996]. Dabei fällt auf, daß dies insbesondere dann der Fall ist, wenn eine Anwendung des jeweiligen *Wrongful Death Statute* abgelehnt wurde[997]. Dieses Ergebnis erscheint auch als folgerichtig, da andernfalls bei einer grundsätzlichen Anerkennung der *loss of chance* kein Schadenersatz an die Hinterbliebenen gewährt werden könnte.

cc) Zum Teil wird der Anspruch des Verstorbenen wegen seines eigenen Schadens zusätzlich neben den Ansprüchen der Angehörigen aus *Wrongful Death* gewährt[998]. Damit erhalten die Angehörigen sowohl Ersatz des dem Verstorbenen entstandenen Schadens als auch Ausgleich für den entgangenen Unterhalt.

dd) Aber auch in den Fällen, wo es nicht um den Tod des Patienten, sondern um die Verschlechterung seines Gesundheitszustandes geht (*loss of chance of recovery*), stellt sich die Frage, in welchem Zeitpunkt der Schaden (Chancenverlust oder Eintritt des endgültigen Schadens) als entstanden gilt. Allerdings ist die Abgrenzung vor den Gerichten bisher nicht akut geworden, da bisher keine

994 In *Dowling v Lopez*, 440 SE2d 205, 207 (GaApp 1993) wird ausdrücklich darauf hingewiesen, daß eine erweiternde Auslegung nicht möglich ist; ähnlich *Bromme v Pavitt*, 7 CalRptr2d 608, 613 (CalApp 1992) unter Hinweis auf den historischen Hintergrund des *wrongful death claim*; *S.F. Brennwald*, „Proving Causation in 'Loss of a Chance' Cases: A Proportional Approach", 34 CathULRev 747-790, 787 (1985) und *L.L. Cross*, „*Alfonso v. Lund*: Loss of Chance Rejected as a Basis for Recovery in Medical Malpractice", 12 OklaCityULRev 187-203, 200 (1987) halten daher bei der Anerkennung von *loss of chance* eine Gesetzesänderung für erforderlich.

995 *Weimer v Hetrick*, 525 A2d 643, 652 (Md 1987).

996 *Falcon v Memorial Hospital*, 462 NW2d 44, 56 (Mich 1990); *Wollen v DePaul Health Center*, 828 SW2d 681, 686 (Mo 1992); noch offengelassen in *United States v Cumberbatch*, 647 A2d 1098, 1103 (Del 1994).

997 *Wollen v DePaul Health Center*, 828 SW2d 681, 686 (Mo 1992).

998 *Herskovits v Group Health Cooperative of Puget Sound*, 664 P2d 474, 487 (Wash 1983).

Klage erhoben wurde, wo ausschließlich die verlorene Chance geltend gemacht wurde, ohne daß der endgültige Schaden eingetreten war[999].

d) Umfang des Schadenersatzes

Auch der Umfang des Schadenersatzes wird nicht einheitlich ermittelt[1000]. Zu beachten ist, daß kein wirklicher Fall der *loss of chance* vorliegt, wenn es um Nachteile geht, die dem Patienten aufgrund des ärztlichen Fehlers in jedem Fall entstanden sind, auch wenn die Verursachung des endgültigen Schadens nicht nachweisbar ist[1001]. Hierbei handelt es sich insbesondere um zusätzliche Heilbehandlungskosten durch die verspätete Diagnose oder Schmerzensgeld für hieraus resultierende Schmerzen[1002]. Denn derartige Schäden sind bereits nach traditionellen Grundsätzen ersatzfähig[1003], so daß ihre Berechnung und auch der Nachweis der Schadensverursachung nicht in der Weise problematisch ist, wie es für den Ersatz der Heilungschance als solcher der Fall ist.

aa) Proportionaler Schadenersatz

Die überwiegende Zahl der Jurisdiktionen bemißt den Schaden proportional nach der statistisch ermittelten Größe der Chance[1004]. Es werden also der Vermögensnachteil sowie die immateriellen Folgen (Schmerzensgeld) des endgül-

---

999 *Delaney v Cade*, 873 P2d 175 (Kan 1994): die Klägerin war bereits gelähmt; *Weymers v Kehra*, 533 NW2d 334 (MichApp 1995): Klägerin hatte ein Nierenversagen bereits erlitten.

1000 Laut *P.L. Andel*, „Medical Malpractice: The Right to Recover for the Loss of a Chance of Survival", 12 PeppLRev 973-998, 990-993 (1985) handelt es sich um den schwierigsten Aspekt der *loss-of-chance*-Lehre; vgl. zu dieser Frage *T.S. Aagaard*, „Identifying and Valuing the Injury in Lost Chance Cases", 96 MichLRev 1335-1361 (1998); *D.R. Carney*, „Smith v State of Louisiana, Department of Health and Hospitals: Loss of Chance of Survival: The Valuation Debate", 58 LaLRev 339-367 (1997); *B.R. Furrow/T.L. Greaney/S.H. Johnson/T. Jost/R.L.Schwartz*, Health Law, Volume 1 (1995) 405-407; *M.J. McMahon*, „Annotation - Medical Malpractice: Measure and Elements of Damages in Actions Based on Loss of Chance", 81 ALR4th 485-620 (1990).

1001 *Werner v Blankfort*, 42 CalRptr2d 229, 234 (CalApp 1995).

1002 *Werner v Blankfort*, 42 CalRptr2d 229, 234 (CalApp 1995).

1003 *Werner v Blankfort*, 42 CalRptr2d 229, 234 (CalApp 1995).

1004 *Falcon v Memorial Hospital*, 462 NW2d 44, 57 (Mich 1990); *Perez v Las Vegas Medical Center*, 805 P2d 589, 592 (Nev 1991); *Wollen v DePaul Health Center*, 828 SW2d 681, 684 (Mo 1992); *Delaney v Cade*, 873 P2d 175, 187 (Kan 1994); *Roberts v Ohio Permanente Med Group, Inc*, 668 NE2d 480, 484 (Ohio 1996); *Mays v United States*, 608 FSupp 1476, 1482-1483 (DColo 1985); ein interessanter Aspekt ergibt sich aus *Dickey v Daughety*, 905 P2d 697 (KanApp 1995), 917 P2d 889 (Kan 1996), wo entschieden wurde, daß eine gesetzliche Höchstbegrenzung für den Schaden erst nach dieser Berechnung und nicht davor zu berücksichtigen ist.

tigen Schadens ermittelt und sodann mit der Prozentzahl der entgangenen Chance ins Verhältnis gesetzt[1005].

bb) Einzelfallermittlung

Vereinzelt wird die Festsetzung der Schadenshöhe nicht von einem vorgegebenen Berechnungsmaßstab abhängig gemacht, sondern im Einzelfall ermittelt[1006]. Begründet wird dies damit, daß so den konkreten Umständen besser Rechnung getragen werden könne[1007], während eine proportionale Ermittlung nach der Heilungswahrscheinlichkeit nicht immer einen angemessenen Schadenersatz gewährleiste[1008]. Zudem sei der *jury* ein gewisses Entscheidungsermessen zuzugestehen, sie soll nicht lediglich eine formalisierte Berechnung nach Statistiken durchführen[1009].

e) Beschränkung auf Chancen von weniger als 50 Prozent

Auf der Hand liegt die weitere Frage, ob die *loss-of-chance*-Lehre auch dann Anwendung finden soll, wenn die Heilungschance mehr als fünfzig Prozent beträgt. Denn bei einer überwiegenden Wahrscheinlichkeit könnte man dahingehend argumentieren, daß eine Haftung des Arztes für den gesamten Schaden diesen benachteiligen würde, wenn die Verursachung des Schadens nur über-

---

1005 *Mays v United States*, 608 FSupp 1476, 1482-1483 (DColo 1985); *Morales v United States*, 642 FSupp 269 (DPuerto Rico 1986).

1006 Vor allem in Louisiana: *Rachel Smith v State of Louisiana, Department of Health and Hospitals*, 676 So2d 543 (La 1996); aber auch in *Borgren v United States*, 723 FSupp 581, 583 (DKan 1989), allerdings nicht gefolgt durch *Delaney v Cade*, 873 P2d 175 (Kan 1994), wo die höchste bundesstaatliche Instanz den proportionalen Ansatz befürwortet; vgl. zur Einzelfallermittlung auch *James v United States*, 483 FSupp 581, 587 (ND Cal 1980).

1007 Beispiele zur konkreten Berechnung finden sich bei *McCrery v Willis Knighton Medical Center*, 705 So2d 753 (LaApp 1997) und *Boudoin v Nicholson, Baehr, Calhoun & Lanasa*, 698 So2d 469 (LaApp 1997).

1008 *Rachel Smith v State of Louisiana, Department of Health and Hospitals*, 676 So2d 543, 548-549 (La 1996); *Borgren v United States*, 723 FSupp 581, 583 (DKan 1989); ebenso *T.S. Aagaard*, „Identifying and Valuing the Injury in Lost Chance Cases", 96 MichLRev 1335-1361, 1357-1361 (1998); kritisch *D.R. Carney*, „Smith v State of Louisiana, Department of Health and Hospitals: Loss of Chance of Survival: The Valuation Debate", 58 LaLRev 339-367, 367 (1997).

1009 *J.D. Wolf*, „Playing the Percentages: A Re-examination of Recovery for Loss of Chance", 26 Santa Clara LRev 429-459, 458 (1986).

wiegend wahrscheinlich, aber nicht sicher ist[1010]. Dennoch ist diese Frage von den amerikanischen Gerichten bisher nicht in dieser Deutlichkeit aufgeworfen worden[1011]. Vereinzelt haben Mediziner versucht, sich auf eine solche Argumentation zu stützen, um so im Ergebnis nur einen reduzierten Schadenersatz zahlen zu müssen. Dies ist jedoch bisher nicht erfolgreich gewesen[1012]. Die Gerichte verweisen statt dessen darauf, daß die *loss of chance* nur bei nicht überwiegender Wahrscheinlichkeit einschlägig sein kann[1013]. Eine Auseinandersetzung damit, daß hier möglicherweise der Mediziner durch eine Anwendung des Alles-oder-Nichts-Prinzips benachteiligt sein könnte, findet nicht statt[1014]. Erklären läßt sich dies wohl vor allem mit dem etablierten Beweisgrundsatz der überwiegenden Wahrscheinlichkeit, der seit langem im *common law* verwurzelt ist und daher mit einer solchen Fragestellung grundsätzlich angezweifelt werden würde. Dennoch wäre ein entsprechend reduzierter Schadenersatzanspruch bei einer Wahrscheinlichkeit, die zwischen fünfzig und einhundert Prozent liegt, konsequenter und der Risikoverteilung zwischen Arzt und Patient angemessener[1015].

f) Zusammenfassung

Die Voraussetzungen der Ersatzfähigkeit von Heilungschancen nach der Rechtsprechung weisen Parallelen auf: Grundsätzlich kann eine Haftung nur dann bejaht werden, wenn die Möglichkeit, geheilt zu werden, nicht zu gering war, also eine sogen. *substantial chance* vorliegt. Eine genaue Abgrenzung zwischen

---

1010 Diese Konsequenz zieht die Rechtsprechung nicht: *Haynes v Calcasieu Medical Transportation, Inc*, 702 So2d 1024, 1029 (LaApp 1997) (Unterlassen von Wiederbelebungsmaßnahmen, bei mehr als 50prozentiger Überlebenschance ist der gesamte Schaden zuzusprechen).

1011 In *DeBurkarte v Louvar*, 393 NW2d 131 (Iowa 1986) ist die *loss of chance* allerdings bei einer Chance von 50 bis 80 Prozent bejaht worden, ohne diese Frage zu problematisieren. Eine weitere Ausnahme stellt *Weiher v Gupton*, 1995 Okla lexis 7 dar; wobei die *loss of chance* in Oklahoma als Beweiserleichterung eingeordnet wird und der Kläger erfolgreich rügte, daß die *jury* die überwiegende Heilungschance nicht in Erwägung ziehen durfte. Damit ist aber nicht mehr gesagt, als daß die überwiegend wahrscheinliche Chance in die Beweiswürdigung miteinbezogen werden darf, was dem Prinzip der *preponderance of evidence* entspricht.

1012 *Donnini v Ouano*, 810 P2d 1163, 1167 (KanApp 1991); *Delaney v Cade*, 873 P2d 175, 180 (Kan 1994); zustimmend *L.R. Ellis*, „Loss of Chance as a Technique: Toeing the Line at Fifty Percent“, 72 TexLRev 369-402, 402 (1993).

1013 *Donnini v Ouano*, 810 P2d 1163, 1167 (KanApp 1991); *Estep v Pope*, 842 P2d 360, 362 (OklaApp 1992); *Pietrantonio v United States*, 827 FSupp 458, 462 (WD Mich 1993).

1014 *J.P. Kieffer*, „The Case for Across-the-Board Application of the Loss-of-Chance Doctrine“, 64 DefCounsJ 568-580, 568 (1997).

1015 Ebenso *J.P. Kieffer*, „The Case for Across-the-Board Application of the Loss-of-Chance Doctrine“, 64 DefCounsJ 568-580 (1997).

hiernach beachtlichen und nicht beachtlichen Chancen haben die Gerichte aber bisher nicht vorgenommen, um sich nicht von vornherein für zukünftige Fälle zu binden. An dem Kausalitätserfordernis wird festgehalten, dabei aber betont, daß nur der Verlust der Chance, nicht aber der endgültige Schaden mit überwiegender Wahrscheinlichkeit verursacht worden sein muß. Die Schadensberechnung erfolgt unter Heranziehung der Heilungswahrscheinlichkeit, die mit dem endgültigen Schaden ins Verhältnis gesetzt wird. Beachtenswert ist hierbei, daß die Gerichte sich zur Ermittlung dieser Wahrscheinlichkeit medizinischer Gutachten und insbesondere auch Statistiken bedienen müssen. Ohne solche Angaben fehlt es daher an einer für die *loss-of-chance*-Lehre maßgeblichen Berechnungsgrundlage. Ob der Eintritt des endgültigen Schadens Voraussetzung eines Anspruches ist oder ob ein Anspruch bereits ab dem Zeitpunkt der Vereitelung oder der Reduzierung der Chance besteht, wird von den Gerichten allerdings unterschiedlich beurteilt.

C. Rechtsvergleichende Zusammenfassung

Die von der Rechtsprechung in Frankreich und in Teilen der Vereinigten Staaten befürwortete Ersatzfähigkeit von Heilungschancen weist somit große Übereinstimmungen auf. Beide Rechtsordnungen ziehen die Modifikation des materiellen Rechts durch Einführung eines neuen Schadenstyps möglichen Beweiserleichterungen vor und lösen sich damit zugleich vom Alles-oder-Nichts-Prinzip. Die Sachverhalte, in denen eine Heilungschance vorliegt, sind ebenso vergleichbar wie die Anspruchsvoraussetzungen einer Haftung. Unterschiede bestehen vor allem hinsichtlich einiger Detailfragen, so wird beispielsweise nicht in allen Jurisdiktionen der Vereinigten Staaten ein proportional nach der Heilungswahrscheinlichkeit berechenbarer Schadenersatz befürwortet. Beachtenswert ist zudem, daß die dogmatische Untermauerung dieses Ansatzes in Frankreich vor allem durch das Schrifttum erfolgt ist, während sich die amerikanischen Richter durchgängig um eine nachvollziehbare Herleitung der *loss of chance* bemühen. Dies ist auf den diesen Rechtsordnungen jeweils eigenen Urteilsstil zurückzuführen, wirkt sich auf die Herleitung der Ersatzfähigkeit von Heilungschancen im Ergebnis nicht aus. Vielmehr ist festzuhalten, daß die jeweils herangezogenen Argumente ebenso wie die Sachverhaltskonstellationen und die Anspruchsvoraussetzungen viele Ähnlichkeiten haben.

D. Vergleichbare Lösungsansätze

In anderen Rechtsordnungen ist der Begriff der Heilungschance nicht oder nicht in der gleichen Weise wie in Frankreich und in Teilen der Vereinigten Staaten herangezogen worden. Es finden sich aber Lösungen, die insofern vergleichbar sind, als in bestimmten Konstellationen aufgrund von Beweisschwierigkeiten eine Schadensteilung angenommen worden ist.

I. Australien

Die australische Rechtsprechung hat sich bisher mit der Frage der Ersatzfähigkeit von Heilungschancen nicht ausdrücklich befaßt[1016]. Der *High Court of Australia* hat in neueren Entscheidungen eine eigenständige Begrifflichkeit[1017] geschaffen, deren weitere Entwicklung zu einem Ersatz von Heilungschancen hinführen könnte. Es handelte sich nicht um Sachverhaltskonstellationen, die der *loss of chance* im Arzthaftungsrecht vergleichbar sind, die zugrunde liegenden Erwägungen sind aber auf solche Fälle übertragbar[1018].

1. Schadensberechnung bei Reserveursachen

a) Der *High Court of Australia* hatte folgenden Sachverhalt zu entscheiden[1019]: Der Kläger hatte sich bei seiner Arbeit eine Krankheit (Brucellose) zugezogen, aus der eine Neurose und damit eine Arbeitsunfähigkeit resultierte. Er nahm nunmehr seinen Arbeitgeber in Anspruch. Dieser wies darauf hin, daß der Kläger unabhängig von seinen Arbeitsbedingungen zu einem späteren Zeitpunkt aufgrund eines Rückenleidens arbeitsunfähig geworden wäre und daß auch dieses Rückenleiden zu einer Neurose geführt hätte. Das Gericht hatte darüber zu befinden, ob der Schadenersatz auch für den Zeitraum nach Auftreten des Rükkenleidens zu gewähren war. Die Vorinstanz hatte - jeweils unter Heranziehung des Maßstabes der überwiegenden Wahrscheinlichkeit - festgestellt, daß das Rückenleiden den Kläger arbeitsunfähig gemacht und zudem zu einer Neurose geführt hätte. Dies hielt der *High Court of Australia* für einen irrigen Ansatz[1020]: Es könne niemals mit Sicherheit festgestellt werden, wie der Krankheitsverlauf bei dem Kläger ohne die Brucellose ausgesehen hätte. Es handele sich bei der Frage, ob auch das Rückenleiden zu einer Arbeitsunfähigkeit und diese wiederum zu einer Neurose geführt hätte, um eine hypothetische Frage[1021]. Bei der Feststellung eines solchen hypothetischen Geschehensablaufs müsse ebenso wie bei zukünftigen ungewissen Geschehensabläufen dessen

1016 *Sullivan v Micallef* (1994) AustTortsReps 81-308 betraf eine unzureichende Krebsdiagnose, ein Ersatz für *loss of chance* wurde aber ohne weitere Begründung abgelehnt.

1017 *Malec v JC Hutton Proprietary Ltd* (1990) 169 CLR 639; *Sellars v Adelaide Petroleum* (1994) 179 CLR 332.

1018 *G. Masel*, „Damages in Tort for Loss of Chance", (1995) 1 TLJ 1-27 (23-24).

1019 *Malec v JC Hutton Proprietary Ltd* (1990) 169 CLR 639.

1020 *Malec v JC Hutton Proprietary Ltd* (1990) 169 CLR 639, 643-645 (*Deane J*).

1021 *Malec v JC Hutton Proprietary Ltd* (1990) 169 CLR 639, 643-645 (*Deane J*).

Wahrscheinlichkeitsgrad berücksichtigt werden[1022]. Im Ergebnis müsse daher der Schadenersatz des Klägers nach Auftreten des Rückenleidens gekürzt werden, dessen völliger Ausschluß sei aber nicht möglich[1023].

b) Diese Begründung des *High Court of Australia* bedarf einer genaueren Untersuchung. Das Gericht differenzierte zwischen drei verschiedenen Arten von Geschehensabläufen, nämlich zwischen vergangenen, zukünftigen und vergangenen hypothetischen Ereignissen und führte aus:

> „*A common law court determines on the balance of probabilities whether an event has occurred. If the probability of the event having occurred is greater than it not having occurred, the occurrence of the event is treated as certain (....). Hence, in respect of events which have or have not occurred, damages are assessed on an all or nothing approach. But in the case of an event which it is alleged would or would not have occurred, or might or might not yet occur, the approach of the court is different. The future may be predicted and the hypothetical may be conjectured. But questions as to the future or hypothetical effect of physical injury or degeneration are not commonly susceptible of scientific demonstration or proof. If the law is to take account of future or hypothetical events in assessing damages, it can only do so in terms of the degree of probability of those events occurring*“[1024].

Das Alles-oder-Nichts-Prinzip und der Maßstab der überwiegenden Wahrscheinlichkeit seien somit anwendbar, um festzustellen, ob ein bestimmtes Geschehen stattgefunden habe oder nicht[1025]. Bei zukünftigen Entwicklungen müsse hingegen der Wahrscheinlichkeitsgrad dieser Entwicklung in die Betrachtung miteinbezogen werden, da die Zukunft niemals mit Sicherheit ermittelt werden könne[1026]. Diese Abgrenzung zwischen zukünftigen und vergangenen Geschehensabläufen stimmt mit der hergebrachten *common-law*-Rechtsprechung überein[1027]. Neu ist hingegen, daß der *High Court of Australia* auch vergangene hypothetische Ereignisse nach ihrem Wahrscheinlichkeitsgrad berücksichtigen will, und zwar auch dann, wenn sie nicht mit einer überwiegenden Wahrscheinlichkeit aufgetreten wären[1028]. Diese Gleichbehandlung von

1022 *Malec v JC Hutton Proprietary Ltd* (1990) 169 CLR 639, 643 (*Deane J*).
1023 *Malec v JC Hutton Proprietary Ltd* (1990) 169 CLR 639, 643-645 (*Deane J*).
1024 *Malec v JC Hutton Proprietary Ltd* (1990) 169 CLR 639, 643 (*Deane J*).
1025 *Malec v JC Hutton Proprietary Ltd* (1990) 169 CLR 639, 643 (*Deane J*).
1026 *Malec v JC Hutton Proprietary Ltd* (1990) 169 CLR 639, 643 (*Deane J*).
1027 *Mallett v McMonagle* [1970] AC 166 (174).
1028 *Malec v JC Hutton Proprietary Ltd* (1990) 169 CLR 639, 643 (*Deane J*).

zukünftigen und vergangenen hypothetischen Ereignissen wird damit begründet, daß beide einem wissenschaftlichen Beweis nicht zugänglich seien[1029]: Niemand könne mit Gewißheit sagen, wie sich eine Krankheit weiter entwikkeln wird; ebensowenig könne aber Gewißheit darüber erlangt werden, wie sich eine Krankheit unter anderen Umständen (hier: das Rückenleiden ohne die Brucellose) entwickelt hätte. Beiden Konstellationen sei mithin diese Ungewißheit immanent, dieser müsse daher auch in der rechtlichen Bewertung Rechnung getragen werden. Die Anwendung des Alles-oder-Nichts-Prinzips in diesen Fällen würde von einer Sicherheit ausgehen, die niemals zu erlangen ist.

c) Zu beachten ist, daß der *High Court of Australia* bei diesen Ausführungen die besondere Sachverhaltskonstellation der Reserveursache im Auge hatte. Es ist jedoch nicht zu leugnen, daß die Berücksichtigung von hypothetischen Geschehensabläufen nach dem Grade ihrer Wahrscheinlichkeit mit der Lehre von der *loss of chance* durchaus vereinbar sein kann: Dort wird der hypothetische Geschehensablauf - ohne das ärztliche Fehlverhalten - ebenfalls nach der Wahrscheinlichkeit der Vermeidung des endgültigen Schadens berücksichtigt[1030]. Fraglich ist jedoch, ob das Gericht mit seinen Ausführungen so weit gehen wollte, insbesondere, wenn man bedenkt, daß die Abgrenzung zwischen vergangenen und vergangenen hypothetischen Abläufen durchaus schwierig ist. Dies gilt um so mehr, als auch vergangene Ereignisse mittels des *but for test* durch einen Vergleich mit dem hypothetischen Geschehensablauf ohne das Fehlverhalten untersucht werden[1031]. In jedem Fall kann festgehalten werden, daß das höchste australische Gericht für neuere Ansätze durchaus offen ist und eine deutlich ablehnende Haltung gegenüber der Ersatzfähigkeit von Heilungschancen bisher nicht festgestellt werden kann[1032].

2. Schadensberechnung bei vereitelten Gewinnmöglichkeiten

a) Der *High Court of Australia* hat die Ausführungen aus *Malec v JC Hutton Proprietary Ltd* in einer anderen Sachverhaltskonstellation bestätigt und weitergeführt[1033]: Vertragsverhandlungen waren aufgrund von unzutreffenden Angaben abgebrochen worden. Die Kläger machten geltend, daß sie mit einer ge-

1029 *Malec v JC Hutton Proprietary Ltd* (1990) 169 CLR 639, 643 (*Deane J*).

1030 *J.G. Fleming*, „Probabilistic Causation in Tort Law: A Postscript", (1991) 70 CanBarRev 136-141 (140-141).

1031 *J.G. Fleming*, „Probabilistic Causation in Tort Law: A Postscript", (1991) 70 CanBarRev 136-141 (140).

1032 *J.G. Fleming*, „Probabilistic Causation in Tort Law: A Postscript", (1991) 70 CanBarRev 136-141 (141); *G. Masel*, „Damages in Tort for Loss of Chance", (1995) 1 TLJ 1-27 (23-24).

1033 *Sellars v Adelaide Petroleum* (1994) 179 CLR 332.

wissen Wahrscheinlichkeit den für sie vorteilhaften Vertrag abgeschlossen hätten, wenn die Auskünfte der Beklagtenseite den Tatsachen entsprochen hätten. Im Prozeß ging es um die Frage, ob der mögliche Vertragsschluß mit dem Maß der *balance of probabilities* nachgewiesen mußte oder ob auch eine geringere Wahrscheinlichkeit zu einem (möglicherweise anteiligen) Schadenersatz führen konnte.

b) Das Gericht hielt fest, daß die Unterscheidung zwischen vergangenen, zukünftigen und vergangenen hypothetischen Geschehensabläufen allgemeine Gültigkeit habe[1034]. Vorliegend sei es nicht um die Feststellung des stattgefundenen Geschehens, sondern um die Schadensberechnung hinsichtlich des Wertes der Vertragsschlußmöglichkeit gegangen. Diese sei als eine in der Vergangenheit liegende hypothetische Entwicklung zu qualifizieren, so daß es auf die überwiegende Wahrscheinlichkeit des Vertragsabschlusses nicht ankam. Zugleich wies der *High Court of Australia* darauf hin, daß zwischen dem Kausalitätsnachweis und dem Schaden differenziert werden müsse[1035], wobei auch der Verlust einer geschäftlichen Gelegenheit (*commercial opportunity*) ein Schaden sein könne[1036]. Die *balance of probabilities* und das Alles-oder-Nichts-Prinzip seien für die Feststellung von vergangenen hypothetischen Ereignissen ungeeignet, da entweder eine Über- oder eine Unterkompensation die Folge sei[1037].

3. Zusammenfassung

Anders als bei der Berücksichtigung einer möglichen Reserveursache handelt es sich bei der vereitelten Vertragsschlußmöglichkeit um eine Konstellation, die auch in anderen Rechtsordnungen zum Ersatz für eine Chance geführt hat[1038]. Die Besonderheit der australischen Rechtsprechung liegt darin, daß der Begriff des vergangenen hypothetischen Geschehensablaufes (*past hypothetical fact*) eingeführt wurde[1039] und damit eine handhabbare Umschreibung der Voraussetzungen der *loss of chance* erreicht worden sein könnte: Diese ist möglicherweise nur dann einschlägig, wenn in der Vergangenheit eine Ungewißheit über den weiteren Geschehensablauf bestand. Gerade eine solche Situation kann

1034 Bezeichnet als *historical facts, future possibilities* und *past hypothetical situations*, *Sellars v Adelaide Petroleum* (1994) 179 CLR 332 (No 22).

1035 *Sellars v Adelaide Petroleum* (1994) 179 CLR 332 (No 33) unter Bezugnahme auf *Hotson v East Berkshire Area Health Authority* [1987] 1 AC 750, 782-783, 792-793.

1036 *Sellars v Adelaide Petroleum* (1994) 179 CLR 332 (No 39).

1037 *Sellars v Adelaide Petroleum* (1994) 179 CLR 332 (No 40); zustimmend *G. Masel*, „Damages in Tort for Loss of Chance“, (1995) 1 TLJ 1-27 (19).

1038 Siehe oben § 5 A II 4 a) u. B III 2.

1039 *G. Masel*, „Damages in Tort for Loss of Chance“, (1995) 1 TLJ 1-27 (7).

auch in der Arzthaftung gegeben sein und liegt der Ersatzfähigkeit von Heilungschancen in Frankreich und den Vereinigten Staaten zugrunde.

II. Schweiz

1. Proportionaler Schadenersatz: Die Entscheidung des Züricher Obergerichts vom 17. November 1985

Eine Entscheidung des Züricher Obergerichts aus dem Jahre 1985[1040] nähert sich der Lehre von der *perte d'une chance/loss of chance* stark an[1041]. Dies beginnt bereits mit der Sachverhaltskonstellation, bei der es sich um eine verspätete Krebsdiagnose handelte. Es ließ sich nicht feststellen, ob der später eingetretene Tod durch einen rechtzeitigen Befund bei der ersten Diagnose vermieden worden wäre, da nicht mehr zu ermitteln war, in welchem Stadium sich der Krebs zum damaligen Zeitpunkt befunden hatte. Dennoch sprach das Gericht den Angehörigen dem Grunde nach einen Schadenersatzanspruch aus § 6 Zürcher Haftungsgesetz[1042] zu und verwies darauf, daß es unbillig sei, eine Haftung auszuschließen, wenn die Beweisschwierigkeiten gerade auf der Pflichtverletzung beruhten[1043]. Diese Beweislastumkehr komme allerdings nur dann in Betracht, wenn die Möglichkeit des Kausalzusammenhangs ernsthaft bestehe[1044]. Zur Feststellung dieser ernsthaften Möglichkeit zog das Gericht sodann die Überlebenschancen heran, die der Verstorbene gehabt hätte, falls er sich bei der ersten Untersuchung in einem früheren Stadium seiner Krankheit befunden hätte[1045]. Da hiernach aber nicht auszuschließen war, daß er auch bei sachgerechter und rechtzeitiger Behandlung verstorben wäre, soll sich der Schadenersatz nicht auf den gesamten aus dem Tod folgenden Schaden beziehen, sondern nur einen Teil davon abdecken. Wie dieser Schadenersatz im einzelnen zu berechnen sei, ließ das Gericht offen und verwies an die Tatsacheninstanz zurück. Es erscheint jedoch als naheliegend, daß dieser sich proportional an der Heilungswahrscheinlichkeit bemessen sollte, da das Gericht auch an anderer Stelle[1046] darauf abstellt.

1040 OG Zürich, 17.11.1988 SJZ 1989, 119.

1041 *D. Giesen*, Arzthaftungsrecht (1995) Rn. 58 Fn.238.

1042 Es handelt sich hierbei um eine Haftung nach öffentlichem kantonalen Recht, vgl. hierzu *D. Giesen*, Arzthaftungsrecht (1995) Rn. 12.

1043 OG Zürich, 17.11.1988 SJZ 1989, 119 (121).

1044 OG Zürich, 17.11.1988 SJZ 1989, 119 (122).

1045 OG Zürich, 17.11.1988 SJZ 1989, 119 (122-123).

1046 OG Zürich, 17.11.1988 SJZ 1989, 119 (122-123).

2. Auswertung

Das Gericht hatte somit zwei Unwägbarkeiten zu klären: Es stand nicht einmal fest, in welchem Zustand sich der Verstorbene bei der ersten, unzureichenden Untersuchung befunden hatte. Es war nicht auszuschließen, daß die Erkrankung zu diesem Zeitpunkt bereits unheilbar war. Diese Ungewißheit überwand das Gericht mittels einer Beweislastumkehr, wonach nunmehr die Beklagten nachweisen mußten, daß der Verstorbene bereits unheilbar erkrankt war. Die weitere Ungewißheit bestand darin, daß auch bei einem früheren Erkrankungsstadium, welches hier zugunsten der Kläger vermutet wurde, die Heilung nicht sicher war, sondern die Überlebenschance nur sechzig Prozent betrug. Hier zog das Gericht Argumente heran, die zum Teil denen aus Jurisdiktionen ähneln, in denen Ersatz für Heilungschancen gewährt wird. Es wird darauf hingewiesen, daß bei Ablehnung einer Haftung Schadenersatzklagen in vergleichbaren Fällen sehr häufig erfolglos bleiben müßten, da gerade bei Krebs von einer Heilungsgewißheit in den seltensten Fällen gesprochen werden könne[1047]. Trotz eindeutigem ärztlichen Fehlverhalten eine Haftung unter Hinweis auf den fehlenden Kausalzusammenhang zu verneinen, sei daher in „hohem Masse unbillig"[1048]. Als weiteres Argument wird angeführt, daß ansonsten eine Privilegierung gegenüber den Ärzten gegeben sei, die andere Krankheiten oder Unfallfolgen behandelten, bei denen der Kausalzusammenhang zwischen dem Fehlverhalten und einem Schaden eindeutiger nachzuweisen sei als bei einer Krebstherapie[1049]. Die Inanspruchnahme des Arztes trotz der ungewissen Heilung werde durch eine Reduzierung des Schadenersatzes ausgeglichen. Auch dies stellt eine Übereinstimmung mit der *perte d'une chance/loss of chance*-Lehre dar. Das Züricher Obergericht geht allerdings noch nicht so weit, die Heilungschance als einen eigenständigen Schaden zu werten, sondern gewährt eine Beweiserleichterung, die mittels eines gekürzten Schadenersatzanspruches ausgeglichen wird.

3. Ausblick

Diese Entscheidung steht in der Schweiz noch allein da und ist von höheren Gerichten weder bestätigt noch aufgehoben worden. Sie zeigt jedoch, daß auch im deutschen Rechtskreis nach dem geltenden Recht eine Rechtsprechung möglich ist, die im Ergebnis einen Ersatz von Heilungschancen zuläßt[1050].

1047 OG Zürich, 17.11.1988 SJZ 1989, 119 (122).

1048 OG Zürich, 17.11.1988 SJZ 1989, 119 (122).

1049 OG Zürich, 17.11.1988 SJZ 1989, 119 (123).

1050 *D. Giesen*, Arzthaftungsrecht (1995) Rn. 58 Fn. 238; *E.W. Stark*, „Die ‚Perte d'une Chance' im Schweizerischen Recht", Développements récents du droit de la responsabilité civile (1991) 101-109.

III. Österreich

Die österreichische Rechtsprechung hat den Begriff der Heilungschance bisher nicht als eigenständiges Rechtsinstitut eingeführt, sie hat aber vereinzelt in vergleichbaren Fällen einen anteiligen Schadenersatz gewährt[1051].

1. Konkurrenz von Verschulden und Zufall

Dabei hat die österreichische Rechtsprechung jedoch nicht auf die *loss-of-chance/perte-d'une-chance*-Lehre zurückgegriffen und auch den Begriff der Heilungschance nicht verwendet. Vielmehr wurde eine etwaige Schadensteilung auf eine Konkurrenz zwischen Verschulden und Zufall gegründet. Eine solche Konkurrenz soll vorliegen, wenn der Gesundheitsschaden entweder auf dem Behandlungsfehler (Verschulden) oder dem Gesundheitszustand des Patienten (Zufall) beruhen kann, sich aber weitere Feststellungen nicht treffen lassen. Hierbei handelt es sich um eine Bezugnahme auf einen von *Franz Bydlinski* entwickelten Ansatz, der sich sowohl auf das deutsche als auch auf das österreichische Recht erstreckt[1052].

a) Die Lehre von *Bydlinski*

Bydlinski tritt bei einer Konkurrenz von Verschulden und Zufall im Ergebnis für eine Schadensteilung nach Kausalitätswahrscheinlichkeit und Intensität des Verschuldens ein[1053]. Entwickelt wurde dieser Ansatz vor dem Hintergrund der alternativen Kausalität, die *Bydlinski* nicht als hinreichend dogmatisch untermauert ansah[1054]. Der Haftungsgrund der alternativen Kausalität sei nicht mit dem Verursachungsprinzip in Übereinstimmung zu bringen, dies habe die bis-

---

1051 Vgl. hierzu die folgenden Entscheidungen und insbesondere die darin dargelegten Entscheidungen der unteren Instanzen: OGH, 7.5.1985 2 Ob 544/85 JBl 1986, 576 (*E. Deutsch*); 9.11.1989 7 Ob 648/89 JBl 1990, 524 (abl. *W. Holzer*); 10.10.1991 6 Ob 604/91 JBl 1992, 522; 8.7.1993 2 Ob 590/92 JBl 1994, 540 (*R. Bollenberger*); OGH, 7.11.1995 4 Ob 554/95 JBl 1996, 181.

1052 *F. Bydlinski*, „Haftung bei alternativer Kausalität", JBl 1959, 1-13; *ders.*, Probleme der Schadensverursachung nach deutschem und österreichischem Recht (1964) 86-90; *ders.*, „Aktuelle Streitfragen um die alternative Kausalität", Festschrift für G. Beitzke (1979) 3-34; *ders.*, „Haftungsgrund und Zufall als alternativ mögliche Schadensursachen", Festschrift für G. Frotz (1993) 3-10; ebenso *R. Bollenberger*, Anmerkung zu OGH, 8.7.1993 2 Ob 590/92, JBl 1994, 543-545 (545); *H. Koziol*, Österreichisches Haftpflichtrecht I (1980) 69-71.

1053 *F. Bydlinski*, Probleme der Schadensverursachung nach deutschem und österreichischem Recht (1964) 90; *ders.*, „Haftungsgrund und Zufall als alternativ mögliche Schadensursachen", Festschrift für G. Frotz (1993) 3-10 (6).

1054 *F. Bydlinski*, „Haftung bei alternativer Kausalität", JBl 1959, 1-13.

herige österreichische Rechtsprechung durch eine zu großzügige Annahme einer „Gesamthandlung" der potentiellen Schädiger bisher verschleiert[1055]. Vielmehr seien die Handlungen jedes potentiellen Verursachers selbständig zu betrachten[1056]. Damit wandte sich *Bydlinski* zugleich gegen den im Zusammenhang mit § 830 Abs. 1 Satz 2 BGB eingeführten Begriff der „Einheitlichkeit des Vorganges", unter den die möglichen Schadensursachen fallen sollen[1057]. Der alternativen Kausalität sei es gerade eigen, daß die möglichen Ursachen in keinem Zusammenhang zueinander stehen müssen[1058]. Haftungsgrund sei ein Verdacht schuldhafter Verursachung, der mit der konkreten Gefährlichkeit der jeweiligen Handlung zusammentreffen müsse[1059]. Da kein Zusammenhang zwischen den möglichen Ursachen vorausgesetzt sei, könne die alternative Kausalität auch auf die Fälle ausgedehnt werden, in denen ein Zufall mit einer schuldhaften Handlung konkurriere[1060]. Als Zufall seien dabei die Umstände anzusehen, die den Geschädigten nur deshalb selbst treffen, weil kein anderer dafür haftet[1061]. Solche Fälle seien gerade im Arzthaftungsrecht häufig, wo regelmäßig die Möglichkeit bestehe, daß der Gesundheitsschaden auch ohne den ärztlichen Kunstfehler eingetreten wäre[1062]. Hier gelte es, das Leerlaufen des Haftungsrechts durch nicht zweifelsfrei nachzuweisende Kausalität zu vermeiden[1063]. Zur Begründung der Schadensteilung weist er darauf hin, daß in solchen Fällen komplexer Kausalität zugunsten der Klägerseite von der Rechtsprechung häufig „beweisrechtliche Krücken"[1064] herangezogen werden, deren Folge das als unangemessen zu beurteilende Alles-oder-Nichts-Prinzip sei[1065]. Damit konzentriere sich der Prozeß zu Unrecht auf die Frage der Beweislastumkehr, *Bydlinski* spricht insofern plastisch davon, daß es sich um ein „Verschwinden wichtiger Teile des materiellen Schadensersatzrechts unter die

---

1055 *F. Bydlinski*, „Haftung bei alternativer Kausalität", JBl 1959, 1-13 (6-7).

1056 *F. Bydlinski*, „Haftung bei alternativer Kausalität", JBl 1959, 1-13 (12).

1057 *F. Bydlinski*, „Haftung bei alternativer Kausalität", JBl 1959, 1-13 (12).

1058 *F. Bydlinski*, „Haftung bei alternativer Kausalität", JBl 1959, 1-13 (12).

1059 *F. Bydlinski*, „Haftung bei alternativer Kausalität", JBl 1959, 1-13 (13).

1060 *F. Bydlinski*, „Aktuelle Streitfragen um die alternative Kausalität", Festschrift für G. Beitzke (1979) 3-34 (30).

1061 *F. Bydlinski*, „Aktuelle Streitfragen um die alternative Kausalität", Festschrift für G. Beitzke (1979) 3-34 (22).

1062 *F. Bydlinski*, „Aktuelle Streitfragen um die alternative Kausalität", Festschrift für G. Beitzke (1979) 3-34 (32).

1063 *F. Bydlinski*, „Haftungsgrund und Zufall als alternativ mögliche Schadensursachen", Festschrift für G. Frotz (1993) 3-10 (4-5).

1064 *F. Bydlinski*, „Aktuelle Streitfragen um die alternative Kausalität", Festschrift für G. Beitzke (1979) 3-34 (32).

1065 *F. Bydlinski*, „Aktuelle Streitfragen um die alternative Kausalität", Festschrift für G. Beitzke (1979) 3-34 (33); *ders.*, „Haftungsgrund und Zufall als alternativ mögliche Schadensursachen", Festschrift für G. Frotz (1993) 3-10 (5).

Tarnkappe beweisrechtlicher Hilfserwägungen"[1066] und um „eine übertrieben prozessuale Sicht auf ein materielles Haftungsproblem"[1067] handele. Vorzugswürdig und gerechter sei eine materiellrechtliche Schadensteilung, welche auf den Rechtsgedanken des § 1302 ABGB[1068] bzw. der §§ 830 Abs. 1 Satz 2, 254 BGB gestützt werden könne[1069]. Es sei zu berücksichtigen, daß bei einer Konkurrenz zwischen mehreren möglichen Schädigern ein interner Ausgleich nach den Kausalitätswahrscheinlichkeiten und dem Grad des Verschuldens die Folge sei[1070], dies müßte auch gelten, wenn eine mögliche Ursache in einem sorglosen Verhalten des Geschädigten oder in einem seinem Risikobereich zurechenbaren Zufall liege[1071]. *Bydlinski* betont, daß es sich bei dieser Schadensteilung um ein im Rahmen legitimer Rechtsfortbildung entwickeltes neues Rechtsinstitut handele, dessen Voraussetzungen und Grenzen noch weiterer Diskussion zugänglich seien[1072]. Es solle insbesondere nicht in allen Fällen der möglichen Kausalität eingreifen[1073], zur Eingrenzung könne insbesondere auf die konkrete Schadenseignung und die Verursachungswahrscheinlichkeit abgestellt werden.

1066 *F. Bydlinski*, „Aktuelle Streitfragen um die alternative Kausalität", Festschrift für G. Beitzke (1979) 3-34 (34).

1067 *F. Bydlinski*, „Haftungsgrund und Zufall als alternativ mögliche Schadensursachen", Festschrift für G. Frotz (1993) 3-10 (6).

1068 § 1301 ABGB: Für einen widerrechtlich zugefügten Schaden können mehrere Personen verantwortlich werden, in dem sie gemeinschaftlich, unmittelbarer oder mittelbarer Weise durch Verleiten, Drohen, Befehlen, Helfen, Verhehlen u.dgl.; oder, auch nur durch Unterlassung der besonderen Verbindlichkeit, das Übel zu verhindern, dazu beigetragen haben.
§ 1302 ABGB: In einem solchen Falle verantwortet, wenn die Beschädigung in einem Versehen gegründet ist, und die Anteile sich bestimmen lassen, jeder nur den durch sein Versehen verursachten Schaden. Wenn aber der Schaden vorsätzlich zugefügt worden ist; oder, wenn die Anteile der Einzelnen an der Beschädigung sich nicht bestimmen lassen; so haften alle für einen und einer für alle; doch bleibt demjenigen, welcher den Schaden ersetzt hat, der Rückersatz gegen die übrigen vorbehalten.

1069 *F. Bydlinski*, Probleme der Schadensverursachung nach deutschem und österreichischem Recht (1964) 87; *ders.*, „Aktuelle Streitfragen um die alternative Kausalität", Festschrift für G. Beitzke (1979) 3-34 (32-33); *ders.*, „Haftungsgrund und Zufall als alternativ mögliche Schadensursachen", Festschrift für G. Frotz (1993) 3-10 (6).

1070 Hierbei werden die Rechtsgedanken des § 1302 ABGB und § 1304 ABGB herangezogen, wobei ersterer bei mehreren Schädigern auf den Verursachungsanteil und letzterer bei einem Mitverschulden auf das Verschulden abstellt, ebenso OGH, 7.11.1995 4 Ob 554/95 JBl 1996, 181 (183).

1071 *F. Bydlinski*, „Haftungsgrund und Zufall als alternativ mögliche Schadensursachen", Festschrift für G. Frotz (1993) 3-10 (6).

1072 *F. Bydlinski*, „Aktuelle Streitfragen um die alternative Kausalität", Festschrift für G. Beitzke (1979) 3-34 (30, 34); *ders.*, „Haftungsgrund und Zufall als alternativ mögliche Schadensursachen", Festschrift für G. Frotz (1993) 3-10 (10). Vgl. hierzu *W. Holzer*, „Die Haftung des Arztes im Zivilrecht", Arzt- und Arzneimittelhaftung in Österreich (1992) 1-71 (15-18).

1073 Damit greift der diesbezügliche Einwand von *R. Welser*, „Zur solidarischen Schadenshaftung bei ungeklärter Verursachung im deutschen Recht", ZfRV 1968, 38-49 (42) nicht.

b) Mögliche Anerkennung durch die Rechtsprechung

Diesem Ansatz hat sich die österreichische Rechtsprechung vereinzelt angeschlossen[1074], während sich die deutsche Rechtsprechung hiermit nicht befaßt hat[1075]. Gerade im Rahmen der Arzthaftung sind die Entscheidungen der einzelnen Senate des *Obersten Gerichtshofes* nicht ohne weiteres miteinander zu vereinbaren und leiden zudem daran, daß eine Abgrenzung zwischen der materiellrechtlichen Lösung *Bydlinskis* und den von der Rechtsprechung zuvor praktizierten Beweiserleichterungen nicht vorgenommen wird[1076].

aa) Zunächst hat der zweite Senat des *Obersten Gerichtshofes* die Gewährung anteiligen Schadenersatzes noch offen gelassen[1077]. Dieser Entscheidung lag ein recht komplexer Sachverhalt zugrunde: Eine Patientin erlitt infolge von Unfallverletzungen in der Intensivbehandlung einen Schock. Dieser Schock wurde nicht behandelt, es trat ein Schocklungensyndrom mit Fettembolie ein. Die Heilung der Unfallverletzungen verlief mit Komplikationen, insbesondere erlitt die Klägerin eine Infektion an der Operationsstelle. Im Prozeß ging es um die Frage, inwiefern diese Infektion mit der unterbliebenen Schockbehandlung und der hieraus resultierenden Abwehrschwäche im Zusammenhang stand oder ob sich lediglich das Operationsrisiko verwirklicht hatte. Die unteren Instanzen sprachen der Klägerin die Hälfte des begehrten Schmerzensgeldes zu und stützten ihre Entscheidung darauf, daß die geltend gemachte Verletzung nach den Sachverständigenangaben zu fünfzig Prozent auf dem Operationsrisiko und zu fünfzig Prozent auf der Abwehrschwäche infolge der unterlassenen Schockbehandlung beruhen konnte[1078]. Der *Oberste Gerichtshof* hob diese Entscheidungen auf und verwies zur weiteren Tatsachenaufklärung hinsichtlich des bisher nach seiner Ansicht nicht hinreichend untersuchten Kausalzusammenhanges zurück. Zugleich wurden aber auch die Ideen *Bydlinskis* angesprochen, wobei der *Oberste Gerichtshof* feststellte, daß das Berufungsgericht über die von *Bydlinski* gezogenen Grenzen hinausgegangen sei, da es hier an einem eine Haftungsverschärfung rechtfertigenden groben Verschulden fehle[1079]. Daher könne eine Schadensteilung nach *Bydlinski* offen gelassen werden. In einer Reaktion auf diese Entscheidung hat *Bydlinski* selbst jedoch betont, daß es sich um einen „Paradefall" der Schadensteilung bei Haftungskonkurrenz zwischen Ver-

---

1074 OGH, 4.6.1993 8 Ob 608/92 EvBl 1994/13; 7.11.1995 4 Ob 554/95 JBl 1996, 181.

1075 Dies dürfte vor allem darauf zurückzuführen sein, daß in Deutschland die Beweislastumkehr wegen eines groben Behandlungsfehlers im Mittelpunkt steht und daher ein Bedürfnis für eine materiellrechtliche Lösung vergleichbarer Fälle nicht aufgetreten ist.

1076 *M. Lukas*, Anmerkung zu OGH, 22.8.1996 1 Ob 2139/96g, JBl 1997, 395 (396).

1077 OGH, 7.5.1985 2 Ob 544/85 JBl 1986, 576 (*E. Deutsch*).

1078 OGH, 7.5.1985 2 Ob 544/85 JBl 1986, 576 (577) (*E. Deutsch*).

1079 OGH, 7.5.1985 2 Ob 544/85 JBl 1986, 576 (578) (*E. Deutsch*).

schulden und Zufall handele[1080], der auch deswegen einer Diskussion bedurft hätte, weil eine Behauptung groben Verschuldens nicht Voraussetzung der Schadensteilung sei, sondern nur bei der Feststellung der Höhe der jeweiligen Haftung eine Rolle spiele[1081].

bb) In einer späteren Entscheidung hat der siebte Senat des *Obersten Gerichtshofes* eine Schadensteilung befürwortet, wenn neben dem ärztlichen Fehler auch eine schicksalhafte Wendung als Schadensursache in Betracht kam[1082]. Bei einer mit der erforderlichen Sorgfalt durchgeführten Infusion waren Zytostatika in das Gewebe gelangt. Gegen eine aufgetretene Schwellung und Rötung unternahm das Krankenhauspersonal nichts, als Folge erlitt die Patientin einen Gewebeschaden (Nekrose). Es war nicht auszuschließen, daß diese Folge auch bei einem rechtzeitigen ärztlichen Eingreifen eingetreten wäre. Das Gericht griff auf § 1304 ABGB[1083] zurück und führte aus: „Konkurriert daher ein dem Geschädigten zurechenbarer Zufall mit einem Haftungsgrund, so ist (...) eine Schadensteilung vorzunehmen"[1084]. Da der jeweilige Verursachungsanteil nicht bestimmbar war, sah das Gericht eine hälftige Teilung als angemessen an. Diese Entscheidung ist insbesondere deshalb angegriffen worden, weil der *Oberste Gerichtshof* keine klare Abgrenzung zu der auch nach österreichischem Recht grundsätzlich dem Schädiger anzulastenden Schadensanlage traf und zudem nicht spezifizierte, worin hier ein der Geschädigten zurechenbarer Zufall gelegen haben soll[1085]. Auch *Bydlinski*, auf dessen Ausführungen das Gericht sich argumentativ gestützt hatte[1086], äußerte sich ablehnend und verwies darauf, daß keine Konkurrenz zwischen Zufall und Verschulden vorliege, sondern vielmehr eine Kausalbeziehung des ärztlichen Unterlassens zu zumindest einem Teil des Schadens zu bejahen sei, da durch die Infusion bereits gewisse Gewebeschäden eingetreten seien, auch wenn die Nekrose möglicherweise auch bei rechtzeitiger Behandlung nicht vermeidbar war[1087]. Es habe festgestanden, daß

1080 *F. Bydlinski*, „Haftungsgrund und Zufall als alternativ mögliche Schadensursachen", Festschrift für G. Frotz (1993) 3-10 (7-8).

1081 *F. Bydlinski*, „Haftungsgrund und Zufall als alternativ mögliche Schadensursachen", Festschrift für G. Frotz (1993) 3-10 (7-8).

1082 OGH, 9.11.1989 7 Ob 648/89 JBl 1990, 524 (abl. *W. Holzer*).

1083 § 1304 ABGB: Wenn bei einer Beschädigung zugleich ein Verschulden von Seiten des Beschädigten eintritt; so trägt er mit dem Beschädiger den Schaden verhältnismäßig; und, wenn sich das Verhältnis nicht bestimmen läßt, zu gleichen Teilen.

1084 OGH, 9.11.1989 7 Ob 648/89 JBl 1990, 524 (526) (abl. *W. Holzer*).

1085 *W. Holzer*, Anmerkung zu OGH, 9.11.1989 7 Ob 648/89, JBl 1990, 526; kritisch äußerte sich später auch die Rechtsprechung: OGH, 10.10.1991 6 Ob 604/91 JBl 1992, 522 (523); 8.7.1993 2 Ob 590/92 JBl 1994, 540 (543) (*R. Bollenberger*).

1086 OGH, 9.11.1989 7 Ob 648/89 JBl 1990, 524.

1087 *F. Bydlinski*, „Zur Haftung der Dienstleistungsberufe in Österreich und nach dem EG-Richtlinienvorschlag", JBl 1992, 341-360 (352); *ders.*, „Haftungsgrund und Zufall als alternativ mögliche Schadensursachen", Festschrift für G. Frotz (1993) 3-10 (8-9).

der Behandlungsfehler jedenfalls nicht den gesamten Schaden verursacht haben konnte, wie es für eine alternative Kausalität erforderlich wäre[1088].

cc) Der zweite[1089] und der sechste Senat[1090] des *Obersten Gerichtshofes* haben sich aus diesen Gründen der Entscheidung des siebten Senates ausdrücklich nicht angeschlossen und ausgeführt, daß eine Schadensteilung nicht in Betracht komme, wenn neben dem ärztlichen Fehler der Schaden auch eine andere, schicksalshafte Ursache haben kann. Dem Patienten dürfe sein beeinträchtigter Gesundheitszustand nicht schadensmindernd angelastet werden. Demnach kommt eine Haftung bei zweifelhafter Kausalität weiterhin nur in Betracht, wenn eine Beweiserleichterung wie der Anscheinsbeweis eingreift[1091].

dd) Ohne sich mit dieser Rechtsprechung auseinanderzusetzen, hat der achte Senat des *Obersten Gerichtshofes* eine Schadensteilung nach den von *Bydlinski* entwickelten Grundsätzen in den Fällen befürwortet[1092], in denen der Erfolg möglicherweise vom Geschädigten selbst verursacht wurde: Der Kläger war in einer Prügelei mit dem Beklagten verletzt worden, es konnte aber nicht ermittelt werden, ob der Schlag, der zu der Verletzung führte, rechtswidrig oder durch Notwehr gerechtfertigt war. Das Gericht ging davon aus, daß bei einem Zusammentreffen eines schuldhaften Handelns des Schädigers mit Umständen, die in den Risikobereich des Geschädigten fallen[1093], eine Schadensteilung vorzugswürdig sei. Ziehe man statt dessen Beweiserleichterungen wie den Anscheinsbeweis heran, werde der gesamte Schaden ersetzt und damit die zweifelhafte Kausalität verschleiert.

ee) Nunmehr hat der vierte Senat des *Obersten Gerichtshofes* in die Debatte eingegriffen und sich für die Möglichkeit einer Schadensteilung im Arzthaftungsrecht ausgesprochen[1094].

1088 *R. Bollenberger*, Anmerkung zu OGH, 8.7.1993 2 Ob 590/92, JBl 1994, 543-545 (545).

1089 OGH, 8.7.1993 2 Ob 590/92 JBl 1994, 540 (543) (*R. Bollenberger*) (bei dem Versuch, einen Fleischbrocken aus der Speiseröhre zu entfernen, wurde ein bestimmtes Instrument eingesetzt. Es ließ sich nicht ausschließen, daß die Zerfransung der Speiseröhre ohne den Einsatz dieses Instrumentes nicht eingetreten wäre).

1090 OGH, 10.10.1991 6 Ob 604/91 JBl 1992, 522 (523) (Armbruch wurde unzureichend versorgt, Arm mußte nach einer Infektion amputiert werden), zust. *R. Dittrich/H. Tades*, ABGB. 2. Band (1994) Anm. E 3c; W. *Kleewein*, „Zurechnung und Normadäquanz in der Arzthaftung", ÖJZ 1993, 161-164 (162).

1091 Diese Frage stand im Mittelpunkt der gerichtlichen Erörterungen in OGH, 8.7.1993 2 Ob 590/92 JBl 1994, 540 (542) (*R. Bollenberger*).

1092 OGH, 4.6.1993 8 Ob 608/92 EvBl 1994/13.

1093 Dabei sollen Zufall und vom Geschädigten selbst verschuldete Umstände gleich behandelt werden, OGH, 4.6.1993 8 Ob 608/92 EvBl 1994/13.

1094 OGH, 7.11.1995 4 Ob 554/95 JBl 1996, 181.

(1) Eine Hochschwangere war aus dem Krankenhaus entlassen worden, obwohl bei ihr eine von den Ärzten in vorwerfbarer Weise verkannte Plazentainsuffizienz vorlag. Das Kind erlitt Folgeschäden, die auf einer Sauerstoffunterversorgung beruhten. Es konnte nicht geklärt werden, ob diese auf den ärztlichen Fehler (Verkennung der Plazentainsuffizienz) oder auf einer schicksalhaft bei der Geburt aufgetretenen Nabelschnurverschlingung zurückzuführen waren. Obwohl das Gericht im Ergebnis offen ließ, ob überhaupt ein Fall der alternativen Kausalität vorlag[1095], stellte es Erwägungen zur Behandlung der Konkurrenz von Verschulden und Zufall in der Arzthaftung an. In einer ausführlichen Begründung legte der vierte Senat dar, daß der zweite[1096] und der sechste Senat[1097] an der Frage der alternativen Kausalität „vorbeiargumentiert" hätten, so daß es an einer Rechtsprechung zu dieser Frage im Arzthaftungsrecht noch fehle[1098]: Es sei nämlich bisher verkannt worden, daß sich das Problem der Zurechnung von Schadensanlagen erst stelle, wenn die Verursachung des Schadens durch den ärztlichen Fehler nachgewiesen sei. Dieser Nachweis sei bei der alternativen Kausalität aber gerade nicht zu führen, da entweder der ärztliche Fehler <u>oder</u> die Konstitution des Patienten zu dem Schaden geführt habe, nicht aber der Schadensumfang durch die Konstitution des Patienten vergrößert worden sei. Daher widerspreche eine Schadensteilung nicht der Rechtsprechung zu den Schadensanlagen. Vielmehr sei eine Schadensteilung bei alternativer Kausalität die einzige dem Gerechtigkeitsgebot entsprechende Lösung, da es ansonsten unter Anwendung des Alles-oder-Nichts-Prinzips zu entweder den potentiellen Schädiger oder den Geschädigten in unbilliger Weise benachteiligenden Extremlösungen käme[1099]. Dies widerspreche aber den Wertungen der §§ 1302, 1304 ABGB und den Grundsätzen des österreichischen Schadenersatzrechts[1100] und sei zudem außerhalb der Arzthaftung bereits anerkannt[1101].

(2) Die österreichische Rechtsprechung hat in dieser Entscheidung zudem auf die andernorts in diesem Zusammenhang vernachlässigte Problematik der Schadensanlagen hingewiesen und damit einen wichtigen Gesichtspunkt behandelt.

1095 Die Sache wurde zur weiteren Sachverhaltsaufklärung zurückverwiesen, da die Möglichkeit bestand, daß die Nabelschnurverschlingung bei rechtzeitiger Erkennung der Plazentainsuffizienz nicht aufgetreten wäre, da dann die Geburt unmittelbar eingeleitet worden wäre, OGH, 7.11.1995 4 Ob 554/95 JBl 1996, 181 (183).

1096 OGH, 8.7.1993 2 Ob 590/92 JBl 1994, 540 (543) (*R. Bollenberger*).

1097 OGH, 10.10.1991 6 Ob 604/91 JBl 1992, 522.

1098 OGH, 7.11.1995 4 Ob 554/95 JBl 1996, 181 (183).

1099 OGH, 7.11.1995 4 Ob 554/95 JBl 1996, 181 (183).

1100 OGH, 7.11.1995 4 Ob 554/95 JBl 1996, 181 (183).

1101 Damit wurde auf die Entscheidung OGH, 4.6.1993 8 Ob 608/92 EvBl 1994/13 Bezug genommen.

(a) Es ist in der Tat zuzugeben, daß die Gewährung anteiligen Schadenersatzes mit dem Grundsatz, wonach der Schädiger sich nicht auf die Schadensanfälligkeit und damit den Gesundheitszustand des Opfers berufen darf, vereinbart werden muß. Alle hier untersuchten Rechtsordnungen stimmen darin überein, daß der Schädiger nicht auf eine unterdurchschnittliche Widerstandsfähigkeit oder eine besondere Schadensdisposition verweisen darf[1102]. Wird eine Schadensteilung damit begründet, daß der Schaden auch auf dem Gesundheitszustand des Patienten beruhen könnte, könnte sich ein gewisser Widerspruch ergeben.

(b) Der vierte Senat des *Obersten Gerichtshofes* hat jedoch zutreffend erkannt, daß es sich um zwei unterschiedliche Fragen handelt, und somit eine überzeugende Abgrenzung gefunden[1103]. In den Fällen der alternativen Kausalität wird die Konstitution des Klägers diesem gerade nicht schadensmindernd zugerechnet, sondern die ansonsten ausgeschlossene Haftung auf die mögliche Kausalität gestützt und damit durch eine Rechtsfortbildung materiell ausgedehnt. Eine schwache Konstitution des Opfers wirkt sich hingegen nur auf den Schadensumfang aus, wenn die Verursachung der Primärverletzung durch den Schädiger bereits feststeht[1104]. Diese Abgrenzung läßt sich auf die Rechtsordnungen übertragen, die den Ersatz von Heilungschancen befürworten. Ein Widerspruch zwischen dem Ersatz von Heilungschancen und der Rechtsprechung zu Schadensanlagen besteht somit auch dort nicht.

ff) Es bleibt abzuwarten, ob die Entscheidung des vierten Senats des *Obersten Gerichtshofes*[1105] weitere Verbreitung finden wird. Festzuhalten ist jedoch, daß die Rechtsprechung zur Zeit nicht frei von Widersprüchen ist, da sie bei zweifelhaften Kausalverläufen weiterhin auch auf Beweiserleichterungen zurückgreift[1106]. Die Anwendung insbesondere des Anscheinsbeweises und des Alles-oder-Nichts-Prinzips müßte in den entsprechenden Konstellationen jedoch aufgegeben werden, um eine Einheitlichkeit der Rechtsprechung zu erreichen[1107].

2. Vergleichbarkeit mit der *perte d'une chance/loss of chance*

Die Bejahung einer solchen Schadensteilung, wie sie von der Rechtsprechung in Österreich erörtert wurde, ähnelt im Ergebnis dem anteiligen Schadenersatz,

1102 Siehe oben § 3 C II 2 a) mit weiteren Nachweisen.
1103 OGH, 7.11.1995 4 Ob 554/95 JBl 1996, 181 (183).
1104 OGH, 7.11.1995 4 Ob 554/95 JBl 1996, 181 (183).
1105 OGH, 7.11.1995 4 Ob 554/95 JBl 1996, 181.
1106 OGH, 22.8.1996 1 Ob 2139/96g JBl 1997, 392 (*M. Lukas*).
1107 *M. Lukas*, Anmerkung zu OGH, 22.8.1996 1 Ob 2139/96g JBl 1997, 395 (396).

wie er für die *loss of chance/perte d'une chance* bezeichnend ist. Auch sind die Sachverhaltskonstellationen, wo es um Fehldiagnosen[1108] oder die Unterlassung der medizinisch gebotenen Maßnahmen[1109] ging, auf den ersten Blick vergleichbar.

a) Dogmatische Herleitung

Unterschiede lassen sich jedoch bei der dogmatischen Herleitung erkennen[1110]: Während einerseits die Heilungschance als eigenständiger Schaden und damit als Anknüpfungspunkt für die Kausalität angesehen wird, wird in Österreich andererseits die Konkurrenz zwischen Verschulden und Zufall und damit die immanent ungewisse Verursachung zur Begründung der Schadensteilung herangezogen[1111]. Damit sind unterschiedliche Ergebnisse im Einzelfall nicht ausgeschlossen. Die jeweils herangezogenen Billigkeitsgesichtspunkte sind vergleichbar, insbesondere wird auf die Härten des Alles-oder-Nichts-Prinzips hingewiesen[1112]. Ein Unterschied besteht bei der Schadensberechnung, wo in Österreich zum einen mit der Zweifelsregel des § 1304 ABGB gearbeitet und daher bei ungewissen Wahrscheinlichkeiten ein hälftiger Schadenersatz befürwortet[1113] und andererseits auch die Schwere des Verschuldens bei der Berechnung berücksichtigt wird[1114].

b) Mögliche Unterschiede im Einzelfall

Da sich die Möglichkeit einer Schadensteilung in Österreich erst nach und nach abzuzeichnen beginnt, findet sich in der Rechtsprechung erheblich weniger Vergleichsmaterial als in Frankreich und den Vereinigten Staaten. Die österreichischen Gerichte haben somit kaum Gelegenheit oder Anlaß gehabt, die von *Bydlinski* geforderte Eingrenzung und Konkretisierung der Haftung vorzunehmen. Betrachtet man die bisher entschiedenen Fälle und insbesondere die Her-

1108 OGH, 7.11.1995 4 Ob 554/95 JBl 1996, 181.

1109 OGH, 7.5.1985 2 Ob 544/85 JBl 1986, 576 (*E. Deutsch*).

1110 *D. Giesen*, Arzthaftungsrecht (1995) Rn. 58 Fn. 239.

1111 OGH, 7.11.1995 4 Ob 554/95 JBl 1996, 181 (183); *E. Deutsch*, Anmerkung zu OGH, 7.5.1985 2 Ob 544/85, JBl 1986, 578-579; *W. Holzer*, Anmerkung zu OGH, 9.11.1989 7 Ob 648/89, JBl 1990, 526 (527).

1112 OGH, 4.6.1993 8 Ob 608/92 EvBl 1994/13; 7.11.1995 4 Ob 554/95 JBl 1996, 181 (183).

1113 OGH, 10.10.1991 6 Ob 604/91 JBl 1992, 522.

1114 *F. Bydlinski*, Probleme der Schadensverursachung nach deutschem und österreichischem Recht (1964) 90; *ders.*, „Haftungsgrund und Zufall als alternativ mögliche Schadensursachen", Festschrift für G. Frotz (1993) 3-10 (6).

leitung der Schadensteilung, so stellt sich die Frage, ob der Anwendungsbereich mit dem der *loss of chance/perte d'une chance* übereinstimmt.

aa) Wie ausführlich dargelegt, wird eine Heilungschance nur dann ersetzt, wenn sich der Patient zu einem bestimmten Zeitpunkt in einem Zustand befand, dessen weitere Entwicklung ohne den Behandlungsfehler sich nicht mehr ermitteln läßt[1115]. In solchen Fällen wäre eine alternative Konkurrenz zwischen der unterlassenen oder fehlerhaft durchgeführten Behandlung und der Erkrankung des Patienten mit dem Ergebnis einer Schadensteilung zu bejahen. Bei einer Fortführung der vom vierten Senat des *Obersten Gerichtshofes* begründeten Rechtsprechung würden insofern mit der *perte d'une chance/loss of chance* übereinstimmmende Ergebnisse erzielt werden. Hat der Arzt hingegen durch einen Behandlungsfehler ein neues Risiko geschaffen, welches zur Schadensherbeiführung geeignet ist, liegt keine ersatzfähige Heilungschance vor. Nach den bisher in Österreich entwickelten Kriterien erscheint es nicht als ausgeschlossen, daß eine Schadensteilung in einem entsprechenden Sachverhalt bejaht werden wird. Zumindest sind bisher keine Kriterien aufgestellt worden, die dieses Ergebnis ausschließen.

bb) Diese möglichen Unterschiede sind in der unterschiedlichen dogmatischen Herangehensweise begründet: Während die Vereitelung einer Heilungschance einen feststellbaren Vorteil erfordert, der über die allgemein gegebene Chance, nicht in seinen Rechtsgütern verletzt zu werden, hinausgehen muß, reicht in Österreich eine mögliche Kausalität, die auch bei Schaffung eines neuen Risikos gegeben ist. Es wird somit nicht danach unterschieden, ob ein bestehendes Risiko erhöht oder ein neues geschaffen wird. Aus der Sicht des beweisbelasteten Patienten macht diese Unterscheidung zunächst wenig Sinn, da er in beiden Fällen die Haftung nicht nachweisen können wird. Vom Ansatz her ist der Anwendungsbereich der Konkurrenz von Verschulden und Zufall somit weiter als die Ersatzfähigkeit von Heilungschancen. Allerdings ist weiterhin zu beachten, daß auch in Österreich noch Einschränkungen herauszubilden sind.

c) Ergebnis

In Österreich wird unter Heranziehung der dieser Rechtsordnung eigenen Begrifflichkeiten ein Ergebnis erzielt, welches in großen Teilen denen der *perte d'une chance/loss of chance* entspricht und auf vergleichbare Argumente gestützt wird.

1115 § 5 C.

E. Zwischenergebnis

Eine Heilungschance wird nur in Frankreich und in Teilen der Vereinigten Staaten als ein eigenständiger Schaden angesehen. Bemerkenswert ist, daß sich dieses Rechtsinstitut trotz grundlegender systematischer Unterschiede in beiden Rechtsordnungen entwickelt hat, ohne daß dabei eine Rechtsordnung die andere beeinflußt hat. Vielmehr sind die *perte d'une chance* und die *loss of chance* vor dem jeweiligen materiell- und prozeßrechtlichen Hintergrund autonom entstanden, wobei die Voraussetzungen und die Rechtsfolgen große Parallelen haben. Diese Übereinstimmung trotz der unterschiedlichen dogmatischen Voraussetzungen könnte für eine Anerkennung dieses Rechtsinstitutes auch in anderen Rechtsordnungen sprechen[1116]. Dies gilt um so mehr, als in Australien, der Schweiz und Österreich vergleichbare Tendenzen zur Lösung vergleichbarer Sachverhalte festzustellen sind, da unter bestimmten Voraussetzungen ebenfalls ein proportionaler Schadenersatz gewährt wird.

1116 *W. Miller*, „*Herskovits v Group Health Cooperative of Puget Sound*: Negligent Creation of a Substantial Risk of Injury is a Compensable Harm", 9 UnivPugetSound LRev 251-291, 258 (1985) verwendet beschränkt auf die Jurisdiktionen der Vereinigten Staaten ein vergleichbares Argument.

§ 6 Ablehnung einer rechtlichen Relevanz von Heilungschancen

Das Rechtsinstitut der *loss of chance/perte d'une chance* hat sich jedoch nicht in allen Rechtsordnungen, die diese Idee diskutiert haben, durchsetzen können. Ablehnend geäußert haben sich insbesondere das englische *House of Lords*, der *Supreme Court of Canada* sowie Obergerichte aus einigen Jurisdiktionen der Vereinigten Staaten von Amerika, wo sich auch die reichhaltigste Rechtsprechung zu dieser Frage findet.

A. Die Vereinigten Staaten von Amerika

Eine Vielzahl von Jurisdiktionen der Vereinigten Staaten von Amerika räumt der *loss of chance* keine rechtliche Relevanz ein. Dies liegt einerseits daran, daß diese Rechtsfrage nicht diskutiert oder von den Gerichten noch offen gelassen[1117] wird. Andererseits ist eine mögliche Anwendung der *loss of chance* aber auch ausdrücklich abgelehnt worden[1118].

I. *Cooper v Sisters of Charity of Cincinnati, Inc* als Ausgangspunkt

Eine der ersten ausdrücklichen Ablehnungen fand sich in Ohio[1119]. Das Gericht hielt ausdrücklich an dem Erfordernis der *proximate cause* und dem hierbei an-

---

1117 So in Arkansas: *Blackmon v Langley*, 737 SW2d 455, 456 (Ark 1987); Connecticut: *Sochard v St. Vincent's Medical Center*, 510 A2d 1367 (ConnApp 1986); *LaBienec v Baker*, 526 A2d 1341 (ConnApp 1987); Maine: *Phillips v Eastern Maine Medical Center*, 565 A2d 306 (Me 1989).

1118 Alabama: *McAfee v Baptist Medical Center*, 641 So2d 265 (Ala 1994); Florida: *Gooding v University Hospital Building, Inc*, 445 So2d 1015 (Fla 1984); Georgia: *Richmond County Hospital Authority Operating University Hospital v Dickerson*, 356 SE2d 548 (GaApp 1987); *Dowling v* Lopez, 440 SE2d 205 (GaApp 1993); Idaho: Manning v Twin Falls Clinic & Hospital, Inc, 830 P2d 1185 (Idaho 1992); Kalifornien: *Dumas v* Cooney, 1 CalRptr2d 584 (CalApp 1991); *Bromme v Pavitt*, 7 CalRptr2d 608 (CalApp 1992); *Williams v Wraxall*, 39 CalRptr2d 659 (CalApp 1995); *Werner v Blankfort*, 42 CalRptr2d 229 (CalApp 1995); Maryland: *Fennell v Southern Maryland Hospital Center, Inc*, 580 A2d 206 (Md 1990); Minnesota: *Leubner v Sterner*, 493 NW2d 119 (Minn 1992); *Fabio v Bellomo*, 504 NW2d 758 (Minn 1993); Mississippi: *Clayton v Thompson*, 475 So2d 439 (Miss 1985); *Ladner v Campbell*, 515 So2d 882 (Miss 1987); New Hampshire: *Pillsbury-Flood v Portsmouth Hospital*, 512 A2d 1126 (NH 1986); New Mexico: *Alfonso v Lund*, 783 F2d 958 (10th Cir 1986); South Carolina: *Jones v Owings*, 456 SE2d 371 (SC 1995); Tennessee: *Kilpatrick v Bryant*, 868 SW2d 594 (Tenn 1993); *Volz v Ledes*, 895 SW2d 677 (Tenn 1995); Texas: *Kramer v Lewisville Memorial Hospital*, 858 SW2d 397 (Tex 1993);Utah: *Andersen v Brigham Young University*, 879 FSupp 1124 (DUtah 1995).

1119 *Cooper v Sisters of Charity of Cincinnati, Inc*, 272 NE2d 97 (Ohio 1971); zum Sachverhalt siehe oben § 5 B III 1 c) aa).

zulegenden Beweismaßstab der überwiegenden Wahrscheinlichkeit fest[1120]. Der Verlust einer Heilungschance als solcher könne weder ein ersatzfähiger Schaden sein, noch dürfe hierin eine Beweiserleichterung gesehen werden[1121], da hierdurch mehr Ungerechtigkeit für die Beklagten als Gerechtigkeit für die Kläger geschaffen werde[1122]. Diese Ausführungen sind in späteren Entscheidungen[1123] regelmäßig aufgegriffen worden, so daß *Cooper v Sisters of Charity of Cincinnati, Inc* als eine Leitentscheidung zur Ablehnung der *loss of chance* anzusehen war[1124]. Der *Supreme Court of Ohio* hat sich von dieser Rechtsprechung zwischenzeitlich abgewendet und spricht sich neuerdings für eine Anerkennung der *loss of chance* aus[1125]. Bisher hat diese Kehrtwendung der die Ablehnung der *loss of chance* maßgeblich prägenden Jurisdiktion noch keine Auswirkungen auf andere Bundesstaaten gehabt. Es steht jedoch zu vermuten, daß die Gerichte, die sich auf die Ausführungen des *Supreme Court of Ohio* berufen haben, sich zumindest zu einer Auseinandersetzung mit dieser neuen Entscheidung veranlaßt sehen werden, auch wenn sie im Ergebnis an *Cooper v Sisters of Charity of Cincinnati, Inc* und der dortigen Argumentation festhalten sollten.

1120 *Cooper v Sisters of Charity of Cincinnati, Inc*, 272 NE2d 97, 102-103 (Ohio 1971) unter Verweis auf *Kuhn v Banker*, 13 NE2d (Ohio 1938); ebenso *Moore v University of Cincinnati Hospital*, 639 NE2d 798 (OhioApp 1994) und *Schlachet v Cleveland Clinic Foundation*, 661 NE2d 259 (OhioApp 1995).

1121 *Cooper v Sisters of Charity of Cincinnati, Inc*, 272 NE2d 97, 102 (Ohio 1971).

1122 *Cooper v Sisters of Charity of Cincinnati, Inc*, 272 NE2d 97, 103 (Ohio 1971).

1123 Siehe nur *Gooding v University Hospital Building, Inc*, 445 So2d 1015, 1020 (Fla 1984); *Alfonso v Lund*, 783 F2d 958 (10th Cir 1986); *Jones v Owings*, 456 SE2d 371, 373 (SC 1995).

1124 *P.L. Andel*, „Medical Malpractice: The Right to Recover for the Loss of a Chance of Survival", 12 PeppLRev 973-998, 980 (1985); *B.C. Boggs*, „Lost Chance of Survival Doctrine: Should the Courts Ever Tinker With Chance?", 16 SoIllULJ 421-449, 426 (1992); *S.F. Brennwald*, „Proving Causation in 'Loss of a Chance' Cases: A Proportional Approach", 34 CathULRev 747-790, 764 (1985); *L.L. Cross*, „*Alfonso v. Lund:* Loss of Chance Rejected as a Basis for Recovery in Medical Malpractice", 12 OklaCityULRev 187-203, 195 (1987); *F.C. Woodside III/ J.E. Schlesinger/ J.E. Jevicky/ C.G. Combs/ C.S. Ross*, „Loss of Chance: A Fundamental Change in Proximate Causation", 59 DefCounsJ 42-49, 46 (1992); von *A.E. Shoenberger*, „Medical Malpractice Injury - Causation and Valuation of the Loss of a Chance to Survive", 6 J LegMed 51-83, 60 (1985) gar als „*the source case*" bezeichnet.

1125 *Roberts v Ohio Permanente Med Group, Inc*, 668 NE2d 480 (Ohio 1996); hierzu bereits oben § 5 B III 1 c) bb).

II. Verbreitung der Ablehnung der *loss of chance*

Ausdrücklich abgelehnt wird die *loss-of-chance*-Lehre weiterhin in Alabama[1126], Florida[1127], Georgia[1128], Idaho[1129], Kalifornien[1130], Maryland[1131], Minnesota[1132], Mississippi[1133], New Hampshire[1134], New Mexico[1135], South Carolina[1136], Tennessee[1137], Texas[1138] und Utah[1139].

1126 *McAfee v Baptist Medical Center*, 641 So2d 265, 267 (Ala 1994) (zwei Fälle: Es wurde eine Meningitis bzw. ein Krebstumor nicht zutreffend diagnostiziert); *Williams v Spring Hill Memorial Hospital*, 646 So2d 1373 (Ala 1994) (Lähmungssymptome wurden nicht mitgeteilt); *Travis v Scott III*, 667 So2d 674 (Ala 1995) (innere Blutung); *Pope v Elder*, 671 So2d 730 (AlaApp 1995) (Tumorzellen in einer Gewebeprobe wurden übersehen).

1127 *Gooding v University Hospital Building, Inc*, 445 So2d 1015 (Fla 1984) (aufgrund eines Irrtums wurde nach Einlieferung eines Patienten keine Untersuchung eingeleitet, er verstarb an einer inneren Blutung).

1128 Mit knapper Begründung: *Richmond County Hospital Authority Operating University Hospital v Dickerson*, 356 SE2d 548, 550 (GaApp 1987) (Verkennung einer inneren Blutung); *Dowling v Lopez*, 440 SE2d 205, 207 (GaApp 1993) (unzureichende Krebsdiagnose).

1129 *Manning v Twin Falls Clinic & Hospital, Inc*, 830 P2d 1185 (Idaho 1992) (unzureichende Beatmung).

1130 Verkennung von Krebs: *Dumas v Cooney*, 1 CalRptr2d 584 (CalApp 1991); *Bromme v Pavitt*, 7 CalRptr2d 608 (CalApp 1992); *Werner v Blankfort*, 42 CalRptr2d 229 (CalApp 1995).

1131 *Fennell v Southern Maryland Hospital Center, Inc*, 580 A2d 206 (Md 1990) (Meningitis wird für Hirnblutung gehalten), zuvor war die Rechtslage in Maryland noch ungeklärt: bereits sehr zurückhaltend, aber noch nicht ausdrücklich ablehnend *Weimer v Hetrick*, 525 A2d 643 (Md 1987) sowie *Cooper v Hartman*, 533 A2d 1294 (Md 1987), während in *Kroll v United States*, 694 FSupp 1210, 1212 (DMd 1988) und *Waffen v United States, Department of Health and Human Services*, 799 F2d 911, 922-923 (4th Cir 1986) allerdings die Anwendung der *loss of chance* nach dem Recht Marylands bejaht wurde und in *Thomas v Corso*, 288 A2d 379, 390 (Md 1972) eine Beweiserleichterung vorgenommen wurde.

1132 *Leubner v Sterner*, 493 NW2d 119 (Minn 1992); *Fabio v Bellomo*, 504 NW2d 758 (Minn 1993), beiden Entscheidungen lag die Verkennung einer Krebserkrankung zugrunde; *Hilt v Roy*, 1995 MinnApp Lexis 1098.

1133 *Clayton v Thompson*, 475 So2d 439 (Miss 1985) (fehlerhafte Diagnose einer Daumenverletzung mit nachfolgender Versteifung); *Ladner v Campbell*, 515 So2d 882 (Miss 1987) (fehlerhafte Krebsdiagnose).

1134 *Pillsbury-Flood v Portsmouth Hospital*, 512 A2d 1126 (NH 1986) (dem Patienten wurden nach einer Kopfverletzung unzureichende Verhaltensanweisungen erteilt); bestätigt in *Bronson v Hitchcock Clinic*, 677 A2d 665 (NH 1996) (Hodgkin-Krankheit wurde erst nach sechs Monaten diagnostiziert).

1135 *Alfonso v Lund*, 783 F2d 958 (10th Cir 1986) (Versuch, durch Kettensägenunfall abgetrennte Finger anzunähen, wurde nicht unternommen); hierzu *L.L. Cross*, „*Alfonso v. Lund:* Loss of Chance Rejected as a Basis for Recovery in Medical Malpractice", 12 OklaCityULRev 187-203 (1987).

1136 *Sherer v James*, 351 SE2d 148 (SC 1986) (Hodenverletzung wird nicht erkannt, Hoden muß amputiert werden); *Jones v Owings*, 456 SE2d 371 (SC 1995) (trotz Hinweisen auf

1. Bei der Mehrzahl dieser Entscheidungen lag eine fehlerhafte Diagnose vor, die zur Folge hatte, daß die angezeigten Maßnahmen nicht eingeleitet wurden[1140]. Daneben finden sich Fälle, in denen eine erforderliche Untersuchung[1141], Behandlung[1142] oder Sicherheitsvorkehrung[1143] aus anderen Gründen als einer unzureichenden Diagnose nicht vorgenommen wurden. Diese Fälle beruhen somit auf Konstellationen, die den Entscheidungen, in denen die Anwendung der *loss of chance* befürwortet wird, gleichen[1144]. Die Ablehnung der *loss-of-chance*-Doktrin läßt sich daher nicht mit unterschiedlichen tatsächlichen Gegebenheiten erklären.

---

einen Tumor auf einem Röntgenbild unternimmt Arzt nichts); *Taylor v Medenica*, 479 SE2d 35 (SC 1996).

1137 *Boburka v Adcock*, 979 F2d 424 (6th Cir 1992); *Kilpatrick v Bryant*, 868 SW2d 594 (Tenn 1993) (Verkennung einer Krebserkrankung); *Volz v Ledes*, 895 SW2d 677 (Tenn 1995) (Verkennung einer Krebserkrankung); *Gray v Ford Motor Co*, 914 SW2d 464 (Tenn 1996) (Milzriß wurde nicht erkannt); zuvor hatte aufgrund der Entscheidung *Truan v Smith*, 578 SW2d 73 (Tenn 1979) noch eine gewisse Unsicherheit geherrscht; vgl. hierzu *F. W. Thurman*, „Loss of Chance in Medical Malpractice Cases: A Contra View with an Examination of Tennessee's Current Position", 20 MemStULRev 81-118 (1989) sowie kritisch zu der aktuellen Rechtsprechung *J. P. Keller*, Case Note: *Kilpatrick v Bryant*, 868 SW2d 594 (Tenn 1993), 62 TennLRev 375-391 (1995).

1138 *Kramer v Lewisville Memorial Hospital*, 858 SW2d 397 (Tex 1993) (Unterlassung des zur Krebsdiagnose erforderlichen Pap-Abstriches); *Park Place Hospital v The Estate of Lola Milo*, 909 SW2d 508 (Tex 1995) (künstliche Beatmung wurde verfrüht eingestellt); *Bradley v Rogers*, 879 SW2d 947 (TexApp 1994) (Septischer Schock wurde nicht erkannt); *Zalesak v Taylor*, 888 SW2d 143 (TexApp 1994) (Krebs wurde nicht erkannt); vgl. *G.D. Elliston/J. K. Henderson*, „No Chance for 'Loss of Chance' in Texas Medical Malpractice Litigation after Kramer", 59 Tex BJ 734-740 (1996).

1139 *Andersen v Brigham Young University*, 879 FSupp 1124 (DUtah 1995) (fehlerhafte Krebsdiagnose); noch unklar: *George v LDS Hospital*, 797 P2d 1117 (UtahApp 1990); aus prozessualen Gründen wurde die Anwendbarkeit der *loss of chance* offengelassen in *Newsom v Gold Cross Service, Inc*, 779 P2d 692 (UtahApp 1989). *D.J. Andersen*, „'Loss of Chance' in Utah", 9 UtahBarJ 8 (1996) (zitiert nach lexis S. 8) schließt nicht aus, daß sich die ablehnende Tendenz in Utah ändern wird.

1140 *Clayton v Thompson*, 475 So2d 439 (Miss 1985); *Sherer v James*, 351 SE2d 148 (SC 1986); *Ladner v Campbell*, 515 So2d 882 (Miss 1987); *Fennell v Southern Maryland Hospital Center, Inc*, 580 A2d 206 (Md 1990); *Leubner v Sterner*, 493 NW2d 119 (Minn 1992); *Fabio v Bellomo*, 504 NW2d 758 (Minn 1993); *Kilpatrick v Bryant*, 868 SW2d 594 (Tenn 1993); *Kramer v Lewisville Memorial Hospital*, 858 SW2d 397 (Tex 1993); *McAfee v Baptist Medical Center*, 641 So2d 265 (Ala 1994); *Jones v Owings*, 456 SE2d 371 (SC 1995); *Volz v Ledes*, 895 SW2d 677 (Tenn 1995); *Bronson v Hitchcock Clinic*, 677 A2d 665 (NH 1996). Vgl. zu den Sachverhalten die vorangegangenen Fußnoten.

1141 *Cooper v Sisters of Charity of Cincinnati, Inc*, 272 NE2d 97 (Ohio 1971); *Gooding v University Hospital Building, Inc*, 445 So2d 1015 (Fla 1984).

1142 *Alfonso v Lund*, 783 F2d 958 (10th Cir 1986).

1143 *Pillsbury-Flood v Portsmouth Hospital*, 512 A2d 1126 (NH 1986); *Park Place Hospital v The Estate of Lola Milo*, 909 SW2d 508 (Tex 1995).

1144 Siehe dazu oben § 5 B III 2.

2. Nur vereinzelt hat ein ungewöhnlicher Sachverhalt zur Ablehnung der *loss of chance* geführt. So hatte der *Supreme Court of Idaho* über eine Klage zu entscheiden, in der ein 67jähriger Mann verstorben war[1145]. Er befand sich aufgrund einer schweren Lungenkrankheit in stationärer Behandlung und erhielt zur Erleichterung der Atmung eine Sauerstoffmaske. Er hatte die Anweisung erteilt, nicht an ein Beatmungsgerät angeschlossen zu werden. Als die Ärzte von einer Lebenserwartung von nur wenigen Tagen ausgingen, sollte der Patient in ein anderes Zimmer verlegt werden. Während dieses Transportes nahm man ihm die Sauerstoffmaske ab, woraufhin sich seine Atemtätigkeit rapide verschlechterte. Entsprechend seinen Anweisungen wurde er nicht künstlich beatmet und verstarb. Das Gericht ging nur kurz auf eine mögliche Beweiserleichterung aus *loss of chance* ein und lehnte diese ab[1146]. Angesichts der sehr kurzen Lebenserwartung des Patienten, nach der eine völlige Genesung ausgeschlossen war, ist dieser Fall für eine *loss of chance* untypisch, so daß sich die Rechtsprechung in einer anderen Konstellation möglicherweise anders entscheidet. Kalifornische Gerichte haben neben Fällen, die der *loss of chance* entsprechen[1147], auch noch einige ungewöhnliche Klagen vorgelegt bekommen: So wurde ein Serologe erfolglos verklagt, nachdem er bestimmte Untersuchungsergebnisse nicht mitgeteilt und deswegen die Chancen des Klägers, in einem Strafprozeß freigesprochen zu werden, vermindert hatte[1148]. Abgelehnt wurde auch der Ersatz für die Möglichkeit, ein genetisch geschädigtes Kind abzutreiben[1149].

III. Argumentation

Die Ablehnung der *loss-of-chance*-Lehre beruht auf rechtlichen Gründen. Die Gerichte haben sich mit dieser Lehre in ihren unterschiedlichen Ausgestaltungen zum Teil sehr ausführlich und mit beachtlichen Argumenten auseinandergesetzt, während sich aber auch oberflächlichere Begründungen finden.

1145 *Manning v Twin Falls Clinic & Hospital, Inc*, 830 P2d 1185 (Idaho 1992).

1146 *Manning v Twin Falls Clinic & Hospital, Inc*, 830 P2d 1185, 1190 (Idaho 1992).

1147 *Dumas v Cooney*, 1 CalRptr2d 584 (CalApp 1991); *Bromme v Pavitt*, 7 CalRptr2d 608 (CalApp 1992); *Werner v Blankfort*, 42 CalRptr2d 229 (CalApp 1995).

1148 *Williams v Wraxall*, 39 CalRptr2d 659 (CalApp 1995).

1149 *Simmons v West Coveina Medical Clinic*, 260 CalRptr 772 (CalApp 1989).

1. In einer großen Zahl von Entscheidungen wird nicht zwischen der *loss of chance* als Beweiserleichterung und der *loss of chance* als Schaden unterschieden[1150]. Dies ist bei älteren Entscheidungen darauf zurückzuführen, daß sich diese Differenzierung erst nach und nach herauskristallisiert hat und sich die Gerichte daher nur mit einer möglichen Beweiserleichterung als der älteren Variante der *loss of chance*[1151] auseinandersetzen[1152]. Aber auch neuere Entscheidungen unterscheiden nicht immer deutlich zwischen der *loss of chance* als Beweiserleichterung und als Schaden[1153]. Ihnen ist gemein, daß die *loss of chance* nur knapp behandelt und mit einem Hinweis auf das als bewährt anzusehende Beweismaß der überwiegenden Wahrscheinlichkeit abgelehnt wird[1154]. Damit bleiben sie zu sehr an der Oberfläche und vermögen keine überzeugenden Argumente gegen die *loss of chance* zu liefern.

2. Beachtenswerte Argumente gegen die *loss of chance* sind von anderen Gerichten und von einzelnen Richtern in *dissenting opinions* entwickelt worden.

a) Gegen die Anerkennung der *loss of chance* als Beweiserleichterung wird vorgebracht, daß die Entscheidung der *jury* auf dieser Grundlage als reine Spe-

---

1150 Alabama: *McAfee v Baptist Medical Center*, 641 So2d 265 (Ala 1994); Florida: *Gooding v University Hospital Building, Inc*, 445 So2d 1015 (Fla 1984); Georgia: *Richmond County Hospital Authority Operating University Hospital v* Dickerson, 356 SE2d 548 (GaApp 1987); *Dowling v* Lopez, 440 SE2d 205 (GaApp 1993); Idaho: Manning v Twin Falls Clinic & Hospital, Inc, 830 P2d 1185 (Idaho 1992); Minnesota: *Leubner v Sterner*, 493 NW2d 119 (Minn 1992); *Fabio v Bellomo*, 504 NW2d 758 (Minn 1993); Mississippi: *Clayton v Thompson*, 475 So2d 439 (Miss 1985); *Ladner v Campbell*, 515 So2d 882 (Miss 1987); New Hampshire: *Pillsbury-Flood v Portsmouth Hospital*, 512 A2d 1126 (NH 1986); New Mexico: *Alfonso v Lund*, 783 F2d 958 (10th Cir 1986); Ohio: *Cooper v Sisters of Charity of Cincinnati, Inc*, 272 NE2d 97 (Ohio 1971).

1151 Die *loss of chance* als eigenständiger Schaden ist erst im Jahre 1983 durch *Herskovits v Group Health Cooperative of Puget Sound*, 664 P2d 474 (Wash 1983) diskutiert und erst danach von anderen Gerichten aufgegriffen worden. Daher haben frühere Entscheidungen wegen dieser fehlenden Abgrenzung ein geringeres argumentatives Gewicht, *S.E. Smith*, „Lost Chance of Survival in Illinois: The Need for Guidance from the Illinois Supreme Court", 23 Loyola Univ LJ 155-180, 157 (1991).

1152 *Cooper v Sisters of Charity of Cincinnati, Inc*, 272 NE2d 97 (Ohio 1971); *Gooding v University Hospital Building, Inc*, 445 So2d 1015 (Fla 1984); *Clayton v Thompson*, 475 So2d 439 (Miss 1985); *Pillsbury-Flood v Portsmouth Hospital*, 512 A2d 1126 (NH 1986); *Alfonso v Lund*, 783 F2d 958 (10th Cir 1986); *Richmond County Hospital Authority Operating University Hospital v* Dickerson, 356 SE2d 548 (GaApp 1987).

1153 *Manning v Twin Falls Clinic & Hospital, Inc*, 830 P2d 1185, 1190 (Idaho 1992); *Leubner v Sterner*, 493 NW2d 119, 121 (Minn 1992); *Fabio v Bellomo*, 504 NW2d 758, 763 (Minn 1993); *McAfee v Baptist Medical Center*, 641 So2d 265, 267 (Ala 1994).

1154 *Manning v Twin Falls Clinic & Hospital, Inc*, 830 P2d 1185, 1190 (Idaho 1992); *Leubner v Sterner*, 493 NW2d 119, 121 (Minn 1992); *Fabio v Bellomo*, 504 NW2d 758, 763 (Minn 1993); *McAfee v Baptist Medical Center*, 641 So2d 265, 267 (Ala 1994).

kulation dastehen und damit die Rechtssicherheit[1155] gefährdet würde[1156]. Die *loss-of-chance*-Lehre führe durch die daraus folgende Haftungsausweitung zu größeren Ungerechtigkeiten, als sie zu vermeiden in der Lage sei[1157]. Insbesondere sei eine Überkompensation der Kläger durch eine Haftungsausweitung zu befürchten[1158].

b) Zudem sei an dem Beweismaß der überwiegenden Wahrscheinlichkeit als einem bewährten und fundamentalen Grundsatz des Haftungsrechts festzuhalten[1159]. Eine Ausnahme hiervon könne durch die *loss of chance* nicht gerechtfertigt werden[1160]. Der Anwendung des § 323 Rest2d (Torts) stehe entgegen, daß dieser nur die Sorgfaltspflicht, nicht aber die Kausalität betreffe[1161]. Ansonsten sei eine Herabsetzung des Beweismaßes nur bei mehreren Schädigern anzuerkennen (*substantial factor test*)[1162]. Damit sei die Konstellation des Arzthaftungsprozesses nicht vergleichbar, da ein vorwerfbares menschliches Verhalten nicht in dem Zustand des Patienten gesehen werden könne[1163].

c) Auch könne eine Heilungschance nicht als ein Schaden qualifiziert werden, da hierdurch nur verdeckt werde, daß die Verursachung des endgültigen Schadens nicht nachgewiesen werden könne[1164]. Daß der endgültige Schaden der einzig relevante Schaden sei, zeige sich daran, daß die *loss of chance* dessen Eintritt voraussetze[1165]. Ansonsten könnte ein Schadenersatzanspruch auch

---

1155 Die Bürger sollen das geltende Recht verstehen und sich in ihrem Verhalten danach richten können: *Wollen v DePaul Health Center*, 828 SW2d 681, 684 (Mo 1992).

1156 *Cooper v Sisters of Charity of Cincinnati, Inc*, 272 NE2d 97, 103 (Ohio 1971); *Clayton v Thompson*, 475 So2d 439, 445 (Miss 1985); zustimmend *F.C. Woodside III/ J.E. Schlesinger/ J.E. Jevicky/ C.G. Combs/ C.S. Ross*, „Loss of Chance: A Fundamental Change in Proximate Causation", 59 DefCounsJ 42-49, 43 (1992).

1157 *Cooper v Sisters of Charity of Cincinnati, Inc*, 272 NE2d 97, 103 (Ohio 1971); *Gooding v University Hospital Building, Inc*, 445 So2d 1015, 1020 (Fla 1984), zustimmend *Dumas v Cooney*, 1 CalRptr2d 584, 592 (CalApp 1991).

1158 *L. Perrochet/S.J. Smith/U. Colella*, „Lost Chance Recovery and the Folly of Expanding Medical Malpractice Liability", 27 Torts & Ins LJ 615-637, 625 (1992).

1159 *Kramer v Lewisville Memorial Hospital*, 858 SW2d 397, 405 (Tex 1993); *Kilpatrick v Bryant*, 868 SW2d 594, 603 (Tenn 1993); *Jones v Owings*, 456 SE2d 371, 373 (SC 1995); eine Abkehr hiervon könne allenfalls durch die Legislative erfolgen, *Dumas v Cooney*, 1 CalRptr2d 584, 594 (CalApp 1991).

1160 *Kilpatrick v Bryant*, 868 SW2d 594, 603 (Tenn 1993).

1161 *Sherer v James*, 351 SE2d 148, 150-151 (SC 1986).

1162 *Kramer v Lewisville Memorial Hospital*, 858 SW2d 397, 405 (Tex 1993).

1163 *Kramer v Lewisville Memorial Hospital*, 858 SW2d 397, 406 (Tex 1993).

1164 *Fennell v Southern Maryland Hospital Center, Inc*, 580 A2d 206, 213 (Md 1990); *Kramer v Lewisville Memorial Hospital*, 858 SW2d 397, 405 (Tex 1993); *Dumas v Cooney*, 1 CalRptr2d 584, 594 (CalApp 1991).

1165 *Fennell v Southern Maryland Hospital Center, Inc*, 580 A2d 206, 213 (Md 1990); *Kramer v Lewisville Memorial Hospital*, 858 SW2d 397, 405 (Tex 1993).

dann geltend gemacht werden, wenn der Patient trotz einer herabgesetzten Heilungschance genest[1166].

d) Durch den Ersatz von Heilungschancen werde nie ein angemessenes Ergebnis erzielt[1167]. Gehe man von einer Gruppe von 99 Krebspatienten mit einer statistischen Überlebenschance von 33,33 Prozent aus, so würde nach dem Maßstab der überwiegenden Wahrscheinlichkeit kein Patient einen Schadenersatz erhalten. Dieses Ergebnis sei aber in 66 Fällen auch das angemessene, da diese Patienten in jedem Fall gestorben wären. Nur ein Drittel der Fälle wäre falsch entschieden. Nach der Lehre von der Heilungschance würde jedoch jeder Patient ein Drittel ersetzt bekommen. Damit seien aber alle Fälle falsch entschieden: Die Patienten, die tatsächlich überlebt hätte, erhielten mit dem reduzierten Schadenersatz zuwenig, während die übrigen zuviel erhielten, obwohl ihnen kein Schaden entstanden sei.

e) Des weiteren sei der für die Anwendung der *loss of chance* erforderliche Rückgriff auf medizinische Statistiken praktisch nicht handhabbar, da diese nicht immer zuverlässig und eindeutig seien[1168]. Zudem sei durch eine statistisch belegte Chance nie nachgewiesen, daß der Geschädigte selbst diese Chance hatte[1169]: Durch die Tatsache, daß von einhundert Patienten zehn oder zwanzig hätten geheilt werden können, sei über den konkreten Patienten nichts gesagt.

f) Die *loss of chance* vermöge nicht den Funktionen und Zielen des Haftungsrechts gerecht zu werden. Die Abschreckungsfunktion des Haftungsrechts werde vielmehr untergraben, da im Ergebnis nur der Sorgfaltspflichtsverstoß unter Verzicht auf das Kausalitätserfordernis sanktioniert werde[1170]. Durch die dro-

---

1166 *Fennell v Southern Maryland Hospital Center, Inc*, 580 A2d 206, 213 (Md 1990) sowie eine *dissenting opinion* von *Steffen J* in *Perez v Las Vegas Medical Center*, 805 P2d 589, 597 (Nev 1991).

1167 *Fennell v Southern Maryland Hospital Center, Inc*, 580 A2d 206, 213 (Md 1990); zustimmend *L. Perrochet/S.J. Smith/U. Colella*, „Lost Chance Recovery and the Folly of Expanding Medical Malpractice Liability", 27 Torts & Ins LJ 615-637, 622 (1992).

1168 *Fennell v Southern Maryland Hospital Center, Inc*, 580 A2d 206, 213 (Md 1990).

1169 *Dissenting opinions* von *Brachtenbach J* in *Herskovits v Group Health Cooperative of Puget Sound*, 664 P2d 474, 488-491 (Wash 1983) und *Riley CJ* in *Falcon v Memorial Hospital*, 462 NW2d 44, 65 (Mich 1990).

1170 *Kramer v Lewisville Memorial Hospital*, 858 SW2d 397, 405 (Tex 1993) sowie die *dissenting opinion* von *Riley CJ* in *Falcon v Memorial Hospital*, 462 NW2d 44, 68 (Mich 1990).

hende Haftung würden die Mediziner zur Defensivmedizin gedrängt, die nicht das Ziel der Haftung sei[1171].

g) Die Ärzteschaft dürfe nicht strenger haften als andere Berufsgruppen[1172], insbesondere auch deswegen, weil sie im Interesse der Allgemeinheit tätig werde[1173].

3. Diese Rechtsprechung hat durch gründliche Auseinandersetzung mit der *loss of chance* beachtliche Argumente gegen dieses Rechtsinstitut entwickelt. Vergleichbare Argumente sind auch von anderen hochrangigen Gerichten des *common-law*-Rechtskreises verwendet worden.

B. England

Das *House of Lords* hat eine Ersatzfähigkeit von Heilungschancen in der grundlegenden Entscheidung *Hotson v East Berkshire Area Health Authority* verneint[1174]. Zuvor hatten englische Gerichten diese Frage nicht aufgegriffen, obwohl in zwei Fällen ein anteiliger Schadenersatz unter Hinweis auf die unsichere Erfolgsprognose einer Behandlung zugesprochen wurde[1175]. Ein schottisches Gericht verwendete zwar den Begriff der *loss of chance*, knüpfte hieran jedoch lediglich eine Beweiserleichterung hinsichtlich der Herbeiführung des gesamten Schadens[1176]. Die Bedeutung des *Hotson*-Falles liegt daher darin, daß erstmals die Einordnung von Heilungschancen ausführlich erörtert wurde. Die drei befaßten Instanzen gelangten mit unterschiedlichen Begründungen zu

---

1171 *Dissenting opinions* von *Riley CJ* in *Falcon v Memorial Hospital*, 462 NW2d 44, 66 (Mich 1990) und *Steffen J* in *Perez v Las Vegas Medical Center*, 805 P2d 589, 595 (Nev 1991) sowie mit ausführlicher Begründung *L. Perrochet/S.J. Smith/U. Colella*, „Lost Chance Recovery and the Folly of Expanding Medical Malpractice Liability", 27 Torts & Ins LJ 615-637, 625-628 (1992).

1172 *Gooding v University Hospital Building, Inc*, 445 So2d 1015, 1020 (Fla 1984); *Kramer v Lewisville Memorial Hospital*, 858 SW2d 397, 405 (Tex 1993).

1173 *Dissenting opinion* von *Riley CJ* in *Falcon v Memorial Hospital*, 462 NW2d 44, 66 (Mich 1990).

1174 [1987] 1 AC 750, CA & HL; *sub nom Hotson v Fitzgerald* [1985] 3 AllER 167, QB.

1175 *Clark v MacLellan* [1983] 1 AllER 416, QB (Abschlag wegen ungewisser Erfolgsprognose einer zu dem richtigen Zeitpunkt vorgenommenen Operation); *Bagley v North Herts Health Authority*, (1986) 136 NLJ 1014, QB (Ersatzanspruch der Mutter nach einer Totgeburt wurde um fünf Prozent gemindert, da in dieser Höhe ein entsprechendes Risiko auch ohne Behandlungsfehler gegeben war); als Fehlentscheidung eingestuft in *Hotson v Berkshire Area Health Authority* [1987] AC 750, 793.

1176 *Kenyon v Bell* 1953 SC 125 (Augenverletzung wurde nicht sorgfältig behandelt, das Auge mußte entfernt werden).

teilweise unterschiedlichen Ergebnissen und haben somit zu zahlreichen Stellungnahmen und Einordnungsversuchen Anlaß gegeben[1177].

I. *Hotson v East Berkshire Area Health Authority*: Sachverhalt

1. Ein dreizehnjähriger Junge war beim Spielen gestürzt und hatte sich dabei die Hüfte verletzt[1178]. Er wurde in das beklagte Krankenhaus eingeliefert. Dort wurde sein Knie, nicht aber seine Hüfte oder sein Oberschenkel geröntgt. Der Junge wurde zunächst entlassen. Die folgenden fünf Tage litt er unter starken Schmerzen und kehrte sodann in das Krankenhaus zurück. Nunmehr wurde die Hüfte geröntgt und dabei die tatsächliche Verletzung entdeckt: Der Junge hatte sich bei dem Sturz eine Fraktur der Epiphyse (Gelenkende) des Oberschenkels zugezogen. Da er sich noch im Wachstum befand, wurde hierdurch auch die sogen. Wachstumsfuge zwischen Oberschenkel- und Beckenknochen beeinträchtigt und insbesondere auch die Blutversorgung der Epiphyse gestört. Trotz der nach der zweiten Untersuchung eingeleiteten therapeutischen Maßnahmen entwickelte sich bei dem Jungen eine avaskuläre Nekrose des Femurkopfes, also eine Zerstörung des Gewebes aufgrund der fehlenden Blutversorgung. Da sich das Gelenk noch im Wachstum befand, hatte dies für den Jungen schwere Folgen (Verkürzung des Beines, Einschränkung der Mobilität etc.).

2. Dieser Folgeschaden aus der Hüftverletzung konnte nach den Sachverständigengutachten zwei mögliche Ursachen haben[1179]: Entweder waren durch den Sturz bereits so viele Blutgefäße geschädigt worden, daß eine hinreichende Versorgung der Epiphyse nicht mehr herzustellen war. Es war aber auch nicht

---

1177 *M. Brazier*, The Law of Torts (1993) 250-252; *A. Burrows*, Remedies for Torts and Breach of Contract (1994) 33-35; *P. Cane*, Atiyah's Accidents, Compensation and the Law (1993) 98-100; *J.F. Clerk/ W.H.B. Lindsell*, On Torts (1995) Rn. 8-66f; *C. Foster*, „A plea for a lost chance: *Hotson* reconsidered", (1995) 145 NLJ 228-229, 248, 281; *T. Hill*, „A Lost Chance for Compensation in the Tort of Negligence by the House of Lords", (1991) 54 MLR 511-523; *M.A. Jones*, Medical Negligence (1991) Rn. 5.29-5.43; *ders.*, Torts (1993) 130-136; D.*P.T. Price*, „Causation - The Lords' Lost Chance?", (1989) 38 ICLQ 735-760; *H. Reece*, „Losses of Chances in the Law", (1996) 59 MLR 188-206; *J. Stapleton*, „The Gist of Negligence", (1988) 104 LQR 389-409; *M. Stauch*, „Comparative Health Law: Causation Issues in Medical Malpractice: A United Kingdom Perspective", 5 AnnHealthL 247-257 (1996); *ders.*, „Causation, Risk, and Loss of Chance in Medical Negligence", (1997) 17 OJLS 205-225; *H. Stoll*, „Schadensersatz für verlorene Heilungschancen vor englischen Gerichten in rechtsvergleichender Sicht", Festschrift für E. Steffen (1995) 465-478; *T. Weir*, „Loss of Chance - Compensable in Tort? The Common Law", Développements récents du droit de la responsabilité civile (1991) 111-129; *P. Windeatt*, „Risk, Loss, Negligence and Cause", (1993) 7 AULR 273-289.

1178 *Hotson v Fitzgerald* [1985] 3 AllER 167, 169-170, QB (*Simon Brown J*).

1179 *Hotson v Fitzgerald* [1985] 3 AllER 167, 170-172, QB.

auszuschließen, daß nach dem Sturz noch ausreichend Blutgefäße intakt waren, so daß die Blutversorgung der Epiphyse hätte wieder hergestellt werden können. Dann wäre die unzureichende Blutversorgung dadurch entstanden, daß die noch funktionsfähigen Blutgefäße aufgrund der in den folgenden fünf Tagen ungestillten inneren Blutungen im Hüftgelenk abgequetscht und die Blutversorgung blockiert wurde. Da unmittelbar nach dem Unfall die Hüfte aber nicht untersucht worden war, war der damalige Zustand des Klägers und damit die Ursache der Nekrose nicht zu ermitteln.

3. Der Sachverständige der Beklagten war der Auffassung, daß die Schädigung der Blutgefäße bereits nach der ersten Einlieferung in das Krankenhaus irreversibel gewesen sei und daher die unzureichende Untersuchung keine Auswirkung auf den weiteren, nicht mehr zu vermeidenden Schadensverlauf gehabt habe[1180]. Demgegenüber stellte sich der Sachverständige des Klägers auf den Standpunkt, es habe eine gewisse Wahrscheinlichkeit dafür bestanden, daß die Blutversorgung bei Einlieferung in das Krankenhaus noch hinreichend intakt gewesen sei. Der Richter der Tatsacheninstanz, *Simon Brown J*, würdigte diese Gutachten dahingehend, daß er die Wahrscheinlichkeit, die Folgeschäden zu vermeiden, auf 25 Prozent festlegte[1181]. Diese Wahrscheinlichkeit bezog sich darauf, ob der Kläger bei Einlieferung in das Krankenhaus noch über genügend intakte Blutgefäße verfügte, um die Blutversorgung noch zu ermöglichen[1182]. An diese Beweiswürdigung und die ermittelte Tatsachengrundlage waren sodann der *Court of Appeal* und das *House of Lords* gebunden.

4. Der Junge verklagte das Krankenhaus auf Schadenersatz wegen der nicht ausreichenden Untersuchung nach seinem Unfall. Dieser Schadenersatz wurde zum einen darauf gestützt, daß er durch die verspätete Diagnose fünf Tage Schmerzen erlitten hatte. Da der Klägerseite vor Erhebung der Klage bewußt war, daß die Verursachung der Nekrose nicht mit dem Beweismaß der überwiegenden Wahrscheinlichkeit nachzuweisen sein würde, stützte sie sich zum anderen darauf, daß zumindest eine Heilungschance vereitelt worden sei, für die ein angemessener Ausgleich zu gewähren sei. Dabei wurde auf die englische Rechtsprechung zur Ersatzfähigkeit von *loss of chance* außerhalb des Arzthaftungsrechts Bezug genommen[1183].

1180 So dargelegt in *Hotson v Fitzgerald* [1985] 3 AllER 167, 170-172, QB.

1181 *Hotson v Fitzgerald* [1985] 3 AllER 167, 171, QB.

1182 *Hotson v Fitzgerald* [1985] 3 AllER 167, 171, QB: *„The reason why the delay sealed the plaintiff's fate was because it allowed the pressure caused by haemarthrosis - the bleeding of ruptured blood vessels into the joint - to compress and thus block the intact but distorted remaining vessels with the result that even had the fall left intact sufficient vessels to keep the epiphysis alive (which as finding (1) makes plain, I think possible but improbable) such vessels would have become occluded and ineffective for this purpose"*.

1183 Hierzu oben § 2 B.

II. Die Entscheidung der ersten Instanz

1. *Simon Brown J* schloß sich dem Klägervorbringen an und gewährte einen Schadenersatz, den er nach der Wahrscheinlichkeit der Vermeidung der Folgeschäden, also mit 25 Prozent des Gesamtschadens, berechnete[1184]. Der Richter stellte eine Analyse der englischen Rechtsprechung zur *loss of chance* in anderen Konstellationen an[1185] und kam zu dem Ergebnis, daß es sich bei dem vorliegenden Fall um einen Grenzfall zwischen dem Kausalitätsnachweis und der Schadensberechnung handelte[1186]. Von dieser Einordnung hänge das Ergebnis des Rechtsstreits entscheidend ab: Handele es sich nämlich um eine Frage der Kausalität, sei die Klage abzuweisen, da diese nicht mit überwiegender Wahrscheinlichkeit nachzuweisen sei. Handele es sich jedoch bei der Berücksichtigung der Heilungschance um eine Frage der Schadensberechnung, so obsiege der Kläger, da es anerkannt sei, daß hierbei auch nicht überwiegende Wahrscheinlichkeiten und geringere Chancen zu berücksichtigen seien[1187]. *Simon Brown J* gab der letztgenannten Qualifizierung den Vorzug und stützte dies auf folgende Erwägungen: Die Haftung solle bei Heilbehandlungen nicht anders gehandhabt werden als die Haftung von Rechtsberatern, bei denen ein Ersatz für *loss of chance* anerkannt sei[1188]. Die Chance auf die Durchsetzung einer Klage könne nicht sinnvoll von der Heilungschance unterschieden werden[1189]. Zudem entspreche es einer gängigen Rechtspraxis, daß ungewisse medizinische Entwicklungen, wie etwa das Risiko, Epileptiker zu werden, in die Schadensberechnung miteinfließen. Zwischen dieser Praxis und der Gewährung von Ersatz für eine Heilungschance bestehe kein signifikanter Unterschied, der eine Ablehnung von Schadenersatz rechtfertigen könne[1190]. Der Richter kam somit zu dem Ergebnis, daß es ausreiche, daß aus der Sorgfaltspflichtverletzung der Verlust einer *substantial chance* gefolgt sei[1191]. Er wies ausdrücklich darauf hin, daß diese Qualifizierung auch von Billigkeitserwägungen (*policy considerations*) getragen war, da ansonsten dem Kläger die Beweisschwierigkeiten, die ihm durch das Verhalten des Beklagten entstanden waren, aufgebürdet würden[1192].

1184 *Hotson v Fitzgerald* [1985] 3 AllER 167, 181, QB.
1185 *Hotson v Fitzgerald* [1985] 3 AllER 167, 174-177, QB.
1186 *Hotson v Fitzgerald* [1985] 3 AllER 167, 175, QB (*Simon Brown J*): *„Clearly the case hovers near the border"*.
1187 *Hotson v Fitzgerald* [1985] 3 AllER 167, 175, QB.
1188 *Hotson v Fitzgerald* [1985] 3 AllER 167, 175-176, QB.
1189 *Hotson v Fitzgerald* [1985] 3 AllER 167, 176, QB.
1190 *Hotson v Fitzgerald* [1985] 3 AllER 167, 176-177, QB.
1191 *Hotson v Fitzgerald* [1985] 3 AllER 167, 177, QB.
1192 *Hotson v Fitzgerald* [1985] 3 AllER 167, 178, QB.

2. Sodann setzte sich *Simon Brown J* mit einigen von der Beklagtenseite eingeführten Argumenten auseinander und wies darauf hin, daß die *loss of chance* als vorrangig schadensrechtliches Institut nicht von einer überwiegenden Wahrscheinlichkeit abhängig sein könne, somit also auch Chancen von weniger als fünfzig Prozent ersatzfähig seien[1193]. Interessant ist dabei vor allem, daß er eine Abgrenzung zu *McGhee v National Coal Board*[1194], wo voller Schadenersatz bei einer Risikoerhöhung gewährt wurde, vornahm und feststellte, daß die dort im Zentrum stehende Risikoerhöhung (*increased risk*) mit dem Verlust einer Chance (durch die spiegelbildlich stets auch eine Risikoerhöhung gegeben sein wird) gleichgesetzt werden könnte[1195]. Bei *McGhee v National Coal Board* sei aber die Risikoerhöhung im Zusammenhang mit der Kausalität erörtert worden, was einer schadensrechtlichen Qualifizierung der Heilungschance möglicherweise entgegenstehen könne. *Simon Brown J* kam trotz dieser Feststellung zu dem Ergebnis, daß sich *McGhee v National Coal Board* dadurch von dem vorliegenden Fall unterscheide, daß eine genaue Festlegung der Risikoerhöhung nicht möglich gewesen sei, während sich hier der Wert der Chance exakt ermitteln lasse[1196]. Daher fühlte er sich durch diese Entscheidung nicht gebunden. Sodann ging er noch auf die Entscheidung *Clark v MacLennan*[1197] ein[1198]: Eine Frau war wegen Inkontinenz infolge einer Geburt operiert worden, wobei diese Operation nach gängiger medizinischer Praxis verfrüht und die Inkontinenz sodann nicht mehr zu beheben war. Der Richter sprach der Patientin Schadenersatz zu, reduzierte diesen aber um ein Drittel, da er davon ausging, daß in dieser Höhe die Möglichkeit bestand, daß der Schaden auch bei richtiger Behandlung nicht zu vermeiden gewesen war. Dabei stützte er sich in der Argumentation auf *McGhee v National Coal Board* und auf *Davies v Taylor*[1199], einem Fall von *loss of chance* außerhalb des Arzthaftungsrechts. *Simon Brown J* äußerte Zweifel an dieser Argumentation, da aus *McGhee v National Coal Board* eine Beweiserleichterung abzuleiten sei, deren Folge aber der Ersatz des vollständigen Schadens und nicht des entsprechend der *loss of chance* teilweise reduzierten Schadens sei.

3. Mit dieser Entscheidung hat *Simon Brown J* ein Ergebnis erzielt, welches auf die Ersatzfähigkeit von Heilungschancen schließen läßt. Allerdings ist festzustellen, daß er dabei nicht deutlich zwischen Ermittlung und Berechnung des Schadens differenziert. Einerseits wird die Heilungschance der Schadensbe-

---

1193 *Hotson v Fitzgerald* [1985] 3 AllER 167, 180-181, QB.
1194 [1972] 3 AllER 1008, HL; vgl. oben § 4 C I 1.
1195 *Hotson v Fitzgerald* [1985] 3 AllER 167, 177-178, QB.
1196 *Hotson v Fitzgerald* [1985] 3 AllER 167, 178, QB.
1197 [1983] 1 AllER 416, QB.
1198 *Hotson v Fitzgerald* [1985] 3 AllER 167, 179, QB.
1199 [1974] AC 207.

rechnung zugeordnet[1200], andererseits aber auch festgestellt, daß der Nachweis der Vereitelung einer Heilungschance (*substantial chance of being better off*) auch dann für einen Anspruch ausreicht, wenn keine weitere Beeinträchtigung der Gesundheit gegeben ist[1201]. Es wird nicht hinreichend deutlich, an welche Schadensposition die Kausalitätsbeziehung anknüpfen soll, was insbesondere deshalb erstaunlich ist, weil der Richter dieses Problem der Abgrenzung zwischen Kausalität und Schadensberechnung erkennt, aber nicht zu einer in sich schlüssigen Lösung gelangt[1202]. *Simon Brown J* erörtert nicht, ob es sich bei der Problematik der Heilungschance um eine neuartige Fragestellung handelt, die nicht ohne weiteres durch die Heranziehung der Rechtsprechung zur klassischen *loss of chance* gelöst werden kann[1203]. Im Ergebnis gelangt er zu einer Beweiserleichterung hinsichtlich des Kausalitätsnachweises, welcher mit einem proportionalen Schadenersatz kombiniert wird[1204]. Daß möglicherweise die Chance als solche der maßgebliche Schaden sein könnte, wird nicht gesehen.

III. Die Entscheidung des *Court of Appeal*

Das beklagte Krankenhaus[1205] legte gegen die erstinstanzliche Entscheidung ein Rechtsmittel zum *Court of Appeal* ein. Dabei stützte es sich vor allem darauf, daß der Richter den Beweismaßstab der überwiegenden Wahrscheinlichkeit nicht hinreichend beachtet habe. Er habe verkannt, daß der Schaden des Klägers, nämlich die Nekrose, gerade nicht mit überwiegender Wahrscheinlichkeit durch die verspätete Diagnose verursacht worden sei. Zudem sei die *loss of chance* bisher nur im Vertragsrecht, nicht aber im Deliktsrecht anerkannt[1206]. Der *Court of Appeal* hielt die Entscheidung der ersten Instanz im Ergebnis aufrecht. Die Begründungen der einzelnen Richter stimmen nicht gänzlich überein und folgen der Argumentation von *Simon Brown J* nicht durchgängig.

1200 *Hotson v Fitzgerald* [1985] 3 AllER 167, 175, QB.

1201 *Hotson v Fitzgerald* [1985] 3 AllER 167, 177, QB.

1202 Ebenso *D.P.T. Price*, „Causation - The Lords' Lost Chance?", (1989) 38 ICLQ 735-760 (745); *P. Windeatt*, „Risk, Loss, Negligence and Cause", (1993) 7 AULR 273-289 (281-282).

1203 *P. Windeatt*, „Risk, Loss, Negligence and Cause", (1993) 7 AULR 273-289 (281-282).

1204 *D.P.T. Price*, „Causation - The Lords' Lost Chance?", (1989) 38 ICLQ 735-760 (745) zieht insofern eine Parallele zu *McKellips v Saint Francis Hospital, Inc*, 741 P2d 467 (Okla 1987), vgl. hierzu oben § 4 B II 2 b) dd).

1205 Die zunächst erstinstanzlich ebenfalls verklagten Ärzte waren nunmehr nicht mehr an dem Rechtsstreit beteiligt, woraus sich auch die Änderung der Fallbezeichnung in der zweiten Instanz ergibt.

1206 Dargelegt in *Hotson v East Berkshire Health Authority* [1987] 1 AC 750, 754, CA.

1. *Loss of chance* als ersatzfähiger Schaden

Sir John Donaldson MR und *Dillon LJ* gingen übereinstimmend davon aus, daß der relevante Schaden hier nicht die Nekrose sei, sondern die Möglichkeit, diese zu vermeiden[1207].

a) Damit sind sie gegenüber *Simon Brown J* einen Schritt weitergegangen und haben erkannt, daß es sich um eine neuartige Fragestellung handelt, die eines neuartigen Lösungsansatzes bedarf[1208]. Die Lösung finden sie darin, daß sie die Heilungschance als Schadensart qualifizieren und darauf hinweisen, daß die Schadenskategorien des *negligence*-Tatbestandes nicht abschließend seien und daher eine neue Schadensart wie der Verlust einer Heilungschance eingeführt werden dürfe[1209]. Die rechtzeitige Behandlung hätte einen Vorteil mit sich geführt, nämlich den, die Nekrose gegebenenfalls zu vermeiden[1210]. Der Verlust dieses Vorteils müsse kompensiert werden. Insofern sei der Kausalitätsnachweis nicht problematisch, da dieser hinsichtlich der Heilungschance als dem relevanten Schaden und nicht hinsichtlich der Nekrose zu ermitteln sei[1211].

b) Zur weiteren Begründung zogen die Richter zudem Billigkeitsgesichtspunkte heran und führten aus, daß es nicht sein könne, daß die Haftung des behandelnden Arztes stets vollständig ausscheide, wenn die Heilungsaussichten weniger als fünfzig Prozent betragen[1212]. Interessanterweise wurde dabei auch zugleich darauf verwiesen, daß der Arzt umgekehrt nicht voll haften dürfe, wenn die Heilungschancen die überwiegende Wahrscheinlichkeit nur geringfügig übersteigen[1213]. Damit wird zugleich auch angedeutet, wenn auch im Ergebnis offengelassen, daß die Heilungschancen auch dann zu berücksichtigen sind, wenn dem Beweismaßstab der überwiegenden Wahrscheinlichkeit genüge getan wurde[1214].

1207 *Hotson v East Berkshire Area Health Authority* [1987] 1 AC 750, 761, 764, CA.

1208 *D.P.T. Price*, „Causation - The Lords' Lost Chance?", (1989) 38 ICLQ 735-760 (746).

1209 *Hotson v East Berkshire Area Health Authority* [1987] 1 AC 750, 761, CA (*Sir John Donaldson MR*).

1210 *Hotson v East Berkshire Area Health Authority* [1987] 1 AC 750, 761, 764, CA (*Sir John Donaldson MR, Dillon LJ*).

1211 *Hotson v East Berkshire Area Health Authority* [1987] 1 AC 750, 760, 764, CA (*Sir John Donaldson MR, Dillon LJ*).

1212 *Hotson v East Berkshire Area Health Authority* [1987] 1 AC 750, 761, 764, CA (*Sir John Donaldson MR, Dillon LJ*).

1213 *Hotson v East Berkshire Area Health Authority* [1987] 1 AC 750, 760, CA (*Sir John Donaldson MR*); zustimmend *G. Cooper*, „Damages for the Loss of Chance in Contract and Tort", (1988) 6 AULR 39-51 (46).

1214 Zu dieser Frage auch § 5 B III 4 e).

c) Den Einwendungen der Beklagtenseite folgten *Sir John Donaldson MR* und *Dillon LJ* hingegen nicht: Es könne nicht gesagt werden, daß die Haftung aus *negligence* stets zu einem Schadenersatz wegen *loss of chance* und damit zu einer unübersehbaren Haftung führen würde[1215]. Denn dieser besondere Schaden sei nur dann zu ersetzen, wenn die entsprechende Sorgfaltspflicht (*duty of care*) sich auch auf den Schutz von Chancen beziehe[1216]. Zudem sei der Anwendungsbereich der *loss of chance* dadurch beschränkt, daß diese nur ersatzfähig sei, wenn nicht festgestellt werden könne, wie der Geschehensablauf ohne die Handlung des Schädigers verlaufen wäre[1217]. Fehle es an dieser Ungewißheit, so könne die *loss of chance* ohnehin nicht greifen. Zudem könne der *loss of chance* nicht entgegen gehalten werden, daß diese auch dann zu einem Schadenersatzanspruch führe, wenn der endgültige Schaden nicht eintritt. Dies sei zwar zutreffend, aber auch unschädlich, weil dann der zu ersetzende Schaden keinen oder nur einen geringfügigen Wert habe, den einzuklagen für den Geschädigten wenig interessant sei[1218]. Eine Unterscheidung zwischen vertraglicher und deliktischer Haftung im Bereich der *loss of chance* sei nicht zu rechtfertigen[1219], da ansonsten die Haftung eines privat behandelnden Arztes, der einen Vertrag mit seinem Patienten abschließt, anders zu beurteilen wäre als die deliktische Haftung eines Arztes, der im *National Health Service* tätig ist[1220].

d) *Sir John Donaldson MR* griff einen weiteren interessanten Aspekt auf, indem er darauf hinwies, daß ein Anspruch der Angehörigen wegen *wrongful death* nach dem *Fatal Accidents Act 1976* nach seinem Wortlaut keinen Ersatz einer Überlebenschance zulasse, da ausdrücklich die Verursachung des Todes vorgeschrieben ist. Die Beklagtenseite suchte sich darauf zu berufen, daß es nicht angehe, daß nur der Geschädigte selbst, nicht aber seine Angehörigen sich auf den Verlust einer Heilungschance stützen können. Dem folgte der Richter jedoch nicht, sondern verwies auf den klaren Wortlaut des Gesetzes[1221]. Damit wird

1215 *Hotson v East Berkshire Area Health Authority* [1987] 1 AC 750, 762, CA (*Sir John Donaldson MR*).

1216 *Hotson v East Berkshire Area Health Authority* [1987] 1 AC 750, 762, CA (*Sir John Donaldson MR*).

1217 *Hotson v East Berkshire Area Health Authority* [1987] 1 AC 750, 762, CA (*Sir John Donaldson MR*).

1218 *Hotson v East Berkshire Area Health Authority* [1987] 1 AC 750, 762, CA (*Sir John Donaldson MR*).

1219 *Hotson v East Berkshire Area Health Authority* [1987] 1 AC 750, 760, CA (*Sir John Donaldson MR*).

1220 *Hotson v East Berkshire Area Health Authority* [1987] 1 AC 750, 760, CA (*Sir John Donaldson MR*).

1221 *Hotson v East Berkshire Area Health Authority* [1987] 1 AC 750, 762, CA (*Sir John Donaldson MR*).

angedeutet, daß der Verlust einer Überlebenschance anders als in einigen Bundesstaaten der USA[1222] nicht von den Angehörigen im Wege eines *wrongful death claim* geltend gemacht werden kann.

2. Das Votum von *Croom-Johnson LJ*

Auch *Croom-Johnson LJ* gewährte dem Kläger Schadenersatz, ohne dabei jedoch ausdrücklich darauf zu verweisen, daß die entgangene Heilungschance ein eigenständiger Schaden sei. Vielmehr geht er davon aus, daß die Heilungschance die Schadensberechnung betreffe[1223] und daß zudem berücksichtigt werden müsse, daß durch die verspätete Behandlung dem Kläger Nachteile entstanden seien[1224]. Ohne dies deutlich auszusprechen, läßt sich der Richter offenbar vor allem auch von der Erwägung leiten, daß dem Kläger aufgrund der Verspätung in jedem Fall ein Schaden entstanden ist (Schmerzen, weitere Blutungen im Gelenk), an den der Verlust der Heilungschance angeknüpft werden kann[1225]. Die Ausführungen von *Croom-Johnson LJ* sind insofern nicht ohne weiteres verständlich[1226], als er der Klage zwar stattgibt, sich dennoch sehr kritisch gegenüber der Annahme äußert, daß Chancen zu einem Ersatz führen können, auch wenn sie nur durch statistische Erkenntnisse belegt sind[1227]. Die Ausführungen von *Croom-Johnson LJ* werden dadurch nicht ganz deutlich, daß er einerseits die *loss of chance* kritisiert, dennoch aber dem Kläger recht gibt[1228].

3. Zusammenfassung

Im Ergebnis stimmen die Richter überein und gewähren dem Kläger einen Schadenersatz, der proportional zur vermeintlichen Heilungswahrscheinlichkeit

---

1222 Hierzu oben § 5 B III 4 c) aa)-cc).

1223 *Hotson v East Berkshire Area Health Authority* [1987] 1 AC 750, 768-769, CA (*Croom-Johnson LJ*).

1224 *Hotson v East Berkshire Area Health Authority* [1987] 1 AC 750, 769, CA (*Croom-Johnson LJ*).

1225 *Hotson v East Berkshire Area Health Authority* [1987] 1 AC 750, 768, 769, CA (*Croom-Johnson LJ*); so haben die Beklagtenvertreter diese Ausführungen ebenfalls aufgefaßt, wie aus ihren Ausführungen in der Verhandlung vor dem *House of Lords* deutlich wird: *Hotson v East Berkshire Area Health Authority* [1987] 1 AC 750, 771.

1226 Ebenso *T. Hill*, „A Lost Chance for Compensation in the Tort of Negligence by the House of Lords“, (1991) 54 MLR 511-523 (514); ähnlich *D.P.T. Price*, „Causation - The Lords' Lost Chance?“, (1989) 38 ICLQ 735-760 (754).

1227 *Hotson v East Berkshire Area Health Authority* [1987] 1 AC 750, 769-770, CA (*Croom-Johnson LJ*).

1228 *T. Hill*, „A Lost Chance for Compensation in the Tort of Negligence by the House of Lords“, (1991) 54 MLR 511-523 (514-515).

ermittelt wird. Die Bedeutung der Entscheidung des *Court of Appeal* liegt darin, daß von *Sir John Donaldson MR* und *Dillon LJ* deutlich ausgesprochen wird, daß die Heilungschance ein ersatzfähiger Schaden sein kann. Damit haben sie sich, ohne dies in der Urteilsbegründung anzusprechen, der bereits aufgezeigten Entwicklung in den Vereinigten Staaten angeschlossen und teilweise auch eine ähnliche Argumentation herangezogen. Vorzuwerfen ist dem *Court of Appeal* jedoch, daß eine genauere Wertung der dem Fall zugrunde liegenden Tatsachen nicht erfolgt. Die Richter gehen ohne weitere Untersuchung der erstinstanzlich ermittelten Tatsachengrundlage davon aus, daß von vier Personen, die eine Verletzung wie der Kläger erleiden, eine bei sofortiger Behandlung die Nekrose hätte vermeiden können[1229]. Damit wird die tatsächliche Fallkonstellation nicht deutlich genug herausgearbeitet, wonach bereits fraglich war, in welchem Zustand sich die Blutgefäße des Klägers befanden, als er in das beklagte Krankenhaus eingeliefert wurde. Denn die Ungewißheit beruht nicht darauf, daß die erforderliche Behandlung nur in 25 Prozent der Fälle zu einem Erfolg führt, sondern darauf, daß nur bei 25 Prozent der Personen, die eine Fraktur wie der Kläger erleiden, noch hinreichend intakte Blutgefäße vorhanden sind. Damit hätte der *Court of Appeal* zumindest in Frage stellen sollen, ob diese Ungewißheit über den ursprünglichen Zustand des Klägers zu einer Anwendung der *loss of chance* führen kann. Statt dessen haben die Richter dieses Rechtsinstitut anerkannt, ohne den tatsächlichen Hintergrund des zu entscheidenden Falles detailliert zu untersuchen.

IV. Die Entscheidung des *House of Lords*

1. Fehlen eines ersatzfähigen Schadens

Das *House of Lords* wies in der letzten Instanz die Klage mit der Begründung ab, daß kein ersatzfähiger Schaden vorliege[1230]. Die Richter gingen übereinstimmend davon aus, daß nach dem Maßstab der überwiegenden Wahrscheinlichkeit der einzige nachgewiesene Schaden, nämlich die Nekrose des Klägers, nicht von dem Beklagten verursacht worden war[1231]. Eine Heilungschance habe zu keinem Zeitpunkt bestanden, da nach den traditionellen Beweisgrundsätzen (*balance of probabilities*) davon auszugehen sei, daß der Kläger bereits

1229 *Hotson v East Berkshire Area Health Authority* [1987] 1 AC 750, 761, 764, CA (*Sir John Donaldson MR, Dillon LJ*).

1230 *Hotson v East Berkshire Area Health Authority* [1987] 1 AC 750, 783 (*Lord Bridge*), 785 (*Lord Mackay*), 791 (*Lord Ackner*); zustimmend *Y. Cripps*, „Negligence, Causation and Probability Theory“, [1987] CLJ 389-390.

1231 *Hotson v East Berkshire Area Health Authority* [1987] 1 AC 750, 783 (*Lord Bridge*), 785 (*Lord Mackay*), 791 (*Lord Ackner*).

zum Zeitpunkt seiner Einlieferung in das Krankenhaus keinerlei Aussicht auf Heilung mehr hatte, sondern sein Schicksal bereits besiegelt war[1232]. Nach der für den Nachweis vergangener Ereignisse maßgeblichen überwiegenden Wahrscheinlichkeit stehe fest, daß bereits so viele Blutgefäße des Klägers durch den Sturz zerstört worden waren, daß eine Wiederherstellung auch bei sofortiger Operation im Krankenhaus nicht möglich gewesen wäre[1233]. Damit stelle sich bei der vorliegenden Fallkonstellation die Frage der Ersatzfähigkeit von Chancen nicht, da es bereits an einer wirklichen Chance fehle[1234]. Ob in anderen Konstellationen, so etwa bei einer fehlerhaften Krebsdiagnose, eine vereitelte Heilungschance ersetzt werden könnte, ließen die Richter ausdrücklich offen[1235], wobei eine Zurückhaltung gegenüber diesem Rechtsinstitut erkennbar ist[1236]. Daß diese Frage nicht beantwortet wurde, ist auch auf die Entscheidung *McGhee v National Coal Board*[1237] zurückzuführen, deren Sachverhaltskonstellation eine Ersatzfähigkeit von Chancen bei Gleichstellung mit einer Risikoerhöhung nicht ausschließt und die die Richter nicht ohne Not aufheben wollten[1238]. *Lord Mackay* ging auf die amerikanische Entscheidung *Herskovits v Group Health Cooperative of Puget Sound*[1239] und die darin dargelegte Rechtsprechung ein[1240], ließ aber offen, wie ein entsprechender Fall in England zu entscheiden wäre[1241]. Vielmehr geht er davon aus, daß auch nach den im Staate Washington entwickelten Grundsätzen zur *loss of chance* der Kläger *Stephen Hotson* keinen Schadenersatz zugesprochen bekommen hätte, da er anders als Mr *Herskovits* keine Chance auf Heilung hatte[1242].

1232 *Hotson v East Berkshire Area Health Authority* [1987] 1 AC 750, 782 (*Lord Bridge*).

1233 *Hotson v East Berkshire Area Health Authority* [1987] 1 AC 750, 785 (*Lord Mackay*), 792 (*Lord Ackner*).

1234 *Hotson v East Berkshire Area Health Authority* [1987] 1 AC 750, 792 (*Lord Ackner*).

1235 *Hotson v East Berkshire Area Health Authority* [1987] 1 AC 750, 782-783 (*Lord Bridge*), 786 (*Lord Mackay*).

1236 *Hotson v East Berkshire Area Health Authority* [1987] 1 AC 750, 782 (*Lord Bridge*), 786 (*Lord Mackay*).

1237 [1972] 3 AllER 1008, HL; vgl. oben § 4 C I 1.

1238 *Hotson v East Berkshire Area Health Authority* [1987] 1 AC 750, 786 (*Lord Mackay*), dabei wird davon ausgegangen, daß *increase of risk* und *loss of chance* deckungsgleich sein könnten.

1239 664 P2d 474 (Wash 1983).

1240 Hierzu ausführlich oben § 5 B II.

1241 *Hotson v East Berkshire Area Health Authority* [1987] 1 AC 750, 787-789.

1242 *Hotson v East Berkshire Area Health Authority* [1987] 1 AC 750, 789.

2. Differenzierung zwischen vergangenen Ereignissen und zukünftigen Entwicklungen

Zudem wurde darauf hingewiesen, daß zwischen zukünftigen ungewissen Ereignissen, wie etwa Krankheitsverläufen, und vergangenen Ereignissen, wie etwa dem Zustand der Blutgefäße des Klägers, zu differenzieren sei[1243]. Chancen seien nur bei Ersterem, nicht aber bei Letzterem beachtlich. Im Ergebnis ging das *House of Lords* somit davon aus, daß ein Fall von *loss of chance* im Rahmen der Arzthaftung nur dann gegeben sein kann, wenn zu einem bestimmten Zeitpunkt die zukünftige Entwicklung gänzlich ungewiß sei[1244]. So könne es beispielsweise bei einer Krebserkrankung sein, da niemand bei der Entdeckung mit Sicherheit sagen könne, ob der entsprechende Patient genesen werde oder nicht. Der Fall des Klägers lag jedoch anders: Es kam nicht auf eine ungewisse Entwicklung an, sondern darauf, daß der Zustand, in dem er sich bei der ersten Einlieferung in das Krankenhaus befand, rückwirkend nicht mehr festzustellen war. Es war vielmehr nach den einschlägigen Beweisgrundsätzen nicht nachzuweisen, daß er überhaupt hätte geheilt werden können. Vielmehr war davon auszugehen, daß der Schaden bereits vor der Pflichtverletzung vorlag. Dies habe der *Court of Appeal* verkannt. Die Richter griffen noch einen weiteren Aspekt auf, der gegen die Entscheidung des *Court of Appeal* spreche: Eine Schadensreduzierung entsprechend der Wahrscheinlichkeit der Verursachung sei im englischen Recht bisher unbekannt und dürfe nicht ohne weiteres eingeführt werden[1245].

V. Zusammenfassung

Somit stützt sich die Entscheidung des *House of Lords* und die daraus folgende Ablehnung eines Schadenersatzanspruches des Klägers vor allem auf die besondere Sachverhaltskonstellation, die eine Auseinandersetzung mit der *loss of chance* im Arzthaftungsrecht entbehrlich machte[1246]. Es stellt sich daher die Frage, inwiefern *Hotson v East Berkshire Health Authority* tatsächlich von anderen Fällen der *loss of chance* unterschieden werden kann und welche Schlüs-

---

1243 *Hotson v East Berkshire Area Health Authority* [1987] 1 AC 750, 785 (*Lord Mackay*).

1244 Diesen Schluß ziehen auch *G. Cooper*, „Damages for the Loss of Chance in Contract and Tort“, (1988) 6 AULR 39-51 (42-43); *H. Reece*, „Losses of Chances in the Law“, (1996) 59 MLR 188-206 (196-197).

1245 *Hotson v East Berkshire Area Health Authority* [1987] 1 AC 750, 783 (*Lord Bridge*), 793 (*Lord Ackner*); die Entscheidung *Bagley v North Herts Health Authority* (1986) 136 NLJ 1014, QB wurde ausdrücklich als falsch eingestuft.

1246 *G. Cooper*, „Damages for the Loss of Chance in Contract and Tort“, (1988) 6 AULR 39-51 (44, 46).

se hieraus für die weitere Behandlung dieses Rechtsinstituts in England gezogen werden können.

1. Das *House of Lords* wies vor allem darauf hin, daß der Kläger nach den Sachverständigenangaben bereits irreversibel verletzt war, als er in das Krankenhaus eingeliefert wurde. Bei einer Betrachtung der Sachverhaltsfeststellungen in der ersten Instanz ist zu erkennen, daß die Ungewißheit nicht darin lag, daß der Kläger sich in einem bestimmten Zustand befand, dessen weiterer Verlauf ungewiß war, wie es etwa bei einer Krebserkrankung der Fall sein kann: Dort kann niemand sagen, ob der Patient genesen wird oder nicht, sein gegenwärtiger Zustand ist aber feststellbar. Vielmehr war hier unbekannt, in welchem Zustand sich *Stephen Hotson* befand, als er in das Krankenhaus eingeliefert wurde. Nach der Art seiner Verletzung zu urteilen, bestand eine 75prozentige Wahrscheinlichkeit, daß die Blutgefäße bereits irreparabel geschädigt waren, so daß die Ärzte in diesem Fall nichts mehr für ihn hätten unternehmen können. Diese Ungewißheit hat das *House of Lords* nicht als einen Fall der *loss of chance* eingeordnet, da diese überhaupt das Bestehen einer Heilungschance (konkret: Wiederherstellbarkeit der Blutversorgung der Epiphyse) voraussetzt. Insofern ist die Argumentation des *House of Lords* in sich durchaus nachvollziehbar, während der *Court of Appeal* sich mit der besonderen Sachverhaltskonstellation nicht vertiefter auseinandersetzte, sondern die Frage der Ersatzfähigkeit von Heilungschancen in einer allgemeineren Weise erörterte und dem Kläger daraufhin Schadenersatz zusprach. Dennoch ist zu beachten, daß sich das Gericht durch den formalen Hinweis auf das Beweismaß einer Entscheidung hinsichtlich der Heilungschance entzog[1247].

2. Betrachtet man die bisher untersuchten Rechtsordnungen, so wird eine Heilungschance vor allem dann ersetzt, wenn der weitere Verlauf einer Erkrankung ungewiß war, aufgrund eines ärztlichen Fehlverhaltens aber die Möglichkeit der Heilung zunichte gemacht wurde[1248]. Der Sachverhalt aus dem *Hotson*-Fall unterscheidet sich dadurch von diesen Fällen, daß nicht der Genesungsprozeß, sondern der ursprüngliche Zustand des Patienten ungewiß war. Vergleichbare Sachverhalte wurden in den anderen Rechtsordnungen nicht gegen die *loss of chance* abgegrenzt und widersprechen der vom *House of Lords* getroffenen Differenzierung daher nicht[1249]. Dennoch stellt sich die Frage, ob hier tatsächlich

---

1247 Sehr drastisch hierzu *C. Foster*, „A plea for a lost chance: *Hotson* reconsidered", (1995) 145 NLJ 228-229, 248, 281 (229): „*a decision of striking analytic poverty and legal cowardice*".

1248 Dazu oben § 5 C.

1249 Ebenso *G. Cooper*, „Damages for the Loss of Chance in Contract and Tort", (1988) 6 AULR 39-51 (44); *D. Giesen*, International Medical Malpractice Law (1988) Rn. 277 Fn. 36; *D.P.T. Price*, „Causation - The Lords' Lost Chance?", (1989) 38 ICLQ 735-760 (754); anders aber *J. Stapleton*, „The Gist of Negligence", (1988) 104 LQR 389-409 (391, 393).

ein Unterschied bestehen kann, wenn sich der Patient in beiden Konstellationen an den Arzt wendet, damit dieser sämtliche Rettungsmöglichkeiten ausschöpft. Dem Gericht wird daher zu Recht vorgeworfen, daß es sich durch diese Differenzierung einer Entscheidung der ihm vorgelegten Rechtsfrage entzogen hat[1250].

3. Die von der obersten englischen Instanz offengelassene Frage nach der Ersatzfähigkeit von Heilungschancen ist auch seither nicht beantwortet worden. Die Gerichte haben sich nach den in dem *Hotson*-Fall entwickelten Vorgaben gerichtet, wonach der volle Schadenersatz zuzusprechen ist, wenn die Heilungschance mehr als fünfzig Prozent beträgt, bei einer niedrigeren Chance hingegen kein Anspruch gegeben ist[1251]. So wurde die Vereitelung einer 80prozentigen Genesungschance bei einer verspäteteten Krebsdiagnose der Verursachung des gesamten entstandenen Schadens gleichgestellt[1252].

C. Kanada

Die Rechtsprechung in Kanada zu der Frage des Verlustes von Heilungschancen ist gerade deshalb interessant, weil sie sich auf der Schnittstelle zwischen *common law* und dem auf den französischen Code Civil zurückgehenden Recht in Quebec befindet. Der *Supreme Court of Canada* hat - soweit erkennbar bisher als einziges Gericht - sowohl die englische als auch die französische Rechtsprechung zur *loss of chance* bzw. zur *perte d'une chance* herangezogen[1253]

1250 *J.G. Fleming*, „Probabilistic Causation in Tort Law", (1989) 68 CanBarRev 661-681 (674f).

1251 *Re R (a minor) (No 2)* (1996) 33 BMLR 178, CA (Hinweise auf Schädigung eines Foetus wurden nicht weitergeleitet); *Tahir v Haringey Health Authority* [1996] MedLRev 92, CA (Verkennung eines Tumors); *Judge v Huntingdon Health Authority* [1995] 6 MedLR 223, QB (verspätete Krebsdiagnose).

1252 *Judge v Huntingdon Health Authority* [1995] 6 MedLR 223, QB, dieser Fall endete nach Abschluß der ersten Instanz mit einem außergerichtlichen Vergleich, wonach die Klägerin 215.000 Pfund erhielt: The Daily Telegraph, 8 March 1995 („*215,000 for cancer victim's lost chance*) sowie The Guardian, 8 March 1995, S. 5 („*Payout for breast cancer blunder*").

1253 *Laferrière v Lawson* [1991] 1 SCR 541; vor dieser Entscheidung hat sich das höchste Gericht Kanadas mit Heilungschancen nur in *Janiak v Ippolito* [1985] 1 SCR 146 befaßt. Dort ging es um die Erfolgsaussichten einer Operation, die den eingetretenen Schaden hätte beheben können, der sich der Kläger aber aus Angst nicht unterziehen wollte. Somit unterscheiden sich bereits die Sachverhaltskonstellationen erheblich; anders als von *D. Gerecke*, „Risk Exposure as Injury: Alleviating the Injustice of Tort Causation Rules", (1990) 35 McGillLJ 797-840 (802) befürwortet, ist *Janiak v Ippolito* seither von der kanadischen Rechtsprechung auch nicht ausgeweitet worden.

und damit die Rechtsprechung der *Cour de Cassation* auch der englischsprachigen Welt zugänglich gemacht[1254].

I. Keine Ersatzfähigkeit von Heilungschancen in Quebec

Das höchste Gericht Kanadas hat sich mit der Ersatzfähigkeit von Heilungschancen in der Entscheidung *Laferrière v Lawson*[1255] befaßt, in der das Recht Quebecs[1256] anzuwenden war. Der beklagte Arzt hatte der Patientin einen bösartigen Knoten aus der Brust entfernt. Er informierte die Patientin jedoch nicht über den Krebsbefund, so daß keinerlei Nachbehandlung stattfand. Der Zustand der Patientin verschlechterte sich, sie verstarb während des Prozesses, den sie gegen den Arzt angestrengt hatte. In der ersten Instanz wurde die Klage abgewiesen, die *Cour d'appel du Québec* gab der Klage hingegen mehrheitlich statt[1257]. Zwei von drei Richtern zogen zur Begründung eine Parallele zu den außerhalb der Arzthaftung anerkannten Fallgruppen der *perte d'une chance* und dabei insbesondere zu der Haftung von Rechtsberatern[1258]. *Vallerand JA* schloß sich der Mehrheitsentscheidung hingegen nicht an und betonte insbesondere, daß Heilungschancen nicht mit anderen Chancen gleichgestellt werden können[1259].

Die Entscheidung der Mehrheit vermag insofern nicht zu erstaunen, als es sich um eine für die *perte d'une chance* typische Sachverhaltskonstellation (Unterlassen der erforderlichen Behandlung bei Krebs) handelt. Dennoch bestätigte die Mehrheit des *Supreme Court of Canada* diese Entscheidung nicht, sondern stellte fest, daß die *perte d'une chance* im Arzthaftungsrecht nicht Bestandteil des Rechtes von Quebec ist[1260]. Dabei schloß sich das Gericht insbesondere den in der französischen Literatur geäußerten Bedenken[1261] gegen die Ausdehnung der *perte d'une chance* auf das Arzthaftungsrecht an[1262].

1254 Wobei hierauf von anderen Gerichten bisher nicht Bezug genommen worden ist.

1255 [1991] 1 SCR 541. *D.H. Clark*, „Loss of a Chance in (and by) the Supreme Court of Canada", (1996) 75 CanBarRev 564-582 befaßt sich nur knapp mit dieser Entscheidung (aaO, Fn. 36).

1256 Welches vom französischen Recht geprägt wird: *K. Zweigert/H. Kötz*, Einführung in die Rechtsvergleichung (1996) 114-117.

1257 *Laferrière v Lawson* [1989] RJQ 27.

1258 *Laferrière v Lawson* [1989] RJQ 27, 35-36 (*Jaques JA*), 39 (*Moisan JA*).

1259 *Laferrière v Lawson* [1989] RJQ 27, 29-34 (*Vallerand JA*).

1260 *Laferrière v Lawson* [1991] 1 SCR 541; *La Forest J* schloß sich hingegen den Ausführungen der *Cour d'appel du Québec* an.

1261 Vgl. hierzu im einzelnen oben § 5 A I 3.

1262 *Laferrière v Lawson* [1991] 1 SCR 541, 562, 574-583 (*Gonthier J*).

1. Festhalten an traditionellen Kausalitätsmaßstäben

Vor allem weist das Gericht darauf hin, daß in Fällen, in denen der endgültige Schaden bereits eingetreten ist, an den traditionellen Regeln zur Bestimmung der Kausalität festzuhalten sei, da diese dem Prinzip der individuellen Verantwortlichkeit des Haftungsrechts am besten gerecht werden[1263]. Die Anwendung der *perte d'une chance* im Arzthaftungsrecht sei nach Eintreten des endgültigen Schadens (Tod, Krankheit) ausgeschlossen, da es sich um die Feststellung der Kausalität und damit eines Ereignisses aus der Vergangenheit handele und nicht - wie für die *perte d'une chance* erforderlich - um eine zukünftige ungewisse Entwicklung[1264]. Bei Heranziehung der *perte d'une chance* werde ansonsten das Kausalitätserfordernis untergraben[1265].

2. Besonderheiten des Beweisrechts

Zur Begründung der von der Rechtslage in Frankreich abweichenden Entscheidung wies der *Supreme Court of Canada* zudem auf einen sehr relevanten Aspekt hin: Anders als in Frankreich und in Belgien wird in Quebec für den Beweis der Kausalität nicht eine Sicherheit der Verursachung gefordert, sondern es genügt wie im *common law* eine überwiegende Wahrscheinlichkeit[1266]. Dieses strengere Beweismaß könne, so wird ausgeführt, der Grund für die rechtliche Anerkennung von Heilungschancen in Frankreich sein, da ansonsten bei lediglich überwiegender Wahrscheinlichkeit kein Schadenersatz erlangt werden könne, während das geringere Beweismaß der überwiegenden Wahrscheinlichkeit in Quebec eine große Zahl der kritischen Fälle bereits angemessen zu lösen vermöge[1267]. Dies gelte um so mehr, als der Richter im Arzthaftungsprozeß durchaus aus den Sachverständigengutachten Rückschlüsse auf die Kausalität ziehen dürfe, auch wenn sich diese zu der Verursachung nicht mit absoluter Gewißheit äußern[1268]. Reiche das Beweismaterial dann immer noch nicht für einen Beweis aus, dürfe der Arzt nicht durch den Ersatz von Heilungschancen, welcher bisher auch im *common law* überwiegend nicht anerkannt sei, einer ausgedehnten Haftung ausgesetzt werden[1269].

1263 *Laferrière v Lawson* [1991] 1 SCR 541, 559 (*Gonthier J*).

1264 *Laferrière v Lawson* [1991] 1 SCR 541, 574 (*Gonthier J*) unter ausdrücklichem Anschluß an *R. Savatier*, „Une faute peut-elle engendrer la responsabilité d'un dommage sans l'avoir causé?", D 1970, Chron, 123-126.

1265 *Laferrière v Lawson* [1991] 1 SCR 541, 575, 605 (*Gonthier J*).

1266 *Laferrière v Lawson* [1991] 1 SCR 541, 602 (*Gonthier J*).

1267 *Laferrière v Lawson* [1991] 1 SCR 541, 602 (*Gonthier J*).

1268 *Laferrière v Lawson* [1991] 1 SCR 541, 607-608 (*Gonthier J*); *Snell v Farell* [1990] 2 SCR 211.

1269 *Laferrière v Lawson* [1991] 1 SCR 541, 608 (*Gonthier J*).

II. Mögliche Anerkennung der *loss of chance* im übrigen Kanada

Nachdem sich der *Supreme Court of Canada* gegenüber der *loss of chance* nach dem Recht Quebecs somit ablehnend geäußert hat, steht zu erwarten, daß die vorgebrachten konzeptionellen Einwände auch in den anderen Jurisdiktionen Kanadas als einschlägig erachtet werden[1270]. Dies beruht insbesondere darauf, daß die Voraussetzungen der Arzthaftung in den Jurisdiktionen vergleichbar sind und auch das Beweismaß der überwiegenden Wahrscheinlichkeit in ganz Kanada gilt. Somit ist kein Gesichtspunkt ersichtlich, unter dem nach der bisherigen Rechtsprechung in Kanada ein Ersatz für eine vereitelte Heilungschance gewährt werden könnte. Insbesondere handelte es sich bei der verspäteten Krebsdiagnose um eine in diesem Zusammenhang typische Sachverhaltskonstellation. Folgerichtig haben sich die Gerichte - auch die der *common-law*-Jurisdiktionen Kanadas - seither mit dieser Frage nicht mehr befaßt, sondern sich auf die Auswertung der vorgelegten Beweismaterialien zum Nachweis der Verursachung des endgültigen Schadens konzentriert[1271]. Eine Anerkennung des Rechtsinstitutes der Heilungschance wäre in Kanada nur nach einer Änderung der Rechtsprechung des *Supreme Court* möglich.

D. Zusammenfassung

Die Rechtsprechung in England, Kanada und in Teilen der Vereinigten Staaten von Amerika hat zur Ablehnung der *loss of chance* Argumente herangezogen, die auch im französischen Schrifttum diskutiert werden[1272]. Vor allem wird darauf hingewiesen, daß nur der endgültige Schaden als Schaden angesehen werden könne, während durch den Ersatz von Heilungschancen das Kausalitätserfordernis des Haftungsrechts umgangen werde. Diese und die weiteren Einwände gegen die *perte d'une chance/loss of chance* bedürfen einer sorgfältigen Analyse und Auswertung unter Berücksichtigung der für die Ersatzfähigkeit von Heilungschancen ins Feld geführten Argumente.

1270 So bereits entschieden vom *Manitoba Court of Appeal* in *Cabral v Gupta* (1992) 13 CCLT2d 323 (326-327).

1271 *Cabral v Gupta* (1992) 13 CCLT2d 323 (Man CA); *Suite v Cooke* (1993) 15 CCLT2d 15 (Cour supériere du Québec); *Kirschenbaum-Green v Surchin* (1993) 20 CCLT2d 207 (Cour supériere du Québec); *Law Estate v Simice* (1995) 27 CCLT2d 127 (BC CA); *Briffett v Gander & District Hospital Board* (1996) 29 CCLT2d 251 (Nfld CA).

1272 *F. Chabas*, „Vers un changement de nature de l'obligation médicale", JCP 1973 I 2541; *J. Penneau*, Anmerkung zu CassCiv, 1re, 27.3.1973, D 1973 J 595-598; *ders.*, Anmerkung zu CassCiv, 1re, 24.3.1981, D 1981, J, 546 (548); *R. Savatier*, Anmerkung zu CassCiv, 1re, 14.12.1965 u. Cour d'Appel de Paris, 10.3.1966, JCP 1966 II 14753; *ders.*, „Une faute peut-elle engendrer la responsabilité d'un dommage sans l'avoir causé?", D 1970, Chron, 123-126.

§ 7 Auswertung

A. Einführung

Die untersuchten Rechtsordnungen haben für bestimmte, insbesondere für das Arzthaftungsrecht bezeichnende Konstellationen neuartige Lösungsansätze entwickelt, wozu insbesondere die Ersatzfähigkeit von Heilungschancen in Frankreich und einigen Jurisdiktionen der Vereinigten Staaten zählt. Eine andere Handhabung beginnt sich in Österreich abzuzeichnen, wo aus der möglichen Kausalität bei Konkurrenz von Verschulden und Zufall ein Ersatzanspruch resultieren kann, der zu einem anteiligen Schadenersatz führt. Eine weitere mögliche Herangehensweise besteht darin, eine Risikoerhöhung der Verursachung des endgültigen Schadens gleichzustellen, wie es im deutschen Strafrecht erörtert, bisher aber im Zivilrecht nicht praktiziert wird. Diese Lösungsansätze bemühen sich darum, den Besonderheiten bestimmter Sachverhalte bereits im materiellen Recht und nicht erst mittels Beweiserleichterungen Rechnung zu tragen. Ihnen ist das Bedürfnis einer angemessenen Handhabung dieser komplexen Sachverhalte gemein, zugleich wird aber auch erkannt, daß nicht in allen Fällen einer möglichen Kausalität ein (reduzierter) Schadenersatz zugesprochen werden darf und daher Ab- und Eingrenzungskriterien entwickelt werden müssen. Dies gilt um so mehr, als die Aushöhlung des Verursachungsprinzips eines der Hauptargumente gegen die Anerkennung der Ersatzfähigkeit von Heilungschancen ist. Aber auch die anderen Einwände gegen eine Haftung bedürfen einer weiteren Untersuchung, bevor die Ersatzfähigkeit von Heilungschancen befürwortet werden kann. Zudem stellt sich die Frage, inwiefern die dargestellten materiellen Lösungen vergleichbar sind, wie sie mit der klassischen *perte d'une chance/loss of chance* außerhalb des Arzthaftungsrechts zusammenhängen und ob sie gegebenenfalls auf das deutsche Recht übertragen werden können.

B. Anwendungsbereich der perte d'une chance/loss of chance

I. Erforderlichkeit einer Eingrenzung

Eine Begrenzung der Haftung ist erforderlich, um für die potentiellen Schädiger eine mögliche Inanspruchnahme vorhersehbar zu machen[1273]. Daher wird auf die vermeintlich ungenau gefaßten Voraussetzungen eines Anspruches wegen Vereitelung einer Heilungschance hingewiesen und vorgebracht, die Rechtssicherheit sei gefährdet, wenn nicht von vornherein feststehe, in welchen Fällen eine Haftung zu erwarten sei und wann eine Haftung wegen einer ungewissen Kausalität nicht in Betracht komme[1274]. Im Verlaufe dieser Untersuchung hat sich gezeigt, daß die Heilungschance nicht bei allen Geschehensabläufen als einschlägig erachtet worden ist[1275]. Der Vergleich dieser Fälle mit der klassischen *perte d'une chance/loss of chance* und der zu einem Schadenersatz führenden Vereitelung einer Heilungschance sollte einen Rückschluß auf die Voraussetzungen der Haftung und damit auch auf die Abgrenzungskriterien ermöglichen.

II. Analyse der Rechtsprechung

1. Bejahung eines Ersatzes von Heilungschancen

Die Konstellationen, in denen eine *loss of chance* befürwortet wird, weisen erhebliche Übereinstimmungen auf. Diese Fälle haben gemeinsam, daß sich der Patient an den Arzt wendet, damit dieser zumindest einen Heilungsversuch unternimmt[1276]. Zudem muß dem Arzt ein Behandlungsfehler unterlaufen und der Erfolg einer kunstgerecht ausgeführten Behandlung nicht ermittelbar sein. Dem

---

1273 *J. Penneau*, Anmerkung zu CassCiv, 1re, 27.3.1973, D 1973 J 595-598 (598); *R. Savatier*, „Une faute peut-elle engendrer la responsabilité d'un dommage sans l'avoir causé?", D 1970, Chron, 123-126 (125); *Cooper v Sisters of Charity of Cincinnati, Inc*, 272 NE2d 97, 103 (Ohio 1971); *Clayton v Thompson*, 475 So2d 439, 445 (Miss 1985); *Wollen v DePaul Health Center*, 828 SW2d 681, 684 (Mo 1992); *Wilsher v Essex Area Health Authority* [1988] 1 AllER 871, 883, HL; *T. Weir*, „Loss of Chance - Compensable in Tort? The Common Law", Développements récents du droit de la responsabilité civile (1991) 111-129 (129).

1274 *Wilsher v Essex Area Health Authority* [1988] 1 AllER 871, 883, HL; ähnlich *J. Penneau*, Anmerkung zu CassCiv, 1re, 27.3.1973, D 1973 J 595-598 (598); *R. Savatier*, „Une faute peut-elle engendrer la responsabilité d'un dommage sans l'avoir causé?", D 1970, Chron, 123-126 (125).

1275 Aufgrund der Sachverhaltskonstellation beispielsweise abgelehnt in CassCiv, 1re, 17.11.1982 BullCiv I No 333; *Hotson v Berkshire Area Health Authority* [1987] AC 750.

1276 Siehe oben § 5 A II 3 c), B III 2 u. C.

Patienten wird die Heilungschance ersetzt, da niemand mit Gewißheit sagen kann, wie der Verlauf sich ohne den Behandlungsfehler gestaltet hätte.

2. Ablehnung eines Ersatzes im Einzelfall

Die Fälle, in denen der Ersatz einer Heilungschance trotz der grundsätzlichen Anerkennung dieses Rechtsinstituts abgelehnt wurde, sind zur Ermittlung von Abgrenzungskriterien besonders aufschlußreich.

a) Fehlen einer Rettungsmöglichkeit

Fehlt es gänzlich an einer Rettungsmöglichkeit, ist ein Ersatz ausgeschlossen, weil der Patient keine Heilungschance hatte. So hat die französische Rechtsprechung die Anwendbarkeit der *perte d'une chance* in einigen Fällen wegen Fehlens ihrer Voraussetzungen verneint. Dabei wurde vor allem darauf abgestellt, daß es an einer wirklichen Heilungschance gefehlt habe, weil der Patient unrettbar erkrankt[1277] oder der Behandlungsfehler zur Herbeiführung des endgültigen Schadens nicht geeignet war[1278]. Ähnliche Darlegungen finden sich in den Vereinigten Staaten, wo eine *loss of chance* abgelehnt wird, wenn der Patient bereits vor dem ärztlichen Behandlungsfehler verloren war[1279]. Auch in England ist die Ablehnung der *loss of chance* damit begründet worden, daß keine Heilungschance vorgelegen habe[1280], wenn nach dem anzulegenden Beweismaß der überwiegenden Wahrscheinlichkeit eine Rettungsmöglichkeit auszuschließen war. Hieraus läßt sich bereits eine gewisse Begrenzung ableiten: Es muß eine Chance bestanden haben, was bedeutet, daß eine Rettung des Patienten nicht ausgeschlossen sein darf. Diese Einschränkung ist überzeugend, da eine Chance, den endgültigen Schaden nicht zu erleiden, nur dann bestehen kann, wenn dieser noch vermeidbar war.

b) Schaffung eines neuen Risikos

In der Rechtsprechung ist eine Ersatzfähigkeit von Heilungschancen abgelehnt worden, wenn der Behandlungsfehler eine außerhalb der Grunderkrankung des

---

1277 CassCiv, 1re, 25.5.1971 JCP 1971 II 16859 (3. Fall).

1278 CassCiv, 1re, 7.6.1988 BullCiv I No 180; CassCiv, 1re, 11.10.1988 BullCiv I No 281.

1279 *Haynes v Calcasieu Medical Transportation, Inc*, 702 So2d 1024, 1029 (LaApp 1997) (bei Unterlassen von Wiederbelebungsmaßnahmen ist Chance nur zu verneinen, wenn der Patient schon verstorben war).

1280 *Hotson v Berkshire Area Health Authority* [1987] AC 750.

Patienten liegende Gefahr geschaffen hat und nicht zu ermitteln ist, ob sich Behandlungsfehler oder Grunderkrankung ausgewirkt haben[1281]. So liegt es bei der Verabreichung eines Medikamentes, gegen welches der Patient möglicherweise allergisch war, wenn die Gesundheitsbeschädigung auch auf der Konstitution des Patienten beruhen kann[1282]. Es ist nicht das Risiko der Grunderkrankung durch eine unzureichende Behandlung gesteigert, sondern eine weitere potentielle Schadensursache gesetzt worden. Die Ungewißheit liegt darin, daß mehrere Ursachen zur Schadensherbeiführung geeignet waren und daher nicht auszuschließen ist, daß der Behandlungsfehler des Arztes in keinerlei Zusammenhang zu dem eingetretenen Schaden steht. Dies kann für die *perte d'une chance/loss of chance* zwar auch gesagt werden, diese setzt aber über den Kausalitätszweifel hinaus einen besonderen Zusammenhang zwischen Behandlungsfehler und Grunderkrankung sowie eine Ungewißheit hinsichtlich des Krankheitsverlaufes voraus[1283]. Die Rechtsprechung hat somit Eingrenzungskriterien aufgestellt, die für sich betrachtet nachvollziehbar erscheinen. Da die Vereitelung der Heilungschance als Ausgangspunkt der Haftung gewählt wird, leuchtet ein, daß von der Rechtsprechung mehr als nur eine potentielle Verursachung gefordert wird. Die Heilungschance stellt einen greifbaren Vorteil dar, der über den allgemein gegebenen Vorteil, nicht in seinen Rechtsgütern geschädigt zu werden, hinausgeht[1284].

c) Zwischenergebnis

Neben dem ungewissen Krankheitsverlauf ist daher Voraussetzung der Ersatzfähigkeit von Heilungschancen, daß der Behandlungsfehler einen Zusammenhang mit der Vorerkrankung des Patienten aufweist. Mit der Vereitelung der Heilungschance realisiert sich gerade der Schaden, den zu verhindern der Arzt tätig geworden war. Er wird somit nur dann in Anspruch genommen, wenn der Behandlungsfehler die Genesungsaussichten herabsetzt, nicht aber, wenn er ein neues Risiko schafft. Hintergrund dieses Erfordernisses dürfte insbesondere sein, daß der Patient sich zur Wahrung der Chance an den Arzt wendet[1285]. Der

1281 CassCiv, 1re, 17.11.1982 BullCiv I No 333; 10.1.1990, BullCiv I No 10; einen vergleichbaren Sachverhalt bietet *Wilsher v Essex Area Health Authority* [1988] 1 AllER 871, HL.

1282 CassCiv, 1re, 10.1.1990 BullCiv I No 10.

1283 *J.P.Kieffer*, „The Case for Across-the-Board Application of the Loss-of-Chance Doctrine", 64 DefCounsJ 568-580, 576 (1997).

1284 *H. Stoll*, „Schadensersatz für verlorene Heilungschancen vor englischen Gerichten in rechtsvergleichender Sicht", Festschrift für E. Steffen (1995) 465-478 (473).

1285 Dies wird durch den Gedanken des § 323 Rest2d (Torts) deutlich, ähnlich auch *H. Stoll*, „Schadensersatz für verlorene Heilungschancen vor englischen Gerichten in rechtsvergleichender Sicht", Festschrift für E. Steffen (1995) 465-478 (474-475).

Arzt ist dann verpflichtet, sämtliche Heilungsversuche einzuleiten und kann sich nicht unter Hinweis auf die Ungewißheit der Heilung entlasten. Diese Ungewißheit begründet daher sowohl die besondere Pflichtenstellung des Arztes als auch die daraus resultierende Ersatzfähigkeit von Heilungschancen. Fraglich bleibt, wie sich diese Ungewißheit von anderen Fällen zweifelhafter Kausalität unterscheiden läßt.

III. Vergleich mit Chancen außerhalb der Arzthaftung

Die Lehre von den vereitelten Heilungschancen findet sich bisher ausschließlich in den Rechtskreisen, die Chancen auch außerhalb der Arzthaftung eine Bedeutung einräumen. Ein Vergleich mit diesen Chancen verdeutlicht den Anwendungsbereich der *loss of chance/perte d'une chance* weiter.

1. Ungewißheit der Chancenverwirklichung als Anspruchsvoraussetzung

Die Vereitelung der Aussichten auf einen Gewinn oder die Erlangung eines anderen Vorteils wird deshalb als ersatzfähig erachtet, weil das Ergebnis der Wahrnehmung dieser Chance sich niemals ermitteln lassen kann[1286]. Niemand kann sagen, wie ein Rennpferd bei einem Rennen abgeschnitten hätte, wie eine Prüfung bei besserer Vorbereitung ausgegangen wäre, welche Entscheidung bei einer hinreichenden Auskunft gefallen[1287] oder ob bei Kauf eines Loses ein Gewinn erzielt worden wäre[1288]. Auch der optimale, mit allen Informationen ausgestattete Beobachter kann in diesen Fällen keinen Kausalzusammenhang zwischen dem Fehler und dem endgültigen Schaden herstellen[1289]. Diesen Fällen ist die Unbestimmbarkeit des Kausalverlaufes immanent, es handelt sich um kausal nicht gebundene, indeterminierte Geschehensabläufe[1290]. Den jeweiligen Klägern ist durch die Vernichtung der Möglichkeit, die Chance wahrzunehmen, ein Nachteil entstanden, der durch den Ersatz der Chance zu kompensieren ist, da sich die Verwirklichung der vereitelten Aussicht nicht ermitteln läßt.

1286 *F. Chabas*, „La perte d'une chance en droit fran| ais", Développements récents du droit de la responsabilité civile (1991) 131-143 (133).

1287 *I. Puppe*, „Zurechnung und Wahrscheinlichkeit", ZStW (1983) 287-315 (309).

1288 *F. Chabas*, „La perte d'une chance en droit fran| ais", Développements récents du droit de la responsabilité civile (1991) 131-143 (143); *H. Reece*, „Losses of Chances in the Law", (1996) 59 MLR 188-206 (204-206).

1289 *H. J. Kahrs*, Kausalität und überholende Kausalität im Zivilrecht (1969) 22-24.

1290 *H. Reece*, „Losses of Chances in the Law", (1996) 59 MLR 188-206 (192, 197-198); *H. J. Kahrs*, Kausalität und überholende Kausalität im Zivilrecht (1969) 22-24.

2. Übertragung auf Heilungschancen

Die Sachverhalte, in denen die Ersatzfähigkeit einer Heilungschance bejaht wurde, weisen eine vergleichbare Ungewißheit auf. Der Patient befand sich im Zeitpunkt des ärztlichen Behandlungsfehlers in einem Zustand, dessen weiterer Verlauf ungewiß war[1291]. Bei diesem Zustand kann es sich um eine Erkrankung (häufig Krebs, aber auch Meningitis), eine Verletzung oder einen Herzanfall handeln. Der weitere (hypothetische) Krankheitsverlauf ohne den Behandlungsfehler ist nicht feststellbar. Auch der optimale, über hervorragende medizinische Fachkenntnisse und sämtliche Angaben über den Zustand des Patienten verfügende Beobachter kann eine abschließende Aussage über die Genesungsaussichten eines bestimmten Patienten bei rechtzeitiger Behandlung oder bei Verabreichung eines bestimmten Medikamentes nicht treffen, wenn die Behandlung oder das Medikament nicht in allen Fällen zu einem Erfolg führen[1292]. Die *perte d'une chance/loss of chance* ist im Arzthaftungsrecht nur dann einschlägig, wenn sich der Patient bereits in einem gesundheitlich angegriffenen Zustand befand und der weitere Verlauf dieser Krankheit ungewiß war[1293]. Es handelt sich auch hier um kausal nicht gebundene Geschehensabläufe. Nicht angewendet wird dieses Rechtsinstitut hingegen, wenn die Ungewißheit sich nicht auf den weiteren Krankheitsverlauf, sondern auf das Vorliegen bestimmter anderer Tatsachen bezieht[1294], wobei es sich insbesondere um den damaligen Gesundheitszustand handelt. Als weiteres Zwischenergebnis läßt sich festhalten, daß Heilungschancen nur dann ersatzfähig sind, wenn der Kausalitätsnachweis hinsichtlich des endgültigen Schadens unmöglich ist, da nach dem medizinischen Erkenntnisstand der weitere Krankheitsverlauf nie festgestellt werden kann. Damit wird der Tatsache der immanenten Unbeweisbarkeit des Kausalzusammenhanges in diesen Konstellationen Rechnung getragen.

1291 Vgl. hierzu ausführlich oben § 5 A II 3 c), B III 2 u. C.

1292 *T. A. Brennan*, „Causal Chains and Statistical Links: The Role of Scientific Uncertainty in Hazardous-Substance Litigation", 73 CornLRev 469-533, 509 (1988); ähnlich *F. Chabas*, „La perte d'une chance en droit fran| ais", Développements récents du droit de la responsabilité civile (1991) 131-143 (136); *W. Wachsmuth/H.-L. Schreiber*, „Sicherheit und Wahrscheinlichkeit - juristische und ärztliche Aspekte", NJW 1982, 2094-2098; *H. J. Kahrs*, Kausalität und überholende Kausalität im Zivilrecht (1969) 29 geht demgegenüber davon aus, daß im Arzthaftungsrecht stets ein naturwissenschaftlicher Zusammenhang besteht und daher dieser Bereich nicht zu den kausal ungebundenen Geschehensabläufen zu zählen ist.

1293 *F. Chabas*, „La perte d'une chance en droit français", Colloque Développements récents du droit de la responsabilité civile (1991) 131-143.

1294 CassCiv, 1re, 17.11.1982 BullCiv I No 333; in den Vereinigten Staaten ist die *loss of chance* nur in Fällen erörtert worden, in denen eine entsprechende Ungewißheit vorlag, *M.T. Mangan*, „The Loss of Chance Doctrine: A Small Price to Pay for Human Life", 42 SDLRev 279-326, 284 (1997).

IV. Unterscheidung zwischen indeterminierten und determinierten Geschehensabläufen

1. Bedeutung dieser Unterscheidung

Die Unterscheidung zwischen kausal gebundenen und nicht gebundenen Geschehensabläufen könnte eine taugliche Begründung für die Ersatzfähigkeit der Heilungschance und ihrer Abgrenzbarkeit von anderen Konstellationen darstellen. In der Rechtswissenschaft wird zunehmend darauf hingewiesen, daß man sich den Erkenntnissen der Naturwissenschaften nicht verschließen dürfe und der deterministische Kausalitätsbegriff des Haftungsrechts mit diesen Erkenntnissen nicht immer vereinbar sei[1295].

a) Hintergrund

In den Naturwissenschaften herrschte zunächst ein deterministisches Weltbild vor, welches sämtliche Zusammenhänge zwischen Ursache und Wirkung als vorhersagbar und bestimmbar ansah[1296]. Ungewißheiten waren demnach ausschließlich auf die begrenzten menschlichen Erkenntnismöglichkeiten und Fähigkeiten zurückzuführen[1297]. Die Entwicklungen insbesondere in der Physik haben jedoch eine Lösung von diesem Ansatz zur Folge gehabt, da sich nicht alle Phänomene mit dem Hinweis auf Ursache und Wirkung erklären lassen[1298]. Auch bei Vorliegen des gesamten Wissens auf dem jeweiligen Gebiet wird ein optimaler Beobachter niemals mit Gewißheit festlegen können, wie sich ein bestimmtes Geschehen im weiteren Verlauf gestalten wird, wenn nicht auszuschließen ist, daß trotz identischer Gegebenheiten bei zwei Versuchen abweichende Ergebnisse erzielt werden. Somit lassen sich über solche Abläufe

---

1295 *H. Reece*, „Losses of Chances in the Law“, (1996) 59 MLR 188-206; *P. Gottwald*, „Kausalität und Zurechnung“, Karlsruher Forum 1986, 3-32 (6); *W. Mummenhoff*, Erfahrungssätze im Beweis der Kausalität (1997) 11-25; *I. Puppe*, „Zurechnung und Wahrscheinlichkeit“, ZStW (1983) 287-315 (309).

1296 *T. A. Brennan*, „Causal Chains and Statistical Links: The Role of Scientific Uncertainty in Hazardous-Substance Litigation“, 73 CornLRev 469-533, 478-480 (1988).

1297 *H. Reece*, „Losses of Chances in the Law“, (1996) 59 MLR 188-206 (192-194); *P. Gottwald*, „Kausalität und Zurechnung“, Karlsruher Forum 1986, 3-32 (3); *H. Weber*, Der Kausalitätsbeweis im Zivilprozeß (1997) 78-86; *I. Puppe*, „Zurechnung und Wahrscheinlichkeit“, ZStW (1983) 287-315 (293-296).

1298 *T. A. Brennan*, „Causal Chains and Statistical Links: The Role of Scientific Uncertainty in Hazardous-Substance Litigation“, 73 CornLRev 469-533, 478-483 (1988); *H. Reece*, „Losses of Chances in the Law“, (1996) 59 MLR 188-206 (193) jeweils mit weiteren Nachweisen.

nur Wahrscheinlichkeitsaussagen treffen, die sich anhand der statistischen Erfassung der unter identischen Bedingungen durchgeführten Experimente oder beobachteten Geschehensabläufe ergeben[1299].

b) Verbreitung in Rechtsprechung und juristischem Schrifttum

aa) Der *High Court of Australia* unterscheidet zwischen vergangenen Ereignissen einerseits und hypothetischen Geschehensabläufen andererseits und macht dabei deutlich, daß bestimmte Zusammenhänge niemals mit Gewißheit hergestellt werden können[1300]. Diese hypothetischen Geschehensabläufe können sowohl in der Vergangenheit als auch in der Zukunft liegen, da es im Ergebnis keinen Unterschied machen soll, ob das Geschehen bereits seinen Abschluß gefunden hat, noch stattfindet oder stattfinden wird[1301]: Wie es sich ohne das Verhalten des Schädigers gestaltet hätte, läßt sich jeweils nicht ermitteln, so daß der hypothetische Verlauf einem indeterminierten Geschehen gleichzustellen ist. Das Beweismaß der überwiegenden Wahrscheinlichkeit soll hier nicht eingreifen, sondern es wird eine Schadensteilung nach Wahrscheinlichkeiten ermöglicht.

bb) Die in der deutschen Strafrechtslehre entwickelte Risikoerhöhungslehre bedient sich einer vergleichbaren Abgrenzung: Die Risikoerhöhung darf nur dann zur Begründung des Ursachenzusammenhanges herangezogen werden, wenn es sich um einen nicht determinierten Geschehensablauf handelt. Wie bereits ausführlich dargestellt[1302], handelt es sich hierbei insbesondere um Fälle, in denen die Entwicklung einer Krankheit sich nicht ermitteln läßt, während eine Ungewißheit oder ein Zweifel über den Zustand des Patienten in einem bestimmten Zeitpunkt nicht zu einer strafrechtlichen Verantwortung führen darf. Hintergrund dieser Differenzierung ist vor allem der Grundsatz *in dubio pro reo*, da eine Erweiterung der strafrechtlichen Verantwortlichkeit nur dann in Betracht kommen kann, wenn ein bestimmtes Geschehen einem Beweis prinzipiell nicht zugänglich ist und somit Strafbarkeitslücken zu gewärtigen wären.

1299 *I. Puppe*, „Zurechnung und Wahrscheinlichkeit", ZStW (1983) 287-315 (306f.); *W. Stegmüller*, Probleme und Resultate I (1969) 650.

1300 *Malec v JC Hutton Proprietary Ltd* (1990) 169 CLR 639, 643-645; bestätigt in *Sellars v Adelaide Petroleum* (1994) 179 CLR 332; zu diesen Entscheidungen ausführlich oben § 5 D I.

1301 Ebenso *Malec v JC Hutton Proprietary Ltd* (1990) 169 CLR 639; *G. Cooper*, „Damages for the Loss of Chance in Contract and Tort", (1988) 6 AULR 39-51 (41-43); *H. Reece*, „Losses of Chances in the Law", (1996) 59 MLR 188-206 (197-198).

1302 Siehe oben § 4 C III 1.

c) Zusammenfassung

Es ist verschiedentlich auf die Unterscheidung von indeterminierten und determinierten Geschehensabläufen hingewiesen worden. Übereinstimmend wird davon ausgegangen, daß die hergebrachten Mittel zur Bestimmung eines Ursachenzusammenhanges den Gegebenheiten nicht immer gerecht werden können. Insbesondere fuße die *conditio-sine-qua-non*-Formel auf einem deterministischen Weltbild, welches durch die Wissenschaftstheorie inzwischen überholt sei. Es gebe bestimmte Zusammenhänge, die mit den Mitteln der Naturwissenschaften niemals prognostiziert oder ermittelt werden könnten. Die Rechtswissenschaft solle in solchen Fällen nicht ein Ergebnis anstreben, welches von vornherein nicht erreicht werden könne. Da die Ungewißheit des Ursachenzusammenhanges bestimmten Fällen immanent sei, solle weder auf eine Verantwortlichkeit des Schädigers verzichtet noch eine zu weitgehende Haftung durch Gewährung von Beweiserleichterungen eingeführt werden[1303]. Daher soll nach der kausalitätsersetzenden Risikoerhöhungslehre des deutschen Strafrechts ein Ursachenzusammenhang bereits bei einer Risikoerhöhung bestehen, da ansonsten Strafbarkeitslücken zu befürchten seien[1304]. Diese Ansicht begegnet insofern Bedenken, als die Unterscheidung zwischen Erfolgs- und Gefährdungsdelikten nicht hinreichend beachtet und damit eine strafrechtliche Sanktion zu vorschnell bejaht wird[1305]. Im Haftungsrecht bestehen diese Bedenken nicht, hier kann der Bedarf einer Lösung bestimmter neuartiger Konstellationen in flexiblerer Weise befriedigt werden[1306]. Somit ist zu beachten, daß die Unterscheidung zwischen gebundenen und ungebundenen Kausalverläufen nicht nur im Zusammenhang mit Heilungschancen erörtert wird. Festzuhalten ist zudem, daß die einschlägige Rechtsprechung zur Eingrenzung der *perte d'une chance/loss of chance* nicht ausdrücklich auf diese Unterscheidung abstellt, sondern daß diese erst durch Bemühungen des Schrifttums aufgezeigt worden ist. Es handelt sich um ein Abgrenzungskriterium, welches für sich betrachtet zunächst als schlüssig erscheint.

1303 *K.-H. Matthies*, Schiedsinstanzen im Bereich der Arzthaftung: Soll und Haben (1984) 96-97.

1304 Ausführlich zu der Risikoerhöhungslehre oben § 4 C III 1 a).

1305 *K.-H. Matthies*, Schiedsinstanzen im Bereich der Arzthaftung: Soll und Haben (1984) 110-111; vgl. oben § 4 C III 1 a) ee).

1306 So ausdrücklich *K.-H. Matthies*, Schiedsinstanzen im Bereich der Arzthaftung: Soll und Haben (1984) 110-111.

2. Praktische Handhabbarkeit im Arzthaftungsrecht

Die vorgeschlagene Abgrenzung zwischen indeterminierten und determinierten Geschehensabläufen beschränkt sich nicht auf die Arzthaftung, soll hier aber den Anwendungsbereich der *perte d'une chance/loss of chance* abstecken[1307]. Fraglich ist, inwiefern sie in diesem Bereich tatsächlich praktikabel und angemessen ist.

a) Demnach müßte ein Ersatz von Heilungschancen eingreifen, wenn eine Krankheit oder Verletzung nicht erkannt oder angemessen behandelt wird und es hinsichtlich des Eintretens des endgültigen Schadens an einem kausal gebundenen Geschehen deshalb fehlt, weil die Genesung nicht mit Sicherheit durch entsprechende Therapie hätte erreicht werden können. Der Patient befand sich in einem Prozeß, dessen weiterer Verlauf nicht prognostizierbar war. Durch den ärztlichen Fehler ist der Verlauf in eine andere Richtung gelenkt und damit eine Heilungschance vereitelt worden. Die Prognose ist entweder deshalb unmöglich, weil noch nicht genügend wissenschaftliche Erkenntnisse und Erkenntnismöglichkeiten hinsichtlich solcher Prozesse vorliegen oder zugänglich sind oder weil auch naturwissenschaftlich kein sicherer Kausalzusammenhang ermittelbar ist[1308]. Diese Konstellationen sind gleichzustellen, da es im Ergebnis keinen Unterschied machen darf, ob ein Geschehensablauf niemals vorhersagbar ist oder dies auf fehlenden wissenschaftlichen Erkenntnismöglichkeiten beruht und nach gegenwärtigem Kenntnisstand nicht absehbar ist, daß solche Möglichkeiten erlangt werden können[1309]. Demgegenüber soll eine Haftung ausscheiden, wenn der Gesundheitszustand des Patienten und damit die Möglichkeit der Genesung im Einzelfall aufgrund fehlender Beweismittel nicht rekonstruierbar war[1310], da hier der weitere Verlauf für den optimalen Beobachter feststellbar und daher als kausal gebunden anzusehen sei[1311]. Es sei nicht auszuschließen, daß der Patient im Zeitpunkt des Behandlungsfehlers bereits unrettbar verloren war.

b) Fraglich ist jedoch, ob diese Unterscheidung beim Unterlassen von Heilungsversuchen tatsächlich gerechtfertigt ist. Für den Patienten wird es keinen Unterschied machen, ob sein vormaliger Gesundheitszustand oder der Verlauf seiner Krankheit nicht zu ermitteln ist. In beiden Fällen steht er vor erheblichen

1307 *F. Chabas*, „La perte d'une chance en droit français", Colloque Développements récents du droit de la responsabilité civile (1991) 131-143 (133-136).

1308 *H. Reece*, „Losses of Chances in the Law", (1996) 59 MLR 188-206 (194).

1309 *H. Reece*, „Losses of Chances in the Law", (1996) 59 MLR 188-206 (194).

1310 So lag es im Fall *Hotson v Berkshire Area Health Authority* [1987] AC 750.

1311 *G. Stratenwerth*, „Bemerkungen zum Prinzip der Risikoerhöhung", Festschrift für W. Gallas (1973) 227-239 (229-231).

Schwierigkeiten, wenn er den Ursachenzusammenhang beweisen soll. Beiden Konstellationen ist zudem gemein, daß der Arzt gegen die Pflicht, einen Heilungsversuch zu unternehmen, verstoßen hat. Daher sollte hier die Unterscheidung zwischen kausal gebundenem und ungebundenem Geschehen dahingehend ergänzt werden, daß eine *perte d'une chance/loss of chance* auch dann in Betracht kommt, wenn der bereits beeinträchtigte Gesundheitszustand eine Verpflichtung zum ärztlichen Eingreifen auslöste und der Verstoß gegen die Behandlungspflicht dazu führt, daß der vormalige Gesundheitszustand gerade deswegen nicht mehr zu rekonstruieren ist. Hinzu kommt, daß diese beiden Konstellationen schwer voneinander abgrenzbar sind. Zweifel hinsichtlich des Gesundheitszustandes ergeben sich entweder daraus, daß der Arzt nicht seiner Verpflichtung zur Untersuchung des Patienten nachgekommen ist und daher keine Daten über den Stand der Erkrankung herangezogen worden sind. Hat der Arzt somit die Beweislage entgegen seiner diesbezüglichen Pflicht zuungunsten des Patienten verschlechtert, so darf er sich nicht darauf berufen, daß der endgültige Schaden möglicherweise[1312] unvermeidbar war. Des weiteren ist zu beachten, daß eine Aussage über den vormaligen Gesundheitszustand oftmals ebenso schwer zu treffen sein wird wie eine Aussage über den Krankheitsverlauf. So liegt es beispielsweise bei Krebs, dessen Verlauf *per se* ungewiß ist, zudem aber bei Fehlen von Röntgenbildern u.dgl. der vormalige Gesundheitszustand kaum rekonstruierbar ist. Somit gehen bei Vereitelung von Heilungschancen die Ungewißheiten bezüglich des Gesundheitszustandes und des Genesungsprozesses ineinander über und sollten daher zivilrechtlich gleich gestellt werden[1313]. Insbesondere die Rechtsprechung der Vereinigten Staaten verfährt bereits dementsprechend und ersetzt eine *loss of chance* auch dann, wenn nicht sicher ist, in welchem Stadium sich eine Krebserkrankung im Zeitpunkt der ersten pflichtwidrig unterlassenen Diagnose befunden hat[1314]. Voraussetzung der Haftung ist jedoch, daß der Arzt diese Ungewißheit durch die nicht ausreichende Bemühung um Diagnose und Heilung selbst herbeigeführt hat. Die Ungewißheit ist folglich ein wesentlicher Bestandteil der Lehre von den vereitelten Heilungschancen, es reicht jedoch, daß die Heilung deshalb ungewiß ist, weil der vormalige Zustand, der Krankheitsverlauf oder beides zusammen ungewiß war. Die Ungewißheit steht daher in einem untrennbaren Zusammenhang zu der verletzten Pflicht und ist ein bezeichnendes Element der *loss of chance*. Sie muß über bloße Kausalitätszweifel oder Beweisschwierigkeiten hinausgehen.

1312 Anders liegt es, wenn der Schaden mit Sicherheit unvermeidbar war; siehe oben § 7 B II 2 a).

1313 Im Gegensatz zum Strafrecht, wo der Grundsatz *in dubio pro reo* entgegensteht, *G. Stratenwerth*, „Bemerkungen zum Prinzip der Risikoerhöhung", Festschrift für W. Gallas (1973) 227-239 (231-234).

1314 *Herskovits v Group Health Cooperative of Puget Sound*, 664 P2d 474 (Wash 1983).

c) Die Unterscheidung zwischen kausal gebundenem und ungebundenem Geschehen weist somit auf dieses Element der *perte d'une chance/loss of chance* hin, ist aber im Arzthaftungsrecht in der soeben dargelegten Weise zu ergänzen. Die Zusammenhänge und Entwicklungen sind in diesem Bereich zu komplex, als daß sie stets trennscharf in determiniertes und indeterminiertes Geschehen unterteilt werden könnten[1315]. Dieses Ergebnis entspricht der Rechtsprechung in den Vereinigten Staaten und ist mit den Urteilen der höchsten französischen Gerichte ebenfalls vereinbar. Anders verhält es sich in England, wo das *House of Lords* die Ungewißheit bezüglich des vormaligen Gesundheitszustandes ausdrücklich aus dem Anwendungsbereich der *loss of chance* herausgenommen hat[1316]. Dieses Ergebnis ist für sich betrachtet durchaus nachvollziehbar[1317], ist aber auch vor dem Hintergrund zu sehen, daß das höchste englische Gericht der *loss of chance* insgesamt äußerst zurückhaltend gegenüberstand und daher eine Eingrenzung des möglichen Anwendungsbereichs auf indeterminiertes Geschehen vornahm. Es sollte deshalb auch in diesem Fall entsprechend der vorstehenden Ausführungen ein anteiliger Schadenersatz befürwortet werden.

V. Zusammenhang zwischen Behandlungspflicht, Ungewißheit der Genesung und endgültigem Schaden

1. Konkretisierung des Anwendungsbereichs der *perte d'une chance/loss of chance* im Arzthaftungsrecht

a) Die Ersatzfähigkeit von Heilungschancen greift somit dann ein, wenn der Krankheitsverlauf als solcher oder aufgrund des nicht mehr feststellbaren Gesundheitszustandes ungewiß war und der Arzt in pflichtwidriger Weise keinen angemessenen Heilungsversuch unternommen hat. Sowohl die Pflicht als auch die anteilige Haftung hängen mit dieser Ungewißheit zusammen: Gerade weil die Möglichkeit der Heilung bestand, ist der Arzt zum Eingreifen verpflichtet, da die Heilung aber andererseits nicht sicher ist, soll der Patient nicht mehr erhalten als einen reduzierten Schadenersatz.

b) Daß sich der Anwendungsbereich der *perte d'une chance/loss of chance* im Arzthaftungsrecht nur durch diese Gesamtbetrachtung festlegen läßt, zeigt der Vergleich mit den Fällen, in denen der Arzt ein zusätzliches, von der Grunder-

---

1315 *K.-H. Matthies*, Schiedsinstanzen im Bereich der Arzthaftung: Soll und Haben (1984) 101 f.

1316 *Hotson v Berkshire Area Health Authority* [1987] AC 750.

1317 Siehe oben § 6 B V.

krankung unabhängiges Risiko geschaffen hat[1318]. Die Ablehnung einer Haftung ist bereits deshalb gut nachvollziehbar, weil in entsprechenden Sachverhalten außerhalb der Arzthaftung ebenfalls keine anteilige Haftung eingreift: Hat beispielsweise ein Autofahrer einen Unfall verschuldet, bei dem er selbst verletzt wird, und fährt sodann der spätere Beklagte in schuldhafter Weise auf, so ist die Haftung gänzlich ausgeschlossen, wenn nicht festzustellen ist, ob der eingetretene Schaden bereits auf dem ersten Unfall beruhte. Dieses Ergebnis findet sich in der Arzthaftung wieder, wenn neben der aus dem Behandlungsfehler resultierenden Gefahr der Zustand des Patienten zu dem Schaden hätte hinführen können. So liegt es beispielsweise, wenn der Patient sich möglicherweise bereits selbst die relevante Verletzung zugefügt hatte, bevor der Arzt eingriff[1319]. Diese Kausalitätszweifel können nicht zu einer anteiligen Haftung führen. Der maßgebliche Unterschied zu dem Ersatz von Heilungschancen besteht darin, daß es an dem besonderen Zusammenhang zwischen der verletzten Pflicht und dem eingetretenen Schaden fehlt.

c) Dieser Zusammenhang manifestiert sich darin, daß swich bei der Vereitelung von Heilungschancen sich der Schaden realisiert, den zu vermeiden der Arzt tätig geworden ist[1320]. Seine Pflicht ist durch die besondere Notlage des Patienten gegenüber der soeben dargestellten allgemeinen Pflicht, fremde Rechtsgüter nicht zu gefährden, erhöht. Er hat alles zu tun, damit die noch als möglich erscheinende Heilung nicht ausgeschlossen wird. Da er aufgrund der bereits bestehenden Vorerkrankung nicht gewährleisten kann, daß die Heilung auch bei einer optimalen Behandlung zum Erfolg führt, haftet er nur für die Vereitelung der Rettungsmöglichkeit. Zudem sind Vorerkrankung und Behandlungspflicht insofern nicht voneinander zu trennen, als sich die Vorerkrankung bei einem Behandlungsfehler in dem endgültigen Schaden manifestieren wird und der Arzt tätig werden soll, um diesen Verlauf zu verhindern. Bei der Schaffung eines zusätzlichen Risikos hingegen hat der Behandlungsfehler nicht diese besondere Zielrichtung. Es handelt sich hier um eine alternative Kausalität zwischen Verschulden und Zufall, die auch außerhalb der Arzthaftung vorliegen

---

1318 Siehe oben § 5 A II 3 c).

1319 BGH, 17.9.1974 VI ZR 86/72 VersR 1974, 1222: Der Kläger hatte sich beim Herumspielen mit einem Messer selbst verletzt, es ließ sich nicht aufklären, ob die Verletzung eines Blutgefäßes durch ihn oder durch den ärztlichen Behandlungsfehler herbeigeführt worden war. Ähnlich BGH, 17.12.1968 VI ZR 212/67 ZZP 82 (1969) 466 (*J. Prölss*): Es ließ sich nicht ermitteln, inwiefern der Kläger bereits bei Einlieferung in das Krankenhaus an Tuberkulose erkrankt war.

1320 Darin ist auch der Grund dafür zu sehen, daß die beklagte Telephongesellschaft nicht in Anspruch genommen werden kann, wenn ein Notruf erst zu spät getätigt werden kann: Sie trifft keine vergleichbare Pflicht. Vgl. *Hardy v Southwestern Bell Tel Co*, 910 P2d 1024 (Okla 1996).

kann und bei der eine anteilige Haftung nicht in Betracht kommt, wenn nicht weitere Umstände hinzutreten.

2. Grenzfälle

a) Die *perte d'une chance/loss of chance* ist demnach immer dann einschlägig, wenn das neugeschaffene Risiko nicht in einem Zusammenhang zu einer bestehenden Vorerkrankung steht. In diesen Fällen scheidet eine Inanspruchnahme nach den allgemeinen Grundsätzen des Haftungsrechts aus. Vereitelt der Arzt hingegen eine nicht auszuschließende Genesungsaussicht, so hat er hierfür einzustehen. Die meisten von der Rechtsprechung entschiedenen Fälle lassen sich nach diesen Kriterien einordnen und machen das Institut der vereitelten Heilungschance auch künftig handhabbar und praktikabel. Daneben sind noch Grenzfälle denkbar, die einer genaueren Untersuchung der Umstände des Einzelfalles bedürfen, um festzustellen, ob eine anteilige Haftung aufgrund der Besonderheiten der Arzthaftung geboten ist oder nicht.

b) Solche Grenzfälle lassen sich abstrakt kaum abschließend festlegen. Von den Beispielen aus der Praxis erscheint *Wilsher v Essex Area Health Authority*[1321] als problematisch. Das Gericht hatte eine Haftung abgelehnt, dabei aber eine *loss of chance* nicht erörtert. Der Kläger befand sich aufgrund seiner Frühgeburt und der daraus resultierenden Komplikationen in stationärer Behandlung. Niemand hätte nach seiner Geburt eine sichere Aussage darüber zu treffen vermocht, ob er bereits aufgrund dieser Ausgangslage bleibende gesundheitliche Beeinträchtigungen zu gewärtigen hatte. Das medizinische Personal befand sich somit in der Verantwortung, das Bestmögliche zu tun, um solche Folgen zu verhindern. Gegen diese Pflicht wurde verstoßen und durch die erhöhte Sauerstoffzufuhr ein zusätzliches Risiko geschaffen. Betrachtet man dieses neue Risiko, ist man versucht, eine Anwendung der *perte d'une chance/loss of chance* zu verneinen[1322]. Andererseits ist der Vorerkrankung genau die Ungewißheit immanent, die für die Vereitelung von Heilungschancen bezeichnend ist, zudem würde der Ausschluß der Haftung bei einem solch komplexen Zusammenhang dazu führen, daß ein Anspruch trotz eines Behandlungsfehlers stets ausscheidet. Daher sollte ein entsprechender Fall sorgfältig danach untersucht werden, ob nicht ebenfalls eine anteilige Haftung in Betracht kommt, da die Nähe zur Chancenvereitelung und zu den im Arzthaftungsrecht typischen Ungewißheiten sehr groß ist.

1321 Ausführlich hierzu oben § 4 C I 2.

1322 So wohl *H. Stoll*, „Schadensersatz für verlorene Heilungschancen vor englischen Gerichten in rechtsvergleichender Sicht“, Festschrift für E. Steffen (1995) 465-478 (473)

C. Die Vereinbarkeit der *perte d'une chance/loss of chance* mit den Grundlagen des Haftungsrechts

Gegen die Ersatzfähigkeit von Heilungschancen sind eine Vielzahl von Bedenken erhoben worden[1323]. Ihrer Anerkennung soll insbesondere die Unvereinbarkeit mit den Grundsätzen der zivilrechtlichen Haftung entgegenstehen. Fraglich ist somit, ob die *perte d'une chance/loss of chance* den haftungsrechtlichen Strukturen der jeweiligen Rechtsordnungen gerecht wird.

I. Mißachtung des Verursachungsprinzips

Der Haupteinwand, welcher gegen die Anerkennung der *loss of chance* ins Feld geführt wird, ist die vermeintliche Aushöhlung und Mißachtung des Verursachungsprinzips[1324]. Die Ersatzfähigkeit von vereitelten Heilungschancen ist vor dem Hintergrund der ungewissen Verursachung des endgültigen Schadens entwickelt worden[1325]. Es läßt sich mithin nicht leugnen, daß mit diesem Rechtsinstitut der Versuch unternommen wird, trotz dieser ungewissen Kausalbeziehung eine (zumindest teilweise) Haftung zu bejahen.

1. Der Patient befindet sich in Beweisnöten, da eine vorwerfbare Verursachung des von ihm erlittenen Schadens zwar möglich, aber nicht hinreichend gewiß ist. Die Gegner einer Haftung weisen darauf hin, daß diese mögliche Kausalität keine Haftung begründen dürfe[1326]. Zwar sei dadurch möglich, daß der Kläger auch dann keinen Anspruch habe, wenn ihm ein Schaden zugefügt worden sei, ohne daß er einen gegebenen Ursachenzusammenhang nachweisen könne[1327]. Eine Inanspruchnahme des Beklagten sei jedoch stets ungerechtfertigt, da er für

1323 Siehe oben § 6.

1324 *J. Penneau*, Anmerkung zu CassCiv, 1re 27.3.1973, D 1973 J 595-598 (597); *R. Savatier*, „Une faute peut-elle engendrer la responsabilité d'un dommage sans l'avoir causé?“, D 1970, Chron, 123-126 (124); *Fennell v Southern Maryland Hospital Center, Inc,* 580 A2d 206, 213 (Md 1990); *Kramer v Lewisville Memorial Hospital,* 858 SW2d 397, 405 (Tex 1993); *Dumas v Cooney*, 1 CalRptr2d 584, 594 (CalApp 1991); *Laferrière v Lawson* [1991] 1 SCR 541, 575, 605; *Y. Cripps*, „Negligence, Causation and Probability Theory“, [1987] CLJ 389-390 (389).

1325 *R.A. Reisig*, „The Loss of Chance Theory in Medical Malpractice Cases: An Overview“, 13 AmJTrialAdv 1163-1185, 1164 (1990).

1326 *R. Savatier*, „Une faute peut-elle engendrer la responsabilité d'un dommage sans l'avoir causé?“, D 1970, Chron, 123-126.

1327 *T. Weir*, „Loss of Chance - Compensable in Tort? The Common Law“, Développements récents du droit de la responsabilité civile (1991) 111-129 (111-112).

einen von ihm nur möglicherweise verursachten Schaden einzustehen habe[1328]. Die Ablehnung eines Ersatzes führe somit in einigen Fällen zu einem ungerechten Ergebnis, die Bejahung einer Haftung sei aber in allen Fällen der ungewissen Verursachung unrichtig[1329]. Die Last der Unaufklärbarkeit sei daher bei dem Kläger zu belassen und an den hergebrachten Grundlagen des Haftungsrechts festzuhalten[1330].

2. Hintergrund dieser Ablehnung ist damit vor allem, daß trotz der ungewissen Kausalität ein Schadenersatzanspruch zugesprochen wird. Dieser Einwand setzt sich jedoch nicht hinreichend mit der Konstruktion der *loss of chance/perte d'une chance* im Arzthaftungsrecht auseinander. Da mittlerweile nachgewiesen worden ist, daß sich ihre Anwendung auf bestimmte ungewisse Abläufe beschränkt[1331], stellt sich bereits die Frage, ob das Verursachungsprinzip einer Haftung überhaupt entgegenstehen kann. Zumindest bei indeterminiertem Geschehen ist der Nachweis eines Ursachenzusammenhanges niemals möglich, das hergebrachte Verständnis der Kausalität kann dem Ersatz einer Heilungschance daher möglicherweise nicht entgegengehalten werden[1332]. Zudem sieht die Rechtsprechung die vernichtete Heilungschance als einen selbständigen Schaden an und wird durch diese Konstruktion dem Verursachungsprinzip formal gerecht[1333]. Die Diskussion um die Ersatzfähigkeit von Heilungschancen behandelt diese Fragestellung ausführlich, so daß diese hier trotz der soeben dargelegten Bedenken hinsichtlich der Einschlägigkeit des Verursachungsprin-

---

1328 *T. Hill*, „A Lost Chance for Compensation in the Tort of Negligence by the House of Lords“, (1991) 54 MLR 511-523 (518-519); *T. Weir*, „Loss of Chance - Compensable in Tort? The Common Law“, Développements récents du droit de la responsabilité civile (1991) 111-129 (111).

1329 *T. Weir*, „Loss of Chance - Compensable in Tort? The Common Law“, Développements récents du droit de la responsabilité civile (1991) 111-129 (111): *„The option is between leaving a possible injustice unremedied and committing a certain one“*.

1330 *Dumas v Cooney*, 1 CalRptr2d 584, 593-594 (CalApp 1991).

1331 Siehe oben § 7 B sowie *J.P.Kieffer*, „The Case for Across-the-Board Application of the Loss-of-Chance Doctrine“, 64 DefCounsJ 568-580, 576 (1997).

1332 Siehe oben § 7 B III u. IV.

1333 *F. Chabas*, „La perte d'une chance en droit fran| ais“, Développements récents du droit de la responsabilité civile (1991) 131-143 (133-135); *Y. Chartrier*, La réparation du préjudice dans la responsabilité civile (1983) 38; für die Vereinigten Staaten grundlegend *J. H. King*, „Causation, Valuation, and Chance in Personal Injury Torts Involving Preexisting Conditions and Future Consequences“, 90 YaleLJ 1353-1397 (1981); ihm folgend *Herskovits v Group Health Cooperative of Puget Sound,* 664 P2d 474 (Wash 1983); *P.L. Andel*, „Medical Malpractice: The Right to Recover for the Loss of a Chance of Survival“, 12 PeppLRev 973-998, 974 (1985); *S.F. Brennwald*, „Proving Causation in 'Loss of a Chance' Cases: A Proportional Approach“, 34 CathULRev 747-790, 753, 767 (1985); *H. R. Feldman*, „Chances as Protected Interests: Recovery for the Loss of a Chance and Increased Risk“, 17 BaltLRev 139-159, 148-149 (1987); *J.D.Wolf*, „Playing the Percentages: A Re-examination of Recovery for Loss of Chance“, 26 Santa Clara LRev 429-459, 446-447 (1986).

zips aufgegriffen wird. Nach der *perte d'une chance/loss of chance* muß der Kausalitätsnachweis nach wie vor erbracht werden, es ist aber nicht die Verursachung des endgültigen Schadens, sondern die Vereitelung der Heilungschance nachzuweisen. Im Ergebnis wird sodann nicht der endgültige Schaden, sondern der Wert der Chance ersetzt. Diese Herleitung ist für sich betrachtet schlüssig, da untersucht wird, ob der geltend gemachte Schaden verursacht wurde. Sie setzt jedoch voraus, daß die Vereitelung einer Heilungschance tatsächlich als eine eigenständige Schadensposition begriffen werden darf.

II. Heilungschance als eigenständige Schadensposition

Die Lehre von den vereitelten Heilungschancen ist mit dem Verursachungsprinzip vereinbar, wenn hinsichtlich des Kausalzusammenhanges an die vereitelte Chance und nicht an den endgültigen Schaden angeknüpft wird[1334]. Fraglich ist, ob einer solchen Aussicht eine eigenständige rechtliche Bedeutung eingeräumt werden kann.

1. Einführung

Eine eigenständige Relevanz der Heilungschance wird vor allem darauf gestützt, daß die Wahrnehmung der Chance für den Kläger eine große tatsächliche Bedeutung hat[1335]. Auch wenn die Möglichkeit, gerettet oder geheilt zu werden, gering ist, so macht es in der Tat einen Unterschied, ob diese Möglichkeit

1334 *F. Chabas*, „La perte d'une chance en droit fran| ais", Développements récents du droit de la responsabilité civile (1991) 131-143 (133-135); *Y. Chartrier*, La réparation du préjudice dans la responsabilité civile (1983) 38; *Herskovits v Group Health Cooperative of Puget Sound*, 664 P2d 474, 481 (Wash 1983); *DeBurkarte v Louvar*, 393 NW2d 131, 135 (Iowa 1986); *Perez v Las Vegas Medical Center*, 805 P2d 589, 592 (Nev 1991); *Wollen v DePaul Health Center*, 828 SW2d 681 (Mo 1992); *Rachel Smith v State of Louisiana, Department of Health and Hospitals*, 676 So2d 543, 547 (La 1996); *Roberts v Ohio Permanente Med Group, Inc*, 668 NE2d 480 (Ohio 1996); *P.L. Andel*, „Medical Malpractice: The Right to Recover for the Loss of a Chance of Survival", 12 PeppLRev 973-998, 974 (1985); *S.F. Brennwald*, „Proving Causation in 'Loss of a Chance' Cases: A Proportional Approach", 34 CathULRev 747-790, 767 (1985); *G. Cooper*, „Damages for the Loss of Chance in Contract and Tort", (1988) 6 AULR 39-51 (43); *H. R. Feldman*, „Chances as Protected Interests: Recovery for the Loss of a Chance and Increased Risk", 17 BaltLRev 139-159, 148-150 (1987); *J. Stapleton*, „The Gist of Negligence", (1988) 104 LQR 389-409 (391-392).

1335 *Wollen v DePaul Health Center*, 828 SW2d 681, 684 (Mo 1992); *dissenting opinion* von *Hightower J* in *Kramer v Lewisville Memorial Hospital*, 858 SW2d 397, 409 (Tex 1993); *J. H. King*, „Causation, Valuation, and Chance in Personal Injury Torts Involving Preexisting Conditions and Future Consequences", 90 YaleLJ 1353-1397, 1377 (1981); *R.A. Reisig*, „The Loss of Chance Theory in Medical Malpractice Cases: An Overview", 13 AmJTrialAdv 1163-1185, 1169 (1990).

wahrgenommen werden kann oder nicht[1336]. Ein Patient, der unheilbar erkrankt ist, wird sich stets eine Heilungsmöglichkeit, sei sie auch noch so gering, herbeisehnen[1337]. Hätte eine therapeutische Maßnahme ergriffen werden können, die möglicherweise zu einer Heilung geführt hätte, so wird der Patient, bei dem sie unterlassen wurde, diese Unterlassung als einen für ihn erheblichen Nachteil empfinden und zwar auch dann, wenn die Heilungsaussichten vergleichsweise gering waren[1338]. Diesem Unterschied kann durch die Ersatzfähigkeit der vereitelten Heilungschance Rechnung getragen werden, womit das Fehlverhalten des Arztes, an den sich der Patient gerade zur Wahrung der Chance gewandt hat, nicht ohne rechtliche Sanktion bleibt[1339]. Fraglich ist daher, ob die Sachverhaltsunterschiede die Anerkennung der vereitelten Heilungschance als einem rechtlich relevanten Nachteil rechtfertigen[1340] oder ob gewichtige Bedenken entgegenstehen.

2. Heilungschance als Kunstgriff zur Umgehung des Verursachungsprinzips?

Die Einordnung der Heilungschance als einen selbständigen Schaden ist, wie bereits ausgeführt[1341], in Fällen einer ungewissen Verursachung des endgültigen Schadens eingeführt worden. Dies soll kein Verstoß gegen das Verursachungsprinzip sein, da der Kausalitätsnachweis hinsichtlich der Vereitelung der Heilungschance zu erbringen ist. Diese Vereinbarkeit mit dem Verursachungsprinzip könnte jedoch nur auf den ersten Blick vorliegen. Es besteht nämlich die Gefahr, daß durch die Schaffung neuer Schadenspositionen[1342] das

---

1336 Vgl. insofern das Beispiel aus *Wollen v DePaul Health Center*, 828 SW2d 681, 684 (Mo 1992): Wenn hinter zwei von drei Türen der sichere Tod und hinter einer die Rettung harre, sei durch die Vereitelung der Möglichkeit, zwischen den Türen zu wählen, ein rechtlich relevanter Nachteil gegeben; ein ähnliches Beispiel findet sich bei *H. J. Kahrs*, Kausalität und überholende Kausalität im Zivilrecht (1969) 22.

1337 *J. H. King*, „Causation, Valuation, and Chance in Personal Injury Torts Involving Preexisting Conditions and Future Consequences", 90 YaleLJ 1353-1397, 1378 (1981).

1338 So auch *H. Stoll*, „Schadensersatz für verlorene Heilungschancen vor englischen Gerichten in rechtsvergleichender Sicht", Festschrift für E. Steffen (1995) 465-478 (475).

1339 *J. H. King*, „Causation, Valuation, and Chance in Personal Injury Torts Involving Preexisting Conditions and Future Consequences", 90 YaleLJ 1353-1397, 1378 (1981); *H. Stoll*, „Schadensersatz für verlorene Heilungschancen vor englischen Gerichten in rechtsvergleichender Sicht", Festschrift für E. Steffen (1995) 465-478 (476).

1340 So *W. Miller*, „*Herskovits v Group Health Cooperative of Puget Sound*: Negligent Creation of a Substantial Risk of Injury is a Compensable Harm", 9 UnivPugetSound LRev 251-291, 258 (1985); *R.A. Reisig*, „The Loss of Chance Theory in Medical Malpractice Cases: An Overview", 13 AmJTrialAdv 1163-1185, 1169 (1990).

1341 Siehe oben § 3 A, § 5 A u. B.

1342 Beispielsweise eine abstrakte Risikoerhöhung durch jegliches sorglose Verhalten.

Verursachungsprinzip nur dem Anschein nach beachtet, tatsächlich aber ausgehöhlt wird. Bei dem Ersatz der *loss of chance/perte d'une chance* im Arzthaftungsrecht könnte es sich somit um einen unzulässigen Kunstgriff handeln, der die ungewisse Verursachung des endgültigen Schadens lediglich verschleiert[1343]. Dieser Einwand beruht auf der Annahme, daß der Heilungschance keinerlei eigenständige Bedeutung zukommen kann. Wenn es sich dabei tatsächlich um eine bloße Vorstufe auf dem Weg zu dem endgültigen Schaden handelt, könnte man in der Tat von einer gewissen Manipulation des Schadensrechts sprechen. Hat die Heilungschance hingegen eine eigenständige Bedeutung und einen berechenbaren Wert, so greift ein solcher Einwand nicht durch.

3. Eigenständiger Wert einer Heilungschance

Die zentrale Frage ist somit, inwiefern die Heilungschance eine eigenständige schadensrechtliche Relevanz haben kann.

a) Abhängigkeit vom endgültigen Schaden

Gegen eine Anerkennung der Heilungschance als eigenständiger Schadensposition könnte sprechen, daß ein solcher Anspruch nur dann erfolgreich ist, wenn der endgültige Schaden (Tod, bleibende körperliche Beeinträchtigung) eintritt[1344]. Diese Beziehung zwischen Heilungschance und endgültigem Schaden könnte darauf hinweisen, daß nur der endgültige Schaden wirklich relevant ist und die Bezugnahme auf die Heilungschance dies und die ungewisse Verursachung verdeckt[1345]. Die Wechselbeziehung zwischen Chance und endgültigem Schaden zeigt sich auch darin, daß der Wert der Chance sich anteilig an dem endgültigen Schaden bemißt[1346]. Es kann des weiteren gefragt werden,

---

1343 *J. Penneau*, Anmerkung zu CassCiv, 1re, 27.3.1973, D 1973 J 595-598 (597); *R. Savatier*, „Une faute peut-elle engendrer la responsabilité d'un dommage sans l'avoir causé?", D 1970, Chron, 123-126 (124); *G. Viney*, La responsabilité: conditions (1982) No 370.

1344 *Fennell v Southern Maryland Hospital Center, Inc*, 580 A2d 206, 213 (Md 1990); *Kramer v Lewisville Memorial Hospital*, 858 SW2d 397, 405 (Tex 1993); *Laferrière v Lawson* [1991] 1 SCR 541 (574); *L.M. Roubik*, „Recovery for 'Loss of Chance' in a Wrongful Death Action", 59 WashLRev 981-992, 986 (1984); *H. Stoll*, „Schadensersatz für verlorene Heilungschancen vor englischen Gerichten in rechtsvergleichender Sicht", Festschrift für E. Steffen (1995) 465-478 (471-472); im Ergebnis anders in *Perez v Las Vegas Medical Center*, 805 P2d 589, 592 (Nev 1991), wo der Eintritt des endgültigen Schadens für den Ersatz der *loss of chance* vorausgesetzt, dies aber zugleich als unproblematisch angesehen wird.

1345 *Fennell v Southern Maryland Hospital Center, Inc*, 580 A2d 206, 213 (Md 1990); *Kramer v Lewisville Memorial Hospital*, 858 SW2d 397, 405 (Tex 1993); *Laferrière v Lawson* [1991] 1 SCR 541 (574).

1346 Siehe oben § 5 A I, B III 4 d).

welche Bedeutung der Heilungschance zukommt, wenn zwar die Heilungsaussichten herabgesetzt wurden, der Patient aber entgegen der schlechten Prognose geheilt werden kann.

b) Konsequenzen für die Einordnung der Heilungschance

Die Verknüpfung von Heilungschance und endgültigem Schaden ist nicht zu leugnen. Fraglich ist, inwiefern sie der Anerkennung dieses Rechtsinstitutes entgegensteht.

aa) Vergleich mit anderen Chancen

Ein Vergleich mit den in den untersuchten Rechtsordnungen anerkannten Fallgruppen der vereitelten Chance macht deutlich, daß auch dort ein Zusammenhang zwischen Chance und angestrebtem Vorteil besteht[1347]: Der Wert der Möglichkeit, einen Prozeß, ein Preisausschreiben oder einen Wettbewerb zu gewinnen, wird unter Betrachtung des Wertes des gesamten Gewinns ermittelt. Dieser Gewinn stellt den angestrebten Vorteil dar. War die Erreichung dieses Vorteils nur möglich, aber nicht hinreichend sicher, wird dem Kläger ein anteiliger Schadenersatz zugesprochen, der sich aus dem Wert und der Wahrscheinlichkeit des Gewinns ergibt[1348]. Ohne Bezugnahme auf den Gewinn als dem endgültigen Schaden läßt sich die Chance auch hier nicht bestimmen.

bb) Ersatzfähigkeit der Heilungschance bei Heilung des Patienten

Handelt es sich bei der vereitelten Heilungschance um eine eigenständige Schadensposition, so müßte der haftungsbegründende Tatbestand auch dann als erfüllt angesehen werden, wenn der Kläger geheilt wird, obwohl die Heilungsaussichten infolge eines Behandlungsfehlers herabgesetzt wurden[1349]. Dies könnte zur Folge haben, daß bei einer um zehn Prozent reduzierten Heilungschance zehn Prozent des zu vermeidenden endgültigen Schadens zu ersetzen wären,

1347 Zu beachten ist hierbei, daß die soeben dargestellten Kritiker der Ersatzfähigkeit der Heilungschance diesen Vergleich erstaunlicherweise nicht anstellen, obwohl sie die Ersatzfähigkeit anderer Chancen nicht in Frage stellen.

1348 Siehe oben § 2 A I 2 b) u. B.

1349 Beispiel: Der Kläger hätte bei rechtzeitiger Behandlung eine 60prozentige Überlebenschance gehabt, durch die unterlassene Behandlung reduziert sie sich um 10 Prozent. Trotz dieser schlechten Prognose wird er gesund.

auch wenn die Gesundheit wiederhergestellt werden kann[1350]. Der Patient könnte erfolgreich klagen, auch wenn er nach der Behandlung trotz des ärztlichen Fehlers keine gesundheitliche Beeinträchtigung davongetragen hat. Diese vermeintliche Abhängigkeit des Ersatzes für eine Heilungschance vom endgültigen Schaden wird daher gegen eine eigenständige Bedeutung der Heilungschance vorgebracht[1351]. Dieser Einwand verkennt jedoch, daß der endgültige Schaden nur für die Berechnung des Wertes der Heilungschance maßgeblich ist[1352]. Kann der endgültige Schaden im Ergebnis vermieden werden, so kann die Chance herabgesetzt worden sein, ihr Wert ist dann aber mit Null gleichzusetzen[1353]. Wenn der angestrebte Vorteil erreicht worden ist, hat man keinen ersatzfähigen Verlust erlitten, da sich die herabgesetzte Chance realisiert hat[1354]. Eine tatbestandliche Einschränkung des Ersatzes für Heilungschancen auf die Fälle, in denen der endgültige Schaden eintritt[1355], ist daher nicht erforderlich. Aus diesem Grund hat bisher auch niemand versucht, Schadenersatz zu erlangen, wenn es am endgültigen Schaden fehlt[1356]. Des weiteren liegt auch hier eine Parallele zu den klassischen Fällen der vereitelten Chance vor: Wird der angestrebte Vorteil trotz reduzierter Chancen realisiert, so wird in keinem

---

1350 Dieser Einwand kann im übrigen nur bei der Reduzierung, nicht aber bei der gänzlichen Vereitelung der Chance vorgebracht werden, da bei letzterem der endgültige Schaden eintritt; dies verkennt *D.P.T. Price*, „Causation - The Lords' Lost Chance?", (1989) 38 ICLQ 735-760 (748). So wie hier *G. Cooper*, „Damages for the Loss of Chance in Contract and Tort", (1988) 6 AULR 39-51 (47-48).

1351 *L.R. Ellis*, „Loss of Chance as a Technique: Toeing the Line at Fifty Percent", 72 TexLRev 369-402, 394 (1993); *T. Hill*, „A Lost Chance for Compensation in the Tort of Negligence by the House of Lords", (1991) 54 MLR 511-523 (511); *M. Lunney*, „What price a chance?", (1995) 15 LS 1-13 (5-6); *D.P.T. Price*, „Causation - The Lords' Lost Chance?", (1989) 38 ICLQ 735-760 (748).

1352 *F. Chabas*, „La perte d'une chance en droit fran| ais", Développements récents du droit de la responsabilité civile (1991) 131-143 (142-143); *Hotson v Berkshire Area Health Authority* [1987] AC 750, 762, CA; *Wollen v DePaul Health Center*, 828 SW2d 681, 684-685 (Mo 1992).

1353 *Hotson v Berkshire Area Health Authority* [1987] AC 750, 762, CA; *B.C. Boggs*, „Lost Chance of Survival Doctrine: Should the Courts Ever Tinker With Chance?", 16 SolIlULJ 421-449, 445 (1992).

1354 *G. Cooper*, „Damages for the Loss of Chance in Contract and Tort", (1988) 6 AULR 39-51 (48); ebenso anschaulich *Croom-Johnson LJ* in *Hotson v Berkshire Area Health Authority* [1987] AC 750, 770, CA: „*If no harm is caused in the end, the plaintiff will not have suffered any damage, even if at one stage of his treatment there was a risk that things might go wrong*".

1355 Diese Einschränkung verlangen *J. Rosati*, „Causation in Medical Malpractice: A Modified Valuation Approach", 50 OhioStLJ 469-485, 476 (1989) und *J. Stapleton*, „The Gist of Negligence", (1988) 104 LQR 389-409 (395), wobei jeweils die Begründung hierfür als schwierig angesehen wird.

1356 *B.C. Boggs*, „Lost Chance of Survival Doctrine: Should the Courts Ever Tinker With Chance?", 16 SolIlULJ 421-449, 444-445 (1992).

Fall ein Ersatz zugesprochen werden[1357]. Es liegt zwar eine herabgesetzte Chance, aber kein berechenbarer Schaden vor.

cc) Zeitpunkt der Anspruchsbegründung

Bejaht man die *loss of chance/perte d'une chance* im Arzthaftungsrecht, so muß hieran zur Vermeidung von Widersprüchen die Konsequenz geknüpft sein, daß der haftungsbegründende Tatbestand bereits in dem Zeitpunkt der Chancenvereitelung erfüllt ist. Das Konzept einer eigenständigen Schadensposition setzt voraus, daß der Tatbestand des Ersatzanspruchs bereits bei Vernichtung der Chance als verwirklicht anzusehen ist, da in diesem Zeitpunkt das Schicksal des Patienten besiegelt ist.

(1) Der Zeitpunkt der Anspruchsbegründung kann insbesondere für die Verjährung eines Anspruches von Bedeutung sein. Fraglich ist, ob diese im Zeitpunkt der Vernichtung der Chance oder erst bei der anschließenden Gesundheitsbeeinträchtigung zu laufen beginnt. In vielen Fällen wird erst mit dem Eintritt des endgültigen Schadens manifestiert, daß eine Chance zunichte gemacht worden ist. Daher sollte der Beginn der Verjährung auf die Erkennbarkeit der Chancenvereitelung abstellen[1358].

(2) Wird die vernichtete Chance als der maßgebliche Schaden angesehen, so muß der Patient bereits vor Eintritt des endgültigen Schadens Klage erheben können. Dies schadet insofern nicht, als der endgültige Schaden nicht zur Schadensbegründung, sondern lediglich zur Berechnung des Wertes notwendig ist. Klagt der Patient vor Eintritt des endgültigen Schadens, so finden die jeweiligen Grundsätze Anwendung, die für die gerichtliche Handhabung zukünftig entstehender Schäden gelten. Diese unterscheiden sich in den einzelnen Rechtsordnungen allerdings erheblich voneinander: Während einerseits die Möglichkeit eines Feststellungsurteils besteht und zudem später auftretende Schäden zu einer erneuten Klage berechtigen[1359], gilt im angloamerikanischen Recht das Prinzip der *lump sum*, wonach sämtliche Schadenspositionen in einem Prozeß ermittelt und daher auch zukünftige Einbußen in die Berechnung einbezogen werden müssen. Ist eine Heilungschance vermindert worden, so hat das Gericht daher die Wahrscheinlichkeit ihrer Verwirklichung festzustellen und anteiligen

1357 Beispiel: Der Anwalt verabsäumt, einen wesentlichen Beweis in den Prozeß einzuführen, womit sich die Prozeßaussichten verschlechtern. Niemand wird einen Ersatz wegen der reduzierten Chance zusprechen, wenn der Prozeß dennoch gewonnen werden kann. Ein anderes Beispiel findet sich bei *G. Cooper*, „Damages for the Loss of Chance in Contract and Tort", (1988) 6 AULR 39-51 (48): Rennpferd gewinnt trotz herabgesetzter Chancen.

1358 So wie es auch bei § 852 BGB auf die Kenntnis von dem Schaden ankommt.

1359 Instruktiv CassCiv, 1re, 7.6.1989 BullCiv I No 230, dazu oben § 5 A II 4 c) cc).

Ersatz zuzusprechen, auch wenn der Eintritt des endgültigen Schadens noch offen ist. Diese Vorgehensweise entspricht den gängigen Prinzipien für den Ersatz möglicher zukünftiger Schäden[1360] und steht der Anerkennung der *loss of chance* im *common law* in keiner Weise entgegen.

(3) Besonders problematisch ist die Vereitelung von Überlebenschancen, da neben eigenen Ansprüchen des Geschädigten solche der Unterhaltsberechtigten in Betracht kommen. Fraglich ist somit, in welchem Zeitpunkt die Haftung jeweils begründet wird.

(a) Wird dem Patienten eine Überlebenschance genommen, so steht in Frage, ob er vor seinem Tod erfolgreich klagen kann oder ob seine Erben bis zum Eintritt des Erbfalls zuwarten müssen. In beiden Fällen ist zudem die konkrete Schadensberechnung schwierig: Dem Patienten sind vor dem Tod hieraus naturgemäß noch keine vermögenswerten Nachteile entstanden[1361], die nach seinem Tod auf die Erben übergehen können. In Betracht käme allerdings ein Schmerzensgeld, durch welches mögliche psychische Beeinträchtigungen durch das Bewußtsein des nahenden Todes kompensiert werden[1362]. Es entstehen nur in sehr eingeschränktem Maße Schadenspositionen[1363], die auf den Nachlaß übergehen können. So sie aber vorliegen, ist ein Übergang möglich, das Entstehen eines Anspruches setzt den Eintritt des Todes als endgültigem Schaden nicht voraus[1364].

(b) Bei Ansprüchen von Unterhaltsberechtigten ist der Zeitpunkt der Anspruchsbegründung weniger problematisch, da der Unterhaltsentgang erst mit Eintritt des Todes feststeht und daher eine frühere Geltendmachung nicht in Betracht kommt. Bedenklicher ist, daß derartige Ansprüche regelmäßig an den Tod des Patienten anknüpfen, die Verursachung des Todes durch den Beklagten

---

1360 Siehe oben § 2 B II 2.

1361 Zusätzliche Schmerzen oder andere physische Beeinträchtigungen sind eigenständige Gesundheitsbeeinträchtigungen und vom nahenden Tod zu trennen. Ihre Ersatzfähigkeit ist daher unabhängig von der vereitelten Überlebenschance zu ermitteln.

1362 So etwa in *DeBurkarte v Louvar*, 393 NW2d 131 (Iowa 1986), auch in Deutschland ist aus diesem Grunde ein Schmerzensgeld denkbar, BGH, 3.2.1961 VI ZR 151/59 VersR 1961, 374.

1363 Ein Ersatz für eine immaterielle *loss of expectation of life* ist durch eine Gesetzesänderung nunmehr ausgeschlossen: *D. Giesen*, International Medical Malpractice Law (1988) Rn. 454-455 sowie zur früheren Rechtslage *H. McGregor*, Personal Injury and Death, IECL Vol XI Ch. 9 (1972) Anm. 161-163, 213.

1364 *Herskovits v Group Health Cooperative of Puget Sound,* 664 P2d 474 (Wash 1983); *DeBurkarte v Louvar*, 393 NW2d 131 (Iowa 1986); *Wollen v DePaul Health Center*, 828 SW2d 681, 683 (Mo 1992).

aber gerade nicht nachweisbar ist[1365]. Die praktische Bedeutung der *perte d'une chance/loss of chance* im Arzthaftungsrecht wäre erheblich eingeschränkt, wenn diese Konstellationen nicht erfaßt würden. Daher ist den Angehörigen bei der Vereitelung einer Überlebenschance ein entsprechender anteiliger Schadenersatz zuzusprechen. Wendet sich ein Patient mit einer ungewissen Heilungsprognose an einen Arzt, so sollen die Überlebenschancen auch im Interesse möglicher Unterhaltsberechtigter gewahrt werden[1366]. Die entsprechenden Regelungen sind - soweit möglich - in diesem Sinne auszulegen, ansonsten bedürfen sie einer Änderung durch den Gesetzgeber[1367].

c) Zusammenfassung

Dem Begriff der Heilungschance ist ebenso wie anderen Chancen der Zusammenhang mit dem angestrebten Vorteil bzw. dem zu vermeidenden Nachteil immanent. Dieser notwendige Zusammenhang steht daher der Ersatzfähigkeit der Heilungschancen nicht entgegen, sondern die Heilungschance hat neben dem endgültigen Schaden eine eigenständige Bedeutung.

4. Vergleichbarkeit mit anderen Chancen

In den Rechtsordnungen, die einen Ersatz von Chancen außerhalb des Arzthaftungsrechts bejahen, stellt sich die Frage, inwiefern Heilungschancen mit anderen Chancen vergleichbar sind. Eine solche Vergleichbarkeit würde für eine Anerkennung der Lehre von den vereitelten Heilungschancen innerhalb der Rechtsordnungen sprechen, die Chancen in anderen Konstellationen als ersatzfähig erachten[1368]. Aus diesem Grunde finden sich eine Vielzahl von Versuchen, zwischen diesen Chancen einerseits und Heilungschancen andererseits zu differenzieren.

1365 *H. Stoll*, „Schadensersatz für verlorene Heilungschancen vor englischen Gerichten in rechtsvergleichender Sicht", Festschrift für E. Steffen (1995) 465-478 (472).

1366 Insofern greift der von *T. Weir*, „Loss of Chance - Compensable in Tort? The Common Law", Développements récents du droit de la responsabilité civile (1991) 111-129 (127) vorgebrachte Einwand nicht.

1367 Dies gilt nur im *common law*, welches einer Ausweitung gesetzlicher Regelungen durch Auslegung aus historischen und strukturellen Gründen äußerst zurückhaltend gegenübersteht. Ausführlich dazu § 3 B I 3 a) u. b) aa).

1368 Sowohl die Befürworter als auch die Gegner der *loss of chance* im Arzthaftungsrecht stützen sich auf die jeweils bejahte bzw. verneinte Vergleichbarkeit; siehe die folgenden Fußnoten.

a) Zukünftige und vergangene Chancen

Einer Vergleichbarkeit könnte entgegenstehen, daß es sich bei der Vereitelung von Heilungschancen nicht um eine ungewisse zukünftige Entwicklung, sondern um ein Geschehnis aus der Vergangenheit handelt, bei dem lediglich die Kausalkette nicht festzustellen ist[1369].

aa) Eine Chance soll nämlich nur bestehen, wenn sie sich auf eine zukünftige, hypothetische Entwicklung bezieht, und nicht vorliegen, wenn sich eine Entwicklung bereits vollzogen hat[1370]. Eine solche in der Vergangenheit liegende Chance existiere nicht mehr, sondern es liege eine Tatsache, nämlich das endgültige Ergebnis durch Verwirklichung oder Nichtverwirklichung der Chance, vor[1371]. Dieser Unterschied verdeutliche sich an folgendem Beispiel[1372]: Bei einer Lotterie verkörpern vor der Ziehung alle Lose Gewinnchancen, während man sie nach der Ziehung in Gewinne und Nieten aufteilen kann. Nach der Ziehung bestehe mithin keine Ungewißheit mehr. Werde ein Los entwendet und damit die Teilnahmemöglichkeit vereitelt, verkörpere es vor der Ziehung eine Chance, während nach der Ziehung bezüglich jedes Loses feststellbar sei, ob es ein Gewinn oder eine Niete war. Der eigenständige Wert komme einer Chance nach dem klassischen Ansatz nur deshalb zu, weil die Möglichkeit, daß sich die Chance verwirklichen könnte, zunichte gemacht wurde[1373]. Hingegen stelle der Verlust der Heilungschance nur ein notwendiges Durchgangsstadium zum endgültigen Schaden dar und könne deswegen kein eigenständiger Schaden sein[1374].

bb) Durch die Betrachtung folgenden Falles wird jedoch deutlich, daß die Unterscheidung zwischen vergangenen und zukünftigen Chancen nicht zu über-

1369 *R. Savatier*, „Une faute peut-elle engendrer la responsabilité d'un dommage sans l'avoir causé?", D 1970, Chron, 123-126; *Hotson v Berkshire Area Health Authority* [1987] AC 750 (785,792); *Laferrière v Lawson* [1991] 1 SCR 541(574).

1370 *R. Savatier*, „Une faute peut-elle engendrer la responsabilité d'un dommage sans l'avoir causé?", D 1970, Chron, 123-126 (289); *L.R. Ellis*, „Loss of Chance as a Technique: Toeing the Line at Fifty Percent", 72 TexLRev 369-402, 386 (1993); *T. Hill*, „A Lost Chance for Compensation in the Tort of Negligence by the House of Lords", (1991) 54 MLR 511-523 (511).

1371 *R. Savatier*, „Une faute peut-elle engendrer la responsabilité d'un dommage sans l'avoir causé?", D 1970, Chron, 123-126 (289); *L.R. Ellis*, „Loss of Chance as a Technique: Toeing the Line at Fifty Percent", 72 TexLRev 369-402, 386 (1993).

1372 Nach *R. Savatier*, „Une faute peut-elle engendrer la responsabilité d'un dommage sans l'avoir causé?", D 1970, Chron, 123-126 (124); ähnlich *L.R. Ellis*, „Loss of Chance as a Technique: Toeing the Line at Fifty Percent", 72 TexLRev 369-402, 386 (1993).

1373 *R. Savatier*, „Une faute peut-elle engendrer la responsabilité d'un dommage sans l'avoir causé?", D 1970, Chron, 123-126 (124).

1374 *J. Penneau*, Anmerkung zu CassCiv, 1re 27.3.1973, D 1973 J 595-598 (596).

zeugen vermag[1375]: Ein Student kann sich nach einem Unfall nicht in gleichem Umfang wie ohne den Unfall auf eine Examensprüfung vorbereiten und fällt durch. Er kann nach der klassischen Anwendung der *perte d'une chance* die Chance, die Prüfung zu bestehen, ersetzt bekommen. Auch hier steht jedoch - genau wie im Arzthaftungsrecht - das Ergebnis fest: Der Student ist durchgefallen, ebenso wie der Patient verstorben ist. In beiden Fällen müssen sich die Geschädigten darauf berufen können dürfen, daß ihnen durch die Verletzungshandlung die Möglichkeit genommen wurde, mit allen ihnen zur Verfügung stehenden Mitteln die Krankheit bzw. das Examen durchzustehen[1376]. Ähnlich liegt es in den Fällen einer Lotterie oder eines anderen Wettbewerbs: Es steht fest, daß der Kläger nicht gewonnen hat, man weiß nur nicht, ob er bei Wahrnehmung der ursprünglich bestehenden Chance hätte gewinnen können. Der Geschädigte hat in diesen Fällen in vergleichbarer Weise keine Möglichkeit mehr, die ihm ursprünglich zustehende Chance wahrzunehmen und ihre Erfolgsaussichten zu erproben[1377]. Diese Differenzierung zwischen vergangenen und zukünftigen Chancen vermag daher nicht zu überzeugen[1378]. Es handelt sich vielmehr um die Betrachtung einer vergleichbaren Konstellation aus einer unterschiedlichen Perspektive: Jede Chance kann als zukünftig oder vergangen eingeordnet werden, wie es die soeben dargelegten Beispiele veranschaulichen[1379]. Auf die Unterscheidung zwischen vergangenen und zukünftigen Chancen kann die Ablehnung der *perte d'une chance/loss of chance* im Arzthaftungsrecht nicht gestützt werden.

b) Primär- und Folgeschäden

Der Vergleichbarkeit von Heilungschancen und anderen Chancen könnten andere Gesichtspunkte entgegenstehen, auch wenn ausgehend vom endgültigen Zustand (nicht bestandene Prüfung, nicht gewonnenes Rennen, Tod) nicht zwischen vergangenen und zukünftigen Chancen unterschieden werden kann.

aa) Hintergrund der abzulehnenden Unterscheidung zwischen vergangenen und zukünftigen Chancen dürfte folgende Erwägung sein: In der anerkannten Fall-

---

1375 Beispiel nach *G. Durry*, RTDC 1972 (70) 395-412 (409).

1376 *G. Durry*, RTDC 1972 (70) 395-412 (409); zustimmend *Y. Chartrier*, La réparation du préjudice dans la responsabilité civile (1983) 37.

1377 *G. Durry*, RTDC 1967 (65) 153-183 (182).

1378 *D.P.T. Price*, „Causation - The Lords' Lost Chance?", (1989) 38 ICLQ 735-760 (753); *H. Reece*, „Losses of Chances in the Law", (1996) 59 MLR 188-206 (191).

1379 Ebenso *D.P.T. Price*, „Causation - The Lords' Lost Chance?", (1989) 38 ICLQ 735-760 (753); *H. Reece*, „Losses of Chances in the Law", (1996) 59 MLR 188-206 (191); *H. Stoll*, „Schadensersatz für verlorene Heilungschancen vor englischen Gerichten in rechtsvergleichender Sicht", Festschrift für E. Steffen (1995) 465-478 (471).

gruppe wird die Chance häufig als ein Folgeschaden im Rahmen des Schadensumfangs erörtert[1380]. So liegt es, wenn ein Pferd verletzt wurde und es deswegen nicht zum Rennen antreten kann. Der Primärschaden liegt in der Verletzung, der möglicherweise ersatzfähige Folgeschaden, nämlich die vereitelte Chance, ein Rennen zu gewinnen, liegt im Verhältnis zu der Primärverletzung zeitlich später, also in der Zukunft. Wird demgegenüber eine Heilungschance vereitelt, so knüpft diese nicht an einen zeitlich davor liegenden Primärschaden an, sondern es tritt regelmäßig ein zeitlich nachfolgender Körperschaden auf.

bb) Dieser Unterschied zwischen Heilungschancen und anderen Chancen besteht aber nicht durchgängig. Auch anerkanntermaßen ersatzfähige Chancen knüpfen nicht stets an einen Primärschaden an. Dies gilt beispielsweise für einen anwaltlichen Fehler im Rahmen eines Prozesses: Reduziert oder vereitelt der Rechtsberater die Möglichkeit, den Prozeß zu gewinnen, ist dem Kläger der gesamte Vorteil, der mit der Klage angestrebt wurde, genommen. Da der positive Prozeßverlauf nicht mit hinreichender Gewißheit ermittelt werden kann, wird nur die entsprechende Chance ersetzt. Eine vergleichbare Situation liegt in anderen Konstellationen vor: So etwa, wenn aufgrund unzureichender oder verspäteter Informationen die Teilnahme an einem Wettbewerb[1381] oder an einer Ausschreibung[1382] nicht zustandekommt. In all diesen Fällen ist der einzig relevante Schaden die vereitelte Chance, die nicht an eine zeitlich davor liegende Verletzung anknüpft[1383].

c) Vermögens- und Körperschäden

Den anerkannten Fällen des Chancenverlustes ist jedoch gemein, daß es sich bei dem endgültigen Schaden um einen reinen Vermögensschaden und nicht wie bei einer vereitelten Heilungschance um einen Körperschaden handelt[1384]. Fraglich ist, ob dieser Umstand für sich genommen gegen eine Vergleichbarkeit spricht.

So wird vorgebracht, daß die Vereitelung einer Heilungschance nicht ohne weiteres mit einer Körperverletzung als dem endgültigen Schaden verglichen, die Aussicht auf einen Vermögensvorteil hingegen ebenso als Vermögenscha-

---

1380 Siehe oben § 2 A u. B.

1381 So geschehen in *Chaplin v Hicks* [1911] 2 KB 786, CA.

1382 Cour d'Appel de Lyon, 1re, 17.11.1958 GazPal 1959, 1, 195.

1383 *J.G. Fleming*, „Probabilistic Causation in Tort Law", (1989) 68 CanBarRev 661-681 (674).

1384 *B. Coote*, „Chance and the Burden of Proof in Contract and Tort", (1988) 62 ALJ 761-773 (772); *T. Weir*, „Loss of Chance - Compensable in Tort? The Common Law", Développements récents du droit de la responsabilité civile (1991) 111-129 (122).

den qualifiziert werden könne wie der angestrebte Vorteil selbst[1385]. Die Aussicht auf einen Vermögenszuwachs habe einen eigenständigen und berechenbaren Wert, die Aussicht auf Heilung nicht[1386]. Diese Unterscheidung spiegelt jedoch lediglich den Unterschied zwischen reinen Vermögensschäden und physischen Beeinträchtigungen wider: Eine Körperverletzung oder Krankheit kann nie als solche ersetzt werden. Der Kläger erhält nur dann einen Ersatz, wenn aus der körperlichen Beeinträchtigung ein Vermögensschaden (Heilungskosten, Verdienstausfall) folgt. Damit hat die Körperverletzung in gleicher Weise wie die Heilungschance keinen ihr innewohnenden berechenbaren Wert, ersetzt werden nur die daraus resultierenden Vermögenseinbußen sowie der immaterielle Schaden (Schmerzensgeld). Die Ablehnung der Lehre von der Heilungschance kann daher nicht auf die Unterscheidung zwischen Vermögens- und Körperschäden gestützt werden[1387].

d) Vertrags- und Deliktsrecht

In England ist zur Unterscheidung zwischen Heilungschancen und anderen, ersatzfähigen Chancen darauf hingewiesen worden, daß erstere dem Deliktsrecht und letztere dem Vertragsrecht unterfallen sollen[1388].

aa) Die unterschiedliche Struktur dieser Anspruchsgrundlagen führe demnach dazu, daß Chancen nur im Vertragsrecht geschützt seien: Die Pflicht, eine andere Person vor dem Verlust von Chancen zu bewahren, könne sich nur aus vertraglichen Absprachen, nicht aber aus den allgemeinen Verhaltensregeln des

---

1385 *B. Coote*, „Chance and the Burden of Proof in Contract and Tort", (1988) 62 ALJ 761-773 (772); *W. Müller-Stoy*, Schadensersatz für verlorene Chancen (1973) 233f.; *T. Weir*, „Loss of Chance - Compensable in Tort? The Common Law", Développements récents du droit de la responsabilité civile (1991) 111-129 (122); nicht überzeugend insofern *F.C. Cownie*, „Damages for loss of a chance in tort?", (1989) 5 PN 194-198 (197), die den Verlust einer Heilungschance offenbar als Vermögensschaden sieht.

1386 *D. Franzki*, Die Beweisregeln im Arzthaftungsprozeß (1982) 75; *H. Kleinewefers/W. Wilts*, „Die Beweislast für die Ursächlichkeit ärztlicher Kunstfehler"; VersR 1967, 617-625 (623).

1387 *P. Windeatt*, „Risk, Loss, Negligence and Cause", (1993) 7 AULR 273-289.

1388 Vgl. *B.S. Markesinis/S.F. Deakin*, Tort Law (1994) 173 sowie die Darstellung bei *F.C. Cownie*, „Damages for loss of a chance in tort?", (1989) 5 PN 194-198 (197-198) und *H. Reece*, „Losses of Chances in the Law", (1996) 59 MLR 188-206 (189-190). Das beklagte Krankenhaus in *Hotson v Berkshire Area Health Authority* [1987] AC 750, 754, CA stützte sich ebenfalls auf dieses Argument.

Deliktsrechts ergeben[1389]. Zudem gehört der Nachweis eines Schadens im Vertragsrecht des *common law* anders als im Deliktsrecht[1390] nicht zu den Anspruchsvoraussetzungen[1391]. Eine Klage aus *breach of contract* ist daher auch dann erfolgreich, wenn kein konkreter Schaden vorliegt, und kann zu einem nominellen Schadenersatz führen[1392].

bb) Diese tatbestandlichen Unterschiede vermögen jedoch eine abweichende Behandlung der *loss of chance* im Vertrags- und Deliktsrecht nicht zu rechtfertigen[1393]. Eine vereitelte Chance ist auch im Vertragsrecht nur dann ersatzfähig, wenn sie als ein konkreter Schaden einzustufen und auf die Vertragsverletzung zurückzuführen ist, wobei ebenso wie im Deliktsrecht sodann der Ursachenzusammenhang nachgewiesen werden muß[1394]. Die Möglichkeit, unter Verzicht auf einen Schadensnachweis auf nominellen Schadenersatz zu klagen, macht den Kausalitätsnachweis im Hinblick auf weitere Schadenspositionen nicht entbehrlich[1395]. Die Schutzrichtung des Vertrags- und des Deliktsrechts ist im Hinblick auf Chancen vergleichbar[1396]. Dies zeigt sich auch daran, daß ansonsten Patienten, die mit dem behandelnden Arzt einen Vertrag geschlossen haben, im Gegensatz zu allen anderen Patienten[1397] einen Anspruch auf Ersatz von Heilungschancen haben können[1398]. Inzwischen hat die Rechtsprechung in England Schadenersatz für die vereitelte Chance zu einem vorteilhaften Ver-

---

1389 Vgl. die Darstellung bei *F.C. Cownie*, „Damages for loss of a chance in tort?", (1989) 5 PN 194-198 (198); ähnlich *Riley CJ (dissenting)* in *Falcon v Memorial Hospital*, 462 NW2d 44, 66 (Mich 1990) und *L.R. Ellis*, „Loss of Chance as a Technique: Toeing the Line at Fifty Percent", 72 TexLRev 369-402, 387 (1993), wonach sich nur aus Verträgen die Pflicht zur Wahrung von Aussichten ergeben kann, während das Deliktsrecht nur vor Verschlechterungen schützen soll.

1390 Dies gilt zumindest für den hier relevantesten Tatbestand *negligence*.

1391 *M. Lunney*, „What price a chance?", (1995) 15 LS 1-13 (4).

1392 *Hotson v Berkshire Area Health Authority* [1987] AC 750, 760, CA.

1393 *G. Cooper*, „Damages for the Loss of Chance in Contract and Tort", (1988) 6 AULR 39-51 (44); *C. Foster*, „A lost chance recovered", (1996) 140 SJ 534-535; *H. Reece*, „Losses of Chances in the Law", (1996) 59 MLR 188-206 (190); *H. Stoll*, „Schadensersatz für verlorene Heilungschancen vor englischen Gerichten in rechtsvergleichender Sicht", Festschrift für E. Steffen (1995) 465-478 (470).

1394 *Hotson v Berkshire Area Health Authority* [1987] AC 750, 760, CA; *H. Reece*, „Losses of Chances in the Law", (1996) 59 MLR 188-206 (190).

1395 *Hotson v Berkshire Area Health Authority* [1987] AC 750, 760, CA.

1396 *F.C. Cownie*, „Damages for loss of a chance in tort?", (1989) 5 PN 194-198 (198).

1397 Diese sind in Großbritannien in der Mehrzahl, da im Rahmen des *National Health Service* keine Verträge mit den Medizinern geschlossen werden und daher nur deliktische Ansprüche in Betracht kommen, vgl. hierzu *D. Giesen*, International Medical Malpractice Law (1988) Rn. 69.

1398 *F.C. Cownie*, „Damages for loss of a chance in tort?", (1989) 5 PN 194-198 (194); *H. Reece*, „Losses of Chances in the Law", (1996) 59 MLR 188-206 (191).

tragsschluß aus *negligence* gewährt und damit diese unpraktikable Unterscheidung zwischen Vertrags- und Deliktsrecht ausdrücklich abgelehnt[1399].

e) Zusammenfassung

Der Vergleich zeigt auf, daß die Ersatzfähigkeit von Heilungschancen mit der hergebrachten Lehre von der *perte d'une chance/loss of chance* vereinbar ist[1400]. Beide Ansätze lassen sich durch den Zusammenhang zwischen vereitelter Chance und angestrebtem Vorteil erklären. Wird die Aussicht auf einen Vorteil als rechtlich relevant eingestuft, so macht es im Ergebnis keinen Unterschied, ob der erstrebte Vorteil in der Erzielung eines Vermögenszuwachses oder in der Heilung von einem körperlichen Gebrechen liegt. Vielmehr weisen beide Konstellationen hinsichtlich der ihnen immanenten Ungewißheit bezüglich des Kausalverlaufs Übereinstimmungen auf[1401]. Es handelt sich mithin in diesen Rechtsordnungen um eine Weiterentwicklung der bereits eingeführten Ersatzfähigkeit von Chancen.

5. Statistische und individuelle Chancen

Zur Ermittlung einer Heilungschance muß regelmäßig auf statistische Erkenntnisse über Krankheitsverläufe und Erfolgsaussichten verschiedener Behandlungsmethoden zurückgegriffen werden. Die Beweisschwierigkeiten des Patienten beruhen gerade darauf, daß bei einem ungewissen Verlauf niemand nachweisen kann, ob eine Behandlung angeschlagen hätte oder nicht. Daher wird auch ein Sachverständiger niemals eine entsprechende Aussage treffen, sondern statistisch ermitteltes Material vorlegen, aus dem nur ersehen werden kann, wie viele Patienten einer bestimmten Vergleichsgruppe genesen wären, jedoch nicht, welche Einzelpersonen das sind. Fraglich ist daher, ob aus solchen Statistiken auf dem einzelnen Patienten zustehende Vorteile geschlossen werden darf[1402].

1399 *Allied Maples Ltd v Simmons & Simmons* [1995] 4 AllER 907, CA; dazu *M. Noble*, „A second chance", (1996) 146 NLJ 310-311.

1400 Ebenso *Hightower J (dissenting)* in *Kramer v Lewisville Memorial Hospital*, 858 SW2d 397, 409 (Tex 1993); *A.F. Phillips*, „Lost Chances in Delict: All or Nothing?", [1995] JuridicalR 401-413 (412-413) befürwortet eine Anwendung der *loss of chance* in allen Bereichen der Berufshaftung.

1401 *H. Reece*, „Losses of Chances in the Law", (1996) 59 MLR 188-206 (194).

1402 Diese Frage stellte sich auch bei den zu Abgrenzungszwecken oben eingeführten *toxic torts*, siehe § 4 B II 4 . Vgl. auch *W. Mummenhoff*, Erfahrungssätze im Beweis der Kausalität (1997) 89-114.

a) Dieser Schluß von statistischen auf persönliche Chancen wird häufig angezweifelt[1403]: Statistiken könnten nur Angaben über die Verteilung der Erfolgsaussichten in einer bestimmten Personengruppe machen, bei jeder einzelnen Person aus dieser Gruppe stehe deren individuelles Schicksal jedoch von vornherein fest. Statistische und individuelle Chancen dürften daher nicht gleichgesetzt werden. Statistiken könnten über die wirkliche Lage des Patienten und die von ihm tatsächlich erlittene Einbuße nichts aussagen und sie seien damit zur Begründung von Schadenersatzansprüchen ungeeignet[1404].

b) Dieser Einwand wäre zumindest dann beachtlich, wenn sich zu einem bestimmten Zeitpunkt aus medizinischer Sicht eine Aussage über den weiteren Krankheitsverlauf machen ließe. Dies ist aber, wie ausführlich dargelegt[1405], in den meisten Fällen nicht möglich[1406]. Kein Mediziner wird auch bei Zugriff auf sämtliche Fakten sagen können, ob ein bestimmtes Medikament bei einem bestimmten Patienten wirken wird, wenn es nach bisherigen, durch Statistiken belegten Erkenntnissen nur in vierzig oder siebzig Prozent der Fälle mit Erfolg eingesetzt wird[1407]. Könnte eine derartige Aussage getroffen werden, würden die Mediziner die Behandlung wohl auch nur in erfolgversprechenden Fällen einsetzen. Die Behandlungsverpflichtung beruht hingegen geradezu auf der Ungewißheit des Genesungsprozesses. So lange sich eine naturwissenschaftliche Gewißheit nicht herstellen läßt, sollte auch im Haftungsrecht nicht hierauf verwiesen werden[1408].

1403 *J. Penneau*, Anmerkung zu CassCiv, 1re, 27.3.1973, D 1973 J 595-598 (598); *dissenting opinions* von *Brachtenbach J* in *Herskovits v Group Health Cooperative of Puget Sound,* 664 P2d 474, 488-491 (Wash 1983) und *Riley CJ* in *Falcon v Memorial Hospital*, 462 NW2d 44, 68 (Mich 1990); *T. Hill,* „A Lost Chance for Compensation in the Tort of Negligence by the House of Lords", (1991) 54 MLR 511-523 (512); *M. Lunney*, „What price a chance?", (1995) 15 LS 1-13 (9-10, 12-13); *H. J. Kahrs*, Kausalität und überholende Kausalität im Zivilrecht (1969) 29-30.

1404 *B. Coote*, „Chance and the Burden of Proof in Contract and Tort", (1988) 62 ALJ 761-773 (762); *T. Hill,* „A Lost Chance for Compensation in the Tort of Negligence by the House of Lords", (1991) 54 MLR 511-523 (516); *D.P.T. Price,* „Causation - The Lords' Lost Chance?", (1989) 38 ICLQ 735-760 (748).

1405 Siehe oben § 7 B III u. IV.

1406 *S.F. Brennwald*, „Proving Causation in 'Loss of a Chance' Cases: A Proportional Approach", 34 CathULRev 747-790, 774 (1985).

1407 *T. A. Brennan*, „Causal Chains and Statistical Links: The Role of Scietific Uncertainty in Hazardous-Substance Litigation" 73 CornLRev 469-533, 509 (1988).

1408 *P. Gottwald*, „Kausalität und Zurechnung", Karlsruher Forum 1986, 3-32 (6); *H. Reece*, „Losses of Chances in the Law", (1996) 59 MLR 188-206 (204-206); *W. Wachsmuth/H.-L. Schreiber*, „Sicherheit und Wahrscheinlichkeit - juristische und ärztliche Aspekte", NJW 1982, 2094-2098. Anders aber *T. Hill,* „A Lost Chance for Compensation in the Tort of Negligence by the House of Lords", (1991) 54 MLR 511-523 (512), der meint, daß es Aufgabe der Gerichte sei zu bestimmen, zu welcher Gruppe der Patient gehört.

c) Gegen eine Verwertung statistischer Erkenntnisse werden häufig Vergleichsfälle angeführt. Einer dieser Fälle ist der Taxi-Fall[1409], in dem ein proportionaler Anspruch abgelehnt wird, da aus der Gesamtverteilung der Taxis einer Stadt nicht eine anteilige Haftung aller Taxiunternehmer gefolgert werden dürfe[1410]. Diesem Ergebnis ist jedoch ohne Vorbehalt zuzustimmen, ohne daß dies einer Verwendung statistischer Erkenntnisse entgegensteht. Ohne eine enge Verknüpfung zwischen der potentiellen Verletzungshandlung und dem Schaden ist eine (anteilige) Haftung in Fällen der ungewissen Kausalität in der Tat ausgeschlossen, so daß ein Taxiunternehmen nicht bereits deswegen (anteilig) haften darf, weil es ein Taxi hat. Vielmehr müßten weitere Anhaltspunkte hinzukommen, wie etwa, daß ein Taxi dieses Unternehmens durch die betreffende Straße gefahren ist und daß sich der Fahrer sorgfaltswidrig verhalten hat[1411]. Zudem handelt es sich anders als bei der *loss of chance* nicht um eine Konstellation, der eine Ungewißheit immanent ist: Die Beweisschwierigkeiten beruhen lediglich auf den im Einzelfall fehlenden Beweismitteln. Derartige Verursachungszweifel dürfen nicht ohne weiteres zu einer (anteiligen) Haftung führen[1412].

d) Des weiteren wird darauf verwiesen, daß Statistiken nicht die besonderen Gegebenheiten des Einzelfalls widerspiegeln[1413] und nicht immer eindeutig und zuverlässig seien[1414]. Hierbei handelt es sich vor allem um eine Frage, die in jedem Prozeß einzeln zu betrachten und zu lösen ist. Erscheint dem Richter die von einem Sachverständigen darzulegende Statistik als unzureichend, ungenau oder auf den konkreten Fall nicht passend, so kann er sich auf dieses Material in seiner Entscheidung nicht stützen, ansonsten handelt es sich aber um einen hinreichenden Beweis. Medizinische Statistiken werden regelmäßig durch differenzierte Reihenuntersuchungen erlangt und können somit die Aussichten eines Patienten reflektieren[1415]. Mehr als diese statistischen Erkenntnisse aus-

---

1409 Dazu bereits oben § 5 B II 2 c) aa).

1410 So *Brachtenbach J* (*dissenting*) in *Herskovits v Group Health Cooperative of Puget Sound*, 664 P2d 474, 490 (Wash 1983).

1411 *D. Gerecke*, „Risk Exposure as Injury: Alleviating the Injustice of Tort Causation Rules“, (1990) 35 McGillLJ 797-840 (812-814).

1412 Vergleiche zu der alternativen Kausalität oben § 3 C II 1 b).

1413 *T. Hill*, „A Lost Chance for Compensation in the Tort of Negligence by the House of Lords“, (1991) 54 MLR 511-523 (513).

1414 *Fennell v Southern Maryland Hospital Center, Inc*, 580 A2d 206, 213 (Md 1990); *F. W. Thurman*, „Loss of Chance in Medical Malpractice Cases: A Contra View with an Examination of Tennessee's Current Position“, 20 MemStULRev 81-118, 110, 112 (1989) .

1415 *W. Scott*, „Causation in Medico-Legal Practice: A Doctor's Approach to the 'Lost Opportunity' Cases“, (1992) 55 MLR 521-525 (524).

sagen, kann auch ein Mediziner über die Prognose nicht sagen. Daher ist ein Zurückgreifen auf Statistiken zulässig[1416].

e) Offen bleibt, wie vorzugehen ist, wenn für eine bestimmte Konstellation keine Statistiken vorliegen und sich daher eine statistisch abgesicherte Genesungswahrscheinlichkeit nicht ermitteln läßt. Es handelt sich hierbei um die Frage der Berechnung des Wertes der Chance, während eine Heilungschance durch einen immanent ungewissen Krankheitsverlauf auch ohne eine Statistik nachgewiesen werden kann. Der Anwendungsbereich der *loss of chance* sollte daher keinesfalls auf Sachverhalte beschränkt werden, in denen eine Statistik greifbar ist. Vielmehr müssen hier andere Wege der Schadensberechnung und -schätzung eingeschlagen werden[1417].

6. Besonderheiten des Arzthaftungsrechts

a) Einführung

Sowohl die Befürworter als auch die Gegner der Anerkennung der Heilungschance verweisen auf die Besonderheiten der Arzthaftung, um ihre Position zu untermauern[1418]. Wie bereits ausführlich dargelegt, haben die typischen Beweisschwierigkeiten des klagenden Patienten zu diesem Rechtsinstitut hingeführt[1419]. Daneben ist die Heilungschance nicht nur als ein tatsächlicher, sondern auch als ein rechtlich geschützter Vorteil anzuerkennen, da Ziel der ärztlichen Behandlung das Ausschöpfen jeder Rettungsmöglichkeit ist[1420]. Dem wird entgegengehalten, daß die Ärzteschaft nicht gegenüber anderen Berufsgruppen benachteiligt werden und insbesondere nicht in die sogenannte Defensivmedizin getrieben werden dürfe.

1416 *F. Chabas*, „La perte d'une chance en droit fran| ais", Développements récents du droit de la responsabilité civile (1991) 131-143 (143); *M. Saluden*, Anmerkung zu CassCiv, 1re, 17.11.1982, JCP 1983 II 20056.

1417 So wie es beispielsweise im Rahmen des § 287 ZPO geschieht.

1418 *J. Penneau*, Anmerkung zu CassCiv, 1re, 27.3.1973, D 1973, J, 595-598 (597): *R. Savatier*, „Une faute peut-elle engendrer la responsabilité d'un dommage sans l'avoir causé?", D 1970, Chron, 123-126 (125).

1419 Siehe oben § 3 A.

1420 *Aasheim v Humberger*, 695 P2d 824, 828 (Mont 1985); *Wollen v DePaul Health Center*, 828 SW2d 681, 684 (Mo 1992).

b) Mögliche Benachteiligung der Ärzteschaft

Die Befürchtung der Benachteiligung der Ärzteschaft gegenüber anderen Berufsgruppen wird insbesondere in den Vereinigten Staaten laut[1421], wo die *loss of chance* zunächst in der Arzthaftung eingeführt wurde.

aa) Eine solche Benachteiligung könnte in einer erheblich erhöhten Zahl von Arzthaftungsprozessen liegen[1422].

(1) Die Gesamtzahl der Arzthaftungsprozesse könnte sich bei Anerkennung der *loss of chance* erhöhen, wenn hierdurch die Erfolgsaussichten einer Klage ansteigen. In der Tat muß für einen Schadenersatz nicht die Verursachung des endgültigen Schadens, sondern die Vereitelung der Chance nachgewiesen werden, wodurch bisher nicht zu einem Schadenersatz führende Sachverhalte nunmehr vor Gericht gebracht werden können[1423]. Allerdings ist zu beachten, daß der gewährte Schadenersatz gegenüber dem endgültigen Schaden herabgesetzt wird, so daß die größere Zahl von Prozessen nicht in einem proportionalen Verhältnis zum Ansteigen der Haftungssummen steht[1424]. Zudem ist der Anreiz zur Klage bei einer geringen Heilungswahrscheinlichkeit wegen des entsprechend reduzierten Anspruches nicht sehr hoch[1425].

(2) Betrachtet man eine größere Anzahl von Prozessen, so ist zu erkennen, daß sich die Risikoverteilung in dem Ergebnis besser widerspiegelt als bei einem Festhalten an dem Alles-oder-Nichts-Prinzip[1426]. Werden von einhundert Patienten nach medizinischen Erkenntnissen bei rechtzeitiger und fachgemäßer Behandlung dreißig gerettet, so könnte keiner von ihnen nach den hergebrachten Haftungsgrundsätzen einen Anspruch geltend machen, wenn ihm nicht ausnahmsweise eine Beweiserleichterung eingeräumt wird. Der Tatsache, daß eine 30-prozentige Rettungsmöglichkeit bestand, wird nicht Rechnung getragen, ein

1421 *Riley CJ (dissenting)* in *Falcon v Memorial Hospital*, 462 NW2d 44, 66 (Mich 1990).

1422 *Cooper v Sisters of Charity of Cincinnati, Inc*, 272 NE2d 97, 103 (Ohio 1971); *Gooding v University Hospital Building, Inc*, 445 So2d 1015, 1020 (Fla 1984); *R.S. Bruer*, „Loss of a Chance as a Cause of Action in Medical Malpractice Cases", 59 MoLRev 969-996, 992 (1994).

1423 *Fennell v Southern Maryland Hospital Center, Inc*, 580 A2d 206, 215 (Md 1990), *D.S. Smith*, „Increased Risk of Harm: A New Standard for Sufficiency of Evidence of Causation in Medical Malpractice Cases", 65 BULRev 275-313, 309 (1985).

1424 *B.C. Boggs*, „Lost Chance of Survival Doctrine: Should the Courts Ever Tinker With Chance?", 16 SoIllULJ 421-449, 439 (1992).

1425 *B.C. Boggs*, „Lost Chance of Survival Doctrine: Should the Courts Ever Tinker With Chance?", 16 SoIllULJ 421-449, 439 (1992).

1426 *J. H. King*, „Causation, Valuation, and Chance in Personal Injury Torts Involving Preexisting Conditions and Future Consequences", 90 YaleLJ 1353-1397 (1981).

Schadenersatzanspruch wird in keinem Fall zugesprochen. Bei der Ersatzfähigkeit der Heilungschance hingegen wird diese Rettungsmöglichkeit berücksichtigt und allen Patienten ein am endgültigen Schaden bemessener, anteiliger Schadenersatz gewährt. Gegen dieses Ergebnis wird teilweise vorgebracht, daß der anteilige Schadenersatz niemals angemessen sein könne, da die Patienten, die nicht gerettet worden wären, überkompensiert und die anderen unterkompensiert werden[1427]. Dies setzt jedoch voraus, daß eine Zuordnung der Patienten zu einer dieser Gruppen durchgeführt werden kann, was bei kausal nicht gebundenem Geschehen gerade nicht möglich ist[1428]. Die Anerkennung der Ersatzfähigkeit der Heilungschance trägt eben dieser Tatsache Rechnung. Das Ergebnis ist daher keine ungerechtfertigte Ausweitung der Haftung, sondern eine angemessene Weiterentwicklung des Haftungsrechts[1429], mit der die Härten des Alles-oder-Nichts-Prinzips ausgeglichen werden können[1430].

bb) Die Ärzte werden zudem nicht aufgrund ihres Status besonders behandelt, sondern aufgrund der im Arzthaftungsrecht typischen Konstellation der ungewissen Kausalität[1431] und der Tatsache, daß Patienten von den behandelnden Ärzten die Wahrung aller Genesungschancen erwarten dürfen[1432]. In vergleichbaren Konstellationen ist eine Ausdehnung auf andere Berufsgruppen wie in anderen Rechtsordnungen[1433] denkbar[1434]. Die *loss of chance* wird in den Vereinigten Staaten nicht grundsätzlich auf Ärzte beschränkt, sondern nur dann nicht auf andere Berufsgruppen erweitert, wenn von einer vereitelten Chance nicht die Rede sein kann. So ist ein Anspruch gegen einen Rechtsanwalt wegen *loss of chance* zwar abgelehnt worden[1435], was jedoch auf die Umstände des Einzelfalles zurückzuführen ist. Die vermeintliche Chance bezog sich nämlich auf die Möglichkeit der Überprüfung des ersten Prozesses in der obersten Instanz. Indem der Anwalt ein Rechtsmittel nicht ordnungsgemäß eingelegt hatte,

1427 *Fennell v Southern Maryland Hospital Center, Inc,* 580 A2d 206, 213 (Md 1990).

1428 Siehe oben § 7 B III u. IV.

1429 *Roberts v Ohio Permanente Med Group, Inc*, 668 NE2d 480, 484 (Ohio 1996).

1430 *J. H. King*, „Causation, Valuation, and Chance in Personal Injury Torts Involving Preexisting Conditions and Future Consequences“, 90 YaleLJ 1353-1397, 1377 (1981); *Herskovits v Group Health Cooperative of Puget Sound,* 664 P2d 474, 486-487 (Wash 1983); *DeBurkarte v Louvar*, 393 NW2d 131, 137 (Iowa 1986).

1431 *G. Durry*, RTDC 1969 (67) 772-799 (798); *Perez v Las Vegas Medical Center*, 805 P2d 589, 593 (Nev 1991).

1432 *Falcon v Memorial Hospital*, 462 NW2d 44, 51 (Mich 1990); *Perez v Las Vegas Medical Center*, 805 P2d 589, 593 (Nev 1991); *Wollen v DePaul Health Center*, 828 SW2d 681, 684 (Mo 1992) .

1433 So für Rechtsberater in *Allied Maples Ltd v Simmons & Simmons* [1995] 4 AllER 907, CA.

1434 *P.A. Lord*, „Loss of Chance in Legal Malpractice“, 61 WashLRev 1479-1502, 1493-1501 (1986).

1435 *Daugert v Pappas*, 704 P2d 600 (Wash 1985).

hatte er diese obergerichtliche Überprüfung verhindert. Dies bedeutet jedoch nicht, daß nunmehr eine Wahrscheinlichkeitsprognose hinsichtlich der obergerichtlichen Entscheidung und somit eine vereitelte Chance auf eine positive Entscheidung zu ersetzen ist. Vielmehr hatte der Mandant die Möglichkeit, im Rahmen des Prozesses gegen den Anwalt bis zum Obersten Gericht zu gehen und dann zu erfahren, wie dieses Gericht in dem ersten Verfahren entschieden hätte[1436]. Es fehlte damit an der für die Ersatzfähigkeit einer Chance erforderlichen Ungewißheit[1437], die Nichtanwendung der *loss of chance* beruhte nicht auf der Tatsache, daß kein Arzt verklagt war. Die *loss of chance* stellt somit nicht eine Benachteiligung der Ärzteschaft, sondern eine Reaktion auf die Besonderheiten des Arzthaftungsrechts dar.

c) Privilegierung der Ärzteschaft?

Durch die Anerkennung der Heilungschance wird die Arzthaftung materiellrechtlich erweitert. Dagegen wird der grundsätzliche Einwand erhoben, daß Mediziner nur in engen Grenzen in Anspruch genommen werden dürfen, da sie im Interesse des Allgemeinwohls tätig seien[1438]. Anders als bei mehreren möglichen, jeweils fahrlässig handelnden Schädigern sei eine Haftungserweiterung im Arzthaftungsrecht nicht zu befürworten, da der Arzt eine dem Gemeinwohl dienende Tätigkeit ausübe[1439]. Dabei wird jedoch nicht berücksichtigt, daß die *loss of chance* nur dann anwendbar ist, wenn dem Arzt ein Behandlungsfehler und damit ein Sorgfaltspflichtverstoß vorzuwerfen ist[1440]. Verhält er sich nicht entsprechend den Regeln der ärztlichen Kunst, dann kann er nicht deswegen haftungsrechtlich privilegiert werden, weil seine Tätigkeit insgesamt betrachtet dem Gemeinwohl zugute kommen soll. Verhält sich ein Mediziner sorglos, kann er nicht anders behandelt werden als andere Schädiger. Daher kann die Einführung der Ersatzfähigkeit von Heilungschancen nicht mit dem Hinweis auf eine besondere Privilegierung der Ärzteschaft abgelehnt werden.

1436 *Daugert v Pappas*, 704 P2d 600, 605 (Wash 1985), wobei zu beachten ist, daß hier der gleiche Spruchkörper für die Entscheidung über beide Prozesse zuständig gewesen wäre.

1437 Anders würde es beispielsweise liegen, wenn ein bestimmtes Beweismittel im ersten Prozeß nicht eingeführt wurde und im Anwaltshaftungsprozeß nicht mehr zugänglich ist (verstorbener Zeuge o.ä.). Dann könnte keine Gewißheit über den Ausgang des ersten Prozesses erlangt werden, so daß eine *loss of chance* in Betracht käme.

1438 *Brachtenbach J (dissenting)* in *Herskovits v Group Health Cooperative of Puget Sound,* 664 P2d 474, 488-489 (Wash 1983); *Riley CJ (dissenting)* in *Falcon v Memorial Hospital*, 462 NW2d 44, 66 (Mich 1990); *W.S. Malone*, „Ruminations on Cause-In-Fact", 9 StanLRev 59-99, 86-87 (1956).

1439 *Riley CJ (dissenting)* in *Falcon v Memorial Hospital*, 462 NW2d 44, 66 (Mich 1990).

1440 *Perez v Las Vegas Medical Center*, 805 P2d 589, 592 (Nev 1991).

d) Gefahr der Defensivmedizin

Der Begriff der Defensivmedizin bezeichnet eine mögliche Reaktion der Mediziner auf die Ausdehnung der Arzthaftung: Es wird angenommen, daß sie ihre Vorgehensweise vor allem auf die Vermeidung von Haftungsrisiken und nicht auf die Heilung des Patienten ausrichten[1441]. So könnten beispielsweise unnötige und kostspielige Diagnose- und Therapiemaßnahmen ergriffen werden. Bei einer Anerkennung der *loss of chance/perte d'une chance* könnten Mediziner in ihrer Berufsausübung stark eingeschränkt werden, da sich die Möglichkeit einer Inanspruchnahme hierdurch stark erweitere[1442]. Dem steht bereits entgegen, daß die Ersatzfähigkeit von Heilungschancen nicht zu einer unbeschränkten Haftung führt und der Arzt deshalb nicht bei jeder Sorgfaltswidrigkeit eine Haftung gewärtigen muß[1443]. Dieser Einwand verkennt zudem, daß die Gefahr der Defensivmedizin deshalb eher gering ist, weil überflüssige Maßnahmen[1444] ebenfalls als Behandlungsfehler anzusehen und daher zur Vermeidung einer Haftung kaum geeignet sind[1445]. Dem Arzt wird die Vereitelung einer Heilungschance nur vorgeworfen werden, wenn eine Untersuchung oder Behandlung aus medizinischer Sicht angezeigt war. Durch die Festlegung dieses Sorgfaltsmaßstabes ist bereits ein ausreichendes Korrektiv zur Vermeidung kostenintensiver Defensivmedizin vorhanden, eine Ablehnung der Haftung für *loss of chance* sollte daher nicht hierauf gestützt werden[1446].

e) Zusammenfassung

Die Besonderheiten der Arzthaftung sprechen nicht gegen die Anerkennung der *perte d'une chance/loss of chance*[1447]. Der Patient wendet sich auch zur Ausnutzung sämtlicher Heilungschancen an den Arzt, durch den Ersatz einer verei-

1441 *L. Perrochet/S.J. Smith/U. Colella*, „Lost Chance Recovery and the Folly of Expanding Medical Malpractice Liability", 27 Torts & Ins LJ 615-637, 625-627 (1992); vgl. zu diesem Begriff *D. Giesen*, International Medical Malpractice Law (1988) Rn. 178-181; *ders.*, Arzthaftungsrecht (1995) Rn. 350.

1442 *J. Penneau*, Anmerkung zu CassCiv, 1re, 27.3.1973, D 1973, J, 595-598 (597); *R. Savatier*, „Une faute peut-elle engendrer la responsabilité d'un dommage sans l'avoir causé?", D 1970, Chron, 123-126 (125); *Kramer v Lewisville Memorial Hospital*, 858 SW2d 397, 405 (Tex 1993).

1443 Siehe oben § 7 B.

1444 Plastisch als Überdiagnostik und Übertherapie umschrieben von *D. Giesen*, Arzthaftungsrecht (1995) Rn. 350.

1445 *D. Giesen*, International Medical Malpractice Law (1988) Rn. 178-181; *ders.*, Arzthaftungsrecht (1995) Rn. 350.

1446 Ähnlich *D.S. Smith*, „Increased Risk of Harm: A New Standard for Sufficiency of Evidence of Causation in Medical Malpractice Cases", 65 BULRev 275-313, 308 (1985).

1447 *G. Durry*, RTDC 1969 (67) 772-799 (798).

telten Heilungschance wird zudem der Tatsache Rechnung getragen, daß der Kausalitätsnachweis in bestimmten Konstellationen nicht erbracht werden kann und das Alles-oder-Nichts-Prinzip daher nicht angemessen ist. Demgegenüber ist eine Benachteiligung der Ärzteschaft hierdurch nicht zu befürchten, die *loss of chance* stellt vielmehr eine Reaktion auf das ärztliche Fehlverhalten, welches nach wie vor nachgewiesen werden muß, dar[1448].

7. Präventionsfunktion des Haftungsrechts

Die Diskussion in den Vereinigten Staaten bezieht ausdrücklich die Funktionen des Haftungsrechts mit ein[1449]: Da es sich bei der *loss of chance* im Arzthaftungsrecht um ein neuartiges Rechtsinstitut handelt, wird erörtert, inwiefern es zur Erreichung der Ziele des Haftungsrechts geeignet ist, wobei insbesondere auf die Präventions- oder Abschreckungsfunktion (*deterrence objective*) abgestellt wird.

a) Einführung

Es handelt sich hierbei um einen anerkannten Zweck des Deliktsrechts des *common law*, der in § 901c Rest2d (Torts)[1450] ausdrücklich niedergelegt worden ist. Die Tatbestände des *law of torts* wiesen ursprünglich eine große Nähe und teilweise sogar eine Übereinstimmung zu den Straftatbeständen auf[1451]. Daher erstreckt sich der Strafzweck der Abschreckung und Prävention auch auf das Deliktsrecht. Durch die drohende Schadenersatzverpflichtung soll rechtswidriges Verhalten von vornherein vermieden werden.

1448 *G. Viney*, La responsabilité: conditions (1982) No 370; *Perez v Las Vegas Medical Center*, 805 P2d 589, 592 (Nev 1991).

1449 *Herskovits v Group Health Cooperative of Puget Sound*, 664 P2d 474, 486-487 (Wash 1983); *Riley CJ (dissenting)* in *Falcon v Memorial Hospital*, 462 NW2d 44, 68 (Mich 1990); *Kramer v Lewisville Memorial Hospital*, 858 SW2d 397, 405 (Tex 1993); *B.C. Boggs*, „Lost Chance of Survival Doctrine: Should the Courts Ever Tinker With Chance?", 16 SollULJ 421-449, 440-448 (1992); *H. R. Feldman*, „Chances as Protected Interests: Recovery for the Loss of a Chance and Increased Risk", 17 BaltLRev 139-159, 150 (1987); *J. H. King*, „Causation, Valuation, and Chance in Personal Injury Torts Involving Preexisting Conditions and Future Consequences", 90 YaleLJ 1353-1397, 1377 (1981).

1450 § 901c Rest2d (Torts): *„The rules for determining the measure of damages in torts are based upon the purposes for which actions of tort are maintainable. These purposes are: (...) to (...) deter wrongful conduct"*.

1451 Viele *torts* hatten zugleich eine strafrechtliche Sanktion zur Folge, was darauf zurückzuführen ist, daß das *common law* vor allem vor Verstößen gegen den Landfrieden schützen sollte, *P.H. Winfield/J.A. Jolowicz*, On Tort (1994) 13.

b) Vereinbarkeit mit der *loss of chance*

Fraglich ist somit, ob durch die Anerkennung der *loss of chance* Haftungslükken geschlossen werden. Diese Frage wird auch außerhalb der Vereinigten Staaten gestellt[1452]. Nach den hergebrachten Haftungsregeln hat der Arzt bei schwer erkrankten Patienten keine Haftung zu befürchten, wenn ihre Heilungsaussichten gering waren und daher das Ausbleiben der Genesung nicht auf den Behandlungsfehler zurückgeführt werden kann. Daher hätte er in solchen Konstellationen keine Veranlassung, sich entsprechend den Sorgfaltsmaßstäben zu verhalten. Mit der Anerkennung der *loss of chance* im Arzthaftungsrecht soll auch hier ein Schadenersatz eingeführt und damit ein Behandlungsfehler sanktioniert werden, damit der Arzt auch bei Patienten mit geringen Genesungsaussichten die größtmögliche Sorgfalt einsetzt. Die Veranlassung zu sorgfältigem Verhalten ist jedoch kein Selbstzweck, da ansonsten auf den Nachweis der Verursachung gänzlich verzichtet und bereits der Verstoß gegen die Sorgfaltspflicht sanktioniert werden könnte[1453]. Daher ist die *loss of chance* nur in den oben dargestellten Konstellationen einschlägig, in denen aufgrund des ungewissen Geschehensablaufes Haftungslücken ansonsten zu befürchten sind[1454].

8. Vermeidung von Manipulationen des Beweisrechts

Die für das Arzthaftungsrecht bezeichnende immanente Ungewißheit hat zu einer Vielzahl von Beweiserleichterungen zugunsten des Patienten Anlaß gegeben[1455]. Die materielle Lösung dieser Fälle durch den Ersatz einer Heilungschance ist aus zwei Gründen vorzugswürdig: Zum einen wird hierdurch das starre Alles-oder-Nichts-Prinzip durchbrochen zum anderen wird eine Ausweitung des Beweisrechts, die an eine Manipulation grenzen kann, vermieden[1456].

1452 *G. Durry*, RTDC 1969 (67) 772-799 (798).

1453 *Kramer v Lewisville Memorial Hospital*, 858 SW2d 397, 405 (Tex 1993); *Riley CJ (dissenting)* in *Falcon v Memorial Hospital*, 462 NW2d 44, 68 (Mich 1990); ähnlich mit Hinweis auf eine *obligation de résultat*, wonach der Arzt für das Ausbleiben des Erfolges haften würde, *F. Chabas*, „Vers un changement de nature de l'obligation médicale", JCP 1973 I 2541.

1454 Siehe oben § 7 B.

1455 Siehe hierzu ausführlich § 4.

1456 *Herskovits v Group Health Cooperative of Puget Sound*, 664 P2d 474, 483 (Wash 1983).

9. Zusammenfassung

Die Einwendungen gegen die *loss of chance* lassen sich somit durchaus widerlegen. Ausgehend von der Ersatzfähigkeit anderer Chancen in diesen Rechtsordnungen findet der Ersatz von Heilungschancen eine zunehmende Verbreitung in der Rechtsprechung. Diese Weiterentwicklung des Haftungs- und Schadensrechts beruht auf dem in bestimmten Sachverhaltskonstellationen als unbillig empfundenen Alles-oder-Nichts-Prinzip, wonach der Kläger entsprechend der Beweislastverteilung und dem anzulegenden Beweismaß entweder den ganzen Schaden erhält oder leer ausgeht. Somit ist die Ersatzfähigkeit von Heilungschancen mit den haftungsrechtlichen Grundsätzen der Rechtsordnungen, in denen sie anerkannt wird, vereinbar und wegen der Angemessenheit der erzielten Lösungen zu befürworten. Daher sollte die *loss of chance* auch in den Jurisdiktionen des *common law* übernommen werden, die sie bisher ablehnen.

D. Übernahme der *perte d'une chance/loss of chance* in das deutsche Arzthaftungsrecht?

Wie soeben dargelegt, fügt sich der Ersatz von vereitelten Heilungschancen in das jeweilige Haftungsrecht ein und ist im Arzthaftungsrecht sowohl praktikabel als auch angemessen. Fraglich bleibt, inwiefern dieser Ansatz auf andere Rechtsordnungen übertragbar ist oder ob Eigenarten dieser Rechtsordungen einer Anwendung dieses Rechtsinstitutes entgegenstehen. Offen ist insbesondere eine Übernahme in das deutsche Recht, während eine Vereinbarkeit mit den Grundsätzen des *common law* und des französischen Rechtskreises bereits nachgewiesen wurde. Diese Frage ist im deutschen Schrifttum bisher nur sehr vereinzelt erörtert worden[1457] und bedarf somit einer weiteren Untersuchung. Dabei ist zu beachten, daß in Österreich mit der Schadensteilung bei Konkurrenz von Verschulden und Zufall eine Lösung entwickelt worden ist, deren Anwendungsbereich und Ergebnis sich in großen Teilen mit der Lehre von den vereitelten Heilungschancen deckt[1458] und die möglicherweise leichter auf das deutsche Recht übertragen werden kann.

1457 Vor allem *H. Stoll*, „Schadensersatz für verlorene Heilungschancen vor englischen Gerichten in rechtsvergleichender Sicht", Festschrift für E. Steffen (1995) 465-478. Siehe auch *E. Deutsch*, Anmerkung zu zu BGH, 3.12.1985 VI ZR 106/84, NJW 1986, 1541; *D. Franzki*, Die Beweisregeln im Arzthaftungsprozeß (1982) 74f.; *D. Giesen*, Anmerkung zu OLG Köln, 30.5.1990 27 U 169/89 JR 1991, 460; *ders.*, Arzthaftungsrecht (1995) Rn. 58; *H. Kleinewefers/W. Wilts*, „Die Beweislast für die Ursächlichkeit ärztlicher Kunstfehler", VersR 1967, 617-625; *K.-H. Matthies*, Schiedsinstanzen im Bereich der Arzthaftung: Soll und Haben (1984) 94-101; *W. Müller-Stoy*, Schadensersatz für verlorene Chancen (1973) 109.

1458 Siehe oben § 5 D III.

I. Bedarf nach einer materiellrechtlichen Lösung

Im Verlauf dieser Untersuchung hat sich ergeben, daß das Alles-oder-Nichts-Prinzip im Arzthaftungsrecht oftmals die immanente Ungewißheit des Krankheitsverlaufs verschleiert. Es vermag somit die Risikoverteilung zwischen Arzt und Patient nicht angemessen widerzuspiegeln und sollte in diesen Fällen durchbrochen werden. Aus diesen Gründen sind Beweiserleichterungen, wie sie gerade im Arzthaftungsrecht häufig anzutreffen sind[1459], keine angemessene Lösung, da sie am Alles-oder-Nichts-Prinzip festhalten und die materiellrechtlich zu beantwortende Frage, wie ungewisse und insbesondere indeterminierte Kausalverläufe zu behandeln sind, nicht aufgreifen[1460]. Es besteht somit auch in Deutschland das Bedürfnis nach einer angemessenen materiellrechtlichen Lösung. Fraglich ist, wie eine Schadensteilung nach Heilungswahrscheinlichkeiten mit den Grundlagen des deutschen Haftungsrechts vereinbar ist.

II. Mögliche dogmatische Einordnung

Die bisher in den untersuchten Rechtsordnungen entwickelten materiellrechtlichen Ansätze unterscheiden sich zumindest von ihrem dogmatischen Ausgangspunkt her erheblich. Die *perte d'une chance/loss of chance* behandelt die Heilungschance als eigenständige Schadensposition, während bei der Konkurrenz zwischen Verschulden und Zufall nach österreichischem Vorbild die Ungewißheit des Kausalverlaufs in Fortbildung der Grundsätze zur alternativen Kausalität zu einer Schadensteilung führt. Fraglich ist, inwiefern jeweils eine Übertragbarkeit auf das deutsche Recht möglich ist.

1. Heilungschance als geschütztes Rechtsgut

a) Eine Besonderheit des deutschen Deliktsrechts liegt darin, daß zwischen Verletzungshandlung, Rechtsgut und zu ersetzendem Schaden unterschieden wird. Ein Anspruch kann demnach nur bestehen, wenn eines der in § 823 Abs. 1 BGB genannten Rechtsgüter beeinträchtigt wurde. Demgegenüber kennen die anderen hier untersuchten Rechtsordnungen keinen entsprechenden Katalog, so daß die Einführung einer neuen Schadenskategorie wie einer vereitelten Hei-

---

1459 Siehe oben § 4.

1460 *K.-H. Matthies*, Schiedsinstanzen im Bereich der Arzthaftung: Soll und Haben (1984) 110; *H. Stoll*, „Schadensersatz für verlorene Heilungschancen vor englischen Gerichten in rechtsvergleichender Sicht“, Festschrift für E. Steffen (1995) 465-478 (476).

lungschance sich vergleichsweise einfach gestaltete[1461]: Der Schadenersatz setzt den Nachweis eines Nachteiles voraus, wozu eine verlorene Heilungschance ausreicht. Eine strenge Trennung zwischen Rechtsgut und Schaden ist unbekannt und findet sich höchstens in der Unterscheidung zwischen *causation of damage* und *quantification of damage*[1462]. Diese steht aber der Einführung neuer schadensrechtlich erfaßter Positionen nicht entgegen.

b) Die Einführung eines neuen Rechtsgutes in Deutschland ist daher problematisch und nur möglich, wenn die Heilungschance entweder als ein „sonstiges Recht" im Sinne des § 823 Abs. 1 BGB qualifiziert oder der Anwendungsbereich der geschützten Rechtsgüter Leben und Gesundheit dergestalt erweitert wird, daß auch die Heilungschance davon erfaßt ist. Gegenüber der Anerkennung der Heilungschance als ein geschütztes Rechtsgut wird - soweit diese Frage erörtert wird - eine große Zurückhaltung geübt[1463]. Dem ist zuzugeben, daß einer Ausweitung des Schutzbereiches des § 823 Abs. 1 BGB grundsätzlich Einhalt geboten werden sollte, um der gesetzgeberischen Grundentscheidung für eine abschließende Aufzählung der Rechtsgüter Rechnung zu tragen und nicht allmählich eine deliktische Generalklausel zu schaffen. Andererseits ist zu beachten, daß gerade die Rechtsprechung den Anwendungsbereich dieser Vorschrift durch die Anerkennung des allgemeinen Persönlichkeitsrechts[1464] und des eingerichteten und ausgeübten Gewerbebetriebs[1465] erweitert hat. Die Einführung weiterer Rechtsgüter kann somit durch eine neu erkannte Schutzbedürftigkeit gerechtfertigt sein, sollte aber nur mit allergrößter Vorsicht und Zurückhaltung erfolgen.

1461 *Hotson v Berkshire Area Health Authority* [1987] AC 750, 761, CA: „*I can see no reason why the categories of loss should be closed*" (*Sir John Donaldson MR*); insofern für das *common law* nicht überzeugend *H. Stoll*, „Schadensersatz für verlorene Heilungschancen vor englischen Gerichten in rechtsvergleichender Sicht", Festschrift für E. Steffen (1995) 465-478 (475).

1462 *T. Church*, „Where Causation ends and Quantification begins", [1996] CLJ 187-189.

1463 *K.-H. Matthies*, Schiedsinstanzen im Bereich der Arzthaftung: Soll und Haben (1984) 97; *J. Sick*, Beweisrecht im Arzthaftpflichtprozeß (1986) 107; *H. Stoll*, Haftungsfolgen im bürgerlichen Recht (1993) 41; *ders.*, „Schadensersatz für verlorene Heilungschancen vor englischen Gerichten in rechtsvergleichender Sicht", Festschrift für E. Steffen (1995) 465-478 (475-476).

1464 *H. Kötz*, Deliktsrecht (1996) Rn. 85-92.

1465 *H. Kötz*, Deliktsrecht (1996) Rn. 81-84.

2. Anpassung des Haftungsgrundes an die Besonderheiten der Arzthaftung

a) *K.-H. Matthies*[1466] leitet eine der *perte d'une chance/loss of chance* vergleichbare Haftung daraus ab, daß eine besondere Beziehung zwischen der durch die Krankheit bereits vorgeschädigten Gesundheit und dem ärztlichen Behandlungsfehler bestehen soll. Der Arzt habe nämlich die besondere Pflicht, alles zu tun, um die Grunderkrankung zu heilen. Mehr als diese Bemühung um Heilung dürfe von dem Arzt jedoch nicht erwartet werden, da auch bei allerhöchsten Maßstäben entsprechenden Maßnahmen die Heilung regelmäßig nicht mit Sicherheit erreicht werden könne[1467]. Aus dieser besonderen Pflicht seien Rückschlüsse auf den Umfang des geschützten Rechtsgutes zu ziehen: Da der Patient bereits vorgeschädigt sei, könne dem Arzt nur vorgeworfen werden, daß er sich nicht hinreichend um die Heilung bemüht habe[1468]. Es bestehe somit eine normative Einheit und zugleich eine Wechselbeziehung zwischen Heilbehandlung und Gesundheitszustand des Patienten, der bereits beeinträchtigte Gesundheitszustand bestimme Ziel und Reichweite der Sorgfaltspflicht und den Umfang der Haftung. Der Haftungstatbestand werde nicht erweitert, sondern unter Heranziehung der Besonderheiten der Arzthaftung genauer untersucht und präzisiert[1469]. Zur Untermauerung seiner These verweist er zudem auf die rechtliche Behandlung der sogenannten Schadensanlage[1470]: Hiernach soll eine Vorschädigung des Geschädigten regelmäßig zu einer Herabsetzung des Schadenersatzes führen, da der Wert des jeweiligen Rechtsgutes durch den innewohnenden Schadenskeim gemindert sei. Im Ergebnis sei voller Schadenersatz nur dann zuzusprechen, wenn die üblicherweise im Rahmen ärztlicher Behandlungen bestehende Ungewißheit ausnahmsweise nicht vorliegt. Ansonsten sei ein anteiliger Ersatz angemessen und entspreche dem untrennbaren Zusammenhang zwischen Behandlungsfehler und Grunderkrankung.

b) Im Ergebnis ähnelt dieser Ansatz der *perte d'une chance/loss of chance* im Arzthaftungsrecht[1471]. Der dogmatische Ausgangspunkt ist jedoch ein anderer,

1466 *K.-H. Matthies*, Schiedsinstanzen im Bereich der Arzthaftung: Soll und Haben (1984) 94-101.
1467 *K.-H. Matthies*, Schiedsinstanzen im Bereich der Arzthaftung: Soll und Haben (1984) 96-97.
1468 *K.-H. Matthies*, Schiedsinstanzen im Bereich der Arzthaftung: Soll und Haben (1984) 97.
1469 *K.-H. Matthies*, Schiedsinstanzen im Bereich der Arzthaftung: Soll und Haben (1984) 102.
1470 *K.-H. Matthies*, Schiedsinstanzen im Bereich der Arzthaftung: Soll und Haben (1984) 97-98.
1471 Hierauf weist *K.-H. Matthies*, Schiedsinstanzen im Bereich der Arzthaftung: Soll und Haben (1984) 97, 101 selbst hin.

da nicht die Chance als ein Rechtsgut angesehen wird[1472], sondern durch normative Betrachtung eine Einheit zwischen Behandlungsfehler und geschütztem Rechtsgut hergestellt wird, die für Inhalt und Umfang der Haftung relevant sein soll.

aa) Hintergrund dieses Ansatzes ist - ebenso wie bei der Heilungschance - die für das Arzthaftungsrecht bezeichnende Ungewißheit des Kausalverlaufs[1473]. Auch wird vorausgesetzt, daß diese Ungewißheit auf der bereits vorhandenen Grunderkrankung, die als Schadensursache in Betracht kommt, beruht[1474]. Dies entspricht dem Gedanken, wonach eine Heilungschance nur besteht, wenn der Patient im Zeitpunkt des Behandlungsfehlers an einer Krankheit mit ungewisser Prognose litt[1475]. *Matthies* hat darüber hinaus untersucht, worauf die Ungewißheit beruhen kann und hierfür verschiedene Falltypen herausgearbeitet[1476]. Diese Abgrenzungen sind hier besonders interessant und relevant, weil er etliche Konstellationen betrachtet hat, die von der Rechtsprechung im Zusammenhang mit den Heilungschancen bisher nicht behandelt wurden und die somit für die weitere Eingrenzung ihres Anwendungsbereichs fruchtbar sein könnten.

(1) Zunächst weist er zutreffend darauf hin, daß der Arzt stets für den vollen Schaden haften muß, wenn das von ihm geschaffene Risiko sich unabhängig von den Gefahren der Grunderkrankung realisiert hat, da dann die Grunderkrankung keine Relevanz für den Schaden hat[1477]. Ein solches zusätzliches Risiko schließt auch den Ersatz einer Heilungschance aus, weil es an dem immanent ungewissen Genesungsverlauf fehlt[1478]. Eine Parallele findet sich auch darin, daß eine Haftung dann ganz ausscheidet, wenn eine Heilung nicht mehr erwartet werden kann und eine Rettungsmöglichkeit nicht mehr gegeben war[1479].

1472 *K.-H. Matthies*, Schiedsinstanzen im Bereich der Arzthaftung: Soll und Haben (1984) 97.

1473 *K.-H. Matthies*, Schiedsinstanzen im Bereich der Arzthaftung: Soll und Haben (1984) 96-97.

1474 Dies zeigt sich an den Beispielsfällen, die stets eine Grunderkrankung aufweisen: *K.-H. Matthies*, Schiedsinstanzen im Bereich der Arzthaftung: Soll und Haben (1984) 84-87.

1475 Siehe oben § 5 C.

1476 *K.-H. Matthies*, Schiedsinstanzen im Bereich der Arzthaftung: Soll und Haben (1984) 85-86.

1477 *K.-H. Matthies*, Schiedsinstanzen im Bereich der Arzthaftung: Soll und Haben (1984) 99.

1478 Siehe oben § 7 B II 2 b).

1479 *K.-H. Matthies*, Schiedsinstanzen im Bereich der Arzthaftung: Soll und Haben (1984) 98 sowie oben § 7 B II 2 a).

(2) *Matthies* unterscheidet nicht zwischen indeterminierten und determinierten Verläufen, sondern befürwortet stets eine anteilige Haftung[1480]. Zur Begründung weist er vor allem darauf hin, daß die Unwägbarkeiten der Arzthaftung nicht hinreichend erforscht und faßbar seien, so daß eine sinnvolle Unterteilung zwischen kausal gebundenem und ungebundenem Geschehen kaum möglich sei[1481]. Eine anteilige Haftung sei demnach zunächst in allen Fällen einer ungewissen Verursachung bei Vorliegen einer Grunderkrankung zu bejahen. Eine Ausnahme bestehe nur bei einer Konkurrenz zwischen dem Behandlungsfehler einerseits und den unabhängig von der zu behandelnden Erkrankung vorliegenden weiteren Beeinträchtigungen des Gesundheitszustandes andererseits[1482].

bb) Damit nimmt er nur sehr wenige Fälle aus der Haftung heraus und geht im Ergebnis teilweise weiter als die Rechtsprechung zur *perte d'une chance/loss of chance*. Einen anteiligen Ersatz hätte *Matthies* im *Hotson*-Fall wohl nicht abgelehnt, sondern die Ungewißheit des vormaligen Zustandes der Blutgefäße für eine Haftung ausreichen lassen, da sich die Pflicht auf die optimale Behandlung und damit auf die Ausschöpfung aller Rettungsmöglichkeiten bezieht[1483]. Dieses Ergebnis erscheint aber auch als angemessen, da der Arzt die Ungewißheit über den vormaligen Gesundheitszustand durch die unterlassene Untersuchung mit herbeigeführt hat[1484]. Aber auch die Entscheidung der *Cour de Cassation* vom 17. November 1982[1485] - also die Schaffung eines von der Grunderkrankung unabhängigen Risikos - hätte *Matthies* möglicherweise anders gelöst[1486]. Allerdings unterfällt dieser Sachverhalt keiner der von ihm gebildeten Falltypen genau[1487], da in Frage stand, ob der Schaden im Zeitpunkt des ärztlichen Behandlungsfehlers noch vermeidbar war oder durch eine bereits vor Behandlungsbeginn vorliegende Disposition des Klägers in Zusammenwirken mit dem normalen Behandlungsrisiko beruhte. Es erscheint aber nicht als ausgeschlos-

---

1480 *K.-H. Matthies*, Schiedsinstanzen im Bereich der Arzthaftung: Soll und Haben (1984) 101-102.

1481 *K.-H. Matthies*, Schiedsinstanzen im Bereich der Arzthaftung: Soll und Haben (1984) 102.

1482 *K.-H. Matthies*, Schiedsinstanzen im Bereich der Arzthaftung: Soll und Haben (1984) 86, 107: Etwa wenn ein Tupfer im Bauchraum vergessen wurde und nicht festgestellt werden kann, ob Schmerzen hierauf oder auf einem sich in der Nähe befindlichen Tumor beruhen.

1483 Vgl. hierzu *K.-H. Matthies*, Schiedsinstanzen im Bereich der Arzthaftung: Soll und Haben (1984) 85, Beispiel 2, wo ebenfalls nicht sicher war, ob eine Lähmung im Zeitpunkt des Behandlungsfehlers noch vermeidbar war.

1484 Dazu § 7 B IV 2 b).

1485 Dazu ausführlich oben § 5 A II 1.

1486 Leider ist diese Entscheidung erst kurz vor Abschluß seines Manuskriptes ergangen, so daß *Matthies* hierauf wohl noch keinen Zugriff hatte.

1487 *K.-H. Matthies*, Schiedsinstanzen im Bereich der Arzthaftung: Soll und Haben (1984) 85-86.

sen, daß *Matthies* auch in diesem Fall eine auf der Behandlung als Gesamtheit beruhende Ungewißheit und damit eine Haftung bejaht hätte.

c) Es handelt sich bei diesem Ansatz nicht um eine Haftung für mögliche Kausalität oder um eine Herabsetzung der Schwelle für den Kausalitätsnachweis, sondern *Matthies* will seine These als eine Präzisierung des Haftungstatbestandes verstanden wissen, durch die einerseits die Grundlagen der Haftung gewahrt bleiben und andererseits den Besonderheiten der Arzthaftung Rechnung getragen werden sollen[1488]. Er betont zu Recht, daß die Haftung vor allem auf der Pflicht des Arztes beruht, einen Patienten auch bei einer ungewissen Prognose umfassend zu behandeln. Dennoch bleibt letztlich unklar, wie das „Konglomerat von vorgeschädigtem Rechtsgut und ärztlicher Behandlung“[1489] mit der Struktur des § 823 Abs. 1 BGB vereinbart werden soll, wonach eben nur die aufgezählten Rechtsgüter geschützt sind. Es kann kaum nachvollzogen werden, daß die Behandlungspflicht sich dergestalt auf das Erfordernis einer Rechtsgutverletzung auswirkt, daß im Ergebnis doch die Herabsetzung der Genesungsmöglichkeit ausreicht, wenn zugleich die Heilungschance ausdrücklich nicht als Rechtsgut anerkannt wird. Aus diesen Gründen vermag dieser Ansatz nicht vollends zu überzeugen.

3. Haftung für mögliche Kausalität

Eine Haftung kann des weiteren dadurch begründet werden, daß eine mögliche Kausalität als ausreichend erachtet wird. Hierfür finden sich unterschiedliche Begründungsansätze.

a) Reduzierter Schadenersatz durch Vorteilsausgleichung

Ausführlich und rechtsvergleichend hat sich *H. Stoll*[1490] mit einer auch für das deutsche Recht praktikablen Einordnung der Heilungschance befaßt. Er spricht sich gegen eine Qualifizierung der Chance als ein deliktsrechtlich geschütztes Rechtsgut aus[1491]. Vielmehr führe die Vereitelung einer Heilungschance zu

---

1488 *K.-H. Matthies*, Schiedsinstanzen im Bereich der Arzthaftung: Soll und Haben (1984) 102.

1489 *K.-H. Matthies*, Schiedsinstanzen im Bereich der Arzthaftung: Soll und Haben (1984) 97.

1490 „Schadensersatz für verlorene Heilungschancen vor englischen Gerichten in rechtsvergleichender Sicht“, Festschrift für E. Steffen (1995) 465-478; zuvor noch zurückhaltend: „Haftungsverlagerung durch beweisrechtliche Mittel“, AcP 176 (1976) 145-196 (157).

1491 *H. Stoll*, „Schadensersatz für verlorene Heilungschancen vor englischen Gerichten in rechtsvergleichender Sicht“, Festschrift für E. Steffen (1995) 465-478 (475).

einer Verschärfung des Haftungstatbestandes, da in diesen Fällen eine mögliche Verursachung der Gesundheitsbeeinträchtigung für die Zurechnung ausreiche[1492].

aa) Hintergrund dieser Haftungserweiterung sei der Verstoß gegen die im Rahmen der ärztlichen Tätigkeit als elementar einzustufenden Pflicht zur Wahrung aller Rettungs- und Heilungschancen[1493]. Die Untersuchung der einschlägigen ausländischen Rechtsprechung habe ergeben, daß sich der Arzt jeweils aufgrund einer akuten Gefährdung des Patienten in einer besonderen, gegenüber dem Normalfall erhöhten Pflichtenstellung befunden habe[1494]. Ein Verstoß gegen diese besondere Pflicht rechtfertige eine Haftungsverschärfung, wobei das Bestehen einer solchen Pflicht jeweils anhand der Gefahr und des Ausmaßes der Notlage des Patienten nach den Umständen des Einzelfalles festzulegen sei[1495]. Damit spricht sich *Stoll* zugleich gegen eine rein mathematische Ermittlung einer Heilungschance aus.

bb) Er weist sodann zutreffend darauf hin, daß die Folge einer solchen Haftungsverschärfung eigentlich die Verpflichtung zum Ersatz des gesamten entstandenen Schadens sein müßte[1496]. Die reduzierte Haftung sei aber damit zu begründen, daß der Gesundheitszustand des Patienten bereits angegriffen gewesen sei. Ohne hierauf Bezug zu nehmen, schließt sich *Stoll* sodann der Argumentation von *K.-H. Matthies* an, wonach der Gesundheitszustand des Patienten als Schadensanlage anspruchsmindernd anzurechnen sei[1497]. Zur Begründung weist er des weiteren darauf hin, daß der Geschädigte durch die verschärfte Zurechnung einen Vorteil erhalten habe, da er von dem allgemeinen Lebensrisiko, daß der Schaden möglicherweise auf seinem Gesundheitszustand beruhe, freigestellt worden sei. Dieser sei im Rahmen der Vorteilsausgleichung in Ansatz zu bringen und setze den Schadenersatzanspruch herab[1498].

1492 *H. Stoll*, „Schadensersatz für verlorene Heilungschancen vor englischen Gerichten in rechtsvergleichender Sicht“, Festschrift für E. Steffen (1995) 465-478 (476-478).
1493 *H. Stoll*, „Schadensersatz für verlorene Heilungschancen vor englischen Gerichten in rechtsvergleichender Sicht“, Festschrift für E. Steffen (1995) 465-478 (476).
1494 *H. Stoll*, „Schadensersatz für verlorene Heilungschancen vor englischen Gerichten in rechtsvergleichender Sicht“, Festschrift für E. Steffen (1995) 465-478 (474).
1495 *H. Stoll*, „Schadensersatz für verlorene Heilungschancen vor englischen Gerichten in rechtsvergleichender Sicht“, Festschrift für E. Steffen (1995) 465-478 (477).
1496 *H. Stoll*, „Schadensersatz für verlorene Heilungschancen vor englischen Gerichten in rechtsvergleichender Sicht“, Festschrift für E. Steffen (1995) 465-478 (477).
1497 *H. Stoll*, „Schadensersatz für verlorene Heilungschancen vor englischen Gerichten in rechtsvergleichender Sicht“, Festschrift für E. Steffen (1995) 465-478 (477-478).
1498 *H. Stoll*, „Schadensersatz für verlorene Heilungschancen vor englischen Gerichten in rechtsvergleichender Sicht“, Festschrift für E. Steffen (1995) 465-478 (477-478).

cc) Mit der Eingrenzung des Anwendungsbereichs dieser Haftung befaßt sich *Stoll* nicht in gleichem Umfang[1499], äußert sich aber gegenüber der Entscheidung des *House of Lords* im Fall *Hotson* äußerst kritisch, da der Verstoß gegen die in jedem Fall bestehende Verpflichtung, Rettungsmaßnahmen zu ergreifen, haftungsrechtliche Folgen haben müsse[1500]. Inzidenter macht er dadurch deutlich, daß er nicht zwischen der Ungewißheit des Krankheitsverlaufes und dem nicht mehr feststellbaren Gesundheitszustand im Zeitpunkt der vorgeworfenen Unterlassung differenziert[1501]. Dies beruht aber vorrangig darauf, daß er die Haftung auf die besondere Pflicht des Arztes zum Eingreifen in Notfällen stützt[1502], ohne dabei zu problematisieren, ob dies für alle weiteren Fälle der möglichen Kausalität gelten soll. Es handelt sich mithin nicht um eine bewußte Erweiterung des Anwendungsbereichs, sondern es fehlt an einer abschließenden Stellungnahme zu der Frage, ob sich die anteilige Haftung auch auf kausal gebundenes Geschehen erstrecken soll. Ausdrücklich möchte *Stoll* die Haftung nur in den Fällen ausschließen, in denen die Pflichtverletzung des Arztes sich nicht in der bereits aufgrund der Vorerkrankung bestehenden Gefahr niedergeschlagen hat[1503]. Hierbei handelt es sich um die Fälle, in denen durch den Behandlungsfehler ein zusätzliches Risiko geschaffen wurde. Somit entspricht das Ergebnis der hier vorgeschlagenen Eingrenzung des Anwendungsbereichs[1504].

dd) *Stoll* ist es gelungen, einige der Gesichtspunkte, die zu dem Ersatz von Heilungschancen hingeführt haben, zu präzisieren und zugleich eine gangbare Lösung für das deutsche Recht vorzuschlagen. Die anteilige Haftung wird vor allem mit der besonderen Pflichtenstellung des Arztes und nicht allein mit der ungewissen Kausalität begründet. Diese Erkenntnis entspricht den Eingrenzungsversuchen der Rechtsordnungen, die einen Ersatz von Heilungschancen befürworten[1505]. Für das deutsche Recht wird daher noch zu klären sein, inwiefern der Vorschlag von *Stoll* den weiteren Ansätzen zur Behandlung der möglichen Kausalität entspricht.

1499 *H. Stoll*, „Schadensersatz für verlorene Heilungschancen vor englischen Gerichten in rechtsvergleichender Sicht", Festschrift für E. Steffen (1995) 465-478 (472-474) stellt die jeweilige Rechtsprechung dar, es wird jedoch nicht abschließend dazu Stellung genommen.

1500 *H. Stoll*, „Schadensersatz für verlorene Heilungschancen vor englischen Gerichten in rechtsvergleichender Sicht", Festschrift für E. Steffen (1995) 465-478 (477).

1501 *H. Stoll*, „Schadensersatz für verlorene Heilungschancen vor englischen Gerichten in rechtsvergleichender Sicht", Festschrift für E. Steffen (1995) 465-478 (469, 471, 477).

1502 *H. Stoll*, „Schadensersatz für verlorene Heilungschancen vor englischen Gerichten in rechtsvergleichender Sicht", Festschrift für E. Steffen (1995) 465-478 (474).

1503 *H. Stoll*, „Schadensersatz für verlorene Heilungschancen vor englischen Gerichten in rechtsvergleichender Sicht", Festschrift für E. Steffen (1995) 465-478 (473-474).

1504 Siehe oben § 7 B.

1505 Siehe oben § 5 A u. B, § 7 B.

b) Zurechnung durch Gefahrerhöhung

Ein weiterer Ansatz erachtet in Fällen der möglichen Kausalität eine Risikoerhöhung als ausreichend und möchte diese Verschärfung durch eine Reduzierung des Schadenersatzanspruches ausgleichen[1506]. Allerdings wird zugleich darauf hingewiesen, daß sich dieses Ergebnis mit dem geltenden deutschen Recht nicht vereinbaren lasse und somit lediglich eine rechtspolitische Forderung darstelle[1507]. Dieses Modell beschränkt sich nicht auf das Arzthaftungsrecht und hat sich bisher nicht um die Herausbildung weiterer Eingrenzungskriterien bemüht. Vielmehr wird *de lege ferenda* eine Zurechnung in allen Fällen, in denen die verletzte Norm den Schutz des eingetretenen Schadens bezweckte und der potentielle Schädiger das Risiko des Schadenseintritts erhöht hat, gefordert[1508]. Anders als bei dem Vorschlag von *Stoll* steht mithin die mögliche Kausalität und nicht eine gegenüber dem Normalfall erhöhte Pflicht im Vordergrund. Die mögliche Kausalität darf jedoch für sich genommen keine (anteilige) Haftung begründen, da jede sorgfaltswidrige Handlung zumindest eine abstrakte Risikoerhöhung darstellt, die alleine nicht dafür ausreichen kann, eine Zurechnung zu bejahen. Im Verlauf dieser Untersuchung hat sich ergeben, daß die Vereitelung des Vorteils, mit unverminderter Gesundheit weiterzuleben, ebensowenig eine partielle Haftung begründen kann wie die damit korrespondierende Erhöhung der Gefahr, einen Gesundheitsschaden zu erleiden[1509]. Es müssen mithin weitere Umstände hinzukommen, die eine materielle Haftungserweiterung rechtfertigen. Die Zurechnung in allen Fällen einer Gefahrerhöhung ist daher noch nicht ausgereift, es fehlt sowohl an einer dogmatischen Einordnung als auch an einer genaueren Umschreibung des Anwendungsbereichs.

c) Erweiterung des § 830 Abs. 1 Satz 2 BGB auf die Konkurrenz von Verschulden und Zufall

Die Haftung für mögliche Kausalität kann des weiteren auf eine Konkurrenz von Verschulden und Zufall bei einer Erweiterung des Anwendungsbereichs des § 830 Abs. 1 Satz 2 BGB zurückgeführt werden.

1506 Siehe § 4 C III 2.

1507 *E. Deutsch*, „Gefahr, Gefährdung, Gefahrerhöhung", Festschrift für K. Larenz (1973) 885-904 (902); *ders.*, „Rechtswidrigkeitszusammenhang, Gefahrerhöhung und Sorgfaltsausgleichung bei der Arzthaftung", Festschrift für E. von Caemmerer (1978) 329-342 (335).

1508 *E. Deutsch*, „Gefahr, Gefährdung, Gefahrerhöhung", Festschrift für K. Larenz (1973) 885-904 (901-902); *ders.*, „Rechtswidrigkeitszusammenhang, Gefahrerhöhung und Sorgfaltsausgleichung bei der Arzthaftung", Festschrift für E. von Caemmerer (1978) 329-342 (334-335).

1509 *H. Stoll*, „Schadensersatz für verlorene Heilungschancen vor englischen Gerichten in rechtsvergleichender Sicht", Festschrift für E. Steffen (1995) 465-478 (473).

aa) Wie bereits dargelegt[1510], beginnt sich in Österreich auch außerhalb der Arzthaftung eine vergleichbare Lösung abzuzeichnen. Sie geht vor allem auf *F. Bydlinski* zurück, dessen Ausführungen sich stets auch auf das deutsche Recht bezogen haben[1511]: Aus der Regelung des § 830 Abs. 1 Satz 2 BGB sei abzuleiten, daß das Verursachungsprinzip nicht uneingeschränkt gelte, da potentielle Schädiger in Fällen der alternativen Kausalität bereits bei einer möglichen Verursachung hafteten[1512]. Die Ratio dieser Vorschrift sei daher entgegen der herrschenden Lehre nicht in der Beweisnot des Geschädigten, sondern in der Möglichkeit der Verursachung zu sehen[1513]. Diese Haftung für mögliche Kausalität könne auf das Zusammentreffen von Verschulden und Zufall ausgedehnt werden. Der Geschädigte habe sodann in entsprechender Anwendung des § 254 BGB einen anteiligen Anspruch, der anhand der Verursachungswahrscheinlichkeiten ermittelt werde[1514].

bb) Es soll sich jedoch ausdrücklich nicht um eine Haftung handeln, die in allen Fällen der möglichen Kausalität eingreift, vielmehr wird betont, daß die Anwendungsvoraussetzungen noch einer Präzisierung bedürfen[1515]. So soll ein Ersatzanspruch nur dann in Betracht kommen, wenn die Handlung zur Schadensherbeiführung konkret geeignet war[1516]. Weitere Eingrenzungskriterien sind bisher nicht aufgestellt worden, insbesondere findet keine Begrenzung des Anwendungsbereichs statt, die mit der *perte d'une chance/loss of chance* vergleichbar ist. Es wird weder auf einen Zusammenhang zwischen Vorerkrankung und Behandlungsfehler noch auf einen kausal nicht gebundenen Kausalverlauf abgestellt. Es stellt sich die Frage, ob mit dem Hinweis auf die konkrete Geeignetheit tatsächlich etwas gewonnen ist. Denn alternative Kausalität setzt bereits begrifflich voraus, daß ein Zusammenhang zwischen Handlung und Erfolg zumindest denkbar ist. Kann der Behandlungsfehler die Gesundheitsbeeinträchtigung nicht herbeiführen, so ist der Kausalzusammenhang und damit die Haftung gänzlich ausgeschlossen, für eine mögliche Kausalität bleibt kein Raum. Es ist daher offen, in welchen Fällen eine Konkurrenz von Verschulden und Zufall vorliegen, aber eine Zurechnung wegen der fehlenden konkreten Eignung

---

1510 Siehe oben § 5 D III.

1511 *F. Bydlinski*, Probleme der Schadensverursachung nach deutschem und österreichischem Recht (1964); *ders.*, „Aktuelle Streitfragen um die alternative Kausalität", Festschrift für G. Beitzke (1979) 3-34.

1512 *F. Bydlinski*, „Haftungsgrund und Zufall als alternativ mögliche Schadensursachen", Festschrift für G. Frotz (1993) 3-10.

1513 *K. Larenz/C.-W.Canaris*, Schuldrecht BT 2 (1994) § 82 II 3 b.

1514 *F. Bydlinski*, „Haftungsgrund und Zufall als alternativ mögliche Schadensursachen", Festschrift für G. Frotz (1993) 3-10 (6).

1515 *K. Larenz/C.-W.Canaris*, Schuldrecht BT 2 (1994) § 82 II 2 b. Siehe auch oben § 5 D III 1 a).

1516 *K. Larenz/C.-W.Canaris*, Schuldrecht BT 2 (1994) § 82 II 2 c.

des Behandlungsfehlers ausscheiden soll. Wenn sich die Haftung hier nicht auf alle Fälle von Kausalitätszweifeln erstrecken soll, müssen weitere Eingrenzungskriterien gefunden werden, die eine Zurechnung rechtfertigen[1517].

cc) Eine Ausdehnung des § 830 Abs. 1 Satz 2 BGB ist somit durchaus denkbar, kann aber nur befürwortet werden, wenn die Haftungsverschärfung durch eine Eingrenzung des Anwendungsbereichs gerechtfertigt werden kann. Ein potentieller Schädiger darf nicht allein deshalb (anteilig) haften, weil eine Kausalität als möglich erscheint. Dies würde die Grundlagen des Haftungsrechts zu sehr in Frage stellen, auch wenn die zunehmend komplexeren Lebenssachverhalte in bestimmten Konstellationen zu einer behutsamen Ausweitung der Haftung führen könnten. Der Einwand, wonach eine Ausweitung des § 830 Abs. 1 Satz 2 BGB bereits deshalb nicht in Betracht komme, weil sich diese Vorschrift nicht auf die potentielle Verursachung durch den Kläger erstrecke[1518], setzt sich hingegen nicht hinreichend mit den Besonderheiten der Arzthaftung und den Unzulänglichkeiten des Alles-oder-Nichts-Prinzips auseinander.

d) Zusammenfassung

Eine Haftung bei möglicher Kausalität würde eine erhebliche Erweiterung des deutschen Zivilrechts darstellen[1519]. Eine vergleichbare Ausweitung des Haftungsrechts haben andere Rechtsordnungen durch die Anerkennung der vereitelten Heilungschance als einer ersatzfähigen Schadensposition vorgenommen und damit den besonderen Umständen dieser Fälle Rechnung getragen. Diese haben auch in Deutschland die Forderung laut werden lassen, das geltende Recht fortzubilden, da es bisher keine als angemessen empfundene Lösung biete. Gemeinsamer Hintergrund der Ersatzfähigkeit von Heilungschancen und der Haftung für mögliche Kausalität ist daher das Bemühen um ein als billig und gerecht empfundenes Ergebnis. Dabei wird das jeweilige Recht ausgehend von der ihm eigenen Struktur ausgeweitet. Eine Übernahme der Lehre von den

---

1517 Auf die Erforderlichkeit, die verschärfte Zurechnung im Rahmen des § 830 Abs. 1 Satz 2 BGB zu begründen, weist auch *E. Deutsch*, „Das Verhältnis von Alternativtäterschaft und Mittäterschaft im Zivilrecht", JZ 1972, 105-107 (107) hin.

1518 *D. Franzki*, Die Beweisregeln im Arzthaftungsprozeß (1982) 72-73.

1519 *K. Larenz/C.-W.Canaris*, Schuldrecht BT 2 (1994) § 82 II 3 c spricht von einem sehr kühnen Vorschlag, der aber dennoch befürwortet wird. *R. Backhaus*, „Einige Überlegungen zum Verhältnis von kumulativer und hypothetischer Kausalität", VersR 1982, 210-213 (211) weist darauf hin, daß die Haftung für potentielle Kausalität dem deutschen Recht nicht so fremd ist, wie es zunächst den Anschein hat. Auch *W. Fikentscher*, Schuldrecht (1997) Rn. 484 hält eine Haftung nach Wahrscheinlichkeiten nicht für ausgeschlossen. Sehr kritisch hingegen *J. Prölss*, Anmerkung zu BGH, 11.6.1968 VI ZR 11/67 u. 17.12.1968 VI ZR 212/67, ZZP 82 (1969) 468-475 (475).

Heilungschancen ist mit den Strukturen des deutschen Deliktsrechts schwer zu vereinbaren, eine Haftung bei lediglich möglicher Kausalität stellt somit einen vorzugswürdigeren Vorschlag dar. Dieser Ausgangspunkt ist auch deshalb gut gewählt, weil sich die Ersatzfähigkeit der Heilungschancen auf Fälle von möglicher Kausalität beschränkt und es sich um einen wichtigen Aspekt dieser Rechtsfigur handelt. Fraglich ist daher, inwiefern sich eine Haftung für mögliche Kausalität im deutschen Recht praktizieren ließe, inwiefern sie gegenüber der bisherigen Praxis zu abweichenden Ergebnissen führt und ob diese als vorzugswürdig anzusehen sind.

4. Auswertung

a) Vergleich mit der *perte d'une chance/loss of chance*

Die Besonderheiten des deutschen Deliktsrechts stehen der Qualifizierung einer vereitelten Heilungschance als einem von § 823 Abs. 1 BGB geschützten Rechtsgut und damit einer vollständigen Übernahme der *perte d'une chance/loss of chance* entgegen. Es ist aber in überzeugender Weise dargelegt worden, daß die bisher praktizierte beweisrechtliche Lösung und das Festhalten am Alles-oder-Nichts-Prinzip den Besonderheiten des Arzthaftungsrechts nicht gerecht wird[1520]. Zugleich ist nachgewiesen worden, welche Erwägungen der Ersatzfähigkeit der Heilungschance in den untersuchten Rechtsordnungen zugrunde liegen: Der Arzt haftet nicht allein deshalb, weil er durch seinen Fehler die Beweislage für den Patienten erschwert hat, sondern weil er den von ihm geforderten Heilungsversuch nicht in angemessener Weise durchgeführt hat[1521]. Die Ungewißheit hinsichtlich des Krankheitsverlaufes oder des Gesundheitszustandes darf nicht dazu führen, daß dieser Pflichtverstoß nicht sanktioniert wird. Vielmehr besteht ein Zusammenhang zwischen dieser Ungewißheit, der Behandlungspflicht des Arztes und der daraus resultierenden Haftung. Diese Komponenten sind untrennbar miteinander verbunden und bilden den Ausgangspunkt der Haftung: Ohne die Vorerkrankung des Patienten hätte der Arzt keine Behandlungspflicht, zugleich führt die Vorerkrankung zu der Ungewißheit bezüglich des Krankheitsverlaufes und zu dem reduzierten Schadenersatz. Die Vereitelung einer Heilungschance stellt für den Erkrankten einen fühlbaren Nachteil dar, was die Befürworter der *perte d'une chance/loss of chance* im Arzthaftungsrecht dazu veranlaßt hat, die Chance zu einer eigenständigen Scha-

1520 Siehe nur *F. Bydlinski*, „Aktuelle Streitfragen um die alternative Kausalität", Festschrift für G. Beitzke (1979) 3-34 (32, 34).

1521 Siehe nur *H. Stoll*, „Schadensersatz für verlorene Heilungschancen vor englischen Gerichten in rechtsvergleichender Sicht", Festschrift für E. Steffen (1995) 465-478.

densposition zu erheben und damit in den Vordergrund der Diskussion zu stellen. Dabei ist jedoch nie geleugnet worden, daß Kausalitätszweifel zu der Fortentwicklung der klassischen *perte d'une chance/loss of chance* geführt haben. Dem deutschen Recht liegt es hier näher, die Kausalitätszweifel in den Mittelpunkt zu stellen, da mit § 830 Abs. 1 Satz 2 BGB ein Anküpfungspunkt für die Haftung bei möglicher Kausalität vorhanden ist[1522].

b) Bedeutung der Heilungschance im deutschen Arzthaftungsrecht

aa) Haftungsbegründung

Somit kommt eine Haftung bei Vereitelung einer Heilungschance im deutschen Recht in Betracht, wenn sich der Patient in einem gesundheitlich nachteiligen Zustand befand, der Arzt den gebotenen Heilungsversuch nicht oder nicht mit der erforderlichen Sorgfalt unternahm und sich die Erfolgsaussichten einer Behandlung aufgrund der ungewissen Prognose nicht ermitteln lassen. Diese Konstellation rechtfertigt die Verschärfung der Haftung bei möglicher Kausalität, da der Behandlungsfehler ansonsten nicht sanktioniert würde, obwohl der Patient ein erhebliches Interesse daran hat, daß zumindest ein Heilungsversuch unternommen wird. Die von der *perte d'une chance/loss of chance* entwickelten bzw. diesem Ansatz zugrunde liegenden Eingrenzungskriterien können übernommen werden und dadurch gewährleisten, daß sich die Ausweitung der Haftung nicht auf alle Fälle der ungewissen Kausalität erstreckt.

bb) Schadensberechnung

(1) Ein Vorteil der auf das deutsche Recht nicht unmittelbar übertragbaren *perte d'une chance/loss of chance* im Arzthaftungsrecht ist die eingängigere Schadensermittlung. Da die Chance der Bezugspunkt der Kausalitätsermittlung ist, ist auch nur sie zu ersetzen, da der Schädiger dem Kläger weitere Nachteile nicht zugefügt hat. Demgegenüber müßte eine Haftung für mögliche Kausalität im deutschen Recht streng genommen zu einem Ersatz des gesamten endgültigen Schadens führen[1523]. Die anteilige Haftung ist jedoch der maßgebliche Vorzug einer neuen Lösung, da die Härten des Alles-oder-Nichts-Prinzips ver-

1522 Aus angloamerikanischer Perspektive hierzu *J.G. Fleming*, „Probabilistic Causation in Tort Law“, (1989) 68 CanBarRev 661-681 (671).
1523 *H. Stoll*, „Schadensersatz für verlorene Heilungschancen vor englischen Gerichten in rechtsvergleichender Sicht“, Festschrift für E. Steffen (1995) 465-478 (477).

mieden und dadurch angemessenere Lösungen erzielt werden, die die immanente Ungewißheit des Genesungsprozesses widerspiegeln[1524].

(2) Diese Ungewißheit vermag neben der verschärften Zurechnung aber auch den anteiligen Schadenersatz zu begründen. Der Patient befand sich in einem Prozeß, dessen Ausgang nicht zu ermitteln ist. Daher ist der nachteilige Gesundheitszustand bei der Schadensberechnung in Ansatz zu bringen. Es finden sich dabei zwei Herangehensweisen. Zum einen wird darauf hingewiesen, daß der angeschlagene Gesundheitszustand als eine „Schadensanlage" angerechnet werden müsse[1525], zum anderen wird darauf abgestellt, daß dem Kläger der Vorteil anspruchsmindernd anzurechnen sei, der daraus folge, daß sich möglicherweise nur der Gesundheitszustand in dem Schaden niedergeschlagen habe und der Kläger dennoch dem Grunde nach einen Ersatzanspruch geltend machen kann[1526]. Beide Begründungsversuche spiegeln beide Seiten ein und derselben Medaille wider: Die Ungewißheit des Verlaufes führt dazu, daß die Krankheit und der Behandlungsfehler als Ursachen in Betracht kommen und daher bei der Schadensberechnung berücksichtigt werden. Dies entspricht dem Gedanken der Vorteilsausgleichung, da der Patient ansonsten mehr erhalten würde als die Kompensation des bei ihm vorliegenden Nachteils. Die Heilungschance reflektiert die Wahrscheinlichkeit, daß der endgültige Schaden trotz einer angemessenen Behandlung eingetreten wäre, diese ist in entsprechender Anwendung der §§ 830 Abs. 1, 840, 254 Abs. 1 BGB schadensmindernd anzurechnen. Es handelt sich bei der Grunderkrankung nicht um etwas, was dem Patienten wie ein Mitverschulden oder eine Obliegenheitsverletzung zuzurechnen ist, sie entstammt aber in jedem Fall seinem Risikobereich[1527] und hat sich bei der Entstehung des Schadens mitausgewirkt. Daher ist es angemessen, den Schädiger nicht für den gesamten endgültigen Schaden haften zu lassen, sondern der Ungewißheit des Krankheitsverlaufes Rechnung zu tragen. Dies gilt um so mehr, als diese Ungewißheit die Behandlungsverpflichtung des Arztes begründet.

(3) Dieses Ergebnis steht auch nicht der bisherigen Rechtsprechung zu den „Schadensanlagen" entgegen, auch wenn zuzugeben ist, daß dieser Begriff durchaus mehrdeutig ist.

1524 Siehe bereits § 5 B III 3 a) u. § 7 C II 8.

1525 Vor allem *K.-H. Matthies*, Schiedsinstanzen im Bereich der Arzthaftung: Soll und Haben (1984) 97f.

1526 *H. Stoll*, „Schadensersatz für verlorene Heilungschancen vor englischen Gerichten in rechtsvergleichender Sicht", Festschrift für E. Steffen (1995) 465-478 (477-478).

1527 *H. Stoll*, „Schadensersatz für verlorene Heilungschancen vor englischen Gerichten in rechtsvergleichender Sicht", Festschrift für E. Steffen (1995) 465-478 (477-478) verweist insofern auf das allgemeine Lebensrisiko.

(a) Zunächst kann eine Schadensanlage von Bedeutung sein, wenn das Opfer aufgrund einer besonderen Anfälligkeit einen weitreichenderen Schaden erleidet als ein Mensch von durchschnittlicher Konstitution. Hier wird regelmäßig davon ausgegangen, daß der Schädiger sich nicht auf diese Disposition berufen kann, sondern für den gesamten Schaden einzustehen hat[1528]. Fraglich ist daher, wie dieser Grundsatz mit einer Schadensminderung wegen der Vorerkrankung des Patienten vereinbar ist. Die österreichische Rechtsprechung hat hier bereits eine überzeugende Lösung gefunden[1529]. Es besteht nämlich ein Unterschied, wenn der relevante Nachteil mit der erforderlichen Gewißheit auf der Verletzungshandlung beruht und sodann aufgrund der sogen. Schadensanlage, d.h einer besonderen Schadensanfälligkeit, ein ungewöhnliches Ausmaß annimmt oder wenn sich der Ursachenzusammenhang - wie für die Vereitelung von Heilungschancen typisch - nach den hergebrachten Regeln gar nicht ermitteln läßt, der erweiterten Zurechnung aber durch eine Anspruchsreduzierung Rechnung getragen wird.

(b) Eine Schadensanlage kann des weiteren als eine Reserveursache eingeordnet werden[1530]. So liegt es, wenn die von dem Schädiger herbeigeführte Beeinträchtigung zu einem späteren Zeitpunkt aufgrund einer Vorerkrankung des Klägers eingetreten wäre. Der tatsächliche Ursachenzusammenhang zwischen Behandlungsfehler und Gesundheitsbeeinträchtigung steht anders als bei einer vereitelten Heilungschance fest, fraglich ist jedoch, inwiefern sich der Schädiger durch den Hinweis auf die Reserveursache entlasten kann. Dies wird in Deutschland als eine Frage der hypothetischen Kausalität eingestuft und bisher nur dann bei der Schadensberechnung berücksichtigt, wenn die Reserveursache sich mit Sicherheit zu einem späteren Zeitpunkt ausgewirkt hätte[1531]. Damit liegt eine andere Fragestellung vor als bei der *perte d'une chance/loss of chance*[1532], auch wenn durchaus gefordert werden kann, in Deutschland auch die Reserveursachen schadensmindernd zu berücksichtigen, die nur zu einer bestimmten Wahrscheinlichkeit und nicht - wie bisher gefordert[1533] - mit Sicher-

---

1528 Siehe oben § 3 C II 2 a).

1529 Siehe oben § 5 D III 1 b) ee) (2).

1530 *R. Backhaus*, „Einige Überlegungen zum Verhältnis von kumulativer und hypothetischer Kausalität", VersR 1982, 210-213 ((212); *H. Stoll*, „Schadensersatz für verlorene Heilungschancen vor englischen Gerichten in rechtsvergleichender Sicht", Festschrift für E. Steffen (1995) 465-478 (478).

1531 BGH, 13.10.1966 II ZR 173/64 NJW 1967, 551.

1532 Siehe auch *Wendland v Sparks and David County Hospital*, 574 NW2d 327, 330 (Iowa 1998).

1533 So *R. Backhaus*, „Einige Überlegungen zum Verhältnis von kumulativer und hypothetischer Kausalität", VersR 1982, 210-213 (212); *Soergel/Siebert* (- *H.-J. Mertens*) Rn. 157 vor § 249 BGB; *von Staudinger* (- *D. Medicus*) Rn. 100 zu § 249 BGB.

heit den Schaden herbeigeführt hätten[1534]. Denn auch hier wird der Geschädigte durch den vollen Schadenersatz möglicherweise überkompensiert, da er von dem bereits vorhandenen Risiko, zu einem späteren Zeitpunkt zu erkranken, gänzlich freigestellt wird[1535].

(c) Somit ist eine anteilige Haftung auch mit der bisherigen Einordnung der Schadensanlagen vereinbar. Bei Vereitelung einer Heilungschance liegt eine besondere Konstellation vor, die sich anders als die Schadensanfälligkeit und die Reserveursache durch einen besonderen Zusammenhang zwischen Behandlungsfehler und Vorerkrankung auszeichnet. Die Ungewißheit darüber, ob die Krankheit ohne den Behandlungsfehler einen guten oder schlechten Ausgang genommen hätte, wird sodann bei der Berechnung des Schadens dadurch berücksichtigt, daß sich der relevante Nachteil nach der Heilungswahrscheinlichkeit richtet.

c) Vergleich mit der Praxis des deutschen Arzthaftungsrechts

aa) Allgemeine Vorzüge einer materiellrechtlichen Lösung

Bisher stehen Beweiserleichterungen und insbesondere die Beweislastumkehr bei groben Behandlungsfehlern im Zentrum der deutschen Arzthaftung, während materiellrechtliche Reaktionen auf die Besonderheiten der Arzthaftung bisher kaum anzutreffen sind. Eine materiellrechtliche Lösung ist aber bereits deshalb vorzuziehen, weil sie den Problemkern - nämlich die in bestimmten Konstellationen stets vorhandene Ungewißheit - deutlicher anspricht als das Beweisrecht, welches immer noch der Vorstellung einer prinzipiellen Beweisbarkeit anhaftet[1536].

bb) Insbesondere: Beweislastumkehr bei einem groben Behandlungsfehler

(1) Darüber hinaus ist die überragende praktische Bedeutung der Beweislastumkehr bei einem groben Behandlungsfehler gerade auch aus rechtsvergleichender Perspektive fraglich. Eine Entsprechung findet sich in keiner der untersuchten Rechtsordnungen, der Grad des Verschuldens spielt für die Erfolgsaus-

---

1534 So auch *H. Stoll*, „Schadensersatz für verlorene Heilungschancen vor englischen Gerichten in rechtsvergleichender Sicht", Festschrift für E. Steffen (1995) 465-478 (478, Fn. 44).
1535 Siehe *Malec v JC Hutton Proprietary Ltd* (1990) 169 CLR 639, dazu oben § 5 D I 1.
1536 *F. Bydlinski*, „Aktuelle Streitfragen um die alternative Kausalität", Festschrift für G. Beitzke (1979) 3-34 (34); *R. Zöller* (- *R. Greger*) Rn. 34 vor § 284 ZPO.

sichten eines Arzthaftungsprozesses außerhalb Deutschlands keine Rolle[1537]. Auch wird immer noch eine allseits anerkannte dogmatische Begründung vermißt, es hat sich inzwischen ein Konsens gebildet, wonach es sich um eine gewohnheitsrechtliche Sonderregel handelt, die vor allem auf Billigkeitsgesichtspunkten wegen der besonderen Beweisschwierigkeiten des klagenden Patienten beruht[1538]. Steht somit das Bemühen um ein billiges Ergebnis hinter dieser Beweisregel, so vermögen diese Billigkeitsgesichtspunkte eine materiellrechtliche Lösung wie die anteilige Haftung ebenfalls zu legitimieren.

(2) Wird ein grober Behandlungsfehler darin erblickt, daß die erforderliche Maßnahme nicht oder nicht mit der hinreichenden Sorgfalt durchgeführt wurde, wird der Kläger nach deutschem Recht den gesamten endgültigen Schaden ersetzt erhalten. In diesen Fällen wird zugleich - auch wenn hierauf naturgemäß nicht ausdrücklich verwiesen wird - eine Heilungschance herabgesetzt. Ansonsten spielt die Genesungswahrscheinlichkeit eine geringe Rolle, da die Beweislastumkehr lediglich dann ausscheidet, wenn es sich bei der Gesundheitsbeeinträchtigung um eine gänzlich untypische Folge des Behandlungsfehlers handelt[1539]. Die deutsche Rechtsprechung greift in Fällen, die andernorts als eine *perte d'une chance/loss of chance* angesehen werden, oftmals auf diese Beweislastumkehr zurück und legt den Behandlungsfehler als einen besonders schweren Verstoß gegen die ärztliche Kunst aus[1540]. Eine anteilige Haftung wird den Besonderheiten dieser Fälle jedoch besser gerecht, da die immanente Ungewißheit des Krankheitsverlaufs der Grund der erschwerten Beweisführung ist und dies von der Erörterung des Verschuldensgrades und der daraus folgenden Beweislastumkehr verdeckt wird; zudem ist die anteilige Haftung flexibler und im Einzelfall angemessener als das Alles-oder-Nichts-Prinzip.

(3) Es darf jedoch nicht verkannt werden, daß der Anwendungsbereich des groben Behandlungsfehlers nicht immer mit dem der vereitelten Heilungschancen übereinstimmt, sondern darüber hinaus gehen kann. So ist ein grober Behandlungsfehler bei der Schaffung eines von der Grunderkrankung unabhängigen Risikos denkbar[1541]. Die Aufgabe einer Beweislastumkehr würde in diesen Fällen die Erfolgsaussichten einer Klage verringern. Fraglich ist, inwiefern ein solches Ergebnis befürwortet werden kann.

1537 Dies gilt auch für das schweizerische und österreichische Recht, *D. Giesen*, Arzthaftungsrecht (1995) Rn. 406 Fn. 247.

1538 Siehe oben § 4 C III 3 a) aa).

1539 Siehe oben § 4 C III 3 a) aa).

1540 Siehe oben § 4 C III 3 a) bb). Gleichgestellt werden diese Sachverhalte von *A. Laufs*, Arztrecht (1993) Rn. 600.

1541 *H. Stoll*, „Schadensersatz für verlorene Heilungschancen vor englischen Gerichten in rechtsvergleichender Sicht", Festschrift für E. Steffen (1995) 465-478 (472-473).

(a) Zunächst ist festzuhalten, daß der Großteil der Fälle, in denen ein grober Behandlungsfehler von der deutschen Rechtsprechung angenommen wurde, der Vereitelung einer Heilungschance gleichsteht, da es sich regelmäßig um eine unterlassene, verspätete oder nicht sachgerecht durchgeführte Behandlung oder Untersuchung handelte, die die Aussichten, von der Grunderkrankung zu genesen, herabsetzte[1542]. Der grobe Behandlungsfehler wird vor allem in den Fällen als einschlägig erachtet, in denen „auf eindeutige Befunde nicht reagiert, grundlos eine Standardmethode zur Bekämpfung bekannter Risiken nicht angewendet (...) und die therapeutische Wirkung auf die Krankheit ohne Kontrolle gelassen wird"[1543]. All diese Konstellationen entsprechen der *perte d'une chance/loss of chance* in der Arzthaftung. Eines der wenigen Beispiele, in welchem die Anwendungsbereiche auseinanderfallen, ist die Mißachtung von aseptischen Kautelen, wenn nicht hinreichend sicher ist, daß die aufgetretene Beeinträchtigung hierauf oder auf dem Behandlungsrisiko beruht[1544]. Die Verursachung ist deshalb ungewiß, weil auch bei einer sachgerecht durchgeführten Desinfektion eine absolute Sterilität nicht gewährleistet und daher eine Infektion nicht auszuschließen ist[1545]. Es realisiert sich nicht die Gefahr einer sich ungehindert weiter entwickelnden Grunderkrankung, sondern es wird ein neues Infektionsrisiko eingeführt, welches nicht mit einer vereitelten Heilungschance gleichzusetzen ist[1546].

(b) Fraglich ist jedoch, ob eine Haftung hier durch eine Aufgabe des groben Behandlungsfehlers tatsächlich ausgeschlossen wäre. Betrachtet man nämlich die entschiedenen Sachverhalte genauer, so kann regelmäßig davon ausgegangen werden, daß eine Mitursächlichkeit der unzureichenden Hygiene vor-

---

1542 Vgl. aus der umfangreichen Rechtsprechung die unter § 4 C III 3 a) bb) bereits aufgeführten Beispiele sowie die bei *E. Deutsch*, Medizinrecht (1997) Rn. 314; *D. Giesen*, Arzthaftungsrecht (1995) Rn. 411-417 und *A. Laufs*, Arztrecht (1993) Rn. 604-605 gebildeten Fallgruppen.

1543 *E. Steffen/W.D. Dressler*, Neuere Entwicklungslinien der BGH-Rechtsprechung zum Arzthaftungsrecht (1997) Rn. 532; zustimmend zu der Vorauflage *D. Giesen*, Arzthaftungsrecht (1995) Rn. 414.

1544 Beispielsweise BGH, 21.9.1982 VI ZR 302/80 BGHZ 85, 212; OLG Karlsruhe, 17.8.1988 7 U 36/86 VersR 1989, 195 (Injektion ohne Tragen von Schutzkleidung) ; OLG Oldenburg, 26.6.1990 5 U 32/90 VersR 1992, 184 (Operation ohne vorherigen Ausschluß einer Entzündung); OLG Stuttgart, 20.7.1989 14 U 21/88 VersR 1990, 385 (Nichteinhalten der Mindesteinwirkzeit eines Desinfektionsmittels); *E. Deutsch*, Medizinrecht (1997) Rn. 315; *A. Laufs*, Arztrecht (1993) Rn. 605; auch *H. Stoll*, „Schadensersatz für verlorene Heilungschancen vor englischen Gerichten in rechtsvergleichender Sicht", Festschrift für E. Steffen (1995) 465-478 (472-473) bildet ein entsprechendes Beispiel. Siehe auch *L. Jaeger*, „Anscheinsbeweis bei Injektionsschäden", VersR 1989, 994-996.

1545 OLG Hamburg, 9.6.1989 1 U 123/88 AHRS Kza 6578/8.

1546 *H. Stoll*, „Schadensersatz für verlorene Heilungschancen vor englischen Gerichten in rechtsvergleichender Sicht", Festschrift für E. Steffen (1995) 465-478 (473).

liegt[1547]. Die hierdurch zusätzlich in den Organismus gelangten Keime haben bei der Entzündung ein Rolle gespielt, auch wenn nicht auszuschließen ist, daß die Entzündung ohne sie eingetreten wäre. Bei einem solchen tatsächlichen Wirkungszusammenhang ist eine Entlastung durch die *conditio-sine-qua-non*-Formel nicht zulässig[1548]. Dies zeigt der Vergleich mit dem Schulbeispiel des Fischsterbens, nachdem mehrere Fabrikanten Giftstoffe in das Gewässer eingeleitet haben[1549]: Auch hier wird nicht zwischen den verschiedenen Einleitungen unterschieden, sondern in lebensnaher und zutreffender Weise davon ausgegangen, daß sie sich vermischt und gemeinsam zu dem Schaden beigetragen haben. Diese Erkenntnis kann auf Infektionen übertragen werden, so daß die faktische Kausalität zu bejahen ist: Die zusätzlichen Krankheitskeime haben mit den bereits vorhandenen zumindest zusammengewirkt.

(c) Damit ist nicht geklärt, ob die Haftung durch Hinweis auf den Kausalverlauf bei ausreichender Hygiene ausscheiden kann. Es ist fraglich, ob sich der Arzt mit dem Hinweis auf das erlaubte Risiko, welches auch eine fachgemäß durchgeführte Desinfektion zur Folge hat, entlasten kann. Richtigerweise handelt es sich um eine Frage des rechtmäßigen Alternativverhaltens, für welches der Arzt die Beweislast tragen sollte. Dieser Hintergrund ist durch das Zurückgreifen auf den groben Behandlungsfehler regelmäßig nicht deutlich geworden[1550]. Somit steht auch im Bereich der Infektionen einer Aufgaben der Beweislastumkehr des groben Behandlungsfehlers nichts entgegen.

(4) Die Aufgabe der Beweislastumkehr bei einem groben Behandlungsfehler führt in Deutschland nicht zu unbilligen Haftungslücken. Vielmehr wird die Härte des Alles-oder-Nichts-Prinzips gemildert und den Besonderheiten der Arzthaftung besser Rechnung getragen. In den Fällen, in welchen die Kausalitätszweifel nicht auf der typischen Ungewißheit des Krankheitsverlaufs und des Gesundheitszustandes beruhen, verbleibt es bei den allgemeinen haftungs- und beweisrechtlichen Grundsätzen. Besteht hingegen ein Zusammenhang zwischen dieser Ungewißheit, der Behandlungspflicht und dem eingetretenen Schaden, ist die anteilige Haftung die angemessene Folge.

1547 So auch OLG Stuttgart, 20.7.1989 14 U 21/88 VersR 1990, 385 (386), wo auf die Beweislastumkehr nur zur weiteren Untermauerung des Ergebnisses hingewiesen wurde.

1548 Siehe oben § 3 C II 1 a) bb).

1549 Dazu bereits § 3 C II 1 a).

1550 Vgl. auch *D. Franzki*, Die Beweisregeln im Arzthaftungsprozeß (1982) 69, der darauf hinweist, daß die Rechtsprechung die Beweislastumkehr bei einem groben Behandlungsfehler bisher auch auf den Rechtswidrigkeitszusammenhang erstreckt hat. Eine Abgrenzung zum rechtmäßigen Alternativverhalten nimmt auch *Franzki* nicht vor.

5. Ergebnis

In Deutschland kann die vereitelte Heilungschance wegen der besonderen deliktsrechtlichen Strukturen nicht als eigenständiges Rechtsgut angesehen werden. Dies steht einer anteiligen Haftung jedoch nicht entgegen, wenn die mögliche Verursachung für die Zurechnung als ausreichend erachtet wird. Hierbei handelt es sich um einen begrüßenswerten Vorschlag, der durch eine vorsichtige Erweiterung der bisher auf die Fälle des § 830 Abs. 1 Satz 2 BGB beschränkten Haftung für eine mögliche Verursachung mit dem geltenden Recht vereinbar ist. Diese Haftung beschränkt sich auf die Fälle, die in anderen Rechtsordnungen als *perte d'une chance/loss of chance* eingeordnet werden. Damit ist eine uferlose Haftung in allen Fällen zweifelhafter Kausalität nicht zu befürchten, die rechtsvergleichende Betrachtung hat hier handhabbare Anwendungskriterien ergeben. Diese sollten auch in Österreich Berücksichtigung finden, wo die Rechtsprechung eine anteilige Haftung bei einer Konkurrenz von Zufall und Verschulden bereits bejaht hat, ohne daß bisher taugliche Einschränkungskriterien aufgestellt worden sind.

E. Zusammenfassung

Ein anteiliger Schadenersatz, wie er der *perte d'une chance/loss of chance* oder einer Haftung für mögliche Kausalität entspricht, ist in gewissen, für das Arzthaftungsrecht typischen Konstellationen das vorzugswürdige und angemessene Ergebnis. Es handelt sich um die Fälle, in denen sich aufgrund der immanenten Ungewißheit ein Kausalzusammenhang niemals ermitteln lassen wird und daher auch im Haftungsrecht nicht der Vorstellung angehaftet werden sollte, daß sich ein solcher Zusammenhang stets herstellen läßt. Die Haftung erstreckt sich aber nicht auf alle Fälle der möglichen Kausalität, insbesondere haftet der Arzt nicht bereits anteilig, wenn er durch sein Verhalten eine weitere Gefahr für die Gesundheit des Patienten geschaffen hat. Hinzukommen muß jeweils der spezifische Zusammenhang zwischen der Ungewißheit, der verletzten Pflicht und der Vorerkrankung des Patienten. Diese Kriterien begrenzen den Anwendungsbereich der *perte d'une chance/loss of chance* in der Arzthaftung und begründen zugleich die Erforderlichkeit dieser Fortbildung des materiellen Rechts, die in einer anteiligen Haftung bei möglicher Kausalität ihre Entsprechung im deutschen Recht finden sollte. Ob eine anteilige Haftung auch außerhalb der Arzthaftung angenommen werden kann[1551], ist nicht Gegenstand der vorliegenden Untersuchung, kann aber in den Fällen als eine angemessene Lösung angesehen

1551 So *D. Gerecke*, „Risk Exposure as Injury: Alleviating the Injustice of Tort Causation Rules", (1990) 35 McGillLJ 797-840. Siehe auch *R. Vogel*, Deliktischer Zivilrechtsschutz bei summierten Immissionen (1992) 233.

werden, in denen sich in vergleichbarer Weise ein Bedarf für eine Weiterentwicklung des Haftungsrechts sowie handhabbare Anwendungsvoraussetzungen ergeben.

§ 8 Gesamtergebnis

A. Durch den Ersatz von vereitelten Heilungschance haben die französische Rechtsprechung und in zunehmendem Maße Gerichte in den Vereinigten Staaten eine für das Arzthaftungsrecht dieser Rechtsordnungen angemessene und mit dem jeweils geltenden Recht vereinbare Lösung aufgezeigt. Diese hat sich aus der bereits in anderen Zusammenhängen anerkannten *perte d'une chance/loss of chance* entwickelt. Mit dieser klassischen *perte d'une chance/loss of chance* ist die Ersatzfähigkeit von Heilungschancen zwar nicht vollständig deckungsgleich, es handelt sich jedoch um eine zu befürwortende Rechtsfortbildung.

B. Hintergrund dieser Rechtsfortbildung ist die für das Arzthaftungsrecht bezeichnende Ungewißheit und die sich hieraus ergebende Behandlungspflicht des Arztes. Diese Situation besteht auch außerhalb der genannten Rechtsordnungen und hat daher auch andernorts zu einer Forderung nach neuen und gegenüber dem *status quo* angemesseneren Lösungen geführt. Insbesondere im deutschen Rechtskreis ist eine Übernahme der *perte d'une chance/loss of chance* im Arzthaftungsrecht nicht ohne weiteres möglich. Dies beruht zum einen darauf, daß Chancen außerhalb der Arzthaftung keine Bedeutung haben und daher kein Anknüpfungspunkt vorhanden ist, der aufgegriffen werden und zu einer Ersatzfähigkeit von Heilungschancen hinführen könnte. Zum anderen geht das deutsche Deliktsrecht von einer abschließenden Aufzählung der geschützten Rechtsgüter aus, die nicht ohne weiteres ergänzt werden kann.

C. Dies bedeutet jedoch nicht, daß eine materiellrechtliche Lösung undenkbar ist. Vielmehr beinhaltet die Regelung zur alternativen Verursachung einen fortbildungsfähigen Rechtsgedanken. Dort ist festgelegt, daß eine Haftung unter bestimmten Voraussetzungen bereits dann in Betracht kommt, wenn die Verursachung lediglich möglich ist. Bei der Vereitelung einer Heilungschance liegen Umstände vor, die eine Ausdehnung der Haftung für mögliche Kausalität sowohl rechtfertigen und zugleich den Anwendungsbereich einschränken. Eine uferlose Haftung in allen Fällen von Kausalitätszweifeln ist damit ausgeschlossen. Durch die Herabsetzung des Ersatzanspruchs wird der immanenten Ungewißheit der Arzthaftung Rechnung getragen und die Haftungsverschärfung abgemildert. Diese Abkehr vom Alles-oder-Nichts-Prinzip vermag die Risikoverteilung zwischen den Parteien besser widerzuspiegeln als die bisherige beweisrechtliche Lösung.

D. Bei der Ersatzfähigkeit der Heilungschancen und der entsprechenden anteiligen Haftung bei möglicher Kausalität handelt es sich in den untersuchten Rechtsordnungen um eine neue Rechtsfigur, deren Rechtfertigung und Anwendungsvoraussetzungen sich aus der rechtsvergleichenden Auswertung von Rechtsprechung und Schrifttum ergeben haben. Es ist nachgewiesen worden, daß sich die Haftung keinesfalls auf alle Fälle zweifelhafter Verursachung erstreckt, sondern daß von den Gerichten sinnvolle Begrenzungen entwickelt oder zugrunde gelegt worden sind. Diese Erkenntnis sollte sich auch das deutsche Arzthaftungsrecht zu eigen machen und damit in vergleichbarer Weise von der Rechtsvergleichung profitieren wie die ausländische Rechtsprechung, die sich in anderen arzthaftungsrechtlichen Fragen dem Bundesgerichtshof angeschlossen hat[1552].

1552 *D. Giesen*, „Das Arzthaftungsrecht des Bundesgerichtshofs in der Rechtsprechung des Auslands", Festschrift für E. Steffen (1995) 159-176.

Literaturverzeichnis

Aagaard, Todd S., „Identifying and Valuing the Injury in Lost Chance Cases", 96 MichLRev 1335-1361 (1998).

Andel, Patricia L., „Medical Malpractice: The Right to Recover for the Loss of a Chance of Survival", 12 PeppLRev 973-998 (1985).

Andersen, Daniel J., „'Loss of Chance' in Utah", 9 UtahBarJ 8 (1996) (zitiert nach lexis).

Arens, Peter, „Dogmatik und Praxis der Schadensschätzung", ZZP 88 (1975) 1-48.

Backhaus, Ralph, „Einige Überlegungen zum Verhältnis von kumulativer und hypothetischer Kausalität", VersR 1982, 210-213.

Baumann, Jürgen/Weber, Ulrich/ Mitsch, Wolfgang, Strafrecht. Allgemeiner Teil (10. Aufl. Bielefeld 1995).

Baumbach, Adolf/ Lauterbach, Wolfgang, Zivilprozeßordnung (55. Aufl. München 1997).

Baumgärtel, Gottfried, Handbuch der Beweislast im Privatrecht. Band 1 (2. Aufl. Köln, Berlin, Bonn, München 1991).

ders., „Beweisrechtliche Studien. Beweiswürdigung - Abgrenzung zur Beweislast - Beweismaß", Festschrift der Rechtswissenschaftlichen Fakultät zur 600-Jahr-Feier der Universität zu Köln (Köln, Berlin, Bonn, München 1990)165-181.

Bénabent, Alain, La chance et le droit (Paris 1973).

Bender, Rolf, „Das Beweismaß", Festschrift für Fritz Baur, hgg. von Wolfgang Grunsky, Rolf Stürner, Gerhard Walter und Manfred Wolf (Tübingen 1981) 247-271.

Benson, Jeffrey L., „The Dilemma of Chance in Medical Malpractice: Should Illinois Recognize a New Cause of Action for 'Lost Chance' of Survivability?", 9 NIllUnivLRev 575-602 (1989).

Bentert, Holger, Das pönale Element - Ein Fremdkörper im deutschen Zivilrecht? (Berlin 1996).

Bodewig, Theo, „Probleme alternativer Kausalität bei Massenschäden", AcP 185 (1985) 505-558.

Boggs, Beth Clemens, „Lost Chance of Survival Doctrine: Should the Courts ever Tinker with Chance?", 16 SoIllULJ 421-449 (1992).

Bolding, Per Olof, „Aspects of the Burden of Proof", Scand Stud in Law 1960, 11-27.

Bollenberger, Raimund, Anmerkung zu OGH, 8.7.1993 2 Ob 590/92, JBl 1994, 543-545.

Boon, Andrew, „Causation and the Increase of Risk", (1988) 51 MLR 508-516.

Boré, Jaques, „L'indemnisation pour les chances perdues: Une forme d'appreciation quantitative de la causalité d'un fait dommageable", JCP 1974 I 2620.
Bradt, William M./Guthmann, John H., „Recovery for the Value of a Chance in Medical Negligence Cases: Bringing Minnesota's Standard of Causation Up To Date", 12 Wm Mitchell LRev 459-518 (1986).
Brazier, Margaret, The Law of Torts (9th ed London, Dublin, Edinburgh 1993).
Brennan, Troyen A., „Causal Chains and Statistical Links: The Role of Scientific Uncertainty in Hazardous-Substance Litigation", 73 CornLRev 469-533 (1988).
Brennwald, Stephen F., „Proving Causation in 'Loss of a Chance' Cases: A Proportional Approach", 34 CathULRev 747-790 (1985).
Bruer, Robert S., „Loss of a Chance as a Cause of Action in Medical Malpractice Cases", 59 MoLRev 969-996 (1994).
Bullington, Stephen A., „Arizona's Loss of a Chance Doctrine: Not a Cause of Action, but more than an Evidentiary Rule", 33 AzAttorney 28-34 (1997).
Burgstaller, Manfred, Das Fahrlässigkeitsdelikt im Strafrecht (Wien 1974).
Burrows, Andrew, Remedies for Torts and Breach of Contract (2nd ed London, Dublin, Edinburgh 1994).
Buxbaum, Wiebke, Solidarische Schadenshaftung bei ungeklärter Verursachung im deutschen, französischen und anglo-amerikanischen Recht (Karlsruhe 1965).
Bydlinski, Franz, „Haftung bei alternativer Kausalität", JBl 1959, 1-13.
ders., Probleme der Schadensverursachung nach deutschem und österreichischem Recht (Stuttgart 1964).
ders., „Aktuelle Streitfragen um die alternative Kausalität", Festschrift für Günther Beitzke, hgg. von Otto Sandrock (Berlin, New York 1979) 3-34.
ders., „Zur Haftung der Dienstleistungsberufe in Österreich und nach dem EG-Richtlinienvorschlag", JBl 1992, 341-360.
ders., „Haftungsgrund und Zufall als alternativ mögliche Schadensursachen", Festschrift für Gerhard Frotz. Aktuelle Probleme des Unternehmensrechts, hgg. von Michael Enzinger, Hanns F. Hügel und Walter Dillenz (Wien 1993) 3-10.

Cane, Peter, Atiyah's Accidents, Compensation and the Law (5th ed London, Dublin, Edinburgh 1993).
Carbonnier, Jean, Droit Civil. Tome 4. Les obligations (16. Aufl. Paris 1992).
Carney, Dionne R., „Smith v State of Louisiana, Department of Health and Hospitals: Loss of Chance of Survival: The Valuation Debate", 58 LaLRev 339-367 (1997).
Chabas, François, „Vers un changement de nature de l'obligation médicale", JCP 1973 I 2541.

ders., „La perte d'une chance en droit français", Colloque Développements récents du droit de la responsabilité civile, hgg. von Olivier Guillod (Zürich 1991) 131-143.

Chartrier, Yves, La réparation du préjudice dans la responsabilité civile (Paris 1983).

ders., Anmerkung zu CassCiv, 2e, 9.11.1983 u. CassCrim, 3.11.1983, JCP 1985 II 20360.

Church, Thomas, „Where Causation ends and Quantification begins", [1996] CLJ 187-189.

Clark, Donald H., „Loss of a Chance in (and by) th Supreme Court of Canada", (1996) 75 CanBarRev 564-582.

Clerk, John Frederic/Lindsell, William Henry Barber, On Torts, hgg. von Margaret R. Brazier, Daniel Alexander, Richard A. Buckley, Andrew S. Burrows, Hazel F. Carty, A.M. Dugdale, Maureen Mulholland, Andrew Tettenborn und Lord Wedderburn of Charlton (17th ed. London 1995).

Coester-Waltjen, Dagmar, Internationales Beweisrecht (Ebelsbach am Main 1983).

Cooper, Glenn, „Damages for the Loss of a Chance in Contract and in Tort", (1988) 6 AULR 39-51.

Cooper, Ken, „Assessing Possibilities in Damage Awards - The Loss of a Chance or the Chance of a Loss", (1973) 37 SaskLRev 193-249.

Coote, Brian, „Chance and the Burden of Proof in Contract and Tort", (1988) 62 ALJ 761-773.

Counce, David W., „The Increased Risk Rule: Establishing 'Probable' Causation Through Mere Possibility", 27 ArizLRev 257-264 (1985).

Cownie, Fiona C., „Damages for the loss of a chance in tort", (1989) 5 PN 194-198.

Cripps, Yvonne, „Negligence, Causation and Probability Theory", [1987] CLJ 389-390.

Cross, Laura L., „*Alfonso v. Lund*: Loss of Chance Rejected as a Basis for Recovery in Medical Malpractice", 12 OklaCityULRev 187-203 (1987).

Danner, Douglas/Elliot L. Sagall, „Medicolegal Causation: A Source of Professional Misunderstanding", 3 AmJL&Med 303-308 (1978).

David, Robert J., „Effect of Payment of $ 100,000; Loss of Chance of a Better Result", 45 LaBJ 365 (1997).

Deutsch, Erwin, Allgemeines Haftungsrecht (2. Aufl. Köln, Berlin, Bonn, München 1996).

ders., Medizinrecht (3. Aufl. Berlin, Heidelberg, New York 1997).

ders., „Begrenzung der Haftung aus abstrakter Gefährdung wegen fehlender adäquater Kausalität?", JZ 1966, 556-559.

ders., „Das Verhältnis von Mittäterschaft und Alternativtäterschaft im Zivilrecht", JZ 1972, 105-107.

ders., „Gefahr, Gefährdung, Gefahrerhöhung“, Festschrift für Karl Larenz zum 70. Geburtstag, hgg. von Gotthard Paulus, Uwe Diederichsen und Claus-Wilhelm Canaris (München 1973) 885-904.
ders., „Rechtswidrigkeitszusammenhang, Gefahrerhöhung und Sorgfaltsausgleichung bei der Arzthaftung“, Festschrift für Ernst von Caemmerer zum 70. Geburtstag, hgg. von Hans Claudius Ficker u.a. (Tübingen 1978) 329-342.
ders., „Neuere internationale Entwicklungen des Arztrechts und der Arzthaftung“, VersR 1982, 713-716.
ders., „Beweis und Beweiserleichterungen des Kausalzusammenhanges im deutschen Recht“, Festschrift für Hermann Lange zum 70. Geburtstag am 24. Januar 1992, hgg. von Dieter Medicus, Hans Joachim Mertens, Knut Wolfgang Nörr und Wolfgang Zöllner (Stuttgart, Berlin, Köln 1992) 433-445.
ders., Anmerkung zu BGH, 3.12.1985 VI ZR 106/84, NJW 1986, 1541.
ders., Anmerkung zu OGH, 7.5.1985 2 Ob 544/85, JBl 1986, 578-579.
ders., Anmerkung zu OLG Köln, 30.5.1990 27 U 169/89, VersR 1991, 189.
Deutsch, Erwin/Matthies, Karl-Heinz, Arzthaftungsrecht. Grundlagen, Rechtsprechung, Gutachter- und Schlichtungsstellen (3. Aufl. Köln 1988).
Dittrich, Robert/Tades, Helmuth, Das Allgemeine Bürgerliche Gesetzbuch. 2. Band. Unter Mitwirkung von Gerhard Hopf, Georg Kathrein und Johannes Stabentheiner (34. Aufl. Wien 1994).
Doll, Paul-Julien, Anmerkung zu CassCiv, 1re, 27.3.1973, GazPal 1973, 2, 630.
Dorsner-Dolivet, Annick, Anmerkung zu CassCiv, 1re, 17.11.1982, D 1984 J 305.
dies., Contribution à la restauration de la faute, condition des responsabilités civiles et pénale dans l'homicide et les blessures par imprudence à propos de la chirurgie (Paris 1986).
Durry, Georges, „Responsabilité civile (observations)“, RTDC 1967 (65) 153-183.
ders., „Responsabilité civile (observations)“, RTDC 1969 (67) 772-799.
ders., „Responsabilité civile (observations)“, RTDC 1972 (70) 779-791.
ders., „Responsabilité civile (observations)“, RTDC 1983 (82) 535-550.

Ekelöf, Per Olof, „Free Evaluation of Evidence“, Scand Stud in Law 1964, 47-66.
ders., „Beweiswert“, Festschrift für Fritz Baur, hgg. von Wolfgang Grunsky, Rolf Stürner, Gerhard Walter und Manfred Wolf (Tübingen 1981) 343-363.
Eisner, Fredrick W., „Beweislastfragen und Beweiswürdigung im deutschen und amerikanischen Zivilprozeß“, ZZP 80 (1967) 78-90.
Ellis, Lori R., „Loss of Chance as Technique: Toeing the Line at Fifty Percent“, 72 TexLRev 369-402 (1993).

Elliston, Gary D./Henderson, Johnathan K., „No Chance for 'Loss of Chance' in Texas Medical Malpractice Litigation after Kramer", 59 Tex BJ 734-740 (1996).
Enneccerus, Ludwig/Lehmann, Heinrich, Lehrbuch des Bürgerlichen Rechts. Recht der Schuldverhältnisse (15. Bearbeitung Tübingen 1958).
Erb, Volker, Rechtmäßiges Alternativverhalten und seine Auswirkungen auf die Erfolgszurechnung im Strafrecht (Berlin 1991).
Esser, Josef/Schmidt, Eike, Schuldrecht. Band I. Allgemeiner Teil. Teilband 2: Durchführungshindernisse und Vertragshaftung, Schadensausgleich und Mehrseitigkeit beim Schuldverhältnis (7. Aufl. Heidelberg 1993).
Evans, Hugh, „Damages for solicitors' negligence: (1) the loss of litigation", (1991) 7 PN 201-205.

Fasching, Hans W., „Die richterliche Betragsfestsetzung gemäß § 273 ZPO", JBl 1981, 225-239.
Feldman, Howard Ross, „Chances as Protected Interests: Recovery for the Loss of a Chance and Increased Risk", 17 BaltLRev 139-159 (1987).
Fikentscher, Wolfgang, Schuldrecht (9. Aufl. Berlin, New York 1997).
Fleming, John G., The American Tort Process (Oxford 1988).
ders., The Law of Torts (8th ed Sydney 1992).
ders., „Probabilistic Causation in Tort Law", (1989) 68 CanBarRev 661-681.
ders., „Probabilistic Causation in Tort Law: A Postscript", (1991) 70 CanBar-Rev 136-141.
Flour, Jaques/Aubert, Jean-Luc, Les obligations. 2 - Le faite juridique. Quasi-contrats - Responsabilité délictuelle (5. Aufl. Paris 1991).
Foster, Charles, „A plea for a lost chance: *Hotson* reconsidered", (1995) 145 NLJ 228-229, 248, 281.
ders., „A lost chance recovered", (1996) 140 SJ 534-535.
Fox, Michael J., „The Loss of Chance Doctrine in Medical Malpractice", 33 AFLRev 97-104 (1990).
Franzki, Dietmar, Die Beweisregeln im Arzthaftungsprozeß (Berlin 1982).
Frisch, Wolfgang, Tatbestandsmäßiges Verhalten und Zurechnung des Erfolges (Heidelberg 1988).
Furrow, Barry R./Greaney, Thomas L./Johnson, Sandra H./Jost, Timothy/Schwartz, Robert L., Health Law - Volume 1 (St. Paul, Minn., 1995).

Gerecke, David, „Risk Exposure as Injury: Alleviating the Injustice of Tort Causation Rules", (1990) 35 McGillLJ 797-840.
Giesen, Dieter, International Medical Malpractice Law (Tübingen, Dordrecht, Boston, London 1988).
ders., Arzthaftungsrecht (4. Aufl. Tübingen 1995).
ders., „Zur Konstruktion englischer Vertragsvereinbarungen", JZ 1993, 16-24.

ders., „Das Arzthaftungsrecht des Bundesgerichtshofs in der Rechtsprechung des Auslands", Festschrift für Erich Steffen zum 65. Geburtstag am 28. Mai 1995. Der Schadensersatz und seine Deckung, hgg. von Erwin Deutsch, Ernst Klingmüller und Hans Josef Kullmann (Berlin, New York 1995) 159-176
ders., Anmerkung zu BGH, 8.1.1985 VI ZR 15/83, JZ 1986, 244-246.
ders., Anmerkung zu BGH, 3.2.1987 VI ZR 56/86, MedR 1988, 23-25.
ders., Anmerkung zu OLG Köln, 30.5.1990 27 U 169/89, JR 1991, 460.
Goldberg, Richard, „Scientific Evidence, Causation and the Law - Lessons of Bendection (Debendox) Litigation", [1996] MedLRev 32-61.
Gottwald, Peter, Schadenszurechnung und Schadensschätzung (München 1979).
ders., „Kausalität und Zurechnung - Probleme und Entwicklungstendenzen des Haftungs-rechts -", Karlsruher Forum 1986: Kausalität und Zurechnung (Karlsruhe 1986) 3-32.
Gotzler, Max, Rechtmäßiges Alternativverhalten im haftungsbegründenden Zurechnungszusammenhang (München 1977).
Greger, Reinhard, Beweis und Wahrscheinlichkeit (Berlin 1978).

Habscheid, Walther J., „Beweislast und Beweismaß - Ein kontinentaleuropäisch-angelsächsischer Rechtsvergleich -", Festschrift für Gottfried Baumgärtel zum 70. Geburtstag, hgg. von Hanns Prütting (Köln, Berlin, Bonn, München 1990) 105-119.
Hart, H.L.A./Honoré, Tony, Causation in the Law (2d ed Oxford 1985).
Hanau, Peter, Die Kausalität der Pflichtwidrigkeit (Göttingen 1971).
ders., Anmerkung zu BGH, 11.6.1968 VI ZR 116/67, NJW 1968, 2291-2292.
Hay, Peter, Einführung in das amerikanische Recht (4. Aufl. Darmstadt 1995)
Hayes, Michael/Schwerin, Melissa, „Recent Developments in 'Loss of Chance'", 28 HOSPLW 173 (1995) (zitiert nach lexis).
Henrich, Dieter, Einführung in das englische Privatrecht (2. Aufl. Darmstadt 1993).
Hill, Timothy, „A Lost Chance for Compensation in the Tort of Negligence by the House of Lords", (1991) 54 MLR 511-523.
Hohl, Fabienne, „Le degré de la preuve", Festschrift für Oscar Vogel, hgg. von Ivo Schwander und Walter A. Stoffel (Freiburg [Schweiz] 1991) 125-159.
Holzer, Wolfgang, „Die Haftung des Arztes im Zivilrecht", Arzt- und Arzneimittelhaftung in Österreich, bearbeitet von Wolfgang Holzer, Willibald Posch und Peter J. Schick (Wien 1992) 1-71.
ders., Anmerkung zu OGH, 9.11.1989 7 Ob 648/89, JBl 1990, 526-527.
Honoré, A.M., Causation and Remoteness of Damage, International Encyclopedia of Comparative Law, Volume XI, Chapter 7 (Tübingen, Den Haag, Paris, New York 1971).
Honsell, Heinrich (Hrsg.), Handbuch des Arztrechts (Zürich 1994).

Horn, Stephen, „Should Lack of Diligence in Diagnosis Resulting in Loss of Chance to Live Be a Compensable Injury? - *Cooper v Sisters of Charity of Cincinnati, Inc*, 27 Ohio St. 2d 242, 272 N.E.2d 97 (1971)“, 3 Seton Hall LRev 505-522 (1972).
Huber, Michael, Das Beweismaß im Zivilprozeß (Köln, Berlin, Bonn, München 1983).
Huet, Jérôme, „Responsabilité civile (observations)“, RTDC 1986 (85) 115-144.

Jaeger, Lothar, „Anscheinsbeweis bei Injektionsschäden“, VersR 1989, 994-996.
Jakobs, Günther, Strafrecht. Allgemeiner Teil (2. Aufl. Berlin, New York 1991).
ders, „Risikokonkurrenz - Schadensverlauf und Verlaufshypothese im Strafrecht“, Festschrift für Karl Lackner zum 70. Geburtstag am 18. Februar 1987, hgg. von Wilfried Küper, Ingeborg Puppe und Jörg Tenckhoff (Berlin, New York 1987) 53-75.
Joerden, Jan C., „OGH JBl 1987, 191 - ein Fall alternativer Kausalität?“, JBl 1987, 432-435.
Jolowicz, J.A., Procedural Questions, International Encyclopedia of Comparative Law, Volume XI, Chapter 13 (Tübingen, Den Haag, Paris, New York 1972).
Jones, Michael A., Medical Negligence (London 1991) .
ders., Torts (3rd ed London 1993).
Jourdain, Patrice, „Responsabilité civile (observations)“, RTDC 1992 (93) 107-132.
ders., „Responsabilité civile (observations)“, RTDC 1993 (92) 131-150.
Jung, Herbert, „Die sogenannte Gesamtursache“, AcP 170 (1970) 426-436.

Kahlo, Michael, „Das Bewirken durch Unterlassen bei drittvermitteltem Rettungsgeschehen“, GA 1987, 66-79.
Kahrs, Hans Jürgen, Das Vermeidbarkeitsprinzip und die condicio-sine-qua-non-Formel im Strafrecht (Hamburg 1968).
ders., Kausalität und überholende Kausalität im Zivilrecht (Hamburg 1969).
Karollus, Martin, Funktion und Dogmatik der Haftung aus Schutzgesetzverletzung (Wien, New York 1992).
Kasche, Maria, „Operation in Australien“, Jura 1993, 94-103.
Kaufmann, Arthur, „Die Bedeutung hypothetischer Erfolgsursachen im Strafrecht“, Festschrift für Eberhard Schmidt zum 70. Geburtstag, hgg. von Paul Bockelmann und Wilhelm Gallas (Göttingen 1961) 200-231.
Kaufmann, Franz Josef, Die Beweislastproblematik im Arzthaftungsprozeß (Köln, Berlin, Bonn, München 1984).

Kegel, Gerhard, „Der Individualanscheinsbeweis und die Verteilung der Beweislast nach überwiegender Wahrscheinlichkeit“, Das Unternehmen in der Rechtsordnung, Festgabe für Heinrich Kronstein, hgg. von Kurt H. Biedenkopf, Helmut Coing und Ernst-Joachim Mestmäcker (Karlsruhe 1967) 321-344.

Keith, Darrell L., „Loss of Chance: A Modern Proportional Approach to Damages in Texas“, 44 Baylor LRev 759-823 (1992).

Keller, Jennifer P., Case Note: *Kilpatrick v Bryant*, 868 SW2d 594 (Tenn 1993), 62 TennLRev 375-391 (1995).

Kieffer, Johnathan P., „The Case for Across-the-Board Application of the Loss-of-Chance Doctrine“, 64 DefCounsJ 568-580 (1997).

King, John H., „Causation, Valuation, and Chance in Personal Injury Torts Involving Preexisting Conditions and Future Consequences“, 90 YaleLJ 1353-1397 (1981).

Kleewein, Wolfgang, „Zurechnungszusammenhang und Normadäquanz in der Arzthaftung“, ÖJZ 1993, 161-164.

Kleinewefers, Herbert/Wilts, Walter, „Die Beweislast für die Ursächlichkeit ärztlicher Kunstfehler“, VersR 1967, 617-625.

Kleinknecht, Thomas/Meyer-Goßner, Lutz, Strafprozeßordnung, Gerichtsverfassungsgesetz, Nebengesetze und ergänzende Bestimmungen (43. Aufl. München 1997).

Klinkhammer, Heinz, „Die Kausalitätsvermutung des § 830 Abs.1 Satz 2 BGB bei potentieller Selbstverursachung“, NJW 1972, 1917-1920.

Koziol, Helmut, Österreichisches Haftpflichtrecht. Band I: Allgemeiner Teil (2. Aufl. Wien 1980).

Könning-Feil, Angela, Das Internationale Arzthaftungsrecht (Frankfurt am Main, Berlin, Bern, New York, Paris, Wien 1992).

Kötz, Hein, Deliktsrecht (7. Aufl. Neuwied, Kriftel 1996).

ders., „Ziele des Haftungsrechts“, Festschrift für Ernst Steindorff zum 70. Geburtstag am 13. März 1990, hgg. von Jürgen F. Bauer, Klaus J. Hopt und K. Peter Mailänder (Berlin, New York 1990) 643-666.

Krümpelmann, Justus, „Zur Kritik der Lehre vom Risikovergleich bei den fahrlässigen Erfolgsdelikten“, GA 1984, 491-510.

ders., „Die normative Korrespondenz zwischen Verhalten und Erfolg bei den fahrlässigen Verletzungsdelikten“, Festschrift für Hans-Heinrich Jescheck zum 70. Geburtstag, hgg. von Theo Vogler u.a. (Berlin 1985) 313-335.

Lackner, Karl, Strafgesetzbuch mit Erläuterungen (22. Aufl. München 1997).

Lange, Hermann, Schadensersatz (2. Aufl Tübingen 1990).

Larenz, Karl, Lehrbuch des Schuldrechts. Erster Band. Allgemeiner Teil (14. Aufl. München 1987).

ders., „Präventionsprinzip und Ausgleichsprinzip im Schadensersatzrecht", NJW 1959, 865-866.
Larenz, Karl/Canaris, Claus-Wilhelm, Lehrbuch des Schuldrechts. Zweiter Band. Besonderer Teil. 2. Halbband (13. Aufl. 1994).
Laufs, Adolf, Arztrecht (5. Aufl. München 1993).
ders., „Arzt und Recht - Fortschritte und Aufgaben", NJW 1998, 1750-1761.
Le Tourneau, Philippe, Anmerkung zu CassCrim, 24.2.1970, JCP 1970 II 16456.
Leipold, Dieter, Beweismaß und Beweislast im Zivilprozeß (Berlin, New York 1983).
Lesourd, Noëlle, „La perte d'une chance", GazPal 1963, 2, 49-51.
Lord, Polly A., „Loss of Chance in Legal Malpractice", 61 WashLRev 1479-1502 (1986).
Louisell, David W./Williams, Harold, Medical Malpractice. Volume 2 (New York 1996).
Lukas, Meinhard, Anmerkung zu OGH, 22.8.1996 1 Ob 2139/96g, JBl 1997, 395-396.
Lunney, Mark, „What price a chance?", (1995) 15 LS 1-13.

Maassen, Bernhard M., Beweismaßprobleme im Schadensersatzprozeß (Köln, Berlin, Bonn, München 1975).
Makdisi, John, „Proportional Liability: A Comprehensive Rule to Apportion Tort Damages Based on Probability", 67 NCLRev 1063-1101 (1989).
Malone, Wex S., „Ruminations on Cause-In-Fact", 9 StanLRev 60-99 (1956).
Mangan, Margaret T., „The Loss of Chance Doctrine: A Small Price to Pay for Human Life", 42 SDLRev 279-326 (1997).
Markesinis, Basil S./Deakin, Simon F., Tort Law (3rd ed Oxford 1994).
Masel, Geoff, „Damages in Tort for Loss of Chance", (1995) 1 TLJ 1-27.
Matthies, Karl-Heinz, Schiedsinstanzen im Bereich der Arzthaftung: Soll und Haben (Berlin 1984).
Maurach, Reinhart/Zipf, Heinz, Strafrecht - Allgemeiner Teil. Teilband 1. Grundlehren des Strafrechts und Aufbau der Straftat (8. Aufl. Heidelberg 1992).
Mazeaud, Henri, Léon u. Jean/Chabas, Fran| ois, Le| ons de Droit Civil. Obligations (8. Aufl. Paris 1991).
McCormick, Charles Tilford, On Evidence, bearbeitet von John William Strong, Kenneth S. Broun, George E. Dix, Michael H. Graham, D.H. Kaye, Robert P. Mosteller, E.F. Roberts (4th ed. St. Paul, Minn. 1992).
McGregor, Harvey, Personal Injury and Death, International Encyclopedia of Comparative Law, Volume XI, Chapter 9 (Tübingen, Den Haag, Paris, New York 1972).
Meier, Isaak, „Das Beweismass - ein aktuelles Problem des schweizerischen Zivilprozessrechts", BJM 1989, 57-78.

Mémeteau, Gérard, „Perte d'une chance en droit médical français", (1986) 32 McGillLJ 125-151.
Miller, Warner, „*Herskovits v Group Health Cooperative*: Negligent Creation of a Substantial Risk of Injury is a Compensable Harm", 9 UnivPugetSound LRev 251-291 (1985).
Motsch, Richard, Vom rechtsgenügenden Beweis (Berlin 1983).
Müller-Stoy, Walter, Schadensersatz für verlorene Chancen (Diss. Freiburg i. B. 1973).
Münchener Kommentar zum Bürgerlichen Gesetzbuch. Band 2. Schuldrecht. Allgemeiner Teil (§§ 241-432) Redakteur: Helmut Heinrichs (3. Aufl. München 1994); Band 5. Schuldrecht. Besonderer Teil III (§§ 705-853) Redakteur: Peter Ulmer (3. Aufl. München 1997); zitiert: Münchener Kommentar (- Bearbeiter).
Münchener Kommentar zur Zivilprozeßordnung, Band 1 (§§ 1-354 ZPO) hgg. von Gerhard Lüke und Alfred Walchshöfer (München 1992); zitiert: Münchener Kommentar ZPO (- Bearbeiter).
Münzberg, Wolfgang, Verhalten und Erfolg als Grundlagen der Rechtswidrigkeit und Haftung (Frankfurt am Main 1966).
Mummenhoff, Winfried, Erfahrungssätze im Beweis der Kausalität (Köln, Berlin, Bonn, München 1997).
Musielak, Hans-Joachim, Die Grundlagen der Beweislast im Zivilprozeß (Berlin, New York 1975).
ders., „Das Överviktsprincip. Zum Verhältnis von richterlicher Überzeugung und Wahrscheinlichkeit", Internationales Privatrecht und Rechtsvergleichung im Ausgang des 20. Jahrhunderts. Festschrift für Gerhard Kegel, hgg. von Alexander Lüderitz und Jochen Schröder (Frankfurt am Main 1977) 451-471.

Noble, Margaret, „A second chance", (1996) 146 NLJ 310-311.
Nomos Kommentar zum Strafgesetzbuch. Band 1. Allgemeiner Teil (Baden-Baden 1995) Gesamtredaktion von Ulfried Neumann und Wolfgang Schild; zitiert: NK (- Bearbeiterin).
Note, „Damages Contingent Upon Chance", 18 RutgersLRev 875-894 (1964).

Obligationenrecht I. Kommentar zum Schweizerischen Privatrecht. Art. 1-529 OR, hgg. von Heinrich Honsell, Nedim Peter Vogt und Wolfgang Wiegand (2. Aufl. Basel Frankfurt am Main) zitiert: OR (- Bearbeiter).
Odersky, Walter, Schmerzensgeld bei Tötung naher Angehöriger (München 1989).
Oftinger, Karl/Stark, Emil W., Schweizerisches Haftpflichtrecht. Erster Band: Allgemeiner Teil (5. Aufl. Zürich 1995).
Ott, Werner Eduard, Voraussetzungen der zivilrechtlichen Haftung des Arztes (Zürich 1978).

Otte, Karsten, Marktanteilshaftung (Berlin 1990).
Otto, Harro, „Risikoerhöhungsprinzip statt Kausalitätsgrundsatz als Zurechnungskriterium bei Erfolgsdelikten“, NJW 1980, 417-424.

Palandt, Bürgerliches Gesetzbuch (57. Aufl. München 1998).
Penneau, Jean, Medical responsibility in Western Europe: France, hgg. von Erwin Deutsch und Hans-Ludwig Schreiber (Berlin, Heidelberg, New York, Tokyo 1985) 163-210.
ders., Anmerkung zu CassCiv, 1re, 27.3.1973, D 1973 J 595.
ders., Anmerkung zu CassCiv, 1re, 17.11.1982, D 1983 IR 380.
ders., Anmerkung zu CassCiv, 1re, 8.1.1985 und CassCiv, 1re, 27.3.1985, D 1986 J 391.
Perdue, Jim M., „Recovery for a Lost Chance of Survival: When the Doctor Gambles, Who Puts up the Stakes?“, 28 STexLRev 37-69 (1987).
Perrochet, Lisa/Smith, Sandra J./Colella, Ugo, „Lost Chance Recovery and the Folly of Expanding Medical Malpractice Liability“, 27 Torts & Ins LawJ 615-637 (1992).
Phillips, Andrew F., „Lost Chances in Delict: All or Nothing“, [1995] JuridicalR 401-413.
Phipson, On Evidence, bearbeitet von M.N. Howard, Peter Crane und Daniel A. Hochberg (14th ed London 1990).
Poll, Jens, Die Haftung der Freien Berufe zwischen standesrechtlicher Privilegierung und europäischer Orientierung (Paderborn, München, Wien, Zürich 1994).
Posch, Willibald, „Multikausale Schäden in modernen Haftungsrechten“, Arbeiten zur Rechtsvergleichung: Multikausale Schäden in modernen Haftungsrechten, hgg. von Attila Fenyves und Hans-Leo Weyers (Frankfurt am Main 1988) 153-186.
Praxiskommentar zum ABGB samt Nebengesetzen, Band 7, §§ 1293-1502 ABGB, hgg. von Michael Schwimann (2. Aufl. Wien 1997).
Price, David P.T., „Causation - The Lords' Lost Chance?“, (1989) 38 ICLQ 735-760.
Prölss, Jürgen, Beweiserleichterungen im Schadensersatzprozeß (Karlsruhe 1966).
ders., Anmerkung zu BGH, 11.6.1968 VI ZR 11/67 u. 17.12.1968 VI ZR 212/67, ZZP 82 (1969) 468-475.
Prütting, Hanns, Gegenwartsprobleme der Beweislast (Müchen 1983).
Puppe, Ingeborg, „Zurechnung und Wahrscheinlichkeit. Zur Analyse des Risikoerhöhungsprinzips.“, ZStW 95 (1983) 287-315.
dies., „Die Lehre von der objektiven Zurechnung dargestellt an Beispielsfällen aus der höchstrichterlichen Rechtsprechung.I. Kausalität“, Jura 1997, 408-416.

dies., „Die Lehre von der objektiven Zurechnung dargestellt an Beispielsfällen aus der höchstrichterlichen Rechtsprechung.II.Die Kausalität der Sorgfaltspflichtverletzung, auch Rechtswidrigkeitszusammenhang genannt.", Jura 1997, 513-519.

Quentin, Andreas, Kausalität und deliktische Haftungsbegründung (Berlin 1994).

Ranft, Otfried, „Berücksichtigung hypothetischer Bedingungen beim fahrlässigen Erfolgsdelikt?", NJW 1984, 1425-1433.

Rechberger, Walter, „Der Anscheinsbeweis in der österreichischen Judikatur", ÖJZ 1972, 425-432.

ders., „Maß für Maß im Zivilprozeß? Ein Beitrag zur Beweismaßdiskussion", Festschrift für Gottfried Baumgärtel zum 70. Geburtstag, hgg. von Hanns Prütting (Köln, Berlin, Bonn, München 1990) 471-490.

Reece, Helen, „Losses of Chances in the Law", (1996) 59 MLR 188-206.

Reisig, Robert A., „The Loss of Chance Theory in Medical Malpractice Cases: An Overview", 13 AmJTrialAdv 1163-1185 (1990).

Robertson, Gerald, „Informed Consent to Medical Treatment", (1981) 97 LQR 102-126.

Rodière, René, „Responsabilité civile (observations)", RTDC 1964 (62) 735-758.

Romerio, Flavio, Toxische Kausalität (Basel, Frankfurt am Main 1996).

Rommé, Oliver, Der Anscheinsbeweis im Gefüge von Beweiswürdigung, Beweismaß und Beweislast (Köln, Berlin, Bonn, München 1989).

Rosati, Jack, „Causation in Medical Malpractice: A Modified Valuation Approach", 50 OhioStLJ 469-485 (1989).

Rosenberg, Leo, Die Beweislast (5. Aufl. München 1965).

Roubik, Linda M., „Recovery for 'Loss of Chance' in a Wrongful Death Action - *Herskovits v. Group Health*, 99 Wn. 2d 609, 664 P.2d 474 (1983).", 59 WashLRev 981-992 (1984).

Roxin, Claus, Strafrecht. Allgemeiner Teil. Band I (3. Aufl. München 1997).

ders., „Pflichtwidrigkeit und Erfolg bei fahrlässigen Delikten", ZStW 74 (1962) 411-444.

ders., „Gedanken zur Problematik der Zurechnung im Strafrecht", Festschrift für Richard M. Honig zum 80. Geburtstag am 3. Januar 1970, dargebracht von Freunden und Kollegen (Göttingen 1970) 133-150.

Rummel, Peter, Kommentar zum Allgemeinen bürgerlichen Gesetzbuch. 2. Band. §§ 1175 bis 1502 ABGB; Nebengesetze (2. Aufl. Wien 1992).

Saluden, Marianne, Anmerkung zu CassCiv, 1re, 17.11.1982, JCP 1983 II 20056.

Samson, Erich, Hypothetische Kausalverläufe im Strafrecht (Frankfurt am Main 1972).
Sargos, Pierre, „Réflexions sur les accidents médicaux et la doctrine jurisprudentielle de la Cour de cassation en matière de responsabilité médicale.“, D 1996, Chron, 365-370.
Savatier, René, Anmerkung zu CassCiv, 1re, 14.12.1965 und Cour d'Appel de Paris, 1re Ch, 10.3.1966, JCP 1966 II 14753.
ders., Anmerkung zu CassCiv, 1re, 1.4.1968, D 1968 J 653.
ders., „Une faute peut-elle engendrer la responsabilité d'un dommage sans l'avoir causé?“, D 1970, Chron, 123-126.
Schack, Haimo, Einführung in das US-amerikanische Zivilprozeßrecht (2. Aufl. München 1995).
Schaefer, Elmer J., „Uncertainty and the Law of Damages“, 19 Wm & Mary LRev 719-769 (1978).
Schaffstein, Friedrich, „Die Risikoerhöhung als objektives Zurechnungsprinzip im Strafrecht, insbesondere bei der Beihilfe“, Festschrift für Richard M. Honig zum 80. Geburtstag am 3. Januar 1970, dargebracht von Freunden und Kollegen (Göttingen 1970) 169-184.
Schmid, Eva-Maria, Die Passivlegitimation im Arzthaftpflichtprozeß (Berlin, Heidelberg, New York, London, Paris, Tokyo 1988).
Schönke, Adolf/Schroeder, Horst, Strafgesetzbuch. Kommentar (25. Aufl. München 1997).
Schramm,Stephan, Der Schutzbereich der Norm im Arzthaftungsrecht (Karlsruhe 1992).
Schünemann, Bernd, „Moderne Tendenzen in der Dogmatik der Fahrlässigkeits- und Gefährdungsdelikte“, JA 1975, 647-656.
Schulin, Bertram, Der natürliche - vorrechtliche - Kausalitätsbegriff im zivilen Schadensersatzrecht (Berlin 1975).
Schwab, Karl Heinz, „Das Beweismaß im Zivilprozeß“, Festschrift für Hans W. Fasching zum 65. Geburtstag hgg. von Richard Holzhammer, Wolfgang Jelinek und Peter Böhme (Wien 1988) 451-462.
Schweizerisches Zivilgesetzbuch I, Kommentar zum Schweizerischen Privatrecht. Art. 1-359 ZGB, hgg. von Heinrich Honsell, Nedim Peter Vogt und Wolfgang Wiegand (Basel, Frankfurt am Main 1997); zitiert: ZGB (-Bearbeiter).
Scott, Walter, „Causation in Medico-Legal Practice: A Doctor's Approach to the 'Lost Opportunity' Cases“, (1992) 55 MLR 521-525.
Shoenberger, Allen E., „Medical Malpractice Injury - Causation and Valuation of the Loss of Chance to Survive“, 6 J LegMed 51-83 (1985).
Sick, Joachim, Beweisrecht im Arzthaftungsprozeß (Frankfurt am Main, Bern, New York 1986).

Smith, Donna S., „Increased Risk of Harm: A New Standard for Sufficiency of Evidence of Causation in Medical Malpractice Cases", 65 BULRev 275-313 (1985).
Smith, Jeremiah, „Legal Cause in Actions of Tort", 25 HarvLRev 103-128, 223-252, 303-327 (1911/1912).
Smith, Shelly E., „Lost Chance of Survival in Illinois: The Need for Guidance from the Illinois Supreme Court", 23 Loyola Univ LJ 155-180 (1991).
Soergel, Th. /Siebert, W., Bürgerliches Gesetzbuch mit Einführungsgesetz und Nebengesetzen. Band 2. Schuldrecht I (§§ 241-432) Wissenschaftliche Redaktion von Hans-Joachim Mertens (12. Aufl. Stuttgart, Berlin, Köln 1990).
Speiser, Stuart M., Recovery for Wrongful Death, Volume 2 (2d ed New York 1975, cumulative supplement 1982).
Spendel, Günter, „Zur Unterscheidung zwischen Tun und Unterlassen", Festschrift für Eberhard Schmidt zum 70. Geburtstag, hgg. von Paul Bockelmann und Wilhelm Gallas (Göttingen 1961) 183-199.
Stapleton, Jane, „The Gist of Negligence", (1988) 104 LQR 389-409.
Stark, Emil W., „Die 'Perte d'une Chance' im schweizerischen Recht", Colloque Développements récents du droit de la responsabilité civile, hgg. von Olivier Guillod (Zürich 1991) 101-109.
v. Staudinger, Kommentar zum Bürgerlichen Gesetzbuch mit Einführungsgesetzen und Nebengesetzen. Zweites Buch. Recht der Schuldverhältnisse §§ 243-254. Redaktor: Dieter Medicus (12. Aufl. Berlin 1983).
Stauch, Marc, „Comparative Health Law: Causation Issues in Medical Malpractice: A United Kingdom Perspective", 5 AnnHealthL 247-257 (1996).
ders., „Causation, Risk, and Loss of Chance in Medical Negligence", (1997) 17 OJLS 205-225.
Steffen, Erich/Dressler, Wolf-Dieter, Arzthaftungsrecht. Neuere Entwicklungslinien der BGH-Rechtsprechung (7. Aufl. Köln 1997).
Stegmüller, Wolfgang, Probleme und Resultate der Wissenschaftstheorie und Analytischen Philosophie. Band I. Wissenschaftliche Erklärung und Begründung (Berlin, Heidelberg, New York 1969).
Stein/Jonas, Kommentar zur Zivilprozeßordnung. Band 3 (21. Aufl. Tübingen 1997).
Steiner, Josephine, „Solicitors' liability in negligence: getting damages right", (1990) 6 PN 134-137.
Stoll, Hans, Kausalzusammenhang und Normzweck im Deliktsrecht (Tübingen 1968).
ders., Haftungsfolgen im bürgerlichen Recht (Heidelberg 1993).
ders., „Haftungsverlagerung durch beweisrechtliche Mittel", AcP 176 (1976) 145-196.

ders., „Schadensersatz für verlorene Heilungschancen vor englischen Gerichten in rechtsvergleichender Sicht“, Festschrift für Erich Steffen zum 65. Geburtstag am 28. Mai 1995. Der Schadensersatz und seine Deckung, hgg. von Erwin Deutsch, Ernst Klingmüller und Hans Josef Kullmann (Berlin, New York 1995) 466-478.

Stratenwerth, Günter, Strafrecht. Allgemeiner Teil I (3. Aufl. Köln, Berlin, Bonn, München 1981).

ders., „Bemerkungen zum Prinzip der Risikoerhöhung“, Festschrift für Wilhelm Gallas zum 70. Geburtstag am 22. Juli 1973, hgg. von Karl Lackner, Heinz Leferenz, Eberhard Schmidt, Jürgen Welp und Ernst Amadeus Wolff (Berlin, New York 1973) 227-239.

Systematischer Kommentar zum Strafgesetzbuch, Gesamtredaktion von Hans-Joachim Rudolphi (Berlin, Neuwied, Kriftel; Stand: 26. Lieferung Juni 1997); zitiert: SK (- Bearbeiter).

Thomas, Heinz/Putzo, Hans, Zivilprozeßordnung (20. Auflage München 1997).

Thurman, Francis Wayne, „Loss of Chance in Medical Malpractice Cases: A Contra View With an Examination of Tennessee's Current Position“, 20 MemStULRev 81-118 (1989).

Traeger, Ludwig, Der Kausalbegriff im Straf- und Zivilrecht (2. Abdruck Marburg 1929).

Tunc, André, Introduction, International Encyclopedia of Comparative Law, Volume XI, Chapter 1 (Tübingen, Den Haag, Paris, New York 1974).

ders., „Obligation en général et responsabilité civile (observations)“, RTDC 1963 (61) 326-363.

Ulsenheimer, Klaus, „Erfolgsrelevante und erfolgsneutrale Pflichtverletzungen im Rahmen der Fahrlässigkeitsdelikte“, JZ 1969, 364-369.

Vacarie, Isabelle, „La perte d'une chance“, RRJ 1987-3, 903-932.

Viney, Geneviève, Les obligations - La responsabilité: conditions (Paris 1982).

Viney, Geneviève/Jourdain, Patrice, „L'indemnisation des accidents médicaux: que peut faire la Cour de cassation?“, JCP 1997 I 4016.

Vogel, Rüdiger, Deliktischer Zivilrechtsschutz bei summierten Immissionen unter besonderer Berücksichtigung der Kausalitätsproblematik (Hannover 1992).

Wachsmuth, Werner/Schreiber, Hans-Ludwig, „Sicherheit und Wahrscheinlichkeit - juristische und ärztliche Aspekte“, NJW 1982, 2094-2098.

Walter, Gerhard, Freie Beweiswürdigung (Tübingen 1979).

Weber, Helmut, Der Kausalitätsbeweis im Zivilprozeß (Tübingen 1997).

Weinrib, Ernest J., „A Step forward in Factual Causation“, (1975) 38 MLR 518-534.

Weir, Tony, „Loss of Chance - Compensable in Tort? The Common Law", Colloque Développements récents du droit de la responsabilité civile, hgg. von Olivier Guillod (Zürich 1991) 111-129.

Welser, Rudolf, „Zur solidarischen Haftung bei ungeklärter Verursachung im deutschen Recht", ZfRV 1968, 38-49.

Wessels, Johannes, Strafrecht. Allgemeiner Teil (27. Aufl. München 1997).

Wilkinson, H.W., „The loss of a 'chance' in conveyancing transactions", (1996) 146 NLJ 88-89.

Windeatt, Paul, „Risk, Loss, Negligence and Cause", (1993) 7 AULR 273-289.

Winfield, Percy H., „Death as Affecting Liability in Tort", 29 ColLRev 239-254 (1929).

Winfield, Percy H./Jolowicz, J.A., On Tort, bearbeitet von W.H.V. Rogers (14th ed London 1994).

Wolf, Jonathan D., „Playing the Percentages: A Re-examination of Recovery for Loss of Chance", 26 Santa Clara LRev 429-459 (1986).

Wolfslast, Gabriele, Anmerkung zu BGH, 4.3.1981 2 StR 742/80, NStZ 1981, 219-220.

Wolfstone, Leon L./Wolfstone, Thomas J., „Recovery of Damages for the Loss of a Chance", MedTrialTechQuart 121-144 (1982).

Woodside III, Frank C./ Schlesinger, John E./ Jevicky, John E./ Combs, Claire G./Ross, Clara Sue, „Loss of Chance: A Fundamental Change in Proximate Causation", 59 DefCounsJ 42-49 (1992).

Wright, Richard W., „Causation in Tort Law", 73 CalLRev 1735-1828 (1985).

Zekoll, Joachim, „Common Law und Civil Law im Privatrecht von Louisiana", ZVglRWiss 93 (1994) 323-342.

Zweigert, Konrad/Kötz, Hein, Einführung in die Rechtsvergleichung (3. Aufl. Tübingen 1996).

Zöller, Richard, Zivilprozeßordnung (20. Aufl. Köln 1996).

Entscheidungsverzeichnis

I. *Common-Law*-Jurisdiktionen

Aasheim v Humberger, 695 P2d 824 (Mont 1985)
Admiralty Commissioner v SS Amerika [1917] AC 38
Alcock v Chief Constable of South Yorkshire [1992] 1 AC 310
Alfonso v Lund, 783 F2d 958 (10th Cir 1986)
Allied Maples Ltd v Simmons & Simmons (a firm) [1995] 4 AllER 907, CA
Ambrose v New Orleans Police Department Ambulance Service, 639 So2d 216 (La 1994)
Andersen v Brigham Young University, 879 FSupp 1124 (DUtah 1995)
Andersen v Minneapolis, St. P. & S.S.M. Ry. Co, 179 NW 45 (Minn 1920)
Anderson v Chasney [1949] 4 DLR 71 (Man CA)
Anderson v Picciotti, 676 A2d 127 (NJ 1996)

Bader v Johnson, 675 NE2d 1119 (IndApp 1997)
Bagley v North Herts Health Authority (1986) 136 NLJ 1014, QB
Baker v Bolton (1808) 1 Camp 493, (1808) 170 ER 1033
Barkway v South Wales Transport Co.[1950] 1 AllER 392, HL
Barnett v Chelsea and Kensington Hospital Management Committee [1969] 1 QB 428
Barre v Nadell, 657 So2d 514 (LaApp 1995)
Bartley v Pailet, 527 So2d 430 (LaApp 1988)
Bater v Bater [1951] P 35, CA
Battenfeld v Gregory, 589 A2d 1059 (NJSuperAD 1991)
Bell v United States, 854 F2d 881 (6th Cir 1988)
Bertram v Wunning, 358 SW2d 803 (MassApp 1965)
Bishop v Tri County Radiologists, Ltd, 653 NE2d 421 (IllApp 1995)
Blackmon v Langley, 737 SW2d 455 (Ark 1987)
Blinzler v Marriott International, Inc, 81 F3d 1148 (1st Cir 1996)
Blondel v Hays, 403 SE2d 340 (Va 1991)
Blyth v Blyth [1966] AC 643
Boburka v Adcock, 979 F2d 425 (6th Cir 1992)
Bolitho v City and Hackney Health Authority [1993] 4 MedLR 381, CA
Bonnington Castings Ltd v Wardlaw [1956] AC 613
Boody v United States, 706 FSupp 1458 (DKan 1989)
Boose v Digate, 246 NE2d 50 (IllApp 1969)
Borgren v United States, 723 FSupp 581 (DKan 1989)
Borowski v von Solbrig, 328 NE2d 301 (Ill 1975)
Boudoin v Nicholson, Baehr, Calhoun & Lanasa, 698 So2d 469 (LaApp 1997)
Bourne v Seventh Ward General Hospital, 546 So2d 197 (LaApp 1989)
Bradley v Rogers, 879 SW2d 947 (TexApp 1994)

Briffett v Gander & District Hospital Board (1996) 29 CCLT2d 251 (Nfld CA)
Bromme v Pavitt, 7 CalRptr2d 608 (CalApp 1992)
Bronson v Hitchcock Clinic, 677 A2d 665 (NH 1996)
Brown v Koulizakis, 331 SE2d 446 (Va 1985)

Cabral v Gubta (1992) 13 CCLT2d 323 (Man CA)
CES v Superclinics (Australia) Pty Ltd (1995) 38 NSWLR 47 (CA)
Chambers v Rush-Presbyterian-St. Luke's Medical Center, 508 NE2d 426 (IllApp 1987)
Chaplin v Hicks [1911] 2 KB 786, CA
Cipollone v Liggett Group, Inc., 683 FSupp 1487 (DNJ 1988)
Clark v Baton Rouge General Medical Center, 657 So2d 741 (LaApp 1995)
Clark v Hoerner, 525 A2d 377 (PaSuper 1987)
Clark v MacLennan [1983] 1 AllER 417, QB
Clayton v Thompson, 475 So2d 439 (Miss 1985)
Cloys v Turbin, 608 SW2d 697 (TexApp 1980)
Coffran v Hitchcock Clinic, Inc, 683 F2d 5 (1st Cir 1982)
Cook v Lewis [1951] SCR 830
Cooper v Hartman, 533 A2d 1294 (Md 1987)
Cooper v Sisters of Charity of Cincinnati,Inc, 272 NE2d 97 (Ohio 1971)
Cooper v Slade (1858) 6 HL Cas 746
Corey v Havener, 65 NE 69 (Mass 1902)
Craig v Chambers, 17 OhioSt 253 (1867)
Curry v Summer, 483 NE2d 711 (IllApp 1985)

Daniels v Hadley Memorial Hospital, 566 F2d 749 (DC Cir 1977)
Daugert v Pappas, 707 P2d 600 (Wash 1985)
Davies v Taylor [1974] AC 207
DeBurkarte v Louvar, 393 NW2d 131 (Iowa 1986)
Delaney v Cade, 873 P2d 175 (Kan 1994); 986 F2d 387 (10th Cir 1993); 756 FSupp 1476 (DKan 1991)
Dickey v Daughety, 917 P2d 889 (Kan 1996), 905 P2d 697 (KanApp 1995)
Dillon v Glover, 597 NE2d 971 (IndApp 1992)
Donnini v Ouano, 810 P2d 1163 (KanApp 1991)
Donoughue v Stevenson [1932] AC 562
Dowling v Lopez, 440 SE2d 205 (GaApp 1993)
Duarte v Zachariah, 28 CalRptr2d 88 (CalApp 1994)
Dumas v Cooney, 1 CalRptr2d 584 (CalApp 1991)

Ehlinger by Ehlinger v Sipes, 454 NW2d 754 (Wis 1990)
Ellis v Wallsend District Hospital (1989) 17 NSWLR 553 (CA)
Estep v Pope, 842 P2d 360 (OklaApp 1992)
Evers v Dollinger, 471 A2d 405 (NJ 1984)

F v R (1983) 33 SASR 189 (FC)
Fabio v Bellomo, 504 NW2d 758 (Minn 1993)
Falcon v Memorial Hospital, 462 NW2d 44 (Mich 1990)
Fennell v Southern Maryland Hospital, 580 A2d 206 (Md 1990)
Finn v Schammel, 412 NW2d 147 (WisApp 1987)
Fischer v Canario, 670 A2d 516 (NJ 1996)

Gardner v National Bulk Carriers, Inc, 310 F2d 284 (4th Cir 1962)
Gardner v Pawliw, 666 A2d 592 (NJ Super1995)
George v LDS Hospital, 797 P2d 1117 (UtahApp 1990)
Glicklich v Spievack, 452 NE2d 287 (MassApp 1983)
Gooding v University Hospital Building, Inc, 445 So2d 1015 (Fla 1984)
Graham v Willis-Knighton Medical Center, 699 So2d 365 (La 1997)
Gray v Ford Motor Co, 914 SW2d 464 (Tenn 1996)
Greco v United States, 893 P2d 345 (Nev 1995)
Griffett v Ryan, 443 SE2d 149 (Va 1994)

H v Ministry of Defence [1991] 2 QB 834, CA
Haag v Marshall (1989) 1 CCLT2d 99 (BC CA)
Hajian v Holy Family Hospital, 652 NE2d 1132 (IllApp 1995)
Hall v Meyrick [1957] 2 QB 455, CA & QB
Hamil v Bashline, 392 A2d 1280 (Pa 1978), 307 A2d 57 (PaSuper 1973)
Hanselman v McArdle, 267 SE2d 531 (SC 1980)
Hare v Foster G. McGaw Hospital, 549 NE2d 778 (IllApp 1989)
Hardy v Southwestern Bell Tel Co, 910 P2d 1024 (Okla 1996)
Hastings v Baton Rouge General Hospital, 498 So2d 713 (La 1986)
Haynes v Calcasieu Medical Transportation, Inc, 702 So2d 1024 (LaApp 1997)
Herskovits v Group Health Cooperative of Puget Sound, 664 P2d 824 (Wash 1983)
Hicks v United States, 368 F2d 626 (4th Cir 1966)
Hilt v Roy, 1995 MinnApp Lexis 1098
Hiser v Randolph, 617 P2d 774 (ArizApp 1980)
Holton v Memorial Hospital, 679 NE2d 1202 (Ill 1997)
Hotson v East Berkshire Area Health Authority [1987] AC 750, CA & HL; *sub nom Hotson v Fitzgerald* [1985] 3 AllER 167, QB
Hurley v United States, 923 F2d 1091 (4th Cir 1991)

James v United States, 483 FSupp 581 (ND Cal 1980)
Jeanes v Milner, 428 F2d 598 (8th Cir 1970)
Jones v Montefiori Hospital, 431 A2d 929 (Pa 1981)
Jones v Owings, 456 SE2d 371 (SC 1995)
Judge v Huntingdon Health Authority [1996] 6 MedLR 223, QB

Kallenberg v Beth Israel Hospital, 357 NYS2d 508 (NY 1974)
Kansas City, M. & O. Ry.v Bell, 197 SW 322 (TexApp 1917)
Kenyon v Bell, 1953 SC 125
Kilpatrick v Bryant, 868 SW2d 594 (Tenn 1993)
Kirschenbaum-Green v Surchin (1993) 20 CCLT2d 207 (Cour supèrieure du Quèbec)
Kitchen v Royal Air Force Association [1958] 1 WLR 563, CA
Kozan v Comstock, 270 F2d 839 (5th Cir 1959)
Kramer v Lewisville Memorial Hospital, 858 SW2d 397 (Tex 1993)
Kroll v United States, 708 FSupp 117 (D Md 1989)
Kuhn v Banker, 13 NE2d 242 (Ohio 1938)

LaBieniec v Baker, 526 A2d 1341 (ConnApp 1987)
Laferrière v Lawson [1991] 1 SCR 541; rev [1989] RJQ 27 (CA).
Ladner v Campbell, 515 So2d 882 (Miss 1987)
Lanzet v Greenberg, 594 A2d 1309 (NJ 1991)
Law Estate v Simice (1995) 27 CCLT2d 127 (BC CA)
Leubner v Sterner, 493 NW2d 119 (Minn 1992)

Malec v JC Hutton Proprietary Ltd (1990) 169 CLR 639
Mallett v McMonagle [1970] AC 166
Manning v Twin Falls Clinic & Hospital, 830 P2d 1185 (Idaho 1992)
Martin v East Jefferson General Hospital, 582 So2d 1272 (La 1991)
Mayhue v Sparkman, 653 NE2d 1384 (Ind 1995)
Mays v United States, 608 FSupp 1476 (DColo 1985)
McAfee v Baptist Medical Center, 641 So2d 265 (Ala 1994)
McBride v United States, 462 F2d 72 (9th Cir 1972)
McCrery v Willis Knighton Medical Center, 705 So2d 753 (LaApp 1997)
McKain v Bisson, 12 F3d 692 (7th Cir 1993)
McKellips v Saint Francis Hospital, Inc, 741 P2d 467 (Okla 1987)
Miller v Minister of Pensions [1947] 2 AllER 372, KB
Milwaukee & StPRy Company v Kellogg, 94 US 256 (1877)
Moore v University of Cincinnati Hospital, 639 NE2d 798 (OhioApp 1994)
Morales v United States, 642 FSupp 269 (DPuerto Rico 1986)
Morrison v Stallworth, 326 SE2d 387 (NCApp 1987)
Murrey v United States, 73 F3d 1448 (7th Cir 1996)

Netto v Goldenberg, 640 NE2d 948 (IllApp 1994)
Newis v Lark (1571) Plowd 403
Newsom v Gold Cross Service, Inc, 779 P2d 692 (UtahApp 1989)
Ng Chun Pui v Lee Chuen Tat [1988] RTR 298, PC
Norris v Blake (1997) 41 NSWLR 49 (CA).

Northern Trust Company v Louis A. Weiss Memorial Hospital, 493 NE2d 6 (IllApp 1986)

O'Brien v Stover, 443 F2d 1013 (8th Cir 1971)
Oliver v Miles, 110 So 666 (Miss 1927)
Otter v Church, Adams, Tatham & Co [1953] 1 Ch 280

Palsgraf v Long Island R Co, 162 NE 99 (NY 1928)
Park Place Hospital v The Estate of Lola Milo, 909 SW2d 508 (Tex 1995)
Peeples v Sargent, 253 NW2d 459 (Wis 1977)
Perez v Las Vegas Medical Center, 805 P2d 589 (Nev 1991)
Pfiffner v Correa, 643 So2d 1228 (La 1994)
Phillips v Eastern Maine Medical Center, 565 A2d 306 (Me 1989)
Pietrantonio v United States, 827 FSupp 458 (WD Mich 1993)
Pillsbury-Flood v Portsmouth Hospital, 512 A2d 1126 (NH 1986)
Poertner v Swearingen, 695 F2d 435 (10th Cir 1982)
Pope v Elder, 671 So2d 730 (AlaApp 1995)
Powell v Guttman (1979) 89 DLR3d 180 (Man CA)
Prabhu v Levine, 855 P2d 543 (Nev 1993)

Rachel Smith v State of Louisiana, Department of Health and Hospitals, 676 So2d 543 (La 1996), 647 So2d 653 (LaApp 1994)
Re R (a Minor) (No 2) (1996) 33 BMLR 178, CA
Reibl v Hughes [1980] 2 SCR 880
Richmond County Hospital Authority Operating University Hospital v Dickerson, 356 SE2d 549 (GaApp1987)
Rios v Bigler, 67 F3d 1543 (10th Cir 1995)
Roberson v Counselman, 686 P2d 149 (Kan 1984)
Roberts v Ohio Permanente Med Group, Inc, 668 NE2d 480 (Ohio 1996)
Roe v Ministry of Health [1954] 2 AllER 131, CA
Roseberry v Starkovich, 387 P2d 321 (NM 1963)

Sacks v Mambu, 632 A2d 1333 (PaSuper 1993)
Safranic v Belany, 623 NE2d 61 (OhioApp1993)
Sanders v Ghrist, 421 NW2d 520 (Iowa 1988)
Scafidi v Seiler, 574 A2d 398 (NJ 1990)
Schlachet v Cleveland Clinic Foundation, 661 NE2d 259 (OhioApp 1995)
Schrantz v Luancing, 527 A2d 967 (NJSuper 1986)
Seal v Bogalusa Community Medical Center, 665 So2d 52 (LaApp 1995)
Sellars v Adelaide Petroleum (1994) 179 CLR 332
Sharp v Kaiser Foundation Health Plan of Colorado, 710 P2d 1153 (ColoApp 1985)
Sherer v James, 351 SE2d 148 (SC 1986)

Shively v Klein, 551 A2d 41 (Del 1988)
Short v United States, 908 FSupp 227 (DVt 1995)
Sidaway v Bethlem Royal Hospital [1985] 1 AC 871
Simmons v West Covina Medical Clinic, 260 CalRptr 772 (CalApp 1989)
Sindell v Abbott Laboratories, 607 P2d 924 (Cal 1980)
Smith v State of Louisiana Through the Department of Health and Human Resources Administration, 523 So2d 815 (La 1988)
Snell v Farrell [1990] 2 SCR 311
Snia v United Medical Center of New Orleans, 637 So 1290 (LaApp 1994)
Sochard v St. Vincent's Medical Center, 510 A2d 1367 (ConnApp 1986)
Suite v Cooke (1993) 15 CCLT2d 15 (Cour supérieure du Québec)
Sullivan v Micallef (1994) AustTortsReps 81-308.
Summers v Tice, 199 P2d 1 (Cal 1948)
Sweeney v Erving, 228 US 233 (1913)

Tahir v Haringey Health Authority [1996] MedLRev 92, CA
Taylor v City of Yonkers, 11 NE 642 (NY 1887)
Taylor v Medenica, 479 SE2d 35 (SC 1996)
Thomas v Corso, 288 A2d 379 (Md 1972)
Thompson v Sun City Community Hospital, Inc, 688 P2d 605 (Ariz 1984)
Thornton v CAMC, ETC, 305 SE2d 316 (WVa 1983)
Todd v Sauls, 647 So2d 1366 (LaApp 1994)
Travis v Scott III, 667 So2d 674 (Ala 1995)
Truan v Smith, 578 SW2d 73 (Tenn 1979)

United States v Anderson, 669 A2d 73 (Del 1995)
United States v Cumberbatch, 647 A2d 1098 (Del 1994)

Volz v Ledes, 895 SW2d 677 (Tenn 1995)

Wachtel v National Alfalfa Journal Co, 176 NW 801 (Iowa 1920)
Waffen v United States of America, Department of Health and Human Services, 799 F2d 911 (4th Cir 1986)
Watson v Medical Emergency Services, Corp., 532 NE 1191 (IndApp 1989)
Webster v Chapman (1996) 30 CCLT2d 164 (Man QB)
Weiher v Gupton, 1995 Okla Lexis 7
Weimer v Hetrick, 525 A2d 643 (Md 1987)
Wendland v Sparks and David County Hospital, 574 NW2d 327 (Iowa 1998)
Werner v Blankfort, 42 CalRptr2d 229 (CalApp 1995)
Weymers v Khera, 533 NW2d 334 (Mich 1995)
White v Touro Infirmary, 633 So2d 755 (LaApp 1994)
Whitfield v Whittaker Memorial Hospital, 169 SE2d 563 (Va 1969)
Williams v Spring Hill Memorial Hospital, 646 So2d 1373 (Ala 1994)

Williams v Wraxall, 39 CalRptr2d 658 (CalApp 1995)
Wilsher v Essex Area Health Authority [1988] 1 AllER 871, HL
Wollen v DePaul Health Center, 828 SW2d 681 (Mo 1992)

Yepremian v Scarborough General Hospital (1980) 13 CCLT 105 (Ont CA)

Zalesak v Taylor, 888 SW2d 143 (TexApp 1994)
Zapf v Muckalt (1996) 26 CCLT 2d 61 (BC CA)
Zueger v Public Hospital District No. 2 of Snohomish County, 789 Pa2d 326 (WashApp 1990)

II. Frankreich

1. Cour de Cassation

CassReq, 17.7.1889 S 1891, 1, 399
CassCiv, 22.11.1934 GazPal 1934, 2, 821
CassCiv, 20.5.1936 D 1936 J 88
CassCiv, 29.9.1941 GazPal 1941, 2, 437
CassCiv, 13.1.1942 S 1942, 1,97
CassCiv, 1re, 9.7.1954 D 1954 J 627
CassCiv, 2e, 14.11.1958 GazPal 1959, 1, 31
CassCiv, 2e, 17.2.1961 D 1961 somm 61; GazPal 1961, 1, 400
CassCiv, 1re, 29.4.1963 BullCiv I No 229
CassCiv, 1re, 16.3.1965 D 1965 J 425 (*L. Crémieu*)
CassCiv, 1re, 14.12.1965 BullCiv I No 707, JCP 1966 II 14753 (*R. Savatier*)
CassCiv, 2e, 20.12.1966 D 1967 J 669 (*M. Le Roy)*
CassCiv, 1re, 1.4.1968 D 1968 J 653 (*R. Savatier)*
CassCiv, 1re, 18.3.1969 BullCiv I No 117, D 1970 Somm 70, JCP 1970 II 16422
CassCiv, 1re, 27.1.1970 D 1970 Somm 70, JCP 1970 II 16422
CassCrim, 24.2.1970 D 1970 J 307, JCP 1970 II 16456
CassCiv, 1re, 17.11.1970 BullCiv I No 301
CassCiv, 1re, 25.5.1971 BullCiv I No 171, JCP 1971 II 16859 (1.Fall)
CassCiv, 1re, 25.5.1971 BullCiv I No 172, JCP 1971 II 16859 (2.Fall)
CassCiv, 1re, 25.5.1971 JCP 1971 II 16859 (3.Fall)
CassCiv, 1re, 25.5.1971 D 1972 J 534 (*J. Penneau)*
CassCiv, 2e, 3.11.1971 D 1972 J 667 (*C. Lapoyade Deschamps*)
CassCrim, 23.11.1971 D 1971 J 225.
CassCiv, 2e, 4.5.1972 D 1972 J 596 (*P. Le Tourneau*); GazPal 1972, 2, 521
CassCiv, 2e, 25.1.1973 JCP 1974 II 17641
CassCiv, 1re, 27.3.1973 D 1973 J 595 (*J. Penneau)*; JCP 1974 II 17643 (1. Fall) (*R. Savatier)*, GazPal 1973, 2, 630 (*P.-J. Doll*)

CassCiv, 1re, 12.7.1976 BullCiv I No 258.
CassCiv, 2e, 9.3.1977 BullCiv II No 70
CassCiv, 1re, 2.5.1978 BullCiv I No 166
CassCiv, 1re, 13.6.1978 BullCiv I No 226
CassCiv, 1re, 20.2.1979 BullCiv No 68, D 1979 IR 250
CassCiv, 1re, 24.3.1981 BullCiv I No 98, D 1981 J 546 (*J. Penneau*)
CassCiv, 1re, 17.11.1982 BullCiv I No 333, D 1984 J 305 (*A. Dorsner-Dolivet*), JCP 1983 II 20056 (*M. Saluden*)
CassCrim, 3.11.1983 JCP 1985 II 20360 (*Y. Chartrier*)
CassCiv, 2e, 9.11.1983 JCP 1985 II 20360 (*Y. Chartrier)*
CassCiv, 1re, 2.10.1984 BullCiv I No 245
CassCiv, 1re, 8.1.1985 D 1986 J 390 (*J.Penneau*)
CassCiv, 2e, 27.11.1985 BullCiv II No 52
CassCiv, 1re, 27.3.1985 D 1986 J 390 (*J. Penneau*)
CassCiv, 1re, 31.5.1988 BullCiv I No 165
CassCiv, 1re, 7.6.1988 BullCiv I No 180, JCP 1988 IV 287
CassCiv, 1re, 20.7.1988 JCP 1988 IV 351
CassCiv, 1re, 11.10.1988 BullCiv I No 281, JCP 1988 IV 396
CassCiv, 1re, 18.1.1989 BullCiv I No 19
CassCiv, 2e, 22.2.1989 BullCiv I No 46
CassCiv, 1re, 7.6.1989 BullCiv I No 230, D 1991 J 158 (*J.-P. Couturier*), D 1991 Somm 323 (*J.-L. Aubert*)
CassCiv, 1re, 10.1.1990 BullCiv I No 10, D 1991 Somm 358 (*J. Penneau*)
CassCiv, 1re, 7.2.1990 BullCiv I 1990 No 39, D 1991 Somm 183 (*J. Penneau*)
CassCiv, 1re, 5.2.1991 BullCiv I No 55, D 1991 Somm 358 (*J. Penneau*), GazPal 1992, 2, 459 (*F. Chabas*)
CassCiv, 1re, 16.7.1991 BullCiv I No 248; JCP 1992 II 21947 (*A. Dorsner-Dolivet*)

2. Cours d'Appel

Angers, 1re ch, 19.5.1931 GazPal 1931, 2, 218
Lyon, 1re ch, 17.12.1958 GazPal 1959, 1, 195
Paris, 1re ch, 10.3.1966 II 14753 (*R. Savatier*)
Pau, 1re ch, 8.3.1990 S 1991 somm 357 (*J. Penneau*)

3. Tribunaux Civil

Seine, 1re ch, 16.12.1953 GazPal 1954, 1, 80

III. Deutschland

1. Reichsgericht

30.6.1904 Rep VI 483/03 RGZ 58, 357
5.12.1927 VI 257/27 RGZ 119, 204
4.7.1938 V 17/38 RGZ 158, 34
17.5.1943 III 81/42 RGZ 171, 168

2. Bundesverfassungsgericht

25.7.1979 2 BvR 878/74 BVerfGE 52, 131

3. Bundesgerichtshof

23.10.1951 I ZR 31/51 BGHZ 3, 261
29.2.1956 VI ZR 352/54 BGHZ 29, 137
25.9.1957 4 StR 354/57 BGHSt 11, 1
22.4.1958 VI ZR 65/57 BGHZ 27, 137
24.2.1959 5 StR 618/58 BGHSt 13, 13
16.3.1959 III ZR 20/58 BGHZ 29, 393
1.6.1959 III ZR 49/58 BGHZ 30, 154
3.2.1961 VI ZR 151/59 VersR 1961, 374
13.11.1962 VI ZR 214/61 VersR 1963, 67
27.4.1966 2 StR 36/66 BGHST 21, 59
13.10.1966 II ZR 173/64 NJW 1967, 551
12.3.1968 VI ZR 85/66 NJW 1968, 1185
11.6.1968 VI ZR 116/67 NJW 1968, 2291 (*P. Hanau*); ZZP 82 (1969) 462 (*J. Prölss*)
17.12.1968 VI ZR 212/67 ZZP 82 (1969) 466 (*J. Prölss*)
17.2.1970 III ZR 139/67 BGHZ 53, 245
3.3.1970 VI ZR 171/68 VersR 1970, 544
6.5.1971 VII ZR 302/69 VersR 1971, 818
17.9.1974 VI ZR 86/72 VersR 1974, 1222
22.6.1976 VI ZR 100/75 BGHZ 67, 14
3.12.1976 VI ZR 183/76 BGHZ 72, 132
7.11.1978 VI ZR 128/76 BGHZ 72, 355
24.4.1979 VI ZR 204/76 BGHZ 74, 221
22.1.1980 VI ZR 263/78 VersR 1980, 428
20.5.1980 1 StR 177/80 NStZ 1981, 218 (*G. Wolfslast*)
7.10.1980 VI ZR 176/79 BGHZ 78, 209
16.6.1981 VI ZR 38/80 NJW 1981, 2513
14.7.1981 VI ZR 35/79 VersR 1981, 1033

21.9.1982 VI ZR 302/80 BGHZ 85, 212
7.2.1984 VI ZR 174/82 BGHZ 90, 103
10.8.1984 1 StR 9/84 NStZ 1985, 26
29.11.1985 2 StR 596/85 NStZ 1986, 217
3.12.1985 VI ZR 106/84 NJW 1986, 1540 (*E. Deutsch*)
13.1.1987 VI ZR 82/86 NJW 1987, 1481
3.2.1987 VI ZR 56/86 BGHZ 99, 391
27.5.1987 V ZR 59/86 BGHZ 101, 106
10.11.1987 VI ZR 39/87 NJW 1988, 1513
29.3.1988 VI ZR 185/87 VersR 1988, 721
7.6.1988 VI ZR 91/87 BGHZ 104, 323
28.6.1988 VI ZR 217/87 NJW 1988, 2949
25.4.1989 VI ZR 175/88 BGHZ 107, 222
6.6.1989 VI ZR 241/88 BGHZ 107, 359
10.5.1990 IX ZR 113/89 NJW 1990, 2882
6.7.1990 2 StR 549/89 BGHSt 37, 106
25.11.1992 VIII ZR 170/91 BGHZ 120, 281
4.5.1993 VI ZR 283/92 NJW 1993, 2234
11.5.1993 VI ZR 207/92 NJW 1993, 2383
1.2.1994 VI ZR 65/93 NJW 1994, 1594
4.10.1994 VI ZR 205/93 VersR 1995, 46
13.2.1996 VI ZR 402/94 BGHZ 132, 47
13.1.1998 VI ZR 242/96 NJW 1998, 1780
27.1.1998 VI ZR 339/96 NJW 1998, 1782

4. Oberlandesgerichte

Bamberg
7.5.1992 1 U 133/86 VersR 1993, 1019

Berlin (Kammergericht)
24.4.1980 20 U 95/78 VersR 1981, 681

Celle
9.1.1984 1 U 5/83 VersR 1985, 1047

Düsseldorf
14.6.1984 8 U 155/81 AHRS Kza 6562/9
12.7.1985 8 U 218/84 NJW-RR 1986, 517
30.12.1985 8 U 198/84 NJW 1986, 1548
31.1.1991 8 U 7/90 VersR 1992, 240

Frankfurt am Main
26.1.1978 16 U 301/75 VersR 1979, 39

Hamburg
9.6.1989 1 U 123/88 AHRS Kza 6578/8

Hamm
27.6.1979 3 U 366/78 VersR 1980, 291
19.3.1980 3 U 247/79 AHRS Kza 6562/4
30.11.1981 3 U 238/81 AHRS Kza 6562/5
9.11.1992 3 U 312/91 AHRS Kza 6560/21
7.6.1995 3 U 248/94 VersR 1996, 1371

Karlsruhe
17.8.1988 7 U 36/86 VersR 1989, 195

Köln
28.1.1988 7 U 83/85 VersR 1989, 631
30.5.1990 27 U 169/89 VersR 1991, 186 (*E. Deutsch*); JR 1991, 460 (*D. Giesen)*
12.6.1991 27 U 25/90 VersR 1992, 1003

München
2.2.1989 1 U 4573/88 VersR 1990, 313
6.6.1991 24 U 590/89 VersR 1992, 964
4.6.1992 1 U 3379/91 VersR 1993, 607

Oldenburg
26.6.1990 5 U 32/90 VersR 1992, 184
14.1.1997 5 U 139/95 VersR 1997, 1405

Saarbrücken
11.12.1985 1 U 87/83 AHRS Kza 6562/12

Stuttgart
20.7.1989 14 U 21/88 VersR 1990, 385
21.6.1990 14 U 3/90 VersR 1991, 821
26.9.1991 14 U 8/91 NJW 1992, 2970
21.1.1993 14 U 34/91 VersR 1994, 313
4.2.1993 14 U 51/92 VersR 1994, 106
23.9.1993 14 U 59/92 VersR 1994, 1306

IV. Schweiz

1. Bundesgericht

2.11.1905 BGE 32 II 669
23.11.1927 BGE 53 II 419
6.5.1931 BGE 57 II 196
28.10.1941 BGE 67 II 119
26.5.1964 BGE 90 II 227
8.5.1991 BGE 117 II 269

2. Obergericht Zürich

17.11.1988 SJZ 1989, 119

V. Österreich

Oberster Gerichtshof

11.6.1952 1 Ob 592/51 JBl 1953, 18
29.2.1956 2 Ob 75 EvBl 1956/249
4.2.1959 1 Ob 504/58 JBl 1960, 188
7.5.1985 2 Ob 544/85 JBl 1986, 576 (*E. Deutsch*)
9.11.1989 7 Ob 648/89 JBl 1990, 524 (*W. Holzer*)
10.10.1991 6 Ob 604/91 JBl 1992, 522
17.6.1992 2 Ob 538/92 JBl 1993, 316
4.6.1993 8 Ob 608/92 EvBl 1994/13
8.7.1993 2 Ob 590/92 JBl 1994, 540 (*R. Bollenberger*)
7.11.1995 4 Ob 554/95 JBl 1996, 181
22.8.1996 1 Ob 2189/96g JBl 1997, 392 (*M. Lukas*)
30.9.1996 6 Ob 2068/96b JBl 1997, 40

Die Reihe RECHT UND MEDIZIN wird von den Professoren Deutsch (Göttingen), Laufs (Heidelberg) und Schreiber (Göttingen) herausgegeben. Ihre Aufgabe ist es, Monographien und Dissertationen auf dem Gebiet des medizinischen Rechts zu veröffentlichen. Dieses Gebiet, das an Bedeutung noch zunehmen wird, umfaßt auf der juristischen Seite sowohl zivilrechtliche als auch straf- und öffentlich-rechtliche Fragestellungen. Die Fragen können von der juristischen oder von der medizinischen Seite aus untersucht werden. Übergreifendes Ziel ist es, den medizin-rechtlichen Fragen nicht etwa ein gängiges juristisches Denkschema überzuwerfen, sondern die besonderen Probleme der Regelung medizinischer Sachverhalte eigenständig aufzufassen und darzustellen.

Die Adressen der drei Herausgeber sind:

Prof. Dr. Dr. h.c. Erwin Deutsch (Zivilrecht und Rechtsvergleichung)
Höltystraße 8
37085 Göttingen

Prof. Dr. Dr. h.c. Adolf Laufs (Zivilrecht und Rechtsgeschichte)
Kohlackerweg 12
69151 Neckargemünd

Prof. Dr. Dr. h.c. Hans-Ludwig Schreiber (Strafrecht und Rechtstheorie)
Linzer Straße 1
30519 Hannover

RECHT UND MEDIZIN

Band 1 Erwin Deutsch: Das Recht der klinischen Forschung am Menschen. Zulässigkeit und Folgen der Versuche am Menschen, dargestellt im Vergleich zu dem amerikanischen Beispiel und den internationalen Regelungen. 1979.

Band 2 Thomas Carstens: Das Recht der Organtransplantation. Stand und Tendenzen des deutschen Rechts im Vergleich zu ausländischen Gesetzen. 1979.

Band 3 Moritz Linzbach: Informed Consent. Die Aufklärungspflicht des Arztes im amerikanischen und im deutschen Recht. 1980.

Band 4 Volker Henschel: Aufgabe und Tätigkeit der Schlichtungs- und Gutachterstellen für Arzthaftpflichtstreitigkeiten. 1980.

Band 5 Hans Lilie: Ärztliche Dokumentation und Informationsrechte des Patienten. Eine arztrechtliche Studie zum deutschen und amerikanischen Recht. 1980.

Band 6 Peter Mengert: Rechtsmedizinische Probleme in der Psychotherapie. 1981.

Band 7 Hazel G.S. Marinero: Arzneimittelhaftung in den USA und Deutschland. 1982.

Band 8 Wolfram Eberbach. Die zivilrechtliche Beurteilung der *Humanforschung*. 1982.

Band 9 Wolfgang Deuchler: Die Haftung des Arztes für die unerwünschte Geburt eines Kindes ("wrongful birth"). Eine rechtsvergleichende Darstellung des amerikanischen und deutschen Rechts. 1984.

Band 10 Hermann Schünemann: Die Rechte am menschlichen Körper. 1985.

Band 11 Joachim Sick: Beweisrecht im Arzthaftpflichtprozeß. 1986.

Band 12 Michael Pap: Extrakorporale Befruchtung und Embryotransfer aus arztrechtlicher Sicht; insbesondere: Der Schutz des werdenden Lebens in vitro. 1987.

Band 13 Sabine Rickmann: Zur Wirksamkeit von Patiententestamenten im Bereich des Strafrechts. 1987.

Band 14 Joachim Czwalinna: Ethik-Kommissionen - Forschungslegitimation durch Verfahren. 1987.

Band 15 Günter Schirmer: Status und Schutz des frühen Embryos bei der *In-vitro*-Fertilisation. Rechtslage und Diskussionsstand in Deutschland im Vergleich zu den Ländern des angloamerikanischen Rechtskreises. 1987.

Band 16 Sabine Dönicke: Strafrechtliche Aspekte der Katastrophenmedizin. 1987.

Band 17 Erwin Bernat: Rechtsfragen medizinisch assistierter Zeugung. 1989.

Band 18 Hartmut Schulz: Haftung für Infektionen. 1988.

Band 19 Herbert Harrer: Zivilrechtliche Haftung bei durchkreuzter Familienplanung. 1989.

Band 20 Reiner Füllmich: Der Tod im Krankenhaus und das Selbstbestimmungsrecht des Patienten. Über das Recht des nicht entscheidungsfähigen Patienten, künstlich lebensverlängernde Maßnahmen abzulehnen. 1990.

Band 21 Franziska Knothe: Staatshaftung bei der Zulassung von Arzneimitteln. 1990.

Band 22 Bettina Merz: Die medizinische, ethische und juristische Problematik artifizieller menschlicher Fortpflanzung. Artifizielle Insemination, In-vitro-Fertilisation mit Embryotransfer und die Forschung an frühen menschlichen Embryonen. 1991.

Band 23 Ferdinand van Oosten: The Doctrine of Informed Consent in Medical Law. 1991.

Band 24 Stephan Cramer: Genom- und Genanalyse. Rechtliche Implikationen einer "Prädiktiven Medizin". 1991.

Band 25 Knut Schulte: Das standesrechtliche Werbeverbot für Ärzte unter Berücksichtigung wettbewerbs- und kartellrechtlicher Bestimmungen. 1992.

Band 26 Young-Kyu Park: Das System des Arzthaftungsrechts. Zur dogmatischen Klarstellung und sachgerechten Verteilung des Haftungsrisikos. 1992.

Band 27 Angela Könning-Feil: Das Internationale Arzthaftungsrecht. Eine kollisionsrechtliche Darstellung auf sachrechtsvergleichender Grundlage. 1992.

Band 28 Jutta Krüger: Der Hamburger Barmbek/Bernbeck-Fall. Rechtstatsächliche Abwicklung und haftungsrechtliche Aspekte eines medizinischen Serienschadens. 1993.

Band 29 Alexandra Goeldel: Leihmutterschaft – eine rechtsvergleichende Studie. 1994.

Band 30 Thomas Brandes: Die Haftung für Organisationspflichtverletzung. 1994.

Band 31 Winfried Grabsch: Die Strafbarkeit der Offenbarung höchstpersönlicher Daten des ungeborenen Menschen. 1994.

Band 32 Jochen Markus: Die Einwilligungsfähigkeit im amerikanischen Recht. Mit einem einleitenden Überblick über den deutschen Diskussionsstand. 1995.

Band 33 Meltem Göben: Arzneimittelhaftung und Gentechnikhaftung als Beispiele modernen Risikoausgleichs mit rechtsvergleichenden Ausblicken zum türkischen und schweizerischen Recht. 1995.

Band 34 Regine Kiesecker: Die Schwangerschaft einer Toten. Strafrecht an der Grenze von Leben und Tod – Der Erlanger und der Stuttgarter Baby-Fall. 1996.

Band 35 Doris Voll: Die Einwilligung im Arztrecht. Eine Untersuchung zu den straf-, zivil- und verfassungsrechtlichen Grundlagen, insbesondere bei Sterilisation und Transplantation unter Berücksichtigung des Betreuungsgesetzes. 1996.

Band 36 Jens-M. Kuhlmann: Einwilligung in die Heilbehandlung alter Menschen. 1996.

Band 37 Hans-Jürgen Grambow: Die Haftung bei Gesundheitsschäden infolge medizinischer Betreuung in der DDR. 1997.

Band 38 Julia Röver: Einflußmöglichkeiten des Patienten im Vorfeld einer medizinischen Behandlung. Antezipierte Erklärung und Stellvertretung in Gesundheitsangelegenheiten. 1997.

Band 39 Jens Göben: Das Mitverschulden des Patienten im Arzthaftungsrecht. 1998.

Band 40 Hans-Jürgen Roßner: Begrenzung der Aufklärungspflicht des Arztes bei Kollision mit anderen ärztlichen Pflichten. Eine medizinrechtliche Studie mit vergleichenden Betrachtungen des nordamerikanischen Rechts. 1998.

Band 41 Meike Stock: Der Probandenschutz bei der medizinischen Forschung am Menschen. Unter besonderer Berücksichtigung der gesetzlich nicht geregelten Bereiche. 1998.

Band 42 Susanne Marian: Die Rechtsstellung des Samenspenders bei der Insemination / IVF. 1998.

Band 43 Maria Kasche: Verlust von Heilungschancen. Eine rechtsvergleichende Untersuchung. 1999.

Martin Josef Schermaier (Hrsg.)

Reform des Gewährleistungsrechts und europäische Rechtsangleichung

Studentische Beiträge zur Rechtsvergleichung und Rechtspolitik

Frankfurt/M., Berlin, Bern, New York, Paris, Wien, 1998. 320 S.
Europäische Hochschulschriften: Reihe 2, Rechtswissenschaft. Bd. 2422
ISBN 3-631-33418-4 · br. DM 98.–*

Während man in Österreich und Deutschland noch über die Reform des Gewährleistungs- und Leistungsstörungsrechts diskutiert, kündigt sich in der Vorbereitung einer einschlägigen Richtlinie ein rechtsangleichender Eingriff des europäischen Gesetzgebers an. Im Oktober 1996 wurde der Entwurf einer „Richtlinie über den Verbrauchsgüterkauf und -garantien" veröffentlicht. Das bot Anlaß, die nationalen Reformbestrebungen und diesen Entwurf vor dem Hintergrund jüngerer nationaler und internationaler Entwicklungen darzustellen und zu bewerten. Die in diesem Band versammelten Arbeiten gingen aus einem an der Salzburger Rechtswissenschaftlichen Fakultät im Sommersemester 1997 veranstalteten Seminar hervor. Sie zeigen, wie engagiert und kompetent Studenten in der Lage sind, sich mit rechtsvergleichenden und rechtspolitischen Fragen auseinanderzusetzen.

Aus dem Inhalt: Kompetenzen und Perspektiven der Privatrechtsangleichung durch Organe der EG · Der österreichische und deutsche Reformentwurf · Das Leistungsstörungsrecht in den Niederlande, England und Skandinavien · Das EG-Grünbuch · Der RL-Entwurf

Printed by
CPI books GmbH, Leck

FSC
www.fsc.org
MIX
Papier | Fördert
gute Waldnutzung
FSC® C083411

Kolibri 360 GmbH
Ferdinand-Jühlke-Straße 7
99095 Erfurt, Deutschland
produktsicherheit@kolibri360.de